CW00691354

HARDPRESS.NET
HOME OF HARD-TO-FIND BOOKS

Code De Commerce Du Royaume Des Pays-Bas
by Unknown

Address:
HardPress
8345 NW 66TH ST #2561
MIAMI FL 33166-2626
USA
Email: info@hardpress.net

Lux 9812, 7

Projets de Lois,

...rvations et Procès-verbau,
des États-Généraux

sur le

Code de Commerce.

———

2.ᵉ Vol.

AANMERKINGEN

DER

AFDEELINGEN

omtrent de *zes eerste titels* van het tweede Boek
van het Wetboek van Koophandel.

OBSERVATIONS

DES

SECTIONS

sur les *six premiers titres* du Livre 2 du
Code de Commerce.

PREMIÈRE SECTION D'OCTOBRE 1825.

SÉANCE DU 8 NOVEMBRE 1825.

CODE DE COMMERCE.

Livre II Titre Iᵉʳ.

Art. 1ᵉʳ.

Sans observations,

Art. 2.

La section, dans l'opinion que la transcription dans un registre public n'est requise que pour constater la date de l'acte de vente, propose de dire : *par acte authentique, ou par acte sous seing privé ayant date certaine.*

Art. 3.

La section propose de rayer les mots : *à des étrangers ;* parce que la disposition doit pouvoir aussi s'appliquer si la vente est faite à un Belge.

Art. 4.

Sans observations.

Art. 5.

La section propose de dire: « en cas de vente de navires par voie d'exécution judiciaire, on suivra, etc.; » à moins qu'on ne préfère supprimer l'article, puisqu'il va sans dire que le code de procédure devra être observé.

Art. 6.

La section préférerait la rédaction suivante: *en cas de vente volontaire, les créances ci-après sont privilégiées dans l'ordre où elles sont rangées.*

Nᵒ. 1. Effacer *pilotage*, et dire nᵒ. 2: les droits de *pilotage, tonnage* etc.; attendu que dans plusieurs ports de mer, tels qu'Ostende, Anvers, Flessingue, etc., on est obligé de payer le droit de pilotage, lors même qu'on ne se sert pas de pilotes qui sont aux gages du gouvernement.

Nᵒ. 4. A remplacer par le nᵒ. 4 du code actuel.

Nᵒ. 5. On aimerait mieux: *bâtiment et de ses agrés et apparaux*, au lieu de *et de ce qui y appartient.*

Nᵒ. 8. La section propose de dire: *intérêts* STIPULÉS, attendu qu'elle entend qu'il ne s'agit pas ici d'intérêts dus sans stipulation.

Art. 7.

Sans observations.

Art. 8.

La section propose de s'arrêter aux mots: *ayant date certaine.*
Et de rédiger le dernier alinéa somme suit :
« Le rang entre ces priviléges sera réglé par la priorité des dates des
« actes. »

Art. 9.

La section propose d'ajouter le n°. 1 de l'article 6, pour encourager
l'assistance et le sauvetage.

Art. 10.

La section propose de dire : « Dans le cas de vente judiciaire du navire,
« l'ordre entre les créanciers privilégiés, prescrit ci-dessus, sera suivi ; sauf
« que les frais de justice seront prélevés avant toutes les autres créances. »

Art. 11.

Sans observations.

Art. 12.

La section demande la suppression de cet article, comme n'étant qu'un
nudum præceptum préceptions, et par conséquent inutile.

PREMIÈRE SECTION DU MOIS D'OCTOBRE 1825.

SÉANCE DU 9 NOVEMBRE 1825.

CODE DE COMMERCE

LIVRE II.

TITRE 2.

Des propriétaires, copropriétaires et des Directeurs de navires.

Observations générales.

Il a paru à la section que, dans la rédaction de ce titre, on n'a pas assez suivi l'ordre et les règles propres à la matière.

D'abord, en lisant l'intitulé du projet de loi, on croirait qu'on va y traiter, en premier lieu, des propriétaires des navires en général, indifféremment s'ils appartiennent à un seul ou à plusieurs individus ; 2°. des copropriétaires ou des sociétés d'armemens en particulier, et 3°. des Directeurs de navires.

Au lieu de cela, on commence par une définition ou description de la société d'armement (reederij), que l'on crut inutile, attendu que tout le monde sait bien, que, lorsque plusieurs personnes sont propriétaires d'un ou de plus d'un navire et qu'elles en font usage à leur profit commun, il existe ou se forme entre elles une association à cet égard. Et après avoir dit, à cet article premier, comment les intérêts des associés se déterminent, on passe de suite, à l'art. 2, au Directeur ; et à peine aperçoit-on dans les articles suivans quelques dispositions qui soient applicables aux propriétaires individuels d'un ou de plusieurs navires.

La section croit, en conséquence, pouvoir proposer la rédaction suivante :

Observations.

Art. 1.

Tout propriétaire de navire est civilement responsable des faits du capitaine, pour ce qui est relatif au navire et à l'expédition.

Cette responsabilité cesse par l'abandon du navire et du fret, perçu ou à percevoir.

Art. 2.

Tout propriétaire de navire est personnellement responsable pour les frais du radoub du navire, et autres, faits par ses ordres ; s'il y a plusieurs propriétaires, et que

B

la société ait donné l'ordre, chacun d'eux est personnellement responsable, en raison de sa part dans le navire.

Art. 3.

Les intérêts des copropriétaires se règlent à la pluralité des suffrages et à proportion de la part de chacun d'eux, en comptant la plus petite part pour une voix, et ainsi de suite, suivant le nombre ou la qualité des parts.

Art. 4.

Chaque copropriétaire est tenu de contribuer aux frais de l'armement et équipement du navire en proportion de sa part d'intérêt, qui est affectée à l'accomplissement de ce fournissement.

Art. 5.

Si le capitaine est obligé de relâcher dans un port pour réparer le navire, et que la majorité des copropriétaires juge les réparations nécessaires, la minorité est tenue d'y accéder, si mieux elle n'aime abandonner ses parts aux autres copropriétaires, qui, en ce cas et s'ils persistent à vouloir réparer, sont tenus de les accepter au prix de l'estimation qui sera faite par experts.

Art. 6.

La majorité des propriétaires peut faire dissoudre l'association et procéder à la licitation du navire à la fin du voyage entrepris.

Elle ne peut être dissoute ni le navire vendu, pendant le voyage, que d'après l'avis unanime des propriétaires.

Art. 7.

On ne peut pas obliger les copropriétaires d'un navire à nommer un directeur: cela doit être facultatif et dépendre des conventions. Il y a beaucoup de maisons de commerce qui sont aussi armateurs et gèrent elles-mêmes leurs navires.

Art. 7.

Les copropriétaires peuvent nommer un directeur et le revoquer à volonté.

Art. 8.

Nul ne peut être nommé directeur s'il n'est copropriétaire du navire, à moins qu'il ne soit nommé du consentement unanime de tous les propriétaires.

Art. 9.

Le directeur représente tous les associés ou propriétaires du navire; il agit en leur nom, tant en justice que dehors, pour l'exécution de tous actes et conventions qu'il est autorisé à faire en vertu des dispositions du présent titre ou par l'acte de sa nomination.

Art. 10.

Il engage le capitaine et le congédie à volonté.

Le capitaine congédié, avant le commencement du voyage n'a droit à aucune indemnité, s'il n'y a convention contraire par écrit.

Art. 11.

Si le capitaine congédié est copropriétaire du navire, il peut renoncer à la copropriété et exiger le remboursement de la valeur de sa part, dont le montant est déterminé par experts.

Art. 12.

Comme au projet.

Art. 13.

Comme au projet; sauf à dire: *contracter*, au lieu de *stipuler*.

Art. 14.

L'article 14 du projet; sauf à dire, à la fin: *à l'article 2 du présent titre.*

Art. 15.

L'art. 15 du projet est inutile; car il est bien clair que tout gérant doit soigner les intérêts de son mandant et qu'il répond des pertes causées par son fait.

Le directeur ne peut faire des radoubs, ou d'autres frais qui obligent personnellement les copropriétaires d'après les dispositions de l'article 2 ci-dessus, sans autorisation spéciale et expresse, contenue dans son acte de nomination ou donnée par tout autre acte.

Dans tous les cas, et comme gérant, il est solidairement responsable de ces frais envers des tiers.

B 2

Observations.

Il a parn à la section qu'on ne peut pas faire de distinction.

Art. 16.

Il ne pourra faire ni commettre aucune assûrance sans l'autorisation expresse de la majorité des co-propriétaires ; à moins que le pouvoir ne lui en ait été donné par son acte de nomination ou par un autre acte.

Art. 17.

Comme au projet, art. 19.

Art. 18.

Comme au projet, art. 20.

Art. 19.

Chaque propriétaire est tenu de procéder à l'audition et à la clôture des comptes du directeur, et de payer sa quote part dans le solde dû au directeur.

Art. 20.

Comme au projet, art. 22.

Mandons etc.

(*Signé*)   S E R R U I J S.

PREMIÈRE SECTION DU MOIS D'OCTOBRE 1825.

SÉANCE DU 9 NOVEMBRE 1825.

CODE DE COMMERCE.

Livre II. Titre III.

Du capitaine.

Article 1.

La section demande la suppression de l'article premier, comme inutile et dépendant des conditions de l'engagement.

Art. 2.

De même.

Art. 3.

La section demande que l'art. 3 du projet soit remplacé par l'article 221 du code actuel, ainsi conçu :

Art. 221 du code actuel : « Tout capitaine, maître ou patron chargé « de la conduite d'un navire ou autre bâtiment est garant de ses fautes, « même légères, dans l'exercice de ses fonctions. »

Le principe général, qu'il répond de toutes ses fautes, dit beaucoup plus et mieux que l'article 3 du projet. D'ailleurs il est bien inutile de dire que le capitaine doit remplir tous les devoirs d'un bon marin ; c'est évident.

Cet article 3, ainsi proposé, deviendrait l'article premier de ce titre.

Art. 4.

On demande aussi la suppression de l'article 4, dont la disposition est comprise dans celle de l'art. 3 proposé.

Art. 5, 6, 7 et 8.

Pas d'observation.

Art. 9.

Sur l'article 9, la section observe, qu'avant de dire dans quel cas le capitaine cesse d'être responsable, il faut établir sa responsabilité en principe. En conséquence, la section propose la rédaction suivante :

« Le capitaine est responsable des marchandises et autres objets chargés « à bord de son navire ; cette responsabilité ne cesse que par la preuve « qu'ils ont été perdus par cas fortuit, pillés, ou enlevés par force majeure « et sans la faute du capitaine. »

Art. 10 et 11.

Pas d'observations.

C.

Art. 12.

C'est bien quand il est en voyage. Mais lors que le navire est dans le Royaume, la section pense qu'alors c'est aux propriétaires à confier le commandement à un autre marin, pendant la maladie du capitaine,

Art. 13.

Au lieu de *maître pilote*, dire: *son second*. C'est le terme dont on se sert dans toutes les lois maritimes en France.

Art. 14.

Les deux textes ne sont pas bien conformes; la section propose] la rédaction suivante:

« Il ne peut charger des marchandises dont la vidité, l'endommagement, « ou le mauvais état des emballages sont visibles, sans en faire men- « tion dans les connaissemens; à défaut de cette mention, les marchandises « sont censées avoir été chargées en bon état et bien conditionnées. »

Art. 15.

Qu'entend-on par *grandes mers?* La section pense que tout capitaine qui navigue en *pleine mer*, doit tenir un registre; en conséquence elle croit qu'il suffirait de dire: *naviguant sur mer.*

N°. 4. dire: « *tous les désastres arrivés au navire et aux marchan- « dises, et leurs causes.*

5°. La traduction n'est pas conforme au texte hollandais.

6°. Au lieu de *nécessaires*, il faut dire *forcées.*

8°. A la fin, dire: *congé* au lieu de *renvoi.*

9°. Dire à la fin: *ou à une demande à former ou à y défendre.*

Pourquoi ne prescrit-on pas que ce registre sera coté et paraphé? C'est une précaution salutaire pour prévenir l'abus de la substitution de feuilles, etc.; on pourrait exempter ce registre de la formalité du timbre, s'il ne l'est déjà pas.

Art. 16.

Au lieu de *par le maître pilote*, dire: *par son second.*

Art. 17.

Pas d'observation.

Art. 18.

N°. 5, dire *manifeste.*

Art. 19.

Quelques membres observent qu'en permettant seulement au capitaine d'emprunter de l'argent à la grosse, il pourrait arriver qu'il ne trouvât pas des prêteurs, parce qu'il est de l'essence du contrat à la grosse, que le prê-

teur n'a pas droit à se faire rembourser lorsque le navire périt; en conséquence, la section pense qu'il conviendrait de finir cet article comme suit:
*Emprunter, soit à la grosse pour leur compte sur leur part dans le
navire, ou de toute autre manière.*

Art. 20.

Pas d'observation.

Art. 21.

Transeat.

Art. 22.

Sans observation, quoiqu'il soit inutile: le capitaine y est tenu, comme
représentant né des propriétaires absens.

Art. 23.

Inutile, puisqu'au titre des *propriétaires* il est décidé en principe, qu'en
tout ce qui concerne l'intérêt du navire, l'avis de la majorité est suivi.

Art. 24.

Transeat.

Art. 25.

Le texte hollandais ne paraît pas signifier la même chose que le texte
français; et afin qu'ils soient d'accord, on demande la suppression du mot
immers. Aux deux textes supprimer les mots: *et en tous cas, immer en in
allen gevalle.*

Art. 26 et 27.

Ces dispositions auraient été mieux à leur place au titre des *avaries.* Au
surplus, pas d'observation sur l'art. 26.

Art. 27.

Au lieu de *cet écrit contiendra,* dire: *la délibération exprimera;* car
l'écrit contient la délibération, et il faut prescrire ce que la délibération doit
exprimer. Par suite, on doit supprimer le mot *l'énonciation* au § 4.

Art. 28.

Pourquoi ne pas dire où le serment doit être prêté?

Art. 29.

Dire: *affectés,* et *infidélité.*

Art. 30.

Dire: *consentement par écrit.*

Art. 31.

Transeat.

Présent Messieurs :

Donker Curtius.

De Rouck.

Kattendýke.

Wassenaer.

Berens.

Serruys.

Art. 32.

Supprimer les mots *ou correspondant*, parce qu'un correspondant n'est pas toujours un véritable fondé de pouvoir : le capitaine est au contraire le représentant né des propriétaires.

Art. 33.

Pas d'observation.

Art. 34.

On est d'accord que le propriétaire de la marchandise vendue en route a droit au prix de la marchandise, suivant le cours au port de la destination ; en telle sorte que, si la marchandise est vendue à un prix inférieur audit cours, le propriétaire a droit d'être bonifié du montant de la différence. Mais, tel que l'article est rédigé, on dirait que c'est le propriétaire du navire qui doit lui tenir compte de cette différence. La section croit que cela ne serait pas juste, et que cette différence doit être portée en avarie grosse.

Art 36.

Dire : relâche *forcée*, au lieu de *nécessaire*.

Art. 37.

Sans observations.

Art. 38.

La section préfère sous tous les rapports l'art. 236 du code actuel.

Art. 39, 40, 41 et 42.

Pas d'observation.

Art. 43.

Ajouter au n°. 3, après le mot *courus: les désordres arrivés au navire,* etc.

Art. 44.

Ajouter, après le mot *compétente: dans la colonie.*

Art. 45.

Pas d'observation.

Art. 46.

Ajouter, après le mot *naufrage : relâche forcée*, parce qu'il doit être justifié des motifs de la relâche par un rapport circonstancié.

Art. 47, 48 et 49.

Pas d'observation.

Art. 50.

Dire : *procéder immédiatement à l'audition du compte, de le clorre*, etc.

Art. 51.

Sans observation.

Art. 52.

Les deux textes ne s'ont pas conformes ; et toujours il faut dire : *si d'après le contrat de société d'armement*, etc.

Art. 53.

Dire *gages et loyers*, et supprimer *salaires*, et ajouter *agrès* à la première ligne.

Art. 54.

Pas d'observations.

Art. 55.

Cela est bien clair et inutile.

(*Signé*) S E R R U Y S.

D

CODE DE COMMERCE.

LIVRE II.

TITRE IV.

DE L'ENGAGEMENT ET DES LOYERS DES OFFICIERS ET GENS DE L'ÉQUIPAGE.

Séance du 11 Novembre 1825.

Art. 1.

C'est trop clair pour être inséré dans le code ; ainsi l'art. 2, sur lequel il n'y a pas d'observation, devrait former l'article premier de ce titre, dans l'opinion de la section.

Art. 3.

Pas d'observation.

Art. 4.

Au n°. 6. La section pense qu'il faut supprimer les mots *comme officier :* car il arrive souvent qu'un marin qui jusques là n'a été que matelot, soit capable de faire les fonctions de *second capitaine*, et c'est au capitaine qui forme son équipage à connaître la capacité des gens qu'il choisit pour le former.

De plus, au lieu de *pilote*, dire : *la déclaration du capitaine en second.*

Au n°. 12. Dire *second.*

Au n°. 13. Idem, et partout où le mot *pilote* se rencontre.

Art. 5.

Transeat, quoi qu'assez singulier ; il y en a souvent qui ne savent pas signer. D'ailleurs, dire partout *encourra*, au lieu de *condamné.*

Art. 6.

Effacer, comme inutile ; car il est évident qu'un contrat est obligatoire, du moment qu'il est conclu.

Art. 7.

Dire : *après la confection du rôle.*

Art. 8, 9, 10 et 11.

Pas d'observation.

Art. 12 et 13.

On en demande la suppression, cette *responsabilité* étant de droit.

Art. 14.

Dire *second*, et supprimer les mots *comme il est prescrit par l'article précédent.*

Art. 15.

Transeat.

Art. 16.

Dire : *qu'il n'a jamais fait le voyage vers*, etc.

Art. 17.

Ligne 7, dire: *des frais de voyage.*

Art. 18.

Bon.

Art. 23.

Dire : *ou par le séjour du navire dans un port de relâche forcée*, au lieu de *ou si le navire a été dans la nécessité d'entrer dans un port.* Plus loin: « comme aussi dans le cas où le navire aurait été *pris ou* arrêté « illégitimement. »

Art. 30.

Ajouter, à la fin : *extraordinaire* ou bien *particulière.*

Art. 31.

Lisez : *des pirates*, au lieu de *les pirates.*

Art. 32.

Dire : *sont survenues au service du navire*, au lieu de *ont été occasion-nées par le service du navire.* C'est la traduction du texte hollandais, *als de ziekte, verwonding* enz. *in scheepsdienst ontstaan of gebeurd is.*
A la fin, on préfère dire: *comme avarie grosse*, au lieu de *par forme d'avarie grosse.*

Art. 33.

Après le mot *guérison*, dire: *ou.*

Art. 34 à 44.

Sans observations.

Art. 45.

Le texte français n'est pas en harmonie avec le texte hollandais.

Art. 48.

N°. 3 et 4. Dire: *relâche forcée*, au lieu de *relâche nécessaire.*

Artt 52.

Il a paru à quelques membres que la disposition de cet article, conçue d'une manière aussi générale, n'est pas en concordance avec les n°. 7, 8 et 9 de l'art. 48, quand le navire se trouve à l'étranger ; car, dans les cas prévus par lesdits trois numéros, le matelot ne pourrait pas jouir de l'effet du droit qu'il aurait de demander son congé dans l'un de ces trois cas, si, au refus du capitaine de lui donner son congé, il lui était interdit de s'adresser à l'autorité compétente, pour obtenir le congé.

Art. 53.

Dire : « A la fin du voyage, le capitaine, etc. sont tenus de remettre les
« hardes et effets, les deniers et les gages des gens de l'équipage morts
« pendant le voyage ou restés en arrière, à leurs héritiers ou représentans,
« et, à défaut de ceux-ci, de se conformer aux réglemens émanés sur la
« matière. »

Art. 58.

Dire : « Si le navire a péri, ou est pris et déclaré bonne prise et que, rien
« n'ayant été sauvé, il ne soit pas dû de fret, les gens de l'équipage qui'' etc.

(*Signé*)   S E R R U Y S.

PREMIÈRE SECTION.

CODE DE COMMERCE.

LIVRE II.

TITRE V.

DES AFFRÉTEMENS, ETC.

Séance du 12 Novembre 1825.

Présens Messieurs;
Donker Curtius.
de Rouck.
Surmont de Volsberghe.
van Heiden tot Reinestein.
Serruijs.
Wapenaert.
Kattendijke.

Art. 1.

Pas d'observations.

Art. 2.

Mal traduit ou rédigé ; il faut dire : « si un navire est affrété en totalité « ou en partie pour un voyage de mer,'' etc.

Art. 3.

N°. 3. Après *fréteur ;* ajouter : *et.*
On préfère la rédaction du § final de l'article 273 du code actuel. N°. 7.

Art. 4.

Au lieu de *cabane* , il faut dire : *la chambre du capitaine. Cabane* n'est ni français, ni usité.

Art. 5.

Au § 3, dire *chargée ou déchargée* , au lieu de *prise ou déchargée* ; et plus loin, au lieu de *par la traversée pendant : la traversée.*

Art. 6.

Pas d'observation.

Art. 7.

Dire : *est tenu de subir une diminution sur le fret , et de dommages-intérêts envers l'affréteur.*

Art. 8.

Transeat.

Art. 9.

Dire , à la fin : *ou de telle autre manière dont les parties conviendront.*

Art. 10.

Il y a des ports qui sont situés dans l'intérieur ; d'autres communiquent immédiatement à la mer, ou en font partie, tel que celui d'Ostende : là le voyage commence dès que le navire *a fait voile dans le port même, de*

E

sorte que , s'il périt dans le port, l'assureur en court le risque. On propose donc la rédaction suivante :

« Un voyage est réputé commencé , dès le moment où le navire est sorti du port , ou qu'il a fait voile , selon les localités. »

Art. 12.

2ᵉ. alinéa, supprimer le premier mot *ou* et dire *soit* , et supprimer le mot *soit* , comme il se trouve maintenant.

Art. 13.

Pas d'observation.

Art. 14.

A la fin, lire : *à raison de ce qui n'est pas chargé*, et au commencement : *Si , le navire étant parti sans chargement , il lui survient* , etc. ; car ce n'est pas communément le fréteur qui commande un navire, mais un capitaine. Et plus loin : *qui serait réputée avarie grosse dans le cas où le bâtiment aurait eu son chargement complet, le fréteur* , etc.

Art. 15.

Pas d'observation.

Art. 16.

Pas d'observation.

Art. 17.

Pas d'observation.

Art. 18.

Pas d'observation·

Art. 19.

Pas d'observation.

Art. 20.

Pas d'observation.

Art 21.

Pas d'observation.

Art. 22.

Admis ; mais ajouter le § suivant : « En ce cas, le chargeur peut retirer ses marchandises avant le départ du navire, en payant le demi fret.

Art. 23.

Au texte français il y a : « en payant les frais de *chargement et de déchargement*, » et au texte hollandais seulement *de onkosten op de lossing gevallen* ; la section croit qu'il faut dire : *de onkosten op de lading en lossing gevallen*.

Art. 24.

Au texte hollandais on dit *gearresteerd*, la section pense qu'il faut dire *opgehouden*.

Art. 25.

Pas d'observation.

Art. 26.

Pas d'observation.

Art. 27.

Pas d'observation.

Art. 28.

Au § 2, dire : « Si le navire, etc., le capitaine est tenu d'en louer un ou « plusieurs autres pour son compte, et sans pouvoir exiger une augmentation « de fret, à l'effet de transporter les marchandises, » etc.
Et au § suivant : *qu'à proportion du voyage avancé.*

Art. 29.

Pas d'observation.

Art. 30.

Pas d'observation.

Art. 31.

Après le mot *dû* une virgule, et dire : *à la charge* ; et à la fin : *dans le cas où elle a lieu suivant le présent code* , au lieu de *dans le cas où elle est or-donnée par le présent code.*

Art. 32.

Sans observations.

Ait 33.

Fret, au lieu de *fert*, faute d'impression. On a omis les mots *ou sauvées* à la fin.

Art. 34.

Pas d'observation.

Art. 35.

Bon.

Ait. 36.

Idem , sauf qu'à la ligne 9 il faut dire *celui-ci.*

Art. 37.

Pas d'observation.

Art. 38.

Le texte hollandais dit *bevoorregt*; il faut donc dire : *est préféré à tous autres créanciers pour son fret*, etc.

Art. 39.

Bon.

Art. 40.

Transeat.

Art. 41.

Idem.

Art. 42.

On préfère dire *connaissement déchargé*, au lieu de *acquitté*, et ajouter le mot *immédiatement* : car ce droit *ne peut* pas toujours rester ouvert, il faut fixer un terme ; ainsi ajouter : *pourvu qu'il le fasse immédiatement.*

Art. 43.

Bon.

Art. 44.

Cela est trop clair pour être dit dans ce code ; ainsi, supprimer.

Art. 45.

Au lieu de *ayant contenu*, dire *contenant* ; et supprimer *en aucun cas*, puisque l'article même porte *une exception*..

Art. 46.

Bon.

Art. 47.

Bon pour le fond, sauf rédaction. On propose :
N°. 1 « Si, avant le départ du navire, la sortie en est empêchée par une force majeure, indifféremment si le navire, etc. ou que, se trouvant à *l'étranger*, il soit ," etc.
N°. 2, avant-dernière ligne, dire *d'où*, au lieu de *où*.

Art. 48.

Bon, sauf une faute d'impression.

Art 49.

Il a paru à la section qu'il ne peut pas exister d'avarie grosse avant le voyage commencé. En conséquence, elle demande la suppression des mots *et l'avarie grosse pour dommage survenu avant la rupture du voyage ;* car les articles 47 et 48 ne traitent que des cas qui ont lieu avant le voyage commencé ; ainsi on demande la suppression de la fin de l'art. : *et l'avarie grosse*, etc.

Art. 50.

Bon.

Art. 51.

Mal rédigé. Au surplus, la section croit à l'unanimité qu'il est juste et équitable que, dans le cas prévu par la première partie de cet article, on paye la moitié du fret, aussi bien que dans le cas de la seconde partie, attendu que le capitaine a fait la moitié du voyage convenu avant la survenance de la guerre.

Art. 52.

Juste, par la raison déduite ci-dessus.

Art. 53.

Bon; mais au § 2; dire : *il n'y a lieu* ; etc.

Art. 54.

Bon.

Art. 55.

Idem.

SECTION IV.

Du connaissement.

Art. 56.

Quelques membres préfèrent l'art. 281 du code actuel, en y ajoutant à la fin : *il est signé par le capitaine et visé par le chargeur.*

Art. 58.

Les mots : *des reçus* suffisent, et ce n'est pas proprement une quittance.

Art. 59.

On demande la suppression de cet article, comme inutile; cela doit dépendre des conventions des parties.

Art. 60.

A refaire, comme trop obscur et paraissant dévier des principes.

Art. 61.

Pas d'observation.

Art. 62.

Transeat.

Art. 63.

Bon.

Art. 64.

L'art. 284 du code actuel est préférable.

F

Art. 65.

Les textes ne sont pas conformes ; il faut dire, comme au texte hollandais : *celui qui présente un connaissement en son nom.*

Art. 66.

Supprimer comme inutile ; car il est clair que, dans le cas de difficulté, c'est au juge à décider.

Art. 67.

L'article pourrait être mieux rédigé, surtout le § 2 en français.

Art. 68.

Mal rédigé en français.

Art. 69.

Le fond bon, mais mal rédigé en français.

(*Signé*) S E R R U Y S.

SEANCE DU 16 NOVEMBRE 1825,

PRÉSIDÉE PAR

Mr. DONKER CURTIUS.

TITRE 6.

Du dommage causé par abordage.

Art. 1.

Effacer *ou la négligence* GRAVE; puisqu'il serait bien difficile de distinguer entre négligence *grave* ou moins grave.

Art. 2.

Dire : *prévus par cet article et le précédent*, etc.

Art. 3.

Sans observation.

Art. 4.

On préférerait :

« S'il y a doute dans les causes de l'abordage, et qu'il ne conste pas de
« la faute des capitaines ou des gens de l'équipage, le dommage ,'' etc.
Le texte français du 2e. § n'est pas conforme aux texte hollandais.

Art. 5

La rédaction de l'article en hollandais est plus claire ; il faudra donc donner une traduction plus précise du texte hollandais.

Art. 6.

Ligne 8, ajouter *ten anker of*, et rédiger la fin comme suit :
« Il n'y a pas lieu, etc. si, en lâchant ses cables ou en coupant ses amarres s'il
« a pu le faire sans danger et si, en étant averti à tems par le capitaine
« du navire abordant, il ne l'a pas fait.''

Art 7.

Sans observation ; mais en français il faut dire , non pas *cordages*,
mais *cables*.

Art. 8.

Pas d'observation, sinon que le texte français n'est pas bien rédigé.

Art. 9.

Sans observation , mais la traduction en français n'est pas précise.

Art. 10.

Sans observation , mais il y a des fautes dans la rédaction française.

PRÉSENS MESSIEURS :

Coppieters, Président.
Fabry Longrée.
De Wapenaert.
Hora Siccama.
Van de Kasteele.

SECTION DEUXIÈME.

CODE DE COMMERCE.

LIVRE SECOND, TITRE 1er.

SÉANCE DU 5 NOVEMBRE 1825.

Art. 4.

On pense qu'au lieu de l'article 9 , c'est l'article 8 qui doit être désigné, dans lequel se trouve en effet énoncée une créance privilégiée.
La section pense, qu'il ne serait pas inutile de définir dans quels cas un navire doit être censé avoir fait un voyage de mer.

C. COPPIETERS.

G

PRÉSENS MESSIEURS:

Coppieters, Président.

De Meulenaere.

De Wapenaert.

Hora Siccama.

Van de Kasteele.

SECTION DEUXIÈME.

CODE DE COMMERCE.

LIVRE 2. TITRE 2.

SÉANCE DU 8 NOVEMBRE 1825.

Art. 6.

Les deux textes du 1er alinéa n'étant pas conformes, la section désirerait que le texte hollandais s'accordât avec le texte français, qu'elle trouve devoir être préféré.

La section demande pour quels motifs l'article 217 du code actuel a été omis; on observe que la course est aussi une spéculation de commerce.

C. COPPIETERS.

PRÉSENS MESSIEURS :

Coppieters, Président.
De Meulenaere.
De Wapenaert.
Siccama.
Van de Kasteele.

SECTION DEUXIÈME.

CODE DE COMMERCE.

LIVRE II. TITRE 3.

SÉANCE DU 8 NOVEMBRE 1825.

On remarque que, dans l'art. 5 et plusieurs autres articles du présent titre, on se sert du mot *officiers*, *scheepsofficieren*. Ce mot n'étant pas généralement connu sur les navires de commerce hollandais, serait peut-être mieux remplacé par un mot plus usité; cependant, dans le cas où l'on croirait qu'il doit être conservé, la section pense qu'il serait nécessaire de faire connaître quelles personnes de l'équipage on entend désigner par le mot *officiers*.

Article 7.

Le présent article, obligeant seulement le capitaine d'être en personne à bord jusqu'à son arrivée en rade ou à bon port, pourrait laisser croire qu'il peut abandonner son navire après son arrivée. La section, étant d'avis qu'il est de toute nécessité et prudence qu'après l'arrivée du navire en rade ou au port, le capitaine reste à bord du navire pendant la nuit jusqu'après le déchargement, demande que le présent article lui impose cette obligation d'une manière expresse.

Art. 10.

On demande que le mot *verleggen* soit substitué au mot *verliggen*.

Art. 13.

L'article ne faisant mention que du capitaine d'un navire de mer, paraît dispenser de l'obligation, qui y est prévue, les capitaines des navires destinés à la navigation intérieure. On ne pense pas que ce soit là l'intention.

Art. 17.

La rédaction hollandaise pourrait être meilleure.

Art. 25.

On observe que, si d'un côté on ne doit pas donner trop de latitude au capitaine, d'un autre côté aussi la manoeuvre ne peut être entravée,

G 2

surtout dans un événement où la perte d'un seul instant peut devenir fatale. Cette réflexion porte la section à demander que le capitaine ne soit pas tenu de demander l'avis des propriétaires du navire et des chargeurs, ni de consulter les principaux de l'équipage :

Pour mettre à la voile.

Pour abandonner les ancres.

Pour couper les cables ou les mâts.

Art. 35.

Les membres de la section pensent que, si dans le cas prévu par le présent article, il se trouve parmi les marchandises à bord des vivres, ceux-ci doivent être épuisés, avant de pouvoir contraindre ceux de l'équipage qui en auraient en particulier, de les mettre en commun.

C. COPPIETERS.

PRÉSENS MESSIEURS :

Coppieters, Président.

Hora Siccama.

Fabry Longrée.

De Meulenaere.

De Wapenaert.

Van de Kasteele.

SECTION DEUXIÈME.

CODE DE COMMERCE.

LIVRE 2. TITRE 4.

SÉANCE DU 9 NOVEMBRE 1825

Art. 4.

Un membre émet] l'opinion que la déclaration sous le n°. 6 du présent article est trop restrictive ; puisqu'il s'en suivrait qu'un maître pilote ne pourrait être engagé à servir pour faire un voyage à un port, vers lequel il n'aurait point navigué antérieurement comme officier. Cette restriction, causée par la loi, priverait souvent un armateur de l'emploi d'un pilote d'ailleurs parfaitement instruit dans l'art de la navigation et capable de conduire un bâtiment dans un port quelconque, et pourrait même être la cause d'empêcher de nouvelles entreprises à des ports peu fréquentés ou tout nouveaux, où peut-être aucun de nos marins n'a jamais navigué précédemment. Il propose, pour cette raison, d'aujouter au texte : *ou qu'il n'y a point navigué ;* et ce en conformité de l'article 15 suivant, afin de laisser aux armateurs la même faculté à l'égard de leurs pilotes, qu'il leur a été laissé pour le capitaine.

N°. 11 du même article. La section demande qu'on substitue le mot *verbeurt* au mot *verliest*, qui lui paraît être le mot propre.

Elle préfère également le mot *loon* au mot *gagie*, dont on se sert dans le présent numéro et dans plusieurs articles du présent titre.

Art. 23.

Ligne 2°. *leggen* doit être *liggen*.

Art. 31.

On ne voit pas la nécessité d'étendre au cas de maladie, l'obligation de l'indemnité qu'il est juste d'accorder en cas de mutilation par suite d'un combat contre l'ennemi ou les pirates.

Art. 45.

Le mot *vechten*, dont on se sert au n°. 3, ne répond pas aux mots *rixes et voies de fait* du texte français, qui doivent être conservés et lesquels la section désirerait être mieux rendus en hollandais.

H

Art. 48.

4°. On demande la suppression du mot *soortgelijke*, comme superflu.

.7°. et 9°. La section pense qu'il serait imprudent d'admettre comme motifs de refus de service les mauvais traitemens et la nourriture non convenable : elle fait observer que, si on donne aux matelots la faculté de refuser le service desdits chefs, surtout lorsque le navire est en mer, où on n'aura pas de juges pour vider la contestation qui ne manquera pas de s'élever à chaque refus, il en résultera nécessairement un désordre sur le navire et une interruption dans le service, au préjudice des propriétaires du navire et des personnes intéressées dans le chargement.

Art. 54.

On demande que le texte hollandais soit rendu conforme au texte français.

C. COPPIETERS.

PRÉSENS MESSIEURS :

Coppieters, Président.
Siccama.
Fabry Longrée.
De Meulenaere.
De Wapenaert.
Van de Kasteele.

DEUXIÈME SECTION.

CODE DE COMMERCE.

LIVRE II. TITRE 5.

SÉANCE DU 9 NOVEMBRE 1825.

Article 5.

La section pense qu'il est nécessaire que la charte-partie énonce aussi le pavillon.

Art. 6.

On demande que le mot *charte-partie* soit substitué au mot *contrat*, dont on se sert dans le présent article et plusieurs autres du titre 5.

On demande encore que, partout où se trouve le mot *charte-partie* dans le texte français, il soit rendu en hollandais par *cherte-partÿ.*

Art. 7.

La section pense qu'il serait imprudent d'admettre, comme justification d'une déclaration inexacte, le certificat de jauge; attendu qu'il est connu que lesdits certificats, surtout ceux délivrés en pays étranger, sont pour la plupart peu fidèles.

Art. 9.

Plusieurs membres demandent, qu'aux mots *als de contractanten sullen overeenkomen*, on substitue ceux-ci : *als sal sÿn overeengekomen.*

Art. 10.

La section est d'avis que le voyage doit être réputé commencé dès que le capitaine a mis à la voile; attendu que depuis ce moment, et avant que le navire soit sorti du port, il peut courir des hasards.

La section remarque aussi que le présent article ne parle que de voyages de mer, tandisque le titre traite également de la navigation intérieure; elle pense donc qu'il est nécessaire que l'article définisse également quand le voyage d'un navire, destiné à cette dernière navigtiaon, est réputé commencé.

H 2

Art. 17.

Comme il n'est pas exigé de chartepartie pour la navigation intérieure, cet article ne peut concerner que des voyages de mer; la section
rappelle donc l'observation qu'elle a faite à l'article 10, et pense qu'on
a entièrement perdu de vue la navigation intérieure.

Art. 20.

Quelques membres demandent que les mots *par le contrat* soient
supprimés.

Art. 22.

On demande la suppression, dans le texte hollandais, des mots *bÿ het
in lading liggen*, à l'effet de rendre ce texte plus clair et conforme au
texte français.

PRÉSENS MESSIEURS :

Coppieters, Président.

Siccama.

De Meulenaere.

Van de Kasteele.

De Wapenaert.

SÉANCE DU 11 NOVEMBRE 1825.

Art. 47.

N°. 1. On demande qu'au mot *overmagt* on substitue : *van hooger hand.*

Art. 49.

Après le mot *vervrachter* il doit être ajouté : *of de schipper.*

Art. 50.

On demande que le mot *vervracht* soit supprimé, comme superflu.

Art. 56.

On demande que le connaissement contienne aussi le pavillon.

Art. 60, avant-dernière ligne.

On préférerait le verbe *gekomene* au verbe *afgekomene.*

C. COPPIETERS.

I

PRÉSENS MESSIEURS :

Coppieters.
Siccama.
De Meulenaere.
Van de Kasteele.
De Wapenaert.

SECTION DEUXIÈME.

CODE DE COMMERCE.

LIVRE 2. TITRE 6.

SÉANCE DU 11 NOVEMBRE 1825.

Art. 9.

On demande que le mot *byleggend* soit substitué au mot *byliggend*

Art. 10.

On demande de supprimer les mots *en gebleven*, et de les remplacer par les mots suivans : *en de schipper dezelve niet had kunnen herstellen.*

C. COPPIETERS.

TROISIÈME SECTION.

LIVRE II DU CODE DE COMMERCE.

TITRE I.

Des navires.

Art. 2.

On demande d'ajouter dans le texte hollandais, après le mot *register*, le mot *openbaar*, afin de le rendre plus conforme.

Art. 5.

On demande de dire: *à l'égard de l'opposition mentionnée à l'article précédent et de l'exécution*, etc.

Art. 6, n°. 10.

On pense que ce numéro est inutile.

TITRE II.

Des propriétaires, co-propriétaires et des directeurs de navires.

Art. 6.

On désire d'exprimer plus clairement qu'il ne s'agit que du fret appartenant au dernier voyage qui se fait.

Art. 17.

On désire qu'il soit dit: que le directeur est tenu de faire assûrer le navire, si l'association ne le lui a pas interdit.

TITRE III.

Du capitaine.

Art. 2.

Le texte n'est pas clair.

Art. 12.

On demande que la substitution se fasse par le propriétaire ou le directeur; à leur défaut, par le capitaine malade.

Art 16.

Les deux textes ne sont pas d'accord, on préfére le français.
Deux membres ne voient pas la nécessité de la signature, si c'est le capitaine qui écrit. Du moins, on ne voit pas la nécessité de signer tous les jours.

Art. 17.

On craint que, pour un intérêt trop faible, un malveillant ne puisse arrêter le voyage ; on voudroit restreindre ce droit aux propriétaires et principaux chargeurs.
On entendra par principaux chargeurs ceux qui y sont pour plus de la moitié.

Art. 19.

On pense qu'il faudrait dire : *le directeur pourra;* parce que le capitaine ne traite qu'avec celui-ci.
Alors cet article devrait être placé ailleurs.

Art. 20.

On trouve trop d'embarras dans la finale de cet article: le capitaine, dit-on, ne doit correspondre qu'avec le directeur, qui prendra les ordres de qui il appartient.

Art. 21.

Un membre demande d'ajouter ici : *à peine d'une amende de....* *outre les dommages et intérêts.*

Art. 22.

D'après les observations sur l'article 20, le capitaine ne correspond pas avec les chargeurs.
Si on entend par chargeurs ceux qui ont frété le navire en entier, il faudrait le dire. Sinon l'article obligeroit celui qui donne l'avis, à une correspondance avec tous les chargeurs, et il deviendrait juge de leur question de la majorité ou minorité.

Art. 23.

On voudrait que tout se fît par l'entremise du directeur.

Art 44.

On aimerait mieux ce qui suit:
« Dans les lieux où il n'y a pas un magistrat spécialement désigné, ou « commissaire du port. »

Après l'art. 55.

On demande s'il ne convient pas de rappeler au capitaine les devoirs qu'il doit remplir relativement à l'état civil des gens à bord.

TITRE 4.

De l'engagement et des loyers des officiers et gens de l'équipage, de leurs droits et obligations.

Art. 2, dernier §.

On propose de dire: *dans les autres cas.*

Art. 4, N°. 6.

Il faut ajouter: *ou qu'il n'y a pas été.*

Art. 25.

On demande de rendre le texte hollandais plus clair, en disant: *van dezelve*, au lieu de *afloop.*

Art. 26.

On demande *qui payera leur retour.*

Art. 43.

On demande d'ajouter: *mentionnée aux articles 40, 41 et 42.*

Art. 48.

N°. 3. On demande de finir l'article au premier cas: étant trop dangereux de mettre en discussion entre le capitaine et l'équipage si le navire est en danger réel.

N°. 4. On désire de supprimer tous les cas où le voyage est commencé; la section croit qu'il est dangereux de mentionner tous les autres.

Art. 54.

On demande d'effacer *dans le port d'où il est parti;* car on peut partir d'Amsterdam, et finir le voyage au retour à Rotterdam.

Art. 56.

On demande de dire: *un double salaire*, au lieu de *f* 3 : − et *f* 1 : 50.

K

TITRE 5.

Des affrétements, charte-parties et connaissements.

Art. 21.

On demande *deux fois* 24 *heures.*

Art. 35, 2e §.

On demande d'ajouter: « et si elles sont périssables, il peut demander la vente. »

Art. 44.

On le croit sans nécessité.

TITRE 6.

Point d'observations.

PROCES-VERBAAL

DER VIERDE AFDEELING, TWEEDE KAMER.

WETBOEK VAN KOOPHANDEL.

TWEEDE BOEK.

Op denzelfden voet en onder dezelfde algemeene opmerking, als waarvan in het begin van het proces-verbaal wegens het eerste boek gesproken is, en welke alhier gehouden wordt voor herhaald, de overwegingen van het tweede boek begonnen, en in vele achtereenvolgende zittingen voortgezet zijnde, zoo heeft de uitslag dier overwegingen aanleiding gegeven tot de hieronder staande aanteekeningen:

EERSTE TITEL.

Op art. 2 wordt gevraagd: waar, en door wien de registers, in dit artikel vermeld, zullen gehouden worden?

Op art. 3 en 4 vraagt men: hoe het zal gaan in die landen, waar sommige geprivilegieerde bepalingen of schulden niet bekend zijn (vergelijk art. 8? Hoe zal men dezelve dan doen gelden? De regter in een vreemd land erkent toch, bij verkoop in dat land gedaan, geen ander privilegie dan in dat land zelve vigerende.

Voorts wordt gevraagd: of het doel is, bij art. 4, te verwijzen naar art. 9, zoo als daar gevonden wordt, en niet *naar artikel 8*?

Op art. 6, § 8, vraagt men, hoe aan een derden zal kunnen blijken, dat er zoodanige bijlbrieven zijn, zonder aanteekening op den scheepsbrief; als mede, of het dan ook niet noodig zij daarvan in de registers melding te maken, bij art. 2 vermeld?

Op art. 7 vraagt men, of deze bepaling wel *algemeen* van toepassing kan zijn, zoo als dezelve gesteld is? Een schipper, niet geheel vol geladen, loopt, zonder te verdere inlading af te wachten, bij eene voordeelige gelegenheid, uit, krijgt tegenwind, valt weder binnen, en vult zijne lading; zal dan de laatste inlader preferent zijn? Meer andere voorbeelden zouden te dien opzigte zijn aan te wijzen. Men gelooft niet, dat zulks met het doel der stellers zoude overeenkomstig zijn, en meent, dat er ligtelijk door eenige wijziging van redactie daarin kan worden voorzien.

Op art. 8 vraagt men, of het ook niet op den scheepsbrief zou behooren vermeld te worden?

TWEEDE TITEL.

Is het niet noodig bij dezen titel te bepalen, dat de boekhouder, aan wien het beleid wordt opgedragen, in de gevallen waarin eene regeling door stemming van de gezamenlijke reeders vereischt wordt, daartoe de oproeping doe? maar dan ook, op welke wijze? ten einde te zorgen, dat de belangen van geene der belanghebbenden verwaarloosd worden: en welke tijdsbepaling? Men vraagt mede, of er ook melding moet gemaakt worden, wat er ten aanzien van, na behoorlijke oproeping, afwezend blijvenden zal plaats hebben, en hoe derzelver aandeelen zullen berekend worden?

Op art. 15, *bij voorregt verbonden*, heeft men opgemerkt niet te gelooven, dat hierdoor bedoeld wordt, om *alleen* dat aandeel voor verbonden te achten, met uitsluiting der verdere goederen van den boekhouder, hoe zeer deze laatste niet bij bevoorregting.

Op art. 22 vraagt men: of hierbij niet zou behooren gevoegd te worden, dat *intusschen* de minderheid moet betalen, ten einde den boekhouder niet buiten postuur te brengen ; onverminderd het blijvend regt tot teruggave.

DERDE TITEL.

Op art. 4 , vindt men de redactie van den hollandschen tekst beter dan die van den franschen. Vooreerst ziet men in de woorden *placement*, *placé* eene eenigzins stuitende herhaling ; maar bovendien vraagt men, op de woorden *contre les règles* , welke die regelen zijn. De hollandsche tekst drukt iets zoodanigs uit , waarvan het verkeerde of onbehoorlijke door bewijs kan worden geconstateerd.

Op art. 5 is eene tweeledige aanmerking gevallen. 1°. Vraagt men : of het niet noodig is , dat de schipper, op wien toch te regt de verantwoordelijkheid moet berusten, ook alleen aanstelle, zelfs ter woonplaatse? 2°. Wat het gevolg zal zijn van het hier vermeld *overleg?* Zal het alleen een raad zijn, die, niet gevolgd wordende, tot geene verantwoordelijkheid leidt? of zal , bij verschil van gevoelen , het overleg verpligtend worden voor den schipper, en de niet met zijn gevoelen strokende keuze door hem moeten worden op gevolgd? Dit schijnt met klaarheid buiten twijfel te moeten gesteld worden.

Op art. 10, wijst men aan , dat in den franschen tekst zal moeten gelezen worden *de ce qui* in plaats van *de qui;* en dat, ten einde de beide teksten te doen overeenstemmen, de woorden *en gereed om te kunnen vertrekken,* in den hollandschen tekst, zouden kunnen wegvallen.

Op art. 11 , gevoelt men , dat er zeer veel nuttigheid bestaat in eene spoedige voorziening ; maar geeft men echter tevens in bedenking , of de algemeenheid van het voorschrift in sommige gevallen niet al te sterk zoude moeten geacht worden, en of er derhalve niet eenige verzachtende bijbepaling daaromtrent zoude noodig zijn.

Op art. 12 , *op het oogenblik dat het schip zoude kunnen en behooren te vertrekken.* Voor zoo veel dit op vreemde havens betrekking heeft, vereenigt men zich met dit denkbeeld : Doch wat de haven der woonplaats van de eigenaars aangaat, bespeurt men eenige zwarigheid in de aanstelling , door den schipper alleen, van een' anderen in zijne plaats, hetwelk echter hiermede de bedoeling schijnt te zijn. Men verlangt deswege nadere inlichting , te meer, daar er te voren (zie art. 5) gezegd is, dat een schipper aan den wal van uitrusting het scheepsvolk niet aanstelt, dan met overleg ; terwijl hij hier een schipper in zijne plaats zou benoemen, zelfs zonder eenig overleg.

Op art. 13 meent men, dat 1er betere overeenstemming der beide teksten zoude kunnen strekken, wanneer in den franschen gesteld wierd, in plaats van *afin d'être échangés*, de woorden : *lesquels reçus seront échangés,* enz.

Ook meent men, op art. 14 , dat, in plaats van *à defaut d'une mention contraire,* beter zou gelezen worden: *sinon*, enz.

Op art. 15 , § 5, vraagt men, of het woord *innerlijke*, *intrinsèque* niet overbodig is; of wel wat daardoor verstaan moet worden, en welke de bedoeling is?

Op art. 16, geeft men in bedenking, of het woord *continué* wel ge—

noegzaam uitdrukt hetgeen in den hollandschen tekst door *bijgeschreven*
wordt aangewezen, en of niet beter zoude kunnen worden gezegd: *seru
tenu jour par jour, daté et signé par le capitaine?*

In art. 17 wordt bij den hollandschen tekst gezegd: *deskundige eedigde
personen, daartoe aangesteld of bij den regter benoemd;* in het
fransch, enkel: *des experts jurés ou nommés par le juge.* Is het niet
noodig dit meer in overeenstemming te brengen? Maar bovendien, door
wie zullen dezelve worden benoemd? Behoort dit niet te worden uitgedrukt? Men gelooft wel dat hieromtrent op de gewone wijze van expertise
zal worden te werk gegaan, en dat het alleen in geval van verschil zou
zijn, dat de regter benoemt.

Op art. 22, vindt men onderscheid van zin in de woorden *aanranding*,
hollandsche tekst, en *saisie*, fransche tekst. Deze woorden toch hebben niet
dezelfde beteekenis: *aanranding* schijnt alleen *attaque* uit te drukken;
maar deze is niet de bedoeling bij dit artikel.

Bij art. 23 doen zich twee vragen op; de eerste: of de bepaling van dit
artikel mede op het vermelde bij art. 20 kan toepasselijk zijn? de tweede:
de bijeenkomst der reeders is omschreven, doch voor de inladers, hoe de
zamenkomst te formeren? hoe de stemming? zal men het aan de carga-
doors overlaten? zullen die orders vragen? maar hoe zal dan de opmaking
der stemming zijn? Dit eene en andere schijnt het verzoek tot nadere inlichting te wettigen.

Op art. 24 vraagt men, wie de wettigheid der oorzaken zal beoordeelen? Indien het de schipper is, zoo als billijk voorkomt, schijnt het geheele artikel onnoodig.

Op art. 25 geeft men in overweging, wat het zal zijn ingeval *een
gedeelte* van het scheepsvolk het niet met den schipper, maar met de
tegenwoordig zijnde reeders of inladers eens is? welk gevoelen zal dan
beslissen? Er schijnt veel te zeggen te zijn daarvoor, om ook dan des
schippers gevoelen te doen opvolgen? In allen gevalle, oordeelt men, dat
het goed zij eene bepaling, het zij dan op deze of gene wijze, uit te
drukken.

Op art. 26, meent men, dat de woorden *par l'avis* en *na beraad* juist
niet hetzelfde uitdrukken. Men las liever in den franschen tekst: *après
avoir pris l'avis.*

Op art. 31, laatste alinea, gevoelt men wel, dat de alhier ingeroepen
wordende bepalingen van art. 22 alleen van toepassing bedoeld worden
in geval van inloopen, en na hetzelve; doch men vraagt of, om allen twijfel
voor te komen, daarvan niet iets meer stelligs zoude behooren te blijken.
Men meent mede, dat het woord *ook*, in den hollandschen tekst, kan
wegvallen.

Op art. 32, geeft men in overweging, of in den franschen tekst, in plaats
van *prendre de l'argent*, niet beter zou gesteld worden: *lever de l'argent?*

Op art. 36, zoo wel als in onderscheidene andere artikelen van dit
tweede boek, vindt men, voor *noodhaven*, in den franschen tekst gesteld
port nécessaire; er zijn leden, die meenen dat zulks beter door *relâche
forcée* zoude worden uitgedrukt.

Bij art. 38, wenschte men de woorden *vervolging tot straf*, en *action
publique*, beter in de beide teksten te doen overeenstemmen.

Hetzelfde wordt aangemerkt op art. 39.

Bij art. 40, merkt men aan, dat in den hollandschen tekst mede van het
verlof van *den boekhouder* gesproken wordt, hetwelk niet het geval is
bij den franschen tekst.

In art. 44, fransche tekst, mist men, bij de eerste alinea, de woorden
van eenen openbaren ambtenaar, welke in den hollandschen gevonden
worden. Men meent dat dit geheel in overeenstemming moet gebragt worden.

L

Op art. 46, meent men, dat de woorden *welke behouden zijn gebleven*, ook in den franschen tekst zouden behooren te worden gevolgd door te stellen: *qui sont sauvés.*

VIERDE TITEL.

Ter gelegenheid der vermelding bij de 2de alinea van art. 2, vermeent men nader op de aanmerking, omtrent de binnenlandsche vaart, in het proces-verbaal over het eerste boek gemaakt, te mogen te rug komen, en daartoe te verwijzen.

Op art. 4, § 12, merkt men aan, dat art. 4 van den 3den titel de verantwoordelijkheid voor de stuwing enz. brengt ten laste van den *schipper*. Hier wordt ook de verpligting dienaangaande den *stuurman* opgelegd.

Daaruit schijnen moeijelijkheden te kunnen rijzen, en misverstand te kunnen veroorzaakt worden, wanneer beide het oneens zijn. Ingeval or bij deze § 12 alleen bedoeld wordt de verpligting van den stuurman jegens den schipper, zou veel van de ontstane bedenking wegvallen. Maar wat dan nog, wanneer, de schipper tegen het gevoelen van den stuurman de stuwing enz. bevelende, er echter schade komt, die bij het tegenovergesteld gevoelen van den stuurman voorzien was? In dat geval kan er toch zeker niet bedoeld worden, dat de stuurman tot schadevergoeding verpligt is.

Men vraagt dus nadere inlichting, en of, indien het geuit gevoelen gegrond is, niet eenige bijvoeging zoude noodig zijn?

Bij hetzelfde art. § 13, vraagt men of deze bepaling niet eenigzins beperkt moet verstaan worden, bij voorbeeld onder de bijvoeging van *zonder schriftelijke vergunning van den schipper?* voorts welke deswege de verpligting van den stuurman zijn zal bij het ledig varen van een schip, in welk geval eene afwezendheid van den stuurman soms nog al zoo gevaarlijk zijn kan.

Eindelijk vraagt men, op dit art. 4, of, gelijk bij § 1 bepaald is, dat in de monsterrol moet worden uitgedrukt de naam van het schip en van den schipper, mede in die zelfde monsterrol worden opgeteekend de namen en kwaliteiten van de lieden, die de equipagie uitmaken?

Bij art. 8, fransche text, meent men, daar er toch altijd slechts één is die vervangt, dat moet gelezen worden *ou de celui qui le remplace:*

Scheeps-equipagie. Worden hier de officieren onder begrepen? Men denkt van, neen, omdat in zoo vele andere artikelen *officieren* en *scheepsvolk* (gens de l'équipage) worden onderscheiden.

Men heeft te dezer gelegenheid ook opgemerkt, dat in den hollandschen tekst de benaming voor het scheepsvolk op onderscheidene wijzen wordt uitgedrukt; dan eens scheepsvolk, dan eens scheepsgezellen, zeevarende personen enz., en of het niet beter ware overal dezelfde benaming te bezigen. Hoe naauwkeuriger de uitdrukking der wet is, hoe verkieslijker.

Op art. 10 merkt men op, of de woorden *sans préjudice* (fransche tekst) de meening wel zoo goed uitdrukken, als wanneer men daarvoor stelde *en sus.*

De bepaling van art. 14 schijnt noodzakelijk te maken eene bijvoeging, op § 6 van het 4de artikel, van de woorden *en of hij al dan niet als stuurman op de bestemde plaats heeft gevaren.* En in vergelijking van die zelfde § rijst de bedenking, wat het geval zal zijn, wanneer een stuurman zegt als *officier* gevaren te hebben, en dit valsch bevonden wordt.

Op art 15, zijn de teksten niet overeenstemmende bevonden. De bepaling van den hollandschen tekst, *ingevalle hij naar zoodanige haven nimmer als officier heeft gevaren*, mist men in den franschen.

Op art. 16, meent men, dat ten slotte zoude behooren bijgevoegd te worden de bepaling: *de schipper zulks verkiezende*.

Op art. 17: *in zoodanig geval*. Daar deze bepaling zich schijnt te hechten aan art. 15, zou men vragen, of dit niet beter, duidelijkheidshalve, zou worden uitgedrukt door te stellen: *de schipper niet verkiezende volgens art. 15 den stuurman te houden* enz.? En dus even zoo in het fransch.

Op art. 19, vraagt men, of de bepaling van *eene maand* tot *een vierde van het loon* wel in eene genoegzaam billijke evenredigheid staat? Voorts, of dezelfde bepaling van eene maand in alle omstandigheden wel gelijk werkende mag geacht worden, b v. in de onderscheidene saizoenen, naar mate van welke de afgedankte meer of min moeijelijk anderen dienst kan krijgen? Bovendien is de toelage van ééne maand, zonder voedsel (hetwelk toch anders, ingevolge een vroeger artikel, onder het loon begrepen is) reeds op zich zelve eene geringe schadeloosstelling.

Ingeval dit echter op algemeene gewoonten steunt, zou de bedenking daardoor in het oog der afdeeling genoegzaam kunnen worden opgelost.

Op art 20. *Reiszeld*, in het fransch *indemnité;* men zou beter keuren *frais de route*.

Op art. 21 vraagt men, wat het geval zal zijn, wanneer het op hand ontvangene het bedrag van het verschuldigde zoude mogen te boven gaan?

In art. 24 en 28 wordt alleen van *matrozen* gesproken. Men verlangt inlichting, of deze bepalingen niet op *officieren* toepasselijk zijn.

Op art. 37, meent men eenig verschil tusschen den hollandschen en franschen tekst te moeten aanwijzen, welke eerste meer dan de laatsten uitdrukt.

Op art. 40 merkt men aan, dat hier alleen bepaald wordt, wat het geval is, zoo de slaaf gemaakte *bij de maand*, niet wanneer hij *bij de reis*, of *op aandeel van vracht* betaald wordt.

Op art. 41, vraagt men, waarom niet hier in den holland-chen tekst, in overeenstemming met den franschen, de benaming van *officieren* en *scheepsvolk?*

Het zelfde op art. 42.

Op art. 45, § 4, zal, in plaats van *verpleegde*, hollandsche tekst, moeten gelezen worden *verplegte*.

Op art. 48, § 5, vindt men de bepaling omtrent de verandering van *boekhouder* te sterk, en weet men daarvoor geene genoegzame reden te vinden. Er wordt dus deswege inlichting verlangd.

Bij § 9 van hetzelfde artikel, geeft men in bedenking, of het niet goed ware daarbij te voegen de woorden: *overeenkomstig de monsterrol.*

Op art. 49, 2 alinea, vraagt men of dit niet eene herhaling is van het reeds bepaalde bij art. 23 van dezen titel?

Het vermelde bij art. 51 schijnt eene herhaling te zijn van art. 44, met afwijking echter van het aldaar beter bepaalde. Wat toch zou het geval zijn van een afgedankte in een vreemd land, wanneer hij alleen met eene aanwijzing op de eigenaars of den boekhouder van het schip, voor hetgeen hem verschuldigd is, voorzien wierd?

Op art. 52, is het eerste woord *ook*, daar voorkomende, overbodig geoordeeld.

Op art. 53, vindt men geene genoegzame overeenstemming tusschen de beide teksten. In den hollandschen staat *wanneer dezelve niet aan-*

L 2

stonds te vinden zijn ; in den franschen *à défaut de ceux-ci.* Dit drukt niet hetzelfde uit. Voorts wordt, in verband met art 38, gevraagd of het niet in sommige gevallen noodzakelijk is eenige ruimte te laten ten aanzien van vrijheid tot het doen verkoopen, op last van den schipper, van sommige nagelatene goederen, b. v., plunje, welke dikwijls met ongemak bewaard wordt, en aan meerder bederf onderhevig is.

Men heeft eindelijk nog, opzigtens dezen titel, opgemerkt, dat, zoo men de groote omschrijvingen van het reglementaire behouden wil, waaromtrent een verschillend gevoelen kan bestaan, het dan noodig is dezelve volledig te maken. Zoo heeft men in dien zin begrepen, dat er niet stellig genoeg gesproken is van de betrekkingen der *officieren* tot den *schipper* en van de gehoorzaamheid door hen verschuldigd. Zoo meent men ook, dat de beschrijving van den *stuurman* meer bepaalde- lijk moest worden uitgedrukt. In onze voormalige zeeregten werd een stuurman aldus omschreven : « die gene, aan wien de zorg is op- « gedragen om het schip door het sturen te regeren en die, zoo wel « als de schipper, eene grondige kennis en ervarenheid van de zee- « vaart, en vooral van de stuurmanskunst moet hebben Zulk een is « aansprakelijk voor al de schade, welke door zijne schuld, onkunde « of onachtzaamheid in het sturen, voorkomt, ja zelfs voor de ge- « ringste schuld (*culpa levissima*), wanneer hij de uiterste oplettenheid « niet uitoefent.» Hij profiteert kunde, *peritiam profitetur*, en dit maakt hem ook voor de *culpa levissima* aansprakelijk.

VIJFDE TITEL.

Op art. 5, laatste alinea, merkt men aan, dat, zoo door de woorden *eene en andere plaats* bedoeld wordt in eene en dezelfde stad of haven, de nuttigheid daarvan niet zou kunnen worden weêrsproken. Doch, indien hier ook eene meer uitgebreide bedoeling bestond, b. v., ten aanzien van een schip komende van Antwerpen, hetwelk een gedeelte zijner lading te Dort, een ander te Rotterdam, en een derde te Vlaardingen moet innemen of lossen, ziet men zwarigheid om de bestemde dagen geheel over het hoofd te zien, en de bepaling dezer laatste alinea te laten werken, alzoo de inlading en lossing, volgens de 1 §, een gevolg is van de verklaring des schippers. Nu kan hij te Dort niet verklaren dat hij gereed is te Rotterdam te lossen. Dit vereischt dus, naar het inzien der afdeeling, nadere opheldering, welke uit dien hoofde ver- zocht wordt. Is de bedenking gegrond, dan zou de laatste alinea mis- schien zelfs geheel kunnen wegvallen.

—Nog vraagt men, op dit zelfde art. 5, wat door *werkdagen* verstaan wordt ?

Op art. 10, vindt men een verschil tusschen den hollandschen en franschen tekst : in de eerstgemelde leest men *uit eene der havens ;* in het fransch *du port.* Men zou aan het laatste de voorkeur geven; maar in allen gevalle schijnt het noodig dit te doen overeenstemmen. Men gevoelt dat er geene zwarigheid is voor een schip, dat voor het geheel gehuurd is ; maar wat ? ingeval voor een gedeelte, en op onderscheidene plaatsen beladen wordende.

Op art. 11 merkt men aan, of, daar er in den 4den titel bepaald is, dat de betaling der equipagie begint van het oogenblik, dat zij in dienst treedt, het wel billijk zij, dat de schipper en equipagie, die voor den bevrachter disponibel zijn, niet betaald worden van het oogenblik dezer disponibiliteit af aan, vooral ook, daar de bevrachter hen kan ophouden? Deze aanmerking is toegeschenen te meerdere kracht te verkrijgen door het gestelde bij art. 20.

Op de laatste alinea van art. 12 en art. 13 vraagt men, of het niet noodig zij hier aan vast te hechten, eene voorafgaande waarschuwing aan den bevrachter, inhoudende een bepaalden korten, tijd binnen welken hij vervrachter zal vertrekken, het zij ongeladen, het zij gedeeltelijk geladen ; binnen welken tijd de bevrachter dan nog altijd overeenkomstig zijne belangen kan handelen, en ook het schip kan doen onderzoeken, ter wegneming of vermindering der verkeerdheden, welke uit de bepaling van art. 14 aan de zijde des vervrachters welligt zouden kunnen voortvloeijen.

Op art. 19 merkt men aan, dat de woorden in den hollandschen tekst : *hij is bevoegd, na bekomene geregtelijke autorisatie*, niet geheel met den fr. tekst overeenstemmen. Men meent het verlangen tot die meerdere overeenstemming te mogen aanwijzen.

Op art. 23 vindt men de woorden *ontkosten op de* LOSSING *gevallen* : de fransche tekst zegt : *frais du chargement et du déchargement.* Welke is hier de regte lezing?

Op art. 26 leest men, in de 2e alinea, *de begrooting der schade* : waarom niet daarbij gevoegd, *interessen en kosten*? De fransche tekst heeft *dommages-intérêts.*

Op art. 29 meent men, dat, zoo deze bepaling toepasselijk moet geacht worden op *geheime* gebreken in het schip, die bij het onderzoek vóór het vertrek niet hadden kunnen blijken, dezelve billijk is ; maar, indien er eene andere uitlegging aan moet gegeven worden, zou men vragen, of het niet bedenkelijk is het vroeger onderzoek zoo geheel omver te werpen en voor nietig te houden?

Op art. 30, laatste alinea, vraagt men, of de bedoeling hier niet is, in verband met art. 33, dat de vracht betaald moet worden, naar gelang der afgelegde reize *tijdens den geaanen verkoop der goederen?* Misschien kan dit meer stellig worden uitgedrukt.

Op art. 36, vindt men het laatste gedeelte der beide teksten niet geheel overeenstemmende. In het fransch staat: ET *que celui-ci ait fait faillite ;* in het hollandsch : OF *dat door* SCHULD *of faillissement* enz. Dit vereischt herziening.

Even zoo wijst men, op art. 37, aan, dat de woorden in den hollandschen tekst *gedeeltelijk of geheel* niet juist met de fransche *s'il est besoin, la totalité*, overeenstemmen ; en dit verschil mede behoort te worden uit den weg geruimd.

Op art. 41 vraagt men: hoe? ten aanzien der kosten hierop vallende. En omtrent de begrooting van schade, hoe dezelve vóór de lossing kan plaats hebben?

Bij art. 42 zwijgt men ook van estimatie.

Op art. 50 vindt men in de laatste alinea, in het hollandsch, de woorden: *ten opzigte van de schade en onkosten*; in het fransch: *à l'égard de l'avarie.* Dit schijnt juister te kunnen overeenstemmen. Bij § 1 heeft men in het fransch : *ni l'un ni l'autre.* In het hollandsch bezigt men dezelfde woorden als in art. 48, 2e. alinea ; waarom zoo ook niet in het fransch?

Op art 51, is de redactie van den franschen tekst, in de 1e. alinea, te lang en duister gevonden, bijzonder voor de periode beginnende: *même qu'il y ait lieu.*

Men vraagt ook, of de omschrijving in de laatste alinea van den franschen tekst wel noodig zij?

Op art. 56, § 9, vraagt men, omtrent *het visa van den aflader*, waartoe zulks wordt noodig gekeurd? en deze vraagt berust vooral op de meeening, dat dit niet gebruikelijk is.   Men vindt bovendien deze bepaling in het fransch, bij eene bijzondere paragraaf, gebragt onder n°. 10; en in het hollandsch vereenigd onder n°. 9.

Aflader, men zou beter keuren *inlader*.

Op art. 58 meent men, dat het woord *afschriften*, 1ste alinea van den hollandschen tekst, moet wegvallen.

Op art. 65 vindt men de bewoordingen van den hollandschen tekst niet geheel met dien van den franschen overeenstemmende. De redactie van den laatsten wordt verkieslijk geacht, met verandering van het woord *un* nom, in *son* nom.

Op art. 65 en 66 vraagt men, of het niet noodig zij het woord *provisoire*, hetwelk in den franschen tekst voorkomt, ook in den hollandschen uit te drukken?

Op art. 68 vindt men verschil tusschen de hollandsche en fransche teksten, bepaaldelijk omtrent de periode beginnende in het hollandsche met het woord *mits*. Voorts zou men, in plaats van *afgekomene penningen*, liever lezen: *het bedrag der opbrengst* of *van den verkoop*. *Vervullen* zal moeten zijn *vervangen*.

Op art. 69 vindt men eenige duisterheid, vooral in de fransche redactie. Ook geven de woorden, in den hollandschen tekst, *of den eigendom niet reclamere* eenen anderen zin, dien men niet gelooft de ware te zijn.

Men heeft voorts, omtrent dezen titel, den twijfel opgegeven, of in denzelven ook bepaaldelijk zoude behooren te worden beslist of het cognossement op zich zelve een voldoende titel is, om aan den consignataris, of commissionair, privilegie te geven op de goederen der lading, uit hoofde van door hem gedaan voorschot; dan of deze beslissing reeds uit andere bepalingen voortvloeit.   Men heeft het niet ondienstig gekeurd, ofschoon misschien overbodig, dit alhier op te teekenen.

ZESDE TITEL.

Op art. 1 schijnt het woord *moedwil* meer uit te drukken dan *faute*. Misschien beter *de propos délibéré*; of anders het woord *schuld* in den hollandschen tekst te stellen, gelijk hetzelve ook op art. 2 gevonden wordt.

Op art. 3 las men, bij den franschen tekst, liever *par un événement purement fortuit*, in plaats van *si l'événement a été purement fortuit*.

Op art. 5 vindt men de woorden *faisant voile vers un port* niet in het hollandsch, en dezelve schijnen ook overbodig. Voorts zegt de hollandsche tekst, in de woorden: *om tot herstelling van schade eene noodhaven te bereiken*, meer dan het fransch: *pour être radoubé dans un port de relâche*.

Op art. 7 leest men in het hollandsch: *de geheele schade, nevens die van de lading*; in het fransch: *indemniser les propriétaires du second navire, ainsi que ceux du chargement*. Bij de eerste uitdrukking schijnt dus de schade van den schipper er mede onder begrepen. Welke is de bedoeling?

Op art. 8 las men, in den franschen tekst, liever *des navires*, in plaats van *d'autres navires*.

Op art. 9, *pour lui faire passage* zoude juister, dan door *wijken*, kunnen worden vertaald.

CINQUIÈME SECTION.

SÉANCE DU 8 NOVEMBRE.

CODE DE COMMERCE.

LIVRE II.

TITRE I.

Présens Messieurs:

van der Goes.

Tinant.

Belaerts.

van de Spiegel.

Cliffort.

de Moor.

de Secus.

Gerlache.

Quelques membres désireraient trouver un titre séparé dans le code de commerce, qui traitât de la saisie et de la vente des navires, au lieu de le renvoyer au code de procédure ; vu que les formes en seront essentiellement différentes de celles établies pour la vente de biens immeubles.

Art. 6.

Cet article présente plusieurs fautes d'ortographe.
Les alinéa du n°. 6 ne sont pas en harmonie avec le texte hollandais.
On pense qu'au n°. 11, il faudrait ajouter, après le mot *affréteurs : ou consignataires.*

Art. 7.

Lisez, à la seconde ligne : *comprises dans le même numéro*, afin de mettre les deux textes en harmonie.

Art. 9.

On propose la rédaction suivante pour cet article : « *Les priviléges mentionnés* « *ci-dessus ne s'appliquent pas aux navires ou bateaux destinés unique-* « *ment à la navigation intérieure*, à l'exception de ceux exprimés dans « l'art. 6, n°. 7 et 8 et dans l'art. 8. »
On demande si les priviléges dont cet article fait mention, s'étendent également aux navires et bateaux de moindre dimension que six tonneaux ; la section estime que, si ce n'est pas l'intention du rédacteur, il faudrait les y assimiler.
On trouve la rédaction de ce titre obscure. La section désirerait surtout voir énoncer d'une manière positive tout ce qui a rapport au privilége légal, et à celui acquis par inscription.

TITRE II.

A la tête de ce titre, on parle, dans le texte français, de *propriétaires*, *copropriétaires*, etc. dans le texte hollandais *van eigenaars*, *medereeders*, etc.
Dans le texte hollandais du 6me art. on se sert du mot *reeders* pour celui de *propriétaires ;* ceci n'est donc pas analogue avec celui de *eigenaars*, placé en tête de ce titre.

Art. 2.

On demande la radiation du mot *d'entr'eux*, comme étant inutile à cause de l'article suivant.

M 2

(48)

Art. 4.

La rédaction n'est pas en harmonie avec le texte hollandais ; on estime qu'il faudrait y ajouter la préférence.

Art. 6.

La rédaction du texte hollandais est vicieuse.

Art. 7.

Il faudrait lire : *de minderheid verpligt daarin toetestemmen, of hare aandeelen*, etc.

Art. 8.

On estime que cet article devrait figurer à la fin du titre ; on propose de faire disparaître, au texte hollandais, le mot *der deelhebbers*.

Art. 13.

On propose d'effacer à la fin de l'art. le mot *copropriétaire*.
La même réflexion sur les art. 19 et 22.
La section estime que la rédaction de ce titre est obscure et vicieuse, et qu'il faudrait, par une transposition des articles, commencer par ceux qui traitent des propriétaires et copropriétaires, et ensuite des directeurs de navires.

La séance est levée.

VAN DER GOES.

Présens Messieurs

van der Goes.

Tinant.

Secus.

Belaerts.

de Moor.

Cliffort.

van de Spiegel.

van Boelens-

CINQUIÈME SECTION.

SÉANCE DE VENDREDI 11 NOVEMBRE.

CODE DE COMMERCE.

TITRE III.

Art. 2.

On estime, qu'il faudrait lire, à la fin de la seconde ligne, *ou l'association;* et non *ou de tous les copropriétaires*, comme il est dit dans l'art. 3.

Art. 4.

On pense que, au mot *placées*, on pourrait substituer celui de *faits contre les règles.*

Art. 5.

On propose, à la quatrième ligne, de lire *l'association*, au lieu de *les propriétaires*, et dans le texte hollandais *de reederij.*

Art. 6.

On estime qu'il faudrait lire : *pour donner de ses nouvelles aux proprié-taires*, etc.

Art. 8.

Afin de mettre les deux textes en harmonie, il faudrait lire, à la troisième ligne : *sans avoir consulté*, et non *sans l'avis.*

On propose de placer les mots, *et tout ce qu'il pourra*, etc. avant *l'argent.* Dans le texte hollandais, les mots *zoo veel mogelijk* devraient être placés immédiatement après le mot *verpligt.*

Art. 9.

On estime qu'il faudrait ajouter, après *la faute du capitaine : ou de l'équipage.*

Art. 10.

Au texte français, dire, à la seconde ligne : *de ce qui*, au lieu de *de qui.*

Art. 15.

Quelques membres demandent pourquoi l'on n'exige pas la formalité prescrite part l'art. 224 du code actuel, de faire coter et parapher les registres.

Art. 16.

Il faut subitituer *et* à *ou.*

Art. 17.

Dans le texte hollandais la virgule doit être placée après les mots *daartoe aangesteld.*

On pense, que, dans le texte français, après les mots *d'experts jurés*, il faudrait ajouter : *établis à cet effet.*

Quelques membres préféreraient conserver la disposition du code actuel, qui rend la visite obligatoire.

N

Ait. 18.

On propose d'ajouter, après *le procès verbal de visite: si elle a eu lieu.*

Art. 20.

On propose de lire, au commencement de l'article : *est en état de guerre,* et à la fin : *de l'association,* au lieu de *des propriétaires* etc.

On estime qu'il ne faudrait pas étendre la faculté de donner des *ordres,* à ceux *qui ont intérêt à la cargaison.*

Art. 27.

On demande si l'on comprend aussi, dans cet article, tous les cas énoncés dans l'art. 25.

Art. 28.

Lisez à la fin: *des délibérations ;* et dans le texte hollandais, *geschrift, vervat is nadat hetzelve,* etc.

La séance est levée.

VAN DER GOES.

SÉANCE DU 15 NOVEMBRE.

TITRE III.

Présens Messieurs

van der Goes.
Tinant.
de Secus.
Cliffort.
van de Spiegel.
Van Boelens.
Belaerts.

Art. 30.

La section demande la conservation de l'art. 230 du code actuel, comme explicatif de l'art. 30 du projet.

Art. 38.

L'on propose *action pénale*, au lieu de *action publique* , comme plus conforme au texte hollandais , et présentant une expression plus juste.

Art. 39.

Même observation pour *l'action publique.*

Art. 44.

Il faudrait mettre les alinéa en harmonie avec le texte hollandais.

Art. 46.

Le texte hollandais ne présente pas d'alinéa.

Art. 51.

Le mot *beide* paraît inutile dans le texte hollandais.

VAN DER GOES.

VIJFDE SECTIE.

BIJLAGE.

TIT. III, ART. 23.

Men vraagt:

1°. Hoe wordt de meerderheid van de reeders in dit geval berekend? naar de aandeelen, volgens tit. 2, art. 17 of naar de personen?

2°. Hoe wordt de meerderheid der *inladers* bepaald? dit is vrij moeijelijk. Stelt men de personen, dan kan dikwijls het kleinste belang de meerderheid uitmaken; stelt men de waarde der onderscheiden gedeelten van de lading, hoe bepaalt men die waarde? Maar is het wel noodig dat de inladers over elkanders belang beschikken? De lading is voor verdeeling vatbaar: ieder kan dus voor zijn belang, voor zijne lading reclameren, of zulks nalaten, naar welgevallen; en voor zoo ver er vennooten zijn in een gedeelte der lading, zouden de regelen kunnen worden gevolgd, in alle andere zaken van de vennootschap plaats hebbende.

CINQUIÈME SECTION.

CODE DE COMMERCE.

TITRE IV.

Art. 3.

Afin de rendre le texte conforme au texte hollandais, il faudrait énoncer *la personne ou les personnes.*

Art. 4.

Ajouter au n° 4 du texte hollandais: *of te betalen.*

Au n°. 9, au lieu de *des excès d'ivrognerie* lisez: *d'ivrognerie.*

Art. 5.

L'on demande: à la poursuite, et au profit de qui, toutes les amendes de cet article?

Art. 14.

A la sixième ligne, après le mot *été*, il faudrait ajouter: *en qualité de maître pilote*, afin de rendre les deux textes conformes.

Art. 17.

Les alinéa des deux textes ne sont pas en harmonie.

Art. 19.

Même observation.

Art. 20.

A la cinquième ligne du second alinéa, il paraît qu'il faut lire *quotité*, au lieu de *qualité.*

Art. 26.

A la prémière ligne lisez: *de bris*, au lieu de *débris.*

Art. 29.

Le texte français ne présente pas d'alinéa.

O

Art. 5o.

Men stelt voor te lezen: *buitengewone scheepsdienst*, met weglating van de woorden *in dienst*, enz.

Art. 32.

Le texte français ne présente pas d'alinéa.

Art. 33.

Quelques membres pensent qu'il est dur d'abandonner le matelot *blessé* ou *mutilé*, dans les cas prévus à la fin du premier alinéa de cet article; ils proposent, en conséquence, de faire disparaître les mots : *jusqu'à l'arrivée du navire au port de sa destination, ou de la nouvelle que le navire a péri.*

On estime que l'on pourrait se passer des mots: *soit pour le compte du navire seul, soit pour celui du navire et du chargement*, vu qu'on trouve cette définition dans l'article précédent.

Art. 37.

Il faudrait rendre le texte français conforme au texte hollandais, comme étant plus clair.

Art. 38.

On propose, pour le texte hollandais, de mettre *inventaris*, et non *lijst*.

Art. 39.

Il faudrait mettre le texte français en harmonie avec le texte hollandais, pour la division des alinéa.

On estime qu'il ne faudrait pas ajouter les mots: *si le navire arrive à bon port.*

Art. 4o.

Même réflexion que sur l'article précédent, d'ôter les mots: *pourvu que le navire arrive à bon port.*

Art. 43.

On estime qu'après le mot *indemnité*, il faudrait ajouter: *dans les cas prévus par les art.* 41 et 42.

Art. 45

On propose de lire dans le texte hollandais, au n°. 2: *gewoonte van dronkenschap.*

Au n°. 4, *verpligte*, in plaats van *verpleegde.*

Au n°. 4 du texte français, au commencement, il faudrait ajouter le mot *la.*

Art. 46.

On propose de lire : *Tout officier ou homme de l'équipage, qui justifie qu'il est congédié sans cause valable après inscription sur le rôle.*

Art. 47.

Le texte français est obscur. Il ne présente pas d'alinéa. Il faudrait le rendre conforme au texte hollandais.

Art. 48.

On estime qu'il est dangereux d'accorder un refus de service à l'équipage en pleine mer.

Au n°. 4 du texte français, on propose de lire : *Si avant le commencement du voyage, ou si, le navire se trouvant dans un port de relâche nécessaire, l'on avait des nouvelles,* etc.

Au n°. 8, le cas n'est pas prévu où le capitaine jugerait à propos d'abandonner le convoi.

Art. 49.

On estime que les deux textes ne sont pas en harmonie : dans le hollandais on suppose deux cas, tandis qu'il ne s'en trouve qu'un au texte français.

Art. 58.

Par qui sera payé le salaire, et quel est le moyen de contrainte contre les gens de l'équipage ?

Art. 60.

Comment les gens de l'équipage feront-ils valoir leurs priviléges ?

H. M. VAN DER GOES.

B IJ L A G E.

V IJ F D E S E C T I E.

V I E R D E T I T E L.

Art. 26.

C'est ici une exception au droit commun, qui statue que la perte du gage n'anéantit pas l'obligation pour laquelle le gage a été donné. Cette exception est établie pour intéresser l'équipage à la conservation du navire. Mais, si le navire périt au retour, après avoir gagné le fret des marchandises arrivées à bon port, la décision n'est-elle pas dure? et pour ce cas ne devrait-on pas donner au moins la moitié? C'est l'opinion du professeur Delvincourt.

Art. 38.

On trace ici les obligations du capitaine relatives à la succession, en cas de mort d'un des gens de l'équipage (art. 37). Je pense en premier qu'il faut les étendre au cas de mort de quiconque se trouve sur son bord, même passager.

Il semble que ce serait ici la place de tracer aussi les obligations du capitaine dans le cas où le défunt a laissé un testament. Ces obligations se trouvent aux articles 990 à 993 du code civil français.

Lors de la discussion du titre des testamens, on statua sur la forme des testamens faits en mer, mais sur rien d'analogue aux articles précités. On observa cette omission dans les sections. On répondit que ces mesures feraient l'objet d'un règlement particulier. On replique que la place la plus naturelle était après les dispositions qui règlent les formes du testament fait en mer. Enfin, ce qui concerne la conservation de ces testamens ne se trouvant pas dans le code civil et devant être quelque part, il conviendrait qu'elles fussent dans le code de commerce.

Présents Messieurs :

van der Goes.

Tinant.

de Secus.

Boelens.

de Moor.

van de Spiegel.

Clifford.

Beelaerts.

CINQUIÈME SECTION.

SÉANCE DU 16 NOVEMBRE.

CODE DE COMMERCE.

TITRE V.

Art. 4.

Les alinéa des deux textes ne sont pas en harmonie.

Il paraît que la disposition : *sans le consentement de l'affréteur* n'est pas conforme à l'art. 40 du titre 3, qui porte qu'il peut y être autorisé par son engagement.

Art. 5.

Les alinéa ne sont pas en harmonie.

On propose d'étendre aux capitaines de gros navires, le *droit aux jours de planche.*

Art. 12.

On propose de lire au second alinéa :

« Ou de demander *soit l'indemnité fixée par la charte-partie*, etc. »

Art. 23.

Quelques membres estiment qu'il faudrait expliquer plus clairement si le *chargeur*, par la disposition du dernier alinéa, perd la faculté de retirer ses marchandises.

Art. 24.

On propose d'ajouter : « et que les marchandises par lui chargées sont affectées pour ses dommages intérêts. »

Art. 28.

Quelques membres estiment, qu'il faudrait ajouter, au 3me alinéa : *dans le lieu ou le voisinage, où il se trouve.*

Art. 32.

Le texte hollandais ne présente par d'alinéa.

Art. 35.

Les alinéa ne sont pas en harmonie.

P

Art. 36.

Lisez, à la fin: *d'un tiers, qui a fait faillite.*

Art. 38.

On propose de lire : *est privilégié avant tous les créanciers*, etc.

Art. 41.

Men stelt voor het woord *beschadiging.*, in alle de artikelen, waar het woord *beschadigdheid* voorkomt.

Art. 45.

Le texte hollandais ne présente par d'alinéa.

Art. 47.

Au n°. 2. On demande si cet article est aussi applicable à *une partie des marchandises prohibées.*

Art. 53.

Au second paragraphe lisez: *il n'y a lieu*, etc.
Au dernier paragraphe, on estime que le *chargeur* devrait fournir caution pour les devoirs imposés dans cet article.

Art. 56.

Au texte texte hollandais, il faudrait diviser le n°. 9, pour mettre les deux textes en harmonie.
N°. 1. Men vraagt, vermits het zeer gebruikelijk is, dat de schipper cognossementen teekent, behelzende, dat de inhoud hem onbekend is, of deze soort van cognossementen door dit artikel zal worden uitgesloten? Zoo neen, wordt voorgesteld, de vrijheid daartoe in dit artikel uit te drukken.

Art. 58.

Les alinéa ne sont pas en harmonie.

Art. 59.

On demande si le nombre ne devrait pas être énoncé.

Art. 60.

Les alinéa ne sont pas en harmonie.
Il paraît qu'il faut lire, à la fin du premier alinéa: *les connaissemens qu'il leur a délivrés;* et au second alinéa: *pour toutes les actions qui pourraient résulter des connaissemens expédiés.*

Art. 65.

Il faudra ajouter au texte hollandais: *povisionele opslag;* et lire: *het twelk op naam staat.*

Art. 66.

Même réflexion pour *provisionele opslag.*

Art. 66.

On propose de lire: *si tous les connaissemens de la même marchandises portent respectivement les noms des différents porteurs,* etc.

Art. 68.

Le texte hollandais ne présente pas d'alinéa.

La séance est levée.

VAN DER GOES.

Présents Messieurs :

Van der Goes.

Tinant.

De Secus.

Belaerts.

Van de Spiegel.

Cliffort.

De Moor.

Van Boelens.

CINQUIÈME SECTION.

SÉANCE DU 17 NOVEMBRE 1825.

CODE DE COMMERCE.

TITRE VI.

Art. 4.

On propose de lire, à la fin du second alinéa : *par les propriétaires de chaque navire et chargement.*

Art. 6.

Il faudrait lire au texte hollandais *deze schade ;* et au troisième alinéa du texte français, à la trosième ligne avant ajouter le mot *de diminuer*, etc.

Art. 7.

Le dommage ne doit-il pas être réputé *avarie grosse ?*

Art. 9.

On propose de lire, à la seconde ligne : *a le droit, en cas de danger, d'exiger d'un navire*, etc.

Art. 10.

L'on demande, si de nuit il ne faudrait pas éclairer les balises, et s'il ne conviendrait pas que tous les navires ou vaisseaux, voguant pendant la nuit, fussent obligés d'avoir de la lumière au mât, sous peine, en cas d'accident, de supporter tous les dommages et intérêts ?

(*Signé*) VAN DER GOES.

SECTION SIXIÈME, D'OCTOBRE.

SÉANCE DU 5 NOVEMBRE 1825.

CODE DE COMMERCE.

LIVRE II.

TITRE I.

Art. 2.

La section, en adoptant comme utile la mesure prescrite par cet article, demande quel sera le moyen que l'on adoptera pour son exécution : à cet effet il est essentiel de désigner avec précision l'endroit où la transcription devra se faire, et par conséquent où sera déposé le registre public, spécialement destiné : si cette désignation précise dépend d'une organisation quelconque de l'enregistrement ou d'une autre branche d'administration publique, on voudra bien faire connaître le motif du silence que le projet a gardé à cet égard.

Art. 4.

En se rapportant aux articles 6, 7 et 9 du présent titre, on demande si ce n'est pas par erreur qu'on a omis l'art. 8. On remarque que ce sont les articles 6, 8 et 10, qui contiennent les droits des créanciers privilégiés.

Comme cet article, pour ce qui regarde la vente, s'applique aussi bien aux ventes judiciaires, qu'aux ventes volontaires, il a paru nécessaire de supprimer le mot *volontaires* au commencement de l'article : de cette manière il aura dans son énoncé l'étendue qu'il doit avoir, en le mettant ainsi en harmonie avec les articles suivans, qui lui servent de développement.

Art. 6.

Pour les mêmes motifs, le mot *volontaire* doit être supprimé dans cet article 6.

Nᵒ. 11. Le texte français portant dommages et intérêts, le hollandais devrait avoir la même expression, comme la loi s'exprime en d'autres occasions, en disant : *schaden en interesten*.

Art. 12.

Comme la rédaction du texte français est plus concise, dans le premier alinéa, que le texte hollandais, on demande que celui-ci soit rectifié, pour les mettre en concordance.

Dans le 2e. alinéa en français, il faut dire *créances*, au lieu de *créancier*.

La réticence, énoncée à la fin de cet article, devrait être accompagnée de la peine à l'égard de ceux qui la commettent, et on propose de statuer, comme en matière d'hypothèque, que le vendeur, dans ce cas, pourra être poursuivi comme *stellionataire*.

Toutes les fois que, dans le cours de ce titre, on a employé le mot *privilégés*, il faut dire : *privilégiés*.

Q

TITRE II.

Art. 1.

Dans le texte hollandias, au commencement de cet article, on demande qu'on substitue le mot *reederÿ* à celui de *mede-reederschap* : c'est le mot *reederÿ* qui est constamment employé dans cette partie de la législation commerciale.

En français, au lieu de *en* leur bénéfice commun, il faut dire : *à* ou *pour* leur bénéfice commun.

Art. 4 et 5.

Ces deux articles ont donné lieu à la question de savoir : s'il résulte de leur rédaction une différence entre les obligations des copropriétaires de fournir leur contribution pour l'équipement du navire, qui forme l'objet de l'art. 4 ; et celle de l'art. 5, qui est la disposition pour le radoub et autres frais faits par ordre de l'association. Dans l'une comme dans l'autre, on dit que le copropriétaire sera tenu de remplir son obligation *à raison de sa part.* On demande si, dans le cas de l'article 4, le copropriétaire se libère de son obligation en abandonnant sa part dans le navire, et si la même faculté ne résulte pas de l'article 5 ; de sorte que le copropriétaire serait tenu, non-seulement jusqu'à concurrence de la valeur de sa part, mais encore au-delà, jusqu'à l'entier payement des frais dont il s'agit dans cet article 5, à proportion de sa part. Si c'est l'intention des rédacteurs d'établir cette différence, il faut qu'elle résulte d'une manière évidente des expressions des articles 4 et 5.

Art. 14.

Cet article paraît en effet établir une différence, qui se réfère aux articles 4 et 5 (quoi qu'on ait dit, probablement par erreur, 5 et 6) ; mais, comme on vient de le faire remarquer, cette différence ne résulte pas, au moins clairement, des articles qu'on invoque. Dans l'un comme dans l'autre, il y a obligation *personnelle*, quoique ce mot ne soit pas exprimé à l'art. 4 ; et il y a de même dans les deux articles *à raison de sa part.* Il n'y a donc pas plus de raison dans l'un que dans l'autre article de dire que le copropriétaire se libère en abandonnant sa part : ainsi, cet article 14 fournit une nouvelle preuve qu'en le mettant en rapport avec les art. 4 et 5, il faut donner à ceux-ci une autre rédaction.

Art: 17.

La restriction introduite par cet article a paru trop forte ; et la section croit qu'il convient de laisser au directeur la faculté de faire assurer le navire, quand des circonstances extraordinaires et imprévues demandent l'emploi de cette mesure.

Observation sur le titre.

Il a été remarqué qu'une disposition est nécessaire, dans ce titre, sur la faculté que l'on veut accorder ou restreindre à un sociétaire de vendre sa part. D'un côté, on demande que cette vente ne puisse avoir lieu qu'avec l'agréation des associés, en faveur de la personne que le vendeur désignerait ; de l'autre, on pense qu'il est préférable de ne pas gêner la faculté de vendre, mais d'accorder aux associés le droit du retrait, à exercer dans un temps déterminé. On prie la commission de se prononcer pour l'un ou l'autre système.

T I T R E III.

Art. 14.

Le mot *wanheid*, en hollandais, doit avoir le mot correspondant en français, et on ne croit pas que l'on puisse se servir de *vidité*; à moins que ce ne soit un mot consacré par la législation commerciale. Le mot *vide*, employé comme substantif, répond à *wanheid*; et il convient, pour la clarté du texte français, de le placer avant *dépérissement*, comme *wanheid* l'est en hollandais.

Art. 15.

La section croit que, pour donner plus d'authenticité au registre du capitaine, il convient de conserver la disposition principale de l'article 224 du code de commerce actuel, pour ce qui regarde l'ordre de *coter* et *parapher*, par l'autorité que l'on y croira la plus propre.

Art. 17.

Des remarques ont été faites sur la nécessité d'imposer au capitaine l'obligation de faire visiter le bâtiment ; et pour cela on demande que l'art. 225 du code actuel soit substitué à l'art. 17 du projet. C'est dans l'intérêt public, aussi bien que dans l'intérêt particulier, que l'on demande cette obligation; puisque, sans elle, les équipages des navires sont exposés à périr, par la négligence à assurer le bon état du navire. En adoptant cette mesure, il conviendra d'ajouter à l'article un n°. 9. *Les procès verbaux de visite du navire.*

Art. 29.

Ou demande que l'on substitue le mot *affectés* à *obligés*, au commencement du texte français : *obligé* ne s'employe qu'à l'égard des personnes.

Art. 30.

On désire qu'on ajoute: *par écrit*, au mot *consentement*, à la fin de l'article, afin de prévenir toute difficulté.

Art. 32.

Texte hollandais, vers la fin. Au lieu de la disjonctive *of*, il faut dire deux fois *noch : noch tot dat einde*, etc. *nog hetzelve.*

Observation générale sur le titre.

Après avoir examiné les articles relatifs aux obligations du capitaine, on demande s'il ne conviendrait pas de statuer une pénalité, outre la disposition de l'article 3, tendante à contraindre le capitaine à remplir exactement ses devoirs.

T I T R E IV.

Art. 15.

Le texte hollandais contient cette phrase: *ingevalle hij naar zoodanige haven nimmer als officier heeft gevaren ;* elle est entièrement omise en français. On croit d'ailleurs qu'au lieu de *officier*, il faut dire: *stuurman*, comme à l'article 14.

Art. 23.

Comme plus d'une fois dans ce titre on s'est servi des mots: *officiers et gens de l'équipage*, il convient de conserver la même locution dans toutes les dispositions. Dans cet article on dit *officiers et matelots;* tandis qu'en hollandais on dit *officieren, matrozen en scheepsgezellen.* Dans une langue on exprime tout en disant *officiers et gens de l'équipage*, dans l'autre *officieren en scheepsgezellen.*

Art. 24.

L'observation sur l'article précédent se confirme ici, puisque l'article 24 commence par le mot : *matelots;* et l'on demande si dans ceux-ci sont compris tous les gens de l'équipage.

Art. 37.

Les deux textes ne se ressemblent pas : il faut les mettre en concordance.

Art. 49.

Lossen of *te herladen;* il faut dire : EN *te herladen:*

Art. 51.

Hem verschuldigd; il faut *hun.*

T I T R E V.

Art. 3 n°. 7.

A la fin de ce n°. il faut effacer le mot: *wanneer*, dans le texte hollandais.

Art. 12, 3e alinéa.

On remarque, dans le texte hollandais, que le mot *kaplaken* n'a peut-être pas la même signification que le mot *chapeau* en français : dans les deux textes on demande s'il convient de laisser dans la législation cette incertitude sur ce qu'on entend par *kaplaken* et *chapeau*, et sur la hauteur de la somme que l'on peut exiger en vertu de la disposition dont il s'agit.

Art. 31.

Le texte français de cet article, en le comparant même avec l'autre texte, laisse une ambiguité, qui empêche la section de former son opinion sur la disposition soumise à son examen: en conséquence, elle demande une explication du sens que les rédacteurs ont voulu donner à l'article, pour fixer l'idée nécessaire à son adoption ou à son rejet.

Art. 50 *n°*. 1, 3e alinéa.

De kost- en maandgelden etc. Dans ce § du texte hollandais, il faut ajouter le mot *huur* avant *pakhuizen*, pour correspondre à ce que dit le texte français : *les frais de magasin* ; et on remarque qu'en ce texte il vaudrait mieux dire : *les loyers de magasin*, au lieu de *frais de magasin*.

Art. 56.

Dans le texte hollandais on a compris dans le n°. 9 les dispositions qui, en français, forment les n°. 9 et 10 ; il faut rendre ces textes conformes entre eux.

TITRE VI.

Art. 7.

Les deux textes diffèrent, en ce qu'en français on dit : « indemniser les « propriétaires du *second navire*." Ces deux derniers mots ne se trouvent pas en hollandais ; il faut les y ajouter.

R

ZEVENDE SECTIE.

ZITTING VAN 9 NOVEMBER 1825.

Tweede Boek van het Wetboek van Koophandel.

EERSTE TITEL.

Aanmer-
king no. 1. Daar het oude last op dezelfde maat gebleven is, en de tonnen tot het metriek stelsel zijn overgebragt, is er twijfeling ontstaan, of drie lasten, en zes tonnen, dezelfde maat uitdrukken.

n°. 2. Voor het overige is er op dezen titel geene aanmerking gevallen, dan dat in den slotzin de gebruikelijke formule ontbreekt: « Lasten en beve-len," enz.

TWEEDE TITEL.

n°. 3. De hollandsche tekst van het eerste artikel is eene definitie van hetgeen door mede—reederschap verstaan moet worden; terwijl de fransche tekst de bepalingen bevat, onder welke dezelve ontstaat. Dit laatste der sectie meer doelmatig voorkomende, stelt zij voor, de hollandsche redactie te veranderen en geheel met de fransche overeen te brengen.

n°. 4. In het 4de art. duidt de fransche tekst niet genoegzaam aan, waarvoor dat aandeel aansprakelijk is.

n°. 5. Om de twee teksten naauwkeurig overeen te brengen, zoude, er art. 7 in het hollandsch, moeten staan: *Is de minderheid verpligt daarin toe te stemmen, of hare aandeelen aan de meerderheid afstaan*, enz.

no. 6. Er wordt gevraagd, wat in art. 17 en 18 verstaan moet worden door *verzekeren;* aangezien het voorkomt, dat de gewone beteekenis van assu-rantie alhier niet bedoeld kan worden.

n.° 7. In den slotzin ontbreekt wederom: « Lasten en bevelen," enz.

DERDE TITEL.

no. 8. Men stelt voor, de bepaling van art. 11 omtrent het niet uitstellen der reize wegens ziekte, en het vervangen der zieke officieren door andere, alleenlijk te doen gelden bij het vertrek uit het vaderland.

n°. 9. In art. 15, n°. 3, staat *hoogte en breedte*, moet zijn: *lengte en breedte.*

n°. 10. Men verlangt duidelijk omschreven te zien, wat door *groote zeeën*, *grandes mers*, verstaan moet worden.

no. 11. Hoe moet de schipper zich gedragen, wanneer, in het geval in art. 20 vermeld, de orders der reeders tegenstrijdig zijn met die der belanghebbenden in de lading ?

no 12. In plaats van de waarheid van het journaal door eede te laten bevestigen, zoo als in art. 28 wordt vastgesteld, zag de sectie liever de bepaling van het fransche code, n°. 224, behouden, waarbij aan den schipper de verpligting wordt opgelegd van een authentiek journaal te houden, gequoteerd, en geparafeerd door de bevoegde autoriteit.

n°. 13. Wordt herhaald, art. 37, de aanmerking n°. 6, over den zin van het woord *verzekeren*.

Aldus gedaan ten dage als boven.

Bij absentie van den President,

(*Geteekend*)   J. C O R V E R H O O F T.

Vice-President.

R 2

Z E V E N D E   S E C T I E.

Tweede boek van het Wetboek van Koophandel.

V I E R D E   T I T E L.

Aanmerking n°. 14. Wanneer men n°. 6 van art. 4 vergelijkt met hetgeen art. 14 en de volgende, omtrent de verpligting en de regten van den stuurman, bepalen, zoude het genoegzaam voorkomen dat op de monsterrol geconstateerd wierd, dat hij te voren op gemelde plaats gevaren had, al ware het dan niet als officier.

n°. 15. *Zonder tegenspreken* en *sans murmurer*, in art. 4 n°. 9, schijnt niet denzelfden zin aan te bieden.

n°. 16. In art. 33 staat: *voor scheeps- of schips- en lading-rekening.* Men slaat voor, tot meerdere duidelijkheid, te stellen: « voor scheeps-rekening alleen, « of schips- en lading rekening te zamen."

n°. 17. Het onderscheid tusschen het geval in art. 40 vermeld, en dat in art. 41, is: dat de eene gevangen genomen wordt op het schip zelve, dat hij misschien kloekmoedig heeft helpen verdedigen; en de andere gevangen is terwijl hij, ten voordeele van het schip of de bevrachters, van of naar hetzelve gezonden wordt. Waarom wordt de laatste zoo verre boven den eersten bevoorregt, en is de behandeling omtrent dezen niet te hard?

n°. 18. Moet een Koninklijk besluit, volgens art. 43, eens vooral deze somme bepalen, even als in het fransche code, waar dezelve op fr. 600 gesteld was? of moet zij, in elk bijzonder geval, door een Koninklijk besluit worden vastgesteld?

n°. 19. Het veranderen van boekhouder of reeders, vermeld in art. 48, schijnt geene genoegzame redenen op te leveren voor de equipagie, om het contract, met den schipper aangegaan, te verbreken.

V I J F D E   T I T E L.

n°. 20. Men kan zich geene voldoende redenen geven, waarom de bevrachter, in het geval bij art. 16 vermeld, aanspraak heeft op het voordeel der vracht, en ontslagen wordt van de verpligting om te dragen in de averij.

n°. 21. Is het art. 32 niet tegenstrijdig met de laatste zinsnede van art. 30?

n°. 22. De belangen van de eigenaars van het schip niet altijd dezelfde zijnde als die van de eigenaars der lading, kan het gebeuren, dat de schipper, in het geval art. 50 n°. 1 vermeld, tegenstrijdige orders ontvangt. Daar moet dus bepaald worden, welke hij bij voorkeur moet gehoorzamen.

no. 23. Het contract van bevrachting buiten schuld van den bevrachter en door omstandigheden van zijnen wil onafhankelijk verbroken zijnde, namelijk door den oorlog, vindt men de bepaling, vervat in § 3 van art. 50, te bezwarend voor denzelven.

no. 24. Dezelfde aanmerking geldt ook, art. 51, voor de helft der vrachtpenningen, welke hij steeds verschuldigd blijft.

no. 25. De bevrachter altijd tot dus verre inlader genoemd zijnde, stelt men voor, art. 56 no. 9, in plaats van aflader ook *inlader* te stellen, om allen twijfel wegtenemen of hier van een ander persoon gesproken wierd.

ZESDE TITEL.

no. 26. In art. 3 staat *sans répetition*, waarvoor in den hollandschen tekst geene uitdrukking gevonden wordt.

no. 27. Een schip, dat aan den grond zit, loopt geen gevaar van tegen een ander aantedrijven. De fransche tekst heeft *un navire se trouvant sur des bas-fonds.* Dit schijnt meer op het geval toepasselijk.
In het slot ontbreekt, *Lasten en bevelen enz.*

Aldus gedaan ten dage als boven.

Bij absentie van den President,

(*Geteekend*)   J. CORVER HOOFT.

Vice - President.

RÉPONSES AUX OBSERVATIONS DES SECTIONS.

Code de Commerce, livre second.

REPONSES aux observations des Sections de la 2ᵉ Chambre des États Généraux.

CODE DE COMMERCE.

LIVRE SECOND.

TITRE PREMIER.

Des navires.

Sur la remarque de plusieurs sections, on a fait, dans la nouvelle rédaction des art. 2, 4, 5, 6, 9 et 12 du texte hollandais et des art. 4, 5, 6, 7, 9, 10 et 12 du texte français, des changemens conformes à leur désir.

Passant à l'examen de quelques observations faites sur ce titre, on observe:

1°. Sur l'art. 2, en rapport avec l'art 8, que, dans un pays commerçant et de navigation, où il y a tant de propriétaires et d'armateurs de navires, il était du plus haut intérêt de veiller à ce que, par des registres publics, toute personne puisse connaître à qui les vaisseaux appartiennent et de quelles charges ils sont grevés.

Quoique les navires ne soient de leur nature que des biens meubles, on s'est néanmoins réservé, lors des discussions sur le code civil, d'insérer sur ce point dans celui de commerce quelques dispositions salutaires: elles consistent dans la tenue de registres publics, sur lesquels la transmission de propriété et les charges ordinaires, ou les dettes pour lesquelles le navire est spécialement affecté, doivent être inscrites; à l'exemple des précautions prises par le législateur à l'égard de l'obligation de transcrire les acquisitions de biens immeubles. Il n'est pas nécessaire de démontrer que, dans notre pays, le propriétaire de navires a droit à une protection égale à celle des propriétaires de biens fonds; car il y a une foule de fortunes considérables intéressées dans cette espèce de propriété.

Déjà une semblable transcription, en ce qui concerne la propriété, était ordonnée par la loi de Vendémiaire an 2, qui a été déclarée exécutoire dans les départemens de la Hollande; et il sera facile, lors de l'introduction des codes, de prendre les mesures nécessaires, afin d'opérer l'inscription des navires sur les registres des ports et villes de commerce qui seront désignés, et d'indiquer en même temps les fonctionnaires qui seront chargés de la tenue de ces registres. On pense que ces dispositions ne doivent point faire partie du code de commerce, et qu'elles appartiennent à des réglemens particuliers; on s'est donc borné à poser le prin-

A

cipe de l'inscription et de la transcription, afin qu'un chacun, lorsqu'il achète des navires ou des parts de navires, ou lorsqu'il prête de l'argent sur leur propriété, puisse connaître avec certitude qu'il traite avec le véritable propriétaire et quelles sont les créances qui grèvent le navire. On remarque enfin que les dettes privilégiées, énumerées en l'art. 6, ont été par la nature des choses considérées comme susceptibles d'inscription ; par ce que l'acheteur ou le prêteur peut se garantir contre tout préjudice par l'inspection des quittances, et s'assurer s'il y a ou non des charges.

Sur l'art. 3. 2°. Pour empêcher que la disposition salutaire de la transcription ne soit éludée, on a dû statuer que, lorsqu'un Belge vend, à l'étranger, à un autre Belge des navires, la propriété ne se transmet pas sans transcription ; tandis que cette règle souffre exception, lorsque des navires sont vendus hors du Royaume à des étrangers, parce que ceux-ci ne peuvent être forcés de connaître et d'observer des lois étrangères. Cependant on ne doit pas perdre de vue que dans aucun cas (voyez art. 4) des navires vendus ne seront dégrevés de leurs charges.

Art. 6, n°. 8. 3°. La section voudra bien remarquer que l'on a jugé inutile d'ajouter ici le mot bedongen, intérêts stipulés, et que le mot verschuldigde, intérêts dûs, répond mieux à l'objet de ce n°.

Art. 6, n°. 10 et 11. 4°. On observe que les numéros ne se trouvaient point dans le projet originaire du code, mais que l'on n'a trouvé aucune difficulté, d'après le désir de plusieurs sections, de les y ajouter. Ils sont extraits des n°° 8 et 9 de l'art. 190 du code de commerce français.

TITRE 2e.

Des propriétaires, co-propriétaires et des directeurs de navires.

Pour satisfaire au désir de plusieurs sections, on a fait, dans la nouvelle rédaction, des changemens aux art. 1, 2, 3, 4, 6, 7, 8, 15, 16, 17 et 18 du texte hollandais, et aux art. 1, 2, 3, 4, 5, 6, 9, 10, 12, 13, 15, 16, 17, 18, 19 et 22 du texte français, et on a rayé les art. 2 et 3, dont les dispositions ont été reportées dans le nouvel art. 7, qui est placé à la suite des articles qui traitent des rapports généraux des copropriétaires de navires, et comme une introduction aux devoirs et obligations des Directeurs ; et l'on observe à cet égard que l'art. 8 (6 nouveau), bien que traitant de la dissolution de l'association, ne peut être convenablement placé à la fin du titre, parce qu'il s'agit uniquement des Directeurs depuis l'art. 6 jusqu'à la fin. On observe encore.

1°. Sur les art. 5 et 6 3 (et 4 nouveau) qu'une section a très-bien remarqué que la distinction caractéristique de ces deux articles consiste en ce que, dans le premier cas, le copropriétaire peut se libérer par l'abandon du navire ou de ses parts, tandis que dans le deuxième cas, il demeure personnellement responsable pour sa part dans la dette, ce qu'on a tâché d'exprimer plus clairement dans la nouvelle rédaction.

2°. On n'a pu insérer dans ce titre l'art. 217 du code français, parce que les armemens en course n'appartiennent pas proprement à la navigation *commerciale* et que les dispositions sur cette matière doivent être spécialement déterminées par des lois politiques.

Art. 15. (14 nouveau).

3°. La section quatrième ne s'est nullement trompée en pensant que le Directeur ne peut se libérer des dommages et intérêts par l'abandon de sa part dans le navire; car, de ce qu'il est dit dans cet article que sa part y est affectée par privilége, il ne s'ensuit point une exclusion de la responsabilité personnelle.

Art. 17. (16 nouveau).

4°. A l'égard de cet article on observe que la gestion du Directeur se borne aux intérêts de l'association en ce qui concerne les bénéfices qu'elle doit retirer de l'usage du navire. Mais lorsqu'il s'agit de faire assurer le navire ou des parts de navire, cela sort des bornes de la gestion, et il faut une autorisation expresse; parce que les propriétaires doivent se consulter s'il est de leur intérêt, ou non, de laisser assurer leur propriété, ou si, en n'assurant point leurs parts, ils se feront eux-mêmes leurs propres assureurs, ainsi que cela arrive souvent.

Il en est autrement dans le cas de l'art. 18 (17 nouveau), parce que les propriétaires ne peuvent avoir aucune connaissance de ces sortes de réparations, et que cette assurance, ainsi que celle du fret à gagner, est en rapport avec l'objet de l'association, c'est-à-dire, l'usage du navire dont il a la direction.

5°. Sur la demande et l'observation d'une section, on remarque que l'on n'a pas jugé utile de donner, dans la loi, aux co-propriétaires le droit de retrait dans le cas où l'un d'eux voudrait vendre sa part; parce que, dans le code civil, on n'a point admis les retraits, même entre co-héritiers; ce qui n'exclut cependant pas la faculté de stipuler, dans chaque cas particulier, que l'un des propriétaires pourra retraire la part de l'autre.

TITRE TROISIÈME.

Du capitaine.

On a satisfait à la majeure partie des observations des sections, par des modifications, corrections et changemens faits dans la rédaction des articles 1, 4, 5, 6, 8, 10, 12, 13, 14, 15, 16, 17, 18, 19, 20, 22, 23, 25, 26, 27, 29, 30, 31, 32, 36, 37, 38, 40, 43, 46, 49, 53 et 54 du texte français, et aux art. 1, 2, 4, 8, 9, 12, 13, 14, 15, 16, 17, 19, 20, 22, 23, 25, 28, 30, 32, 36, 37, 38, 40, 43, 44, 46, 49, 50, 51 et 53 du texte hollandais (ancienne série).

Passant aux autres objections faites, on donne les réponses suivantes:

Art. 1 et 2. 1°. Quant à la radiation de l'art. 1er. qu'une section a considéré comme inutile, on a pensé qu'il était nécessaire de le conserver, pour bien indiquer qu'il n'y avait point d'autres modes d'engagement du capitaine qu'il n'est exprimé dans la disposition.

Au surplus, l'article a été rendu plus complet, par une adjonction qui a amené la rédaction de l'art. 2.

A2

Art. 3. 2°. On observe à l'égard de la préférence donnée à l'art. 221 du code actuel sur l'art. 3 du projet, que celui-ci est plus complet, et détermine mieux les cas de responsabilité du capitaine.

On n'a pas aussi établi *la pénalité* réclamée par une section, parce que les dommages et intérêts dont le capitaine est passible, offrent assez de garantie.

Art. 4. 3°. Sur l'observation faite que l'art. 4 devrait être rayé, étant déja compris dans le précédent, on répond que la responsabilité de l'art. 3 n'est relative qu'au *navire* seulement, et que celle de l'art. 4 concerne l'arrimage *des marchandises*; elle devait donc être insérée, pour éviter une lacune.

Art. 5. 4°. A l'égard de l'objection faite par une section, *que le capitaine devrait aussi former l'équipage, lorsqu'il se trouve dans le lieu de la demeure des propriétaires du navire*, on observe que, quoique le capitaine réponde des gens qui composent l'équipage, il n'en est pas moins, en quelque sorte, le mandataire des propriétaires du navire, qui ne peuvent être dans ce cas livrés aux effets de son propre caprice.

C'est pour cette raison que la loi, afin de concilier toutes les opinions, veut que le capitaine s'entende avec les propriétaires; et l'on a changé dans l'art. 5 l'expression *de concert* en celle *d'avis*, pour faire connaître que le capitaine ne pourra jamais être contraint de prendre des gens dont il ne voudrait pas, mais qu'on pourra bien l'empêcher de louer des hommes que les propriétaires refuseraient: c'est une espèce de *veto* de la part de ces derniers.

Art. 7. 5°. Quant à la demande faite par une section, d'obliger le capitaine de rester à bord jusqu'au *déchargement* des marchandises, on n'a pu y satisfaire; parce que sa présence n'est certainement plus d'une indispensable nécessité, lorsque le navire est en rade sûre ou arrivé à bon port; et qu'il est en outre des cas où le capitaine est obligé d'aller à terre, pour y affirmer des rapports ou procès verbaux, ou faire d'autre actes devant les consuls ou les autorités du pays.

Art. 8 et 9. 6°. Par la nouvelle rédaction de l'art. 8, et la radiation de l'art. 9, on a satisfait à la remarque d'une section, en établissant le cas *de responsabilité* avant celui *de non responsabilité*.

D'un autre côté, on n'a pu, selon le désir d'une section, placer l'obligation d'emporter *l'argent* après *celle des marchandises*; parce que *l'argent* est une chose précieuse d'elle-même, qui a toujours une valeur fixe et déterminée, tandis que les diamans, joyaux, pierreries et autres marchandises ont une valeur variable et presque indéterminée : voilà pourquoi l'argent a été placé en première ligne. Du reste, s'il se trouve par extraordinaire de ces objets précieux à bord, l'intérêt particulier y veillera sans doute, et on ne manquera pas alors de les sauver de préférence à des écus d'une moindre valeur ; les lois doivent être faites pour des cas ordinaires.

Art. 13. 7°. A l'égard de la demande faite par une section, de comprendre dans l'art. 13 les capitaines naviguans dans les eaux intérieures, on observe que cet objet a déjà été traité dans le titre *des bateliers et voituriers* du livre 1er.

Art. 14. 8º. Dans l'art. 14 le mot *vidité* est bien exprimé en hollandais par wanheid.

Art. 15. 9º. Sur la demande faite, que le registre mentionné en l'art. 15 soit visé et paraphé, on observe que, cette formalité n'ayant pas été maintenue dans le livre 1er du présent code à l'égard des livres des commerçans en général, il fallait partout suivre la même uniformité.

Art. 17. 10º. Relativement à la demande faite, que, conformément au code français, la visite du navire fût toujours *d'obligation*, on n'a pas jugé utile d'y satisfaire, parce que le commerce repousse cette formalité comme sujette à des frais et des inconvéniens. D'ailleurs la disposition de l'art. 17 ne l'empêche pas; elle laisse aux parties le soin de faire examiner le navire, si elles le jugent à propos; chacun veillera alors à ses propres intérêts.

Art. 18. 11º. On n'a pas jugé nécessaire d'ajouter à cet article la mention *du procès verbal de visite, quand elle a eu lieu*; parce qu'il est souvent plus utile de laisser cette pièce au lieu du départ, pour s'en servir en cas de contestation éventuelle, que de la prendre à bord du navire, où elle peut être anéantie avec lui.

Art. 19. 12º. Quant à la demande d'une section, que l'emprunt fût fait par *le Directeur*, et non par le capitaine, on ne peut y satisfaire, parce que l'art. 19 donne à ce dernier une faculté *spéciale* lorsqu'il ne se trouve pas dans le lieu de la demeure du Directeur; dans tous les autres cas, c'est celui-ci qui représente l'association.

Art. 20. 13º. A l'égard des observations faites sur l'art. 20, on remarque que le changement opéré dans la rédaction de la finale de l'article fera cesser les doutes qui se sont élevés sur son application; parce que le départ du navire ne pourra jamais avoir lieu, que dans le cas où *tous* les intéressés au navire et au chargement seront d'accord là-dessus.

Art. 22. 14º. Sur la remarque faite par une section, que le capitaine ne devrait pas correspondre avec *les chargeurs* mais avec *le Directeur*, on voudra bien observer que ce dernier n'a rien de commun avec les *marchandises*, et qu'il n'est que le représentant des propriétaires *du navire*. C'est pour cette raison que l'art. 22 oblige le capitaine de correspondre avec le Directeur en ce qui concerne le navire seulement, et avec chacun des chargeurs à l'égard de ce qui lui appartient dans la cargaison.

Art. 23. 15º. Quant à la demande d'une section sur la manière de former la majorité mentionnée dans l'art. 22, on entend que cette majorité sera établie par le nombre *des parts*, ainsi qu'il est statué au titre *des propriétaires de navire*.

Le changement dans la rédaction de l'article indique clairement comment la majorité des chargeurs sera formée.

Quant au mode de convocation et de voter, c'est un point réglementaire d'exécution, dont la loi ne devait pas s'occuper.

B

Au surplus, la disposition indique assez que cet article ne s'applique pas à l'art. 20, mais à l'art. 22.

Art. 24. 16°. Ce n'est pas le capitaine, qui jugera la légitimité de la cause *du congé* en l'art. 24; cela appartient au juge ordinaire compétent.

Art. 25. 17°. A l'égard de l'objection, à l'art. 25, sur la perte de temps qu'occasionnerait l'avis à donner par les principaux de l'équipage dans des momens urgens, on observe qu'il ne faut qu'un instant pour avoir cet avis, car tous se trouvent présens à bord du navire.

Au surplus, la rédaction de quelques mots, à la fin de l'article, fait cesser la demande de ce qui arriverait en cas de dissentiment entre le capitaine et les principaux de l'équipage.

Art. 27. 18°. Une section ayant demandé si tous les cas de l'art. 25 sont aussi compris dans l'art. 27, on répond que non : l'art. 27 se rapporte à l'article précédent seulement où il s'agit du *jet*, et l'on croit que la rédaction ne laisse aucun doute à cet égard.

Art. 28. 19°. On n'a point jugé convenable d'énoncer, dans l'art. 28, où *le serment doit être prêté*, parce que cela dépend des lois et usages de chaque pays où il y a des fonctionnaires différens, et cela ne pouvait être déterminé.

20°. L'article 230 du code actuel n'a pas dû être inséré à la suite de l'art. 30, attendu que, l'art. 2 du présent titre contenant tous *les faits* de responsabilité du capitaine, il s'ensuit que la force majeure y est exclue.

Art. 32. 21°. Quant à la radiation du mot *correspondans*, dans l'art. 32, on n'a pu satisfaire à la demande de la section; parce que, dans ce cas, les *correspondans* sont, dans l'intérêt du commerce, en quelque sorte assimilées à des fondés de pouvoir.

Art. 34. 22°. A l'égard de la demande faite par une section, de considérer comme *avarie grosse* la différence du prix de la vente des marchandises, lorsqu'elle a été faite *en dessous* du cours du port de la destination, on voudra bien remarquer que le capitaine fait, dans l'art. 34, un emprunt dans l'intérêt *unique* du navire, et qu'il serait injuste d'y faire contribuer les marchandises qui ont été vendues forcément afin de se procurer les fonds nécessaires pour radouber le vaisseau.

Art. 35. 23°. Comme l'art. 35 dit positivement que le capitaine ne peut contraindre les particuliers qui ont des vivres à bord, à les mettre en commun, que lorsque les victuailles du bâtiment manquent, une section à très-bien pensé que tous les autres vivres chargés devaient être épuisés, avant de toucher à ceux des passagers.

Art. 38 et 39. 24°. On a préféré conserver, aux articles 38 et 39, les mots *action publique*, parce qu'ils expriment bien la poursuite faite dans l'intérêt de la société par le ministère public, et parce que, d'ailleurs, cette expression a déjà été consacrée dans d'autres parties de notre législation nationale.

25°. La section qui a désiré que le rapport fût fait devant le commissaire du port dans les lieux où il n'y a pas de magistrat spécialement désigné, voudra bien remarquer qu'il n'y a point partout de ces fonctionnaires *ad hoc*, et que c'est pour ce motif, que, dans l'art. 44, on a indiqué le président du tribunal d'arrondissement, ou le juge du canton, qui se trouvent sur toutes les côtes du Royaume.
A l'égard des colonies de l'État, il n'y a pas de doute que le rapport devra être fait devant l'autorité à ce compétente dans chaque colonie.

26°. Il est vrai, ainsi qu'une section l'a très-bien observé, que l'article 55 est clair; mais il n'est pas inutile: car il complète la matière du présent titre, en déterminant la responsabilité du capitaine qui se trouve en même temps propriétaire du navire.

27°. Quant à la demande de rappeller ici les devoirs du capitaine en ce qui concerne les actes de l'état civil à bord du navire, on observe que, cet objet ayant été traité à sa véritable place, dans le titre douze du livre premier du code civil, il était parfaitement inutile d'en parler dans une matière où il ne s'agit que des obligations du capitaine dans ce qui a rapport à la navigation, et au transport des marchandises.

TITRE QUATRIÈME.

De l'engagement et des loyers des officiers et gens de l'équipage, de leurs droits et obligations.

Il a été satisfait à la plus grande partie des observations des sections par des changemens, modifications et corrections faites aux articles 2, 3, 4, 5, 8, 9, 10, 12, 13, 14, 16, 17, 18, 19, 20, 23, 24, 25, 26, 27, 28, 29, 30, 32, 33, 34, 35, 36, 38, 39, 40, 41, 42, 43, 44, 45, 46, 47, 48, 49, 52, 53, 54, 58, 59 et 60 du texte hollandais (ancienne série).
Répondant actuellement aux autres objections faites contre le projet,

1°. On observe à la section qui a demandé la radiation de l'article 1er, parce qu'il était trop clair, que cette disposition a été expressément insérée comme une introduction générale, qui sert de base au titre, et dont tout les autres articles ne sont que le développement.

2°. On a conservé dans le n°. 6 de l'article 4, les mots: *comme officier*, non pas pour empêcher qu'un *matelot* ne puisse devenir pilote après un voyage de long cours, mais pour avoir la certitude d'un fait antérieur, qui consiste à savoir si un marin a déjà servi comme officier.

3°. A l'égard de l'observation faite par une section sur les inconvéniens qui pourraient résulter de l'application du n°. 12 de l'article 4, combiné avec l'art. 4 du titre 3 sur la responsabilité du capitaine, relativement à l'auimage des marchandises, on voudra bien remarquer que dans le titre 3, il s'agit de la responsabilité du capitaine envers les chargeurs, et que le n°. 12 de l'art. 4 n'a pour objet que celle du second envers le capitaine; et cette dernière responsabilité est clairement prononcée dans l'article 60 du présent titre, en cas de dommage causé par le second.

4°. Quant à la demande faite par une section, *qui poursuivra les amendes prononcées par l'art. 5*, on répond: ce sera l'officier du Roi, comme dans tous les cas où il s'agit de l'application d'une loi pénale.

5°. La radiation de l'article 6, demandée par une section comme *trop évident*, ne peut avoir lieu, parce que dans ce cas l'obligation n'existe point *quand elle a été arrêtée*, ainsi qu'on le pense; mais elle commence seulement du jour de l'inscription des officiers et matelots sur le rôle de l'équipage, sans avoir égard *au jour* de l'engagement, ni à celui du départ du navire, enfin l'article est utile pour fixer le moment où naissent les obligations réciproques.

6°. Les indemnités déterminées par l'article 19 en faveur des officiers et matelots, en cas de rupture du voyage avant le départ, étant fondées sur l'usage, l'observation faite par une section cesse par cette explication.

7°. Relativement à la question sur *ce qu'on fera, lorsque les avances faites surpasseront ce qui est dû pour les journées employées au service du navire*, on répond: qu'il y aura lieu dans ce cas à rembourser et refournir l'excédent; l'article 21 a pour objet de fixer l'indemnité, celui qui aura trop payé, aura la *condictio indebiti*, d'après les principes généraux.

8o. La disposition de l'art. 24 a été rédigée de manière que les *officiers* et *matelots* y sont compris, sans laisser aucun doute à cet égard: l'expression *gens de l'équipage* renferme tout.

9°. A l'égard de l'objection faite par une section, qui a trouvé la disposition de l'article 26 trop rigoureuse *dans le cas où le navire, après avoir gagné le frêt d'un voyage commencé, périt au retour*, on voudra bien remarquer qu'il s'agit dans cet article du cas où le navire et les marchandises sont entièrement perdus par suite de confiscation ou de naufrage, et qu'alors il n'y a lieu au paiement d'aucun loyer. Une telle disposition est très-sage pour exciter les gens de l'équipage à conserver le navire, ce qu'ils ne feraient point, s'ils étaient assurés de toucher leurs loyers, quel que fût le sort du bâtiment et du chargement; ils s'éloigneraient du danger, sans s'inquiter des objets confiés à leurs soins.

On voit donc que la disposition n'a en vue que les loyers de la traversée pendant laquelle le vaisseau a péri ou a été pris, mais si le navire a fait heureusement une *première traversée* et déchargé la cargaison, et qu'il ne périsse *qu'au retour* ainsi que la section le suppose, nul doute alors que les loyers ne soient dus pour *l'aller*, parce qu'ils ont été gagnés, et que le premier chargement est arrivé à sa destination: et cela, dans la proportion de la durée du voyage.

C'est pour cette raison qu'on a substitué le mot de *marchandises* à celui de *chargement*.

Quant aux frais *du retour* des gens de l'équipage, ils tomberont à leur charge; car, tout étant péri, c'est une catastrophe que chaque individu doit supporter.

10°. La radiation des mots *jusqu'à l'arrivée du navire au port de la destination*, dans l'art. 33, a amené celle de ceux-ci: *ou de la nouvelle que le navire a péri*; parce que, dans l'art. 35 du présent titre, le recours du malade, blessé ou mutilé est suffisamment garanti, soit sur le navire et le fret, soit sur le chargement.

Dans le cas où le navire et le chargement ont péri depuis que le malade a été laissé à terre, il n'a aucun recours, puisqu'il ne reste rien contre quoi il pourrait l'exercer. La perte entière est un cas de force majeure, dont les effets désastreux doivent retomber sur tout le monde.

S'il était encore dû quelque chose sur le fret des marchandises sauvées, ou si on avait recueilli les débris du navire qui a péri, le recours pourrait s'exercer sur ces objets.

Quand *le navire arrive à bon port*, l'indemnité est réglée par l'article 34.

11°. On a satisfait à l'observation d'une section par l'adjonction faite à l'article 38 concernant *les passagers*. Le capitaine ne sera pas tenu dans ce cas, de dresser un inventaire : on lui impose seulement l'obligation de veiller avec soin à leurs effets, dans lesquels sont aussi compris les papiers, titres et testamens, s'il y en a. C'est tout ce qu'on pouvoit exiger de lui; car ses rapports avec les passagers, n'étant qu'accidentel, ne sont pas les mêmes que ceux des gens de l'équipage, avec qui il a des comptes à régler, pour le paiement des loyers; le partage du fret, etc.

12°. A l'égard de la demande de rayer, à la fin de l'art. 39, les mots : *si le navire arrive à bon port*, on ne peut y satisfaire; car la loi a voulu ici récompenser le service extraordinaire de celui qui a été tué en défendant le navire, en lui accordant les loyers entiers : ce qui n'aurait pas lieu d'après les principes généraux, car alors ils cesseraient du moment de sa mort.

Si le navire n'arrivait pas à bon port, les héritiers de l'homme de l'équipage, tué à la défense du navire, n'auraient droit qu'à la quotité des loyers, dans les cas et selon les destinations des articles 26 et suivans.

13°. Les derniers mots de l'article 40 ont été rayés selon le désir d'une section, parce qu'ils se trouvent en effet compris dans le principe général établi en l'article 26, qui refuse seulement les loyers dans les cas de prise, confiscation ou naufrage du navire.

14°. La qui section a demandé *pourquoi celui qui est fait esclave dans le cas de l'article 41, est mieux traité que dans celui de l'article 40*, et qui a trouvé cette disposition trop dure, voudra bien remarquer que dans l'article 40 il s'agit d'un officier ou matelot fait esclave *dans le navire*, et qui se trouve ainsi soumis à une chance commune, qui menace tous les gens de l'équipage et tous les effets, et qui ne retombe sur lui que par cas fortuit; tandis que dans l'article 41, il a été choisi par ses supérieurs, envoyé et exposé par eux à l'événement dont il a été victime, et pour le service du navire.

Au surplus, l'expression *schepeling* est un mot qui comprend tous les gens de l'équipage, *officiers ou matelots*.

15°. Relativement à la demande *s'il sera nécessaire chaque fois d'un arrêté pour fixer l'indemnité de l'art. 43*, on répond que non; parce que l'article indique suffisamment que la fixation de cette indemnité sera faite en vertu d'un arrêté d'administration générale. Au surplus, la rédaction nouvelle ne laisse aucun doute à cet égard.

C

16°. On remarquera que l'article 48 a subi un notable changement, par la radiation *des causes* de refus de service *en mer*, et en les bornant *aux cas* où le navire *n'a pas encore commencé le voyage:* ce qui a fait omettre les n°. 2, 7 et 9; et les causes de ces deux derniers numéros ont été réportées à la suite de l'art. 52, comme une juste exception à la défense faite aux gens de l'équipage d'intenter des procès avant la fin du voyage; tandis que le n°. 2 a été rayé, comme étant implicitement compris dans l'art. 49.

Dans tous les cas, c'est l'autorité compétente, qui décidera si les motifs de refus sont fondés.

17°. La radiation proposée par une section au n°. 3, art. 48, n'a pu être admise, parce que, *si le voyage et commencé*, seule crainte d'être fait prisonnier dans une guerre maritime ne peut autoriser un homme de l'équipage à se refuser de partir d'un port de relâche : il n'y a exception, qu'en cas de guerre du Royaume avec les Puissances Barbaresques et lorsqu'il y a en même temps danger réel.

18°. On n'a également point rayé le n°. 5, parce que le changement de directeur, ou de propriétaire du navire entier, avant le départ du navire, peut *influer sur les intérêts* des gens de l'équipage, qui avaient peut-être plus de confiance en ceux qui ont été remplacés, et justifier un refus de service.

19°. On voudra bien remarquer que l'art. 49 n'est pas, comme une section l'a pensé, une répétition de l'art. 23. Il s'agit, dans ce dernier, d'une prolongation en général; tandis que l'art. 49 se borne au cas où le capitaine fait voile vers un port libre, pour y décharger et recharger son navire, et lorsqu'il se trouve hors du Royaume.

20°. On observe encore que l'art. 51 n'est pas une répétition de l'art. 44 : dans ce dernier il s'agit *du mode de payement* fait par le capitaine *hors du Royaume*, tandis que dans l'art. 44 on parle du congé donné en général, et de la fixation de ce qui est dû des loyers ou jours de service.

21°. Quant à la faculté du capitaine, de faire vendre avant la fin du voyage les effets périssables et qui se gâtent, dont il est parlé aux art. 38 et 53, elle devra être déterminée par des réglemens.

22°. La section qui a demandé de fixer un *double salaire* dans les cas de l'art. 56, voudra bien remarquer que la chose est impossible, parce que les officiers et autres gens de l'équipage peuvent avoir été loués *au fret* ou *au profit*, sans fixation *de salaire*.

23°. A l'égard de la demande faite : *qui payera le salaire, et comment on contraindra les gens de l'équipage*, dans le cas de l'art. 58, on répond : que le salaire sera payé par ceux qui ont appelé les gens de l'équipage pour confirmer le rapport du capitaine, et l'on croit que les moyens de contrainte seront les mêmes qu'à l'égard des témoins qui refusent de comparaître.

24°. On observe enfin que les priviléges accordés par les articles 59 et 60 seront exercés, comme tous les autres, en vertu du droit de préférence y énoncé.

TITRE CINQUIÈME.

Des affrétemens, chart-eparties et connaissemens.

D'après les observations des sections, on a changé, dans la nouvelle rédaction, les art. 3, 5, 6, 7, 9, 10, l'intitulé de la section 2ᵉ, les art. 14, 21, 22, 23, 24, 26, 30, 32, 35, 36, 37, 41, 42, 43, 45, 47, 49, 50, 56, 58, 60, 62, 65, 66, 68 et 69 du texte hollandais, et les art. 2, 3, 4, 5, 6, 7, 9, 10, 12, 13, 14, 19, 21, 23, 24, 28, 29, 30, 31, 33, 35, 36, 37, 38, 42, 44, 45, 47, 48, 49, 50, 51, 54, 56, 58, 60, 62, 63, 65, 66, 67, 68 et 69 du texte français.

On observe, en outre, qu'à l'égard de l'art. 5 :

1°. On a pensé qu'il était inutile d'énoncer dans la charte partie le pavillon sous lequel le navire voyage, et, quoiqu'il ne soit pas un des élémens du contrat, il n'en est pas moins, très-souvent, désigné dans la description du navire.

2°. Par le changement fait dans l'art. 40 du titre 3ᵉ., toute apparence d'antinomie disparaît entre cet article et l'article précité.

3°. Comme l'objet du dernier alinéa de l'art. 5 est de suspendre le temps de la charge et de la décharge du navire pendant la durée de la traversée d'un lieu à un autre, n'importe que ce soit dans ou hors du Royaume, la disposition est par conséquent générale.

4°. A l'égard de l'article 10, on observe d'abord que l'on a exprimé plus clairement le moment où le navire doit être censé avoir commencé son voyage, en ajoutant la disposition : que le voyage commence du moment que le navire est sorti du port d'où il a été expédié. D'un autre coté, on n'a pu insérer dans le présent titre des dispositions pour la navigation intérieure; parce que cette matière a déjà été traitée dans le premier livre, et que tout ce qui concerne cet objet peut être déterminé, d'après les circonstances particulières, dans les lettres de voiture même.

5°. Sur l'art. 11, on observe que, quoique les gages des gens de l'équipage ne commencent que du moment où ils sont inscrits sur le rôle, cela n'empêche cependant point que le fret dont il est parlé dans cet article ne courre du jour du départ du navire. Au surplus il est libre de faire à cet égard d'autres conventions contraires.

6°. Le mot *kaplaken*, dans l'art. 12, est bien traduit par celui de *chapeau*, et il est en usage dans le commerce maritime. Le *chapeau* est une gratification extraordinaire que le capitaine ou le fréteur stipule en sa faveur; et le montant de ce chapeau ne peut donner lieu à aucune question, parce que les parties sont tenues de régler la hauteur de cette rémunération.

7°. Le deuxième alinéa de l'art. 16 contient une disposition très-équitable et fondée en droit. Lorsque le fréteur a la faculté de partir sans chargement ou avec une partie seulement, l'affréteur qui était en retard de prendre charge, demeure responsable pour le fret et l'avarie grosse; mais, comme le fréteur a plus de sûreté dans une garantie réelle que dans une action personnelle, la loi lui a donné le droit de charger d'autres marchandises pour assûrer son fret. Dans ce cas, il

C 2

serait très-injuste que le fret de ces marchandises ne vint pas à la
décharge de l'affréteur originaire, parce que le fréteur alors aurait un
double fret.

8°. Relativement à la demande faite par une section sur l'art. 17, on
observe que la loi ne défend point de faire des chartesparties pour les
voyages dans l'intérieur; mais alors elle portent ordinairement le nom
de lettres de voiture, dont il est parlé au livre premier.

9°. A l'égard de la faculté des chargeurs *à cueillette*, de reprendre
leurs marchandises lorsque le capitaine ne part point au temps fixé, la
cinquième section, qui a demandé une adjonction, trouvera dans les articles suivans du présent titre toutes les dispositions nécessaires.

10°. En ce qui concerne l'observation faite sur les 2e et 3e alinéa
de l'art. 28, on voudra bien remarquer qu'il est très-difficile, si pas
impossible, de déterminer dans la loi, d'une manière positive, le lieu où
le capitaine devra chercher un ou plusieurs autres navires.
Si on avait indiqué le port où le radoub se fait, on aurait déchargé
le capitaine de l'obligation de louer un autre navire dans un port très-
voisin, et l'adjonction proposée, *d'une place dans le voisinage*, a paru
trop indéterminée pour être insérée dans la loi.
C'est pourquoi on a du abandonner la décision au juge, dans chaque
cas particulier, si à cet égard le capitaine a agi comme un bon marin
devait le faire.

11°. On observe sur l'art. 29, que, puisque le fréteur est tenu d'avoir
son navire en état de faire le voyage et qu'il doit être censé le connaître, tandis que l'affréteur n'est très-souvent pas dans la possibilité d'en faire
faire une visite, le droit et l'équité semblent exiger que le fréteur soit
responsable des défauts, visibles et invisibles, que le navire pouvait avoir
avant son départ.

12°. La disposition de l'art. 31, tirée du code français, est très-juste
et détermine d'abord que les marchandises jetées doivent payer le fret,
mais que le fret devra aussi supporter les dommages causés par le jet
dans les cas où la contribution est ordonnée ultérieurement dans le
présent code.

13°. On n'a point vu d'antinomie entre l'art. 33 et l'art. 30 du présent titre : ce dernier parle de la perte des marchandises, et le premier de
celle du navire, dans le cas spécial de l'art. 33 du titre 3e.

14°. Pour répondre à la demande faite sur l'art. 41, on remarque
qu'à cet égard les règles ordinaires devront être suivies, c'est à dire: que
les frais seront à la charge de celui qui demande la visite.

15°. On observe sur l'art 42, qu'il s'y agit seulement de faire examiner judiciairement les marchandises gâtées ou endommagées; et le procèsverbal qui a été dressé, peut par la suite servir à l'appui d'une demande en dommages et intérêts.

16°. La disposition de l'art. 44, tirée du code français, est très-importante, parce qu'on a souvent prétendu que l'affréteur avait le droit
de demander une diminution du fret, lorsque la valeur des marchandises chargées était diminuée, même sans la faute du fréteur.

17°. A l'égard de l'art. 49, on observe que l'on n'a pu rayer les mots *avarie grosse*, parce qu'il est très-possible et qu'il arrive souvent que les navires éprouvent des dommages avant de sortir du port ou de mettre à la voile; ces dommages, s'il sont dans la classe des avaries grosses et s'il arrivent avant le rupture du voyage, doivent naturellement être supportés par l'affréteur.

18°. On remarque, sur le premier alinéa de l'art. 50, qu'il a déjà été répondu antérieurement à la demande de ce qui arrivera lorsque le propriétaire du navire et celui de la cargaison ne seront pas d'accord : alors le capitaine doit attendre, jusqu'à ce qu'il ait reçu des ordres conformes de la part de *tous*.

19°. La disposition du troisième numéro de l'art. 50 est très équitable, et l'observation faite contre trouve sa réponse en ce que tout cet article parle du cas *où le navire est frété pour plusieurs destinations et a déjà fini un voyage*, de manière que le contrat a déjà reçu une exécution partielle : c'est pourquoi il n'y a rien de plus juste que d'accorder au capitaine le fret entier si l'affréteur ne veut point charger le navire.

20°. L'art. 51 repose aussi sur les principes du droit et sur l'équité. Le capitaine s'est engagé, dans ce cas, de venir charger des marchandises dans un *autre port*. Si donc, après son arrivée dans ce port, il survient une guerre qui rende le départ du navire impossible et l'empêche de prendre charge, il serait injuste de lui accorder une indemnité pour la traversée en lest du navire jusqu'à la place où les marchandises doivent être chargées, spécialement parce que le voyage a eu lieu dans son intérêt, pour jouir du profit du fret. Les véritables rapports entre le fréteur et l'affréteur ne commencent proprement qu'à l'époque où le navire arrive dans le lieu où il doit prendre son chargement.

Il en est autrement, si le navire est libre et que le chargement ne le soit pas : dans ce cas le navire est en état de partir, et l'empêchement vient du côté de l'affréteur; le 2° alinéa de l'article y a pourvu.

Enfin il est évident que les parties ont la faculté de faire à cet égard d'autres stipulations.

21°. Sur une observation faite à l'art. 53, on remarque qu'il a paru inutile d'ajouter lui, que, dans le cas du dernier alinéa de cet article, le chargeur devrait donner caution pour le fret; puisque l'article 35 du présent titre y a pourvu par une disposition générale.

22°. Il a été satisfait à l'observation d'une section sur l'adjonction proposée, dans le connaissement des mots *de inhoud mij onbekend, le contenu m'est inconnu*, par un changement de rédaction de l'art. 62.

23°. Relativement à l'art. 59, on observe qu'il y a une très-grande utilité de statuer positivement dans la loi que le capitaine sera tenu de délivrer autant de connaissemens que l'affréteur en exigera, parce que le chargeur ne peut certainement pas savoir, au moment de la conclusion du contrat, de combien de connaissemens il peut avoir besoin.

24°. A l'égard de la diversité des connaissemens, dont il est traité dans les art. 64 et suivans, on a pensé que le système du projet était préférable à celui adopté par l'art. 284 du code actuel.

D

D'après le droit français', en cas de diversité dans les connaissemens, la préférence est donnée à celui dont le capitaine est porteur, *s'il est rempli de la main du chargeur, ou de celle de son commissionnaire;* et réciproquement, la préférence sera donnée à celui que le chargeur a entre les mains, s'il est rempli de la main du capitaine. Outre que les connaissemens sont rarement remplis par les chargeurs ou capitaines eux-mêmes, mais plutôt par les commis des premiers, la disposition du code français présente les plus grandes difficultés et peut donner lieu à des procédures multipliées sur la recherche du fait si le connaissement a été rempli, ou non, de la main du chargeur ou de son commissionnaire ou du capitaine, ce qu'il est très-difficile de bien connaître surtout dans des pays étrangers. Au surplus, le code en vigueur n'a pas prévu le cas où le connaissement du capitaine a été rempli par le chargeur, où celui de ce dernier l'a été par le capitaine.

25°. Enfin on remarque, sur l'art. 69, qu'il est traité dans le livre premier des droits du commissionnaire pour ses avances.

TITRE SIXIÈME.

Du dommage causé par abordage.

Au moyen de modifications, corrections et changemens faits à *tous* les articles du texte français, et aux articles 1, 4, 5, 6, 7, 8, 9 et 10 du texte hollandais, on a satisfait à presque toutes les observations des sections sur le présent titre.

A l'égard de l'indemnité pour le dommage causé à un navire à l'ancre, dans le cas de l'article 7, nul doute, ainsi qu'une section paraît l'avoir rémarqué qu'elle ne soit une *avarie grosse,* qui tombe à la charge du navire qui a chassé sur ses ancres et de sa cargaison, ainsi qu'on le verra au titre 10, qui concerne les avaries en général. Ici on a dû se borner à établir la responsabilité d'un navire envers l'autre en cas d'abordage.

On observe quant à la demande faite par une section *d'éclairer les balises,* et d'obliger les capitaines de navires d'avoir à leurs mâts des *faneaux ou lumières* pendant la nuit, que cet objet ne peut faire partie du code de commerce, et qu'il appartient essentiellement aux réglemens d'administration publique sur la navigation.

Indication des changemens introduits dans la nouvelle rédaction des six premiers titres du second livre du Code de Commerce.

INDICATION des changemens introduits dans la nouvelle rédaction des six premiers titres du second livre du Code de Commerce.

TITRE I.

Art. 4.

À lire comme suit :

En cas de vente volontaire de navire, faite en quelque lieu ou de quelque manière que ce soit, la propriété des navires mentionnés en l'article 2 du présent titre ne se transmet qu'avec ses charges, et sauf les droits des créanciers privilégiés, énoncés aux articles 6, 7 et 8 du présent titre; excepté dans le cas où le créancier, instruit d'un voyage de mer à faire sous le nom et aux risques du nouvel acquéreur, aurait gardé le silence et par là tacitement renoncé à ses droits.

Art. 5.

Les mots *de l'exécution* ont été supprimés.

Art. 6.

La première partie de cet article, jusqu'au n°. 7°, a été rédigée de la manière suivante :

En cas de vente volontaire, les créances ci-après sont privilégiées, dans l'ordre suivant :

1°. Les salaires d'assistance, de sauvetage et ceux de pilotes;

2°. Les droits de tonnage fanaux, feux, quarantaine et autres frais de port;

3° Les gages des gardiens, et frais nécessaires de garde du bâtiment;

4°. Le loyer des magasins servant au dépôt des agrès et apparaux;

5°. Tous les frais d'entretien ou de réparation du bâtiment et de ses agrès et apparaux, et le loyer du capitaine et des gens de l'équipage, à compter du tems où le navire a été prêt à mettre à la voile, jusqu'à trois semaines après que le voyage est considéré comme fini d'après les dispositions de la loi;

6°. Les sommes prêtées au capitaine ou payées pour son compte, pour les besoins du bâtiment, pendant le tems fixé par le n°. qui précède, ainsi que le remboursement du prix des marchandises qui ont dû être vendues par lui pour faire face aux dettes comprises dans le présent article, et enfin les sommes prêtées à la grosse pour acquitter tout ou partie des dettes, la prime de l'emprunt à la grosse y compris.

Toutes les dettes énoncées aux n°. 1 à 6 inclusivement, jouissent du privilége pour autant seulement qu'elles auront été contractées pour et pendant le dernier voyage du navire.

A

Art. 7.

Les dettes lisez : *Les créances.*
Au lieu de lire *chacun des numéros* lisez : *le même numéro.*

Art. 9.

N°. 7 et 8 lisez : *n°. 1 , 7 et 8.*

Art. 10.

A lire comme suit : Dans le cas de vente judiciaire du navire, l'ordre entre les créanciers privilégiés, prescrit ci-dessus, sera suivi, sauf que les frais de justice seront préférés à toute autre créance.

Art. 12.

A lire ainsi : Le vendeur d'un navire est tenu, avant ou lors du contrat de vente, de faire connaître à l'acquéreur toutes les créances privilégiées et de lui en donner une note signée.
La réticence d'une ou de plusieurs de ces créances fait présumer la mauvaise foi du vendeur.

TITRE II.

Art. 1.

Ont lisez : *ayant.* La conjonction *et* a été supprimée, ainsi que les mots *leur bénéfice.* Au lieu des mots *à proportion*, lisez : *en proportion.*

Art. 2 et 3.

Ces articles ont été supprimés, et les n°. des suivans doivent être changés en conséquence.

Art. 4 (2 nouv. réd.)

A lire ainsi : Chaque copropriétaire et tenu de contribuer à l'équipement du navire en proportion de sa part, qui en est responsable.

Art. 5 (3 nouv. réd.)

A raison lisez : *en proportion.*

Art. 6. (4 nouv. red.)

La deuxième partie de l'article a été rédigée de la manière suivante :
La responsabilité cesse par l'abandon de sa part du navire, et du fret gagné ou à percevoir.

Art. 8 (6 nouv. réd.)

Après cet article un nouvel article 7 a été ajouté, ainsi conçu :

Art. 7. nouv. réd.

Nul autre qu'un copropriétaire ne peut être nommé directeur de l'association, si ce n'est du consentement unanime de tous les copropriétaires.
Le directeur est révocable à volonté.

Art. 9. (8 nouv. réd.)

Après le mot *nom* ajoutez : *tant* ; et au lieu des mots *ou dehors*, lisez : *qu'extrajudiciairement*.

Art. 11. (10 nouv. réd.)

Lorsque le capitaine, lisez : *Si le capitaine*.

Art. 13. (12 nouv. réd.)

Stipuler, lisez : *contracter*. Les mots *des co-propriétaires* ont été supprimés.

Art. 14. (13 nouv. réd.)

Aux articles 5 et 6, lisez : *3 et 4*.

Art. 15. (14 nouv. red.)

Les trois premières lignes sont supprimées, et l'on doit lire : Le Directeur est passible, etc.

Art. 16. (15 nouv. réd.)

l'article 5, lisez : *l'article 3* ; les mots *et préalablement* ont été supprimés.

Art. 17. (16 nouv. réd.)

A lire ainsi : *Le directeur ne peut faire assurer le navire*, *qu'avec l'autorisation expresse de tous les co-propriétaires*.

Art 18. (17 nouv. réd.)

Supprimer le mot *néanmoins*.

Art. 19. (18 nouv réd.)

Les mots *des co-propriétaires* doivent être supprimés.

Art. 22. (21 nouv. réd.)

Supprimer les mots *des co-proprietaires*.

TITRE III.

Art. 1.

A lire comme suit : Le capitaine est celui qui se charge de la conduite d'un navire, moyennant un gage convenu ou une portion dans le bénéfice de l'entreprise, en exécutant les ordres qui lui ont été donnés à cet effet.

Art. 2.

Cet article a été supprimé, et les n°⁵ des suivans doivent être changés en conséquence.

Art. 4. (3 nouv. réd.)

placées, lisez : *faits*.

Art. 5. (4 nouv. réd.)

de concert avec les propriétaires ou le directeur, à lire : *avec l'avis du propriétaire ou du directeur.*

Art. 6. (5 nouv. réd.)

pour donner au propriétaire ou au directeur de ses nouvelles, lisez : *pour donner de ses nouvelles au propriétaire ou au directeur.*

Art. 8. (7 nouv. réd.)

La disposition suivante finale est ajoutée:
sous peine d'en répondre en son propre nom.
Si, dans ce cas, les objets tirés du navire, ou ceux restés à bord, sont perdus par cas fortuit, ou pillés, sans la faute du capitaine, il n'en sera pas responsable.
Par cet ajoute l'article 9 se trouve supprimé.

Art. 10. (8 nouv. réd.)

de qui, lisez : *de ce qui.*

Art. 12. (10 nouv. réd.)

maître pilote, lisez : *second* ; et ajoutez à la fin de l'article : Si le propriétaire ou le directeur se trouve dans le lieu de départ, la substitution ne pourra se faire qu'avec son avis.

Art. 13 (11 nouv. réd.)

maître pilote, lisez : *second.* Le mot *leurs*, avant celui de *marques*, doit être supprimé.

Art. 14 (12 nouv. réd.)

A lire comme suit: Il a soin de ne pas charger dans son navire des marchandises, dont l'endommagement, la vidité, ou le mauvais état d'emballage sont visibles, sans en faire mention dans les reçus ou dans les connaissemens; à défaut de cette mention, les marchandises sont censées avoir été chargées en bon état et bien conditionnées.

Art. 15. 13 nouv. réd.)

sur les grandes mers, lisez : *en pleine mer.*

4°. *Tous les désastres du navire et des marchandises*, lisez: *tous les désastres arrivés au navire et aux marchandises.*

5°. Après le mot *perdu*, ajoutez : *par accident et de tout ce qui aura été.*

6°. *nécessaires*, il faut lire : *forcées.*

8°. Les mots *du renvoi* doivent être supprimés.

9°. *Peut*, lisez : *pourrait.* Le mot *ou* à la 5e ligne, doit être supprimé. *Rejeter*, lisez, *contester.*

Art. 16. (14 nouv. réd.)

A lire comme suit : Ce registre sera continué et daté ; il sera signé jour par jour par le capitaine et son second, si le tems et les circonstances le permettent.

Art. 17. (15 nouv. réd.)

A été rédigé de la manière suivante:

Avant de prendre charge pour un voyage à l'extérieur, le capitaine est tenu, à la réquisition et aux frais de toutes personnes y ayant intérêt, de faire examiner par des experts jurés, établis à cet effet, ou nommés par le juge, si son navire est pourvu de tout ce qui est nécessaire, et se trouve en état de faire le voyage.

Artz 18. (16 nouv. réd.)

hors du Royaume, lisez: *à l'extérieur.*

Art. 19. (17 nouv. réd.)

Les mots *à la grosse* ont été supprimés; et à la fin de l'article on a ajouté: *même par contrat à la grosse.*

Art. 20. (18 nouv. réd.)

A lire comme suit: Si le capitaine est informé, après son départ, que le Royaume est en état de guerre et que son pavillon n'est plus libre, il sera tenu d'aborder le premier port neutre et d'y demeurer jusqu'au rétablissement de la paix, ou jusqu'à ce qu'il puisse partir sous convoi ou de toute autre manière sûre, ou qu'il ait reçu des ordres précis de départ, tant du propriétaire ou directeur du navire, que de ceux qui ont intérêt à la cargaison.

Art. 23. (21 nouv. réd.)

A lire ainsi:

Dans le cas de l'article précédent, la majorité des copropriétaires et celle des chargeurs, d'après leur intérêt dans la cargaison, décide, chacun en ce qui le concerne, et la résolution est obligatoire pour la minorité. Si la majorité décide de ne pas réclamer, il est loisible à la minorité de poursuivre ses droits à ses frais; sauf à y faire contribuer la majorité, pour autant qu'elle serait avantagée par le succès de la poursuite.

Art. 25. (23 nouv. réd.)

et en tout, lisez: *et en tout cas.* Les mots *et des principaux de l'équipage*, à la fin de l'article, ont été supprimés.

Art. 26 et 27. (24 nouv. réd.)

par l'avis, lisez: *après avoir pris l'avis.* L'article 27 y a été ajouté, et doit être lu comme suit:

Le capitaine est tenu de rédiger par écrit, et aussitôt qu'il le pourra, la délibération à ce sujet.

Le procès verbal contiendra:

Les motifs qui ont déterminé le jet;

L'énonciation des objets jetés ou endommagés;

La signature de ceux qui ont été consultés, ou les motifs de leur refus de signer.

La délibération sera insérée au journal du navire.

Art. 29. (26 nouv. réd.)

sont obligés, lisez: *sont affectés.* Au lieu de *la mauvaise foi*, lisez: *l'infidélité.*

A 3

Art. 3o (27 nouv. réd.)

le consentement du chargeur, lisez : *le consentement par écrit du chargeur*.

Art. 31.. (28 nouv. réd.)

vingt-deux du; lisez : 20 *du*.

Art. 32. (29 nouv. réd.)

prendre, à lire: *lever*.

Art. 36. (33 nouv. réd.)

nécessaire, lisez : *forcée*.

Art. 37.. (34 nouv. réd.)

ou les copropriétaires, lisez : *ou le propriétaire*.

Art. 38. (35 nouv. réd.)

A lire comme suit:

Le capitaine qui aura, sans nécessité, emprunté de l'argent sur le corps, l'avitaillement ou équipement du navire, engagé ou vendu des marchandises ou des victuailles, ou qui aura employé dans ses comptes des avaries et des dépenses supposées, sera responsable envers les intéressés et sera personnellement tenu du remboursement de l'argent ou de la valeur des marchandises; sans préjudice de l'action publique, s'il y a lieu.

Art. 4o. (37 nouv. réd.)

A lire ainsi :

Le capitaine ne pourra charger des marchandises pour son compte, sans en payer le fret et sans le consentement des propriétaires ou du Directeur du navire, ou, si le navire est affrété en entier, sans le consentement des affréteurs; à moins que dans le premier cas il n'y soit autorisé par son engagement, et dans le second par la charte-partie.

Art. 43. (4o nouv. réd.)

3°. Au lieu de la conjonction *et*, lisez : *les désordres arrivés dans le navire et les*.

Art. 44. (41 nouv. réd.)

Il faut commencer à la 4e ligne un nouvel alinéa, depuis les mots: *S'il est entré dans un port*.

Art. 46. (43 nouv. réd.)

Après le mot *naufrage*, ajoutez: *de relâche forcée*.

Art. 49. (46 nouv. réd.)

A été rédigé de la manière suivante :

Après chaque voyage, le capitaine est tenu de rendre compte de sa gestion, en ce qui concerne le navire et le chargement, au propriétaire ou au directeur du navire, en leur délivrant, contre un reçu, l'argent comptant, les registres, documens et livres y relatifs.

Art. 5o. (47 nouv. réd.)

La 1re ligne à lire comme suit :
Le propriétaire ou directeur est tenu.

Art. 51. (48 nouv. réd.)

Les deux premières lignes à lire ainsi : *En cas de contestation sur le compte, le propriétaire ou le directeur sera tenu de* ; et au lieu des mots *seront tenus,* à la 6e ligne, lisez : *sera tenu.*

Art. 52. (49 nouv. réd.)

Le mot *d'armement* a été supprimé.

Art. 53. (5o nouv. réd.)

Après le pronom *ses* ajoutez : *agrès* ; et au lieu de *salaires,* lisez : *loyers.*

Art. 54. (51 nouv. réd.)

et le bénéfice qui en résulte, lisez : *et le profit qui en revient.*

TITRE IV.

Art. 2.

Les deux premières lignes à lire ainsi : *Les conditions de l'enga-gement entre le capitaine, les officiers et gens de l'équipage d'un.* La disposition finale a été supprimée.

Art. 3.

A été rédigé ainsi :
L'inscription au rôle d'équipage pour des voyages de mer se fait devant la personne à ce autorisée par l'administration communale ; elle observera, dans la rédaction du rôle d'équipage, ce qui est prescrit par l'article suivant ; elle recevra le salaire qui lui est attribué par les réglemens.

Art. 4.

1°. Lisez : *Les noms du navire et du capitaine et des officiers et gens de l'équipage.*

4°. Lisez : *Les deniers promis ou reçus d'avance.*

5.° *le maître pilote,* lisez : *son second.*

6°. *du maître pilote,* lisez : *du second.*

9°. Lisez : *L'obligation d'obéir sans contradiction au capitaine et aux autres officiers, dans leurs qualités respectives, et de s'abstenir de l'ivrognerie et de voies de fait.*

10°. Lisez : *des articles* 11, 3o, 49, 5o, 51 et 55.

11°. *déserte ou quitte,* lisez : *désertera ou quittera.*

12°. et 13°. *maître pilote,* lisez : *second.*

Art. 5.

A lire comme suit :
Le capitaine qui part avec son navire sans avoir fait préalablement rédiger et signer le rôle d'équipage en due forme, encourra une amende de cent florins ; dans le même cas, le second une amende de cinquante florins ; et les autres individus de l'équipage encourront chacun une amende égale à un mois de gage.

Art. 8.

De ceux qui le remplacent, lisez : *de celui qui le remplace*.

Art. 9.

La 1e ligne à lire ainsi :
Le capitaine ou celui qui le remplace pourra demander. Le mot *qui*, à la 4e ligne, a été supprimé.

Art. 10.

Sans préjudice, lisez : *en sus*.

Art. 12.

Cet article a été supprimé. Il faut par conséquent changer les nos de ceux qui suivent.

Art. 13. (12 nouv. réd.)

Au surplus, lisez : *de ce chef*. Après le mot *causés* ajoutez *même*.

Art. 14. (13 nouv. réd.)

A lire ainsi :
Le second, qui s'engage pour faire le voyage vers un port où il n'a jamais été comme officier, sans en avoir fait la déclaration lors de son inscription sur le rôle, ou qui a déclaré faussement y avoir été en cette qualité, perd ses loyers en entier, et demeure responsable des dommages causés par son impéritie ; sans préjudice de l'action publique, s'il y a lieu.

Art. 15. (14 nouv. réd.)

Maître pilote, lisez : *second*.

Art. 16. (15 nouv. réd.)

Les trois premières lignes à lire ainsi :
Si, dans le cas de l'article précédent, le second déclare qu'il n'a jamais fait le voyage en qualité d'officier vers le, etc.

Art. 17. (16 nouv. réd.)

Le maître pilote, lisez : *son second*. Au lieu de *d'indemniser le maître pilote*, lisez : *de l'indemniser*. A lire : *si son second*, au lieu de *si le maître pilote*.

Art. 18. (17 nouv. réd.).

Du consentement, lisez : *sans le consentement*.

Art. 19. (18 nouv. réd.)

Loyer, lisez: *gages*. Il faut commencer une nouvelle ligne des mots: *S'il n'y a*. Au lieu de *pour le voyage*, lisez: *au voyage*.

Art. 20. (19 nouv. réd.)

Et une indemnité, lisez: *et des frais de voyage*. Au lieu de *qualité*, à lire: *quotité*.

Art. 22. (21 nouv. réd.)

A la dernière ligne, lisez: 19, au lieu de 20.

Art. 23. (22 nouv. réd.)

A lire comme suit:
Si le voyage est prolongé par le fait du capitaine ou des affréteurs ou par le séjour du navire dans un port de relâche forcée, comme aussi dans le cas où le navire aurait été pris ou arrêté illégitimement, ou si la prolongation a lieu pour le salut du navire et du chargement, les gages des officiers et gens de l'équipage, qui auraient été loués au voyage, sont augmentés en proportion du temps de la prolongation.

Art. 24. (23 nouv. réd.)

Matelots, lisez: *gens de l'équipage*; et *par la force majeure*, lisez: *par force majeure*.

Art. 25. (24 nouv. réd.)

A lire ainsi:
Si les officiers et les gens de l'équipage sont engagés pour plusieurs voyages, ils peuvent, après chaque voyage terminé, en exiger le salaire.

Art. 26. (25 nouv. réd.)

Débris, lisez: *de bris*. Au lieu de lire *du chargement*, lisez: *des marchandises*.

Art. 27. (26 nouv. réd.)

A lire: *leur loyer échu* au pluriel.
Un nouvel alinéa commence des mots *Si les débris*.

Art. 28. (27 nouv. réd.)

Matelots, lisez: *gens de l'équipage*.

Art. 29. (28 nouv. réd.)

A commencer une nouvelle ligne des mots: *S'ils ont montré*.

Art. 30. (29 nouv. réd.)

Ajoutez, à la fin, le mot *particulière*.

Art. 32. (31 nouv. réd.)

Si elles ont eu lieu: ces mots commencent une nouvelle ligne; et *le fert*, lisez: *le fret*.

Art. 33. (32 nouv. réd.)

La première partie a été rédigée ainsi :
Si, lors du départ du navire, le malade, blessé ou mutilé n'avait pu continuer le voyage sans danger, le traitement et le pansement devront continuer, jusqu'à guérison.

Art. 35. (34 nouv. réd.)

A lire ainsi:
Dans les cas prévus aux articles 31, 32 et 33, il n'a d'autre recours que contre le navire et le fret, ou contre le navire, le fret, et le chargement.

Art. 36. (35 nouv. réd.)

Le mot *matelot* est supprimé.

Art. 38. (37 nouv. réd.)

Gens lisez: *hommes*; et ajouter à la fin: *Il devra avoir soin des effets appartenans à des passagers décédés à bord.*

Art. 39. (38 nouv. réd.)

A lire comme suit :
Les gages sont dus à la succession du décédé, d'après les distinctions suivantes :
S'il a été engagé au mois, les gages sont dus jusqu'à la fin du mois courant.
S'il a été engagé pour l'aller et le retour, la moitié de ses loyers est due, s'il meurt en allant. Le total est dû, s'il meurt pendant le retour.
S'il est engagé au profit ou au fret, sa part entière est due, s'il meurt après que le voyage est commencé.
La dernière période est maintenue.

Art. 40. (39 nouv. réd.)

La dernière partie est rédigée ainsi :
Il est payé de ses loyers jusqu'au jour où il a été pris et fait esclave.

Art. 41. (40 nouv. réd.)

Ou matelot, lisez : *ou le matelot.* Au lieu de 26 et 27, à lire : 25 et 26.

Art. 42. (41 nouv. réd.)

Les mots *Elle est due* commencent un nouvel alinéa.

Art. 43. (42 nouv. réd.)

Est ainsi conçu :
Le montant, le recouvrement et l'emploi de cette indemnité sont déterminés par un règlement arrêté par le Roi.

Art. 44. (43 nouv. réd.)

Après le mot *ou* ajoutez *des ;* et au lieu de *au service*, lisez : *en service.*

Art. 45. (44 nouv. réd.)

Réputés, lisez : *Réputées.*
3°. *Du vaisseau*, lisez : *du navire.*
4°. Lisez : *la Rupture* etc.

Art. 46. (45 nouv. réd.)

A lire ainsi :

Tout officier ou homme de l'équipage, qui justifie qu'il est congédié sans causes valables après son inscription sur le rôle, a droit à une indemnité contre le capitaine.

Art. 47. (46 nouv. réd.)

A lire comme suit :

Cette indemnité est fixée :

Au tiers des loyers que le congédié aurait vraisemblablement gagnés pendant le voyage, si le congé a lieu avant le voyage commencé ;

Au montant du loyer qu'il aurait perçu depuis le moment du congé jusqu'à la fin du voyage, et aux frais du retour, si le congé a lieu pendant le cours du voyage.

Le capitaine ne peut, dans aucun des cas ci-dessus, répéter contre les propriétaires du navire ce qu'il a payé à titre d'indemnité, à moins qu'il n'ait été autorisé par ces derniers à donner congé.

Art. 48. (47 nouv. réd.)

Et gens, lisez : *et les gens*. Au lieu de lire *pour les raisons suivantes*, lisez : *dans les cas suivans*.

2°. Est supprimé

3° (qui devient 2°.) *entraîné*, lisez : *engagé*. Le mot *nécessaire* est supprimé.

4°. (qui devient 3°.) *trouvait*, à lire : *trouvant*. Le mot *nécessaire* est supprimé, et l'on doit ajouter *semblable* après *épidémique*.

7°. Est supprimé.

9°. Est supprimé.

Art. 49. (48 nouv. réd.)

La rédaction est ainsi changée :

Les gens de l'équipage sont tenus de continuer leur service, si le capitaine, étant hors du Royaume, trouve bon de faire voile vers un autre port libre et d'y décharger et recharger son navire, quand même le voyage en serait prolongé.

Dans ce cas, ceux qui sont engagés au voyage, reçoivent une augmentation de gage, à proportion de la prolongation.

Art. 52. (51 nouv. réd.)

A ajouter à la fin de cet article la disposition suivante :

Néanmoins, lorsque le navire se trouve dans un port, les officiers et les gens de l'équipage qui ont été maltraités, ou auxquels le capitaine n'a pas fourni la nourriture convenable, pourront demander la résolution de leur engagement au consul des Pays-Bas, et, à son défaut, au Magistrat du lieu.

Art. 53. (52 nouv. réd.)

Le voyage fini, lisez : *à la fin du voyage*. Au lieu de *les propriétaires*, lisez : *le propriétaire*. Au lieu de lire *qui sont morts*, lisez : *morte ;* et lisez : *aux réglemens*, au lieu de *au règlement particulier*.

Art. 54. (53 nouv. réd.)

Les quatre premières lignes à lire comme suit :

Les gens de l'équipage, après avoir fini le voyage pour lequel ils sont engagés, seront, etc.

A 6

Art. 58. (57 nouv. réd.)

Les deux premières lignes à lire ainsi :
Si le navire a péri, ou s'il est pris et déclaré de bonne prise, et si même le fret n'est pas dû, et, etc.

Art. 59. (58 nouv. réd.)

Ajouter *spécialement* après le mot *sont.*

Art. 60. (59 nouv. réd.)

Par privilége, lisez : *spécialement.*

TITRE V.

Art. 2.

Après le mot *affrété* ajoutez : *en totalité ou en partie ;* et supprimez, à la 2ᵉ ligne, les mots *en entier ou en partie.*

Art. 3.

3°. Ajoutez la conjonction *et* après le mot *fréteur.*

7°. Lisez : *l'indemnité convenue pour les cas de retard.*

Art. 4.

Cabane, lisez : *cabine.* Une nouvelle ligne à commencer des mots *En cas de.* Il faut lire *seront*, au lieu de *sont.*

Art. 5.

Ce délai : ces mots commencent un nouvel alinéa. *Passé ce délai, le maître*, lisez : *après ce délai le capitaine ou le maître.* Au lieu de *retardaires*, à lire : *retardataires.* Au lieu de *prise*, lire : *chargée.* Au lieu de *par*, lire : *pendant.*

Art. 6.

Le contrat, lisez : *la charte-partie.*

Art. 7.

A lire comme suit :
Le fréteur, ou le capitaine, qui a déclaré le navire d'un plus grand port qu'il n'est, est tenu à une diminution proportionnelle sur le prix du fret et à des dommages-intérêts envers l'affréteur.
Lors que la déclaration ne diffère du véritable tonnage du navire que d'une 40ᵐᵉ partie, ou lorsqu'elle est conforme au certificat de jauge, la différence ne sera pas prise en considération.

Art. 9.

Que les parties conviennent, lisez : *dont les parties conviendront.*

Art. 10.

Ajouter à la fin, *d'où il a été expédié.*

SECTION 2me.

Lisez : *Des droits et obligations du fréteur et de l'affréteur.*

Art. 12 et 13.

Le mot *ou* doit être changé en *soit* au commencement de chaque alinéa ; et à la fin des deux premières lignes de la seconde partie de l'article 12 lisez : *ou*, au lieu de *soit.*

Art. 14.

A lire ainsi :
Si, le navire étant parti sans chargement ou avec une partie du chargement, il lui survient, pendant le voyage, quelque avarie qui serait répartie comme *avarie-grosse* dans le cas où le bâtiment aurait eu son chargement complet, le fréteur aura le droit d'exiger de l'affréteur la contribution des deux tiers pour ce qui n'est pas chargé.

Art. 19.

A lire comme suit :
En cas de contestation sur le déchargement, le juge pourra l'autoriser et ordonner le dépôt des marchandises entre les mains d'un tiers ; sauf le droit du fréteur sur les mêmes marchandises.

Art. 21.

Au lieu de *vingt-quatre*, lisez : *de deux fois vingt-quatre.*

Art. 23.

Ajouter à la fin de l'article : *sans qu'aucun chargeur puisse retirer ses marchandises.*

Art 24.

Les deux dernières lignes à lire ainsi : *est tenu envers le fréteur, le capitaine et les autres chargeurs, des dommages-intérêts, auxquels les marchandises sont affectées.*

Art. 28.

3e. Partie. *pour transporter*, lisez : *à l'effet de transporter.*

Art. 29.

La preuve, lisez : *cette preuve.*

Art. 30.

L'article 33, lisez *30.* Au lieu de *en proportion*, lisez : *et à proportion.*

Art. 31.

A lire ainsi :
Le fret des marchandises jetées pour le salut commun est dû, à la charge de contribution, dans le cas où elle a lieu suivant le présent code.

Art. 33.

Le fort est dû, lisez : *le fret est dû* ; et à la seconde partie, après le mot *rachetées*, est ajouté : *ou sauvées.*

Art. 35.

La seconde partie à lire comme suit :
Il peut, dans le tems de la décharge, demander le dépôt des marchandises en mains tierces jusqu'au payement de ce qui lui est dû ; et si elles sont sujettes à dépérissement, il peut en demander la vente.

Art. 36.

Et que celui ait fait faillite, lisez : *qui a fait faillite.*

Art. 38.

Privilégé sur, lisez : *préféré à.*

Art. 42.

Ajouter à la fin de l'article :
Pourvu que la visite en soit requise dans les 48 heures après la délivrance.

Art. 44.

Le prix du fret, lisez : *le fret.*

Art. 45.

Ayant contenu, lisez : *contenant.*

Art. 47.

1°. A lire de cette maniere :
Si, avant le départ du navire, la sortie en est empêchée par une force majeure, sans distinguer si le navire est affrété pour le transport du chargement hors du Royaume, ou si, se trouvant à l'étranger, il est frété et affrété par des habitans du Royaume des Pays-Bas.

2°. Est ainsi conçu :
Si avant le commencement du voyage il y a prohibition d'exportation de tout ou partie des marchandises comprises dans une seule et même charte-partie, du lieu d'où le navire doit partir, ou d'importation dans celui de sa destination.

Art. 48.

Par laquelle, lisez : *par l'effet de laquelle* ; et à la ligne pénultième ajouter *le* avant le mot *capitaine.*

Art. 49.

Ainsi qu'à n°. 1, lisez : *ainsi qu'au n°. 1.*

Art. 50.

1°. *Donnés au capitaine*, lisez : *transmis au capitaine.* Au lieu de lire *les frais de magasin*, lisez : *les loyers de magasin.*

3°. *Seront observées*, à lire : *on observera.*

Art. 51.

Les deux premières lignes à lire ainsi : *Lorsqu'un navire se trouve dans le Royaume ou en pays étranger, et qu'il est affrété en lest.*

Art. 54.

Vaisseau, lisez: *navire*.

Art. 55.

Est ainsi rédigé:
Toutes les dispositions relatives à la résolution des contrats d'affrète-ment ou aux obligations du capitaine, en cas d'une guerre survenue, ainsi qu'aux dédommagemens, sont applicables aux affrétements à cueil-lette.

Art. 56.

5°. Lisez: *Le nom et le tonnage du navire*.

9°. Ajoutez: *et celle du chargeur*.

10°. Est supprimé.

Art. 58.

A lire ainsi:
Chaque connaissement est fait en quatre originaux au moins:
Un pour l'affréteur ou le chargeur;
Un pour celui à qui les marchandises sont adressées;
Un pour le capitaine;
Un pour les propriétaires du navire.
Les quatre originaux sont signés et délivrés dans les vingt-quatre heures après le chargement, contre la restitution des reçus provisoires.

Art. 60.

Signés par lui, lisez: *qu'il leur en a délivrés; et au lieu de lire* pour les connaissemens expédiés, lisez: *pour les suites que pourraient avoir les connaissemens expédiés*.

Art. 62.

Après le mot *leur* ajoutez: *espèce*.

Art. 65.

Portant primitivement un nom, lisez: *en son nom*.

Art. 66.

Celui auquel, lisez: *auquel d'entre eux*.

Art. 67.

Qu'il sera, lisez: *qui sera*. Ajoutez *les* avant le mot *intéressés*.

Art. 68.

Tous, lisez: *Les*. Au lieu de lire *ont le droit de*, lisez: *peuvent*.

Art. 69.

Est ainsi rédigé:
Aucune saisie ou opposition de la part d'un tiers, non porteur

de connaissement, ne pourra, hors le cas de revendication, priver le
porteur du connaissement de la faculté de requérir le dépôt ou la
vente judiciaire des marchandises ; sauf le droit du saisissant ou de
l'opposant, sur le produit de la vente.

TITRE VI.

La rédaction des différens articles de ce titre a subi les changemens suivans :

Art. 1.

Si un navire est abordé par un autre, par la faute du capitaine
ou des gens de son équipage, le dommage entier, causé au navire
abordé et à son chargement, doit être supporté par le capitaine du
navire qui l'aura causé.

Art. 2.

Si l'abordage a eu lieu par la faute des deux capitaines ou des
gens des deux équipages, chaque navire supportera ses dommages.
Les capitaines sont responsables envers les propriétaires des navires
et des marchandises, dans les cas prévus par cet article et le précédent ; sauf leur recours contre les officiers et les gens de l'équipage,
s'il y a lieu.

Art. 3.

En cas d'abordage de navires par un accident purement fortuit,
le dommage est supporté par celui des navires qui l'a éprouvé ; sauf
les dispositions de l'art. 6 ci-après.

Art. 4.

S'il y a doute sur les causes de l'abordage, le dommage arrivé
aux navires et aux chargemens sera réuni en une seule masse, et supporté par chacun d'eux, en proportion de la valeur respective des
navires et de leurs chargemens.
Ce dommage est réparti par forme d'avarie grosse sur chaque
navire et sur chaque chargement.

Art. 5.

Si, après l'abordage, un navire périt dans la route qu'il a dû prendre
vers un port de rélâche pour se faire radouber, la perte du vaisseau
est présumée causée par l'abordage.

Art. 6.

Si un navire, sous voile ou flottant, endommage par abordage
un autre navire qui est à l'ancre ou amarré, et que l'abordage ait
été fait sans la faute du capitaine ou des gens de l'équipage du
navire abordant, le navire qui était à la voile ou qui flottait, supportera la moitié des dommages du navire qui était à l'ancre ou amarré,
et du chargement, sans que le dernier navire soit tenu des dommages arrivés à l'autre ou à son chargement.
Ces dommages sont répartis par forme d'avarie grosse sur le navire
et le chargement.
Il n'y a pas lieu à ce dédommagement, si le capitaine du navire
amarré avait été en état de prévenir l'abordage ou de diminuer le
dommage en relâchant ses cables ou coupant ses amarres, s'il a pu

le faire sans danger, et s'il ne l'a pas fait, après en avoir été requis à tems par le capitaine du navire abordant.

Art. 7.

Si un navire chassant sur ses ancres est jeté sur les cables d'un navire qui se trouve à l'ancre près de lui, et que le capitaine du premier navire coupe les cables de l'autre et le détache ainsi de ses ancres, de sorte que par cet événement il en soit endommagé ou fasse immédiatement naufrage, le navire chassant sur ses ancres est tenu de tout le dommage arrivé à l'autre navire et à son chargement.

Art. 8.

Si un navire à l'ancre, ou amarré dans le port, sans se détacher et par l'effet de l'impétuosité des eaux, d'une tempête ou autre force majeure, endommage d'autres navires qui se trouvent près de lui, les dommages qui en résultent sont supportés par le navire endommagé, comme avarié particulière.

Art. 9.

Lorsqu'un navire se trouve sur des bas-fonds et ne peut s'en retirer, son capitaine a le droit, en cas de danger, d'exiger que le navire qui en est proche lève ses ancres ou coupe ses cables pour lui faire passage, pourvu que ce navire soit en état de faire cette manoeuvre sans risque ; à charge par le navire en danger de dédommager l'autre de ses pertes.

Le capitaine qui, dans ce cas, aurait refusé de faire cette manoeuvre, doit supporter les dommages qu'il a causés par son refus.

Art. 10.

Tout capitaine dont le navire est à l'ancre, est responsable des dommages causés par le manque de balises ou bouées à ses ancres, à moins qu'il ne les ait perdues sans sa faute et n'ait pu les remplacer.

Aanmerkingen der afdeelingen van de 2de Kamer der Staten-Generaal, omtrent de 7de, 8ste, 9de, 10de en 11de titels van het 2de boek van het Wetboek van Koophandel.

Observations des sections de la 2e Chambre des États-Généraux, sur les titres 7, 8, 9, 10 et 11 du 2me, livre du Code de Commerce.

AANMERKINGEN

DER

AFDEELINGEN

van de 2de Kamer der Staten-Generaal, omtrent de 7de, 8ste, 9de, 10de en 11de titels van het 2de boek van het Wetboek van Koophandel.

OBSERVATIONS

DES

SECTIONS

de la 2e Chambre des États-Généraux sur les titres 7, 8 9, 10 et 11 du 2e livre du Code de Commerce.

PREMIÈRE SECTION.

LIVRE 2 DU CODE DE COMMERCE.

SÉANCE DU 15 NOVEMBRE 1825,

Présidée par Mr. Donker Curtius.

TITRE 7.

Du naufrage, de l'échouement et des épaves.

Art. 1.

Sans observation.

Art. 2.

Sans observation. Mais il faut rédiger le texte hollandais d'après le texte français.

Art. 3.

Sans observation.

Art. 4.

Sans observation.

Art. 5.

Sans observation.

Art. 6.

Sans observation.

Art. 7.

Sans observation.

Art. 8.

Sans observation.

Art. 9.

Sans observation.

Art. 10.

Sans observation

Art. 11.

Sans observation.

Art. 12.

Sans observation.

Art. 13.

Idem; sauf qu'en hollandais il faut effacer le mot *kostelous.*

Art. 14.

Sans observation.

Art. 15.

Sans observation.

Art. 16.

Idem. Au lieu de *salaire*, dire: *droit de sauvetage.*

Art. 17.

Sans observation.

(**2**)

Art. 18.

Sans observation, quant au texte hollandais ; mais le texte français n'exprime pas précisement la même chose. Il en faudrait une nouvelle rédaction.

Sans observation.

Art. 19.

Sans observation.

Art. 20.

Sans observation.

Art. 21.

Sans observation.

Art. 22.

Sans observation.

Art. 23.

Sans observation.

Art. 24.

Sans observation.

Art. 25.

Sans observation.

Art. 26.

Sans observation.

NOTE d'un membre qui n'a pu in- tervenir à l'examen de ce titre.

LIVRE 2. TITRE 7.

Du naufrage, de l'échouement et des épaves.

Observation générale.

Un code de commerce doit avoir pour objet le droit commercial propre- ment dit; c'est-à-dire qu'il doit établir les droits, les devoirs et les obligati- ons de ceux qui font des actes de commerce ou réputés tels, et prescrire les règles de leur conduite et pour ainsi dire de leurs actions.

Une grande partie des dispositions que renferme ce titre, ne paraît pas ap- partenir au code de commerce; elles ont pour objet de préserver les effets naufragés ou échoués du pillage, et, si je puis m'exprimer ainsi, du vol des habitans des côtes. Ce qu'elles prescrivent ne concerne donc que la police des côtes et les règles à observer dans les opérations du sauvement des na- vires et autres objets naufragés ou échoués, et il me semble conséquem- ment qu'il serait beaucoup plus convenable d'en faire, quant à ce, l'objet d'une loi spéciale, plutôt que d'insérer ces dispositions dans le code de com- merce; et ce qui, dans cette matière, appartient proprement à ce code, se borne à établir 1°. que le propriétaire des effets naufragés a droit de les réclamer ou leur produit, dans un tems prescrit; 2°. comment les sauveteurs seront salariés et récompensés de leurs peines; qui les taxera en cas de dif- ficultés ou contestation. On croit même que le tout pourrait être traité sans inconvénient dans une loi spéciale.

On soumet cette observation à la sagesse de Messieurs les membres de la commission de rédaction, etc.

Art. 3.

Afin que le texte français soit en harmonie avec le texte hollandais, dire à la fin: *pour leur salaire ou droit de sauvetage (voor hunne bergloonen.)*

Art. 6.

Cet article pourrait être mieux rédigé, et la fin n'est pas du tout confor- me au texte hollandais.

Art. 7.

Idem.

Art. 8.

La fin de cet article donne lieu à penser qu'un *droit de sauvetage* pour- rait être dû aux fonctionnaires publics, chargés de surveiller et diriger les travaux de sauvement, ce qui n'est pas admissible.

J'entends par *droit de sau- vetage*, le droit à une quotité de la chose sauvée ou de son prix.

Art. 13.

A la fin du 1er § dire: déduction faite *des droits et frais de sauve- tage.*

Art. 16.

Les deux textes ne sont pas conformes.

Art. 17 et 18.

Idem; et les textes français doivent être mieux rédigés.

Art. 19.

Dire: dans *l'estimation du salaire ou droit de sauvetage.*

Et en ce qui concerne *ce salaire ou droit de sauvetage*, on remarque que le projet de loi ne fixe aucune règle relativement à la quotité. On craint que l'incertitude si et comment les marins, qui s'exposent très-souvent à de grands dangers, seront récompensés, ne les détourne de s'y livrer, particu- lièrement dans les cas dangereux.

Suivant la législation encore existante dans les provinces méridionales, la loi attribue aux pêcheurs et autres marins qui relèvent et sauvent des ancres et cables *abandonnés* en plein mer, pour droit de sauvetage, le tiers de la valeur nette de l'ancre et cable, quand il y est attaché une bouée ou autre signe extérieur visible; et la *moitié* s'ils ont été trouvés sans aucun signe visible.

Le droit de sauvetage de tous autres objets et marchandises, abandonnés en mer et portés à terre, est du tiers de la valeur nette, le tout à estimer par experts.

Suivant une ordonnance du 14 Juin 1751, art. 20, il paraît qu'en Zélande le droit de sauvetage est du *tiers* de la valeur de tous les objets abandonnés et trouvés en mer en dedans des *balises*, et de la moitié lorsque les objets sont trouvés et sauvés en dehors des balises.

Et l'on dit que des ordonnances à peu près semblables existent en Hollande et dans les autres provinces septentrionales du Royaume.

Il vaut la peine d'examiner si, dans une matière aussi importante et qui intéresse tant la vie des hommes et *les biens*, il ne serait pas préférable de conserver ces dispositions, au lieu de laisser le tout en quelque sorte dans le vague.

PRÉSENS MESSIEURS.

Van Brakell.

De Rouck.

Dijckmeester.

Wassenaer.

Repelaer.

Serruys.

LIVRE 2. TITRE 8.

Des contrats à la grosse.

SÉANCE DU 16 NOVEMBRE 1825.

Art. 1er.

On demande la suppression de cet article.

Art. 2.

Supprimer le mot *acte* ; car un écrit est un *acte*, et vice versa.

Art. 3.

Pourquoi exige-t-on l'enregistrement du contrat à la grosse au greffe du tribunal seulement quand l'emprunt est fait pour l'équipement du navire, et non dans le cas d'emprunt à la grosse sur des *marchandises chargées* avant le départ du navire?

Art. 4.

Sans observation.

Art. 5.

La section admet cet article, par la raison que l'action personnelle s'évanouit ou et éteinte par la perte de l'objet sur lequel l'emprunt a été fait.

Art. 6.

Pas d'observation.

Art. 7.

Idem.

Art. 8.

Idem.

Art. 9.

Il y a erreur dans le texte hollandais; il dit *op de verdiende*, il faut dire: *op de te verdienen*.

Art. 10.

Il y a plus: si l'argent est prêté sur le navire et le chargement, le chargement est aussi affecté par privilége au capital et aux intérêts; cependant l'article ne le dit pas, et il doit le dire.

Art. 11.

Quoi, si par après les propriétaires ratifient? On pense que, dans l'esprit des rédacteurs, cette ratification vaut autorisation.

Art. 12.

Pas d'observation.

Art. 13.

Bon; sauf qu'à la fin on propose *relâche forcée*, au lieu de *relâche nécessaire*.

Art. 14.

Pas d'observation.

Art. 15.

Dire *manifeste* au lieu de *liste* ; et à la fin du 1er §, rédiger comme suit: « S'il a accepté des lettres de change ou fait des avances sur ces marchandi- « ses, sur la foi du connoissement.

Art. 16.

La section pense qu'il suffit de dire que celui qui a déchargé de mauvaise foi des marchandises, est personnellement responsable du payement de la dette, sans devoir y ajouter *afin de porter préjudice*, etc.; car il est évident que celui qui fait quelque chose de mauvaise foi, ne le fait pas pour faire du bien à quelqu'un, mais pour lui faire du tort, ou pour se procurer à soi-même quelque profit illégitime.

Art. 17.

On pourrait très-bien omettre le mot *prêteur ;* car il èst évident que ce n'est que le prêteur qui court le risque.

Dire *navire* au lieu de *vaisseau.*

Art. 18.

C'est juste.

Art. 19.

La section pense qu'à la fin de l'article il suffit de dire : ou par *le fait de l'emprunteur,* parce que cela comprend tous les cas, soit par malice, dol ou non. De plus, au lieu de *par le vice propre* de la chose, il suffit de dire *par vice propre.*

Art. 20.

La rédaction française n'est pas du tout conforme au texte hollandais, et elle est de plus mal faite. La section propose la rédaction ci-après ; voir l'art. 325 du code actuel.

« Si le navire on les marchandises affectés à l'emprunt à la grosse sont
« entièrement perdus par suite de naufrage, échouement, prise ou autres
« fortunes de mer, arrivés dans le tems et dans *le lieu des risques,* la somme
« prêtée ne peut être réclamée.

« Si une partie du navire ou des marchandises est sauvée, le prêteur à la
« grosse ne peut exercer ses droits que sur les objets sauvés. »

Les motifs de cette nouvelle rédaction sont :

1°. Que le prêteur ne perd le droit au remboursement que dans le cas de *perte totale* des objets sur lesquels le prêt a été fait ; et l'art. 20 du projet n'exprime pas assez clairement cette condition de *perte totale.*

2o. Que la perte soit arrivée par fortune de mer quelconque, indépendante du fait de l'emprunteur, dans *le tems* et dans *le lieu des risques ;* et l'art. 20 du projet a omis la clause *dans le lieu des risques.* Cependant cela est essentiel ; car, si le navire avait fait un autre voyage, ou changé seulement de route hors le cas de nécessité constatée, le prêteur ne serait pas tenu des accidens survenus durant ce changement de voyage ou de route.

On aurait d'après cela pu demander la conservation des articles 325 et 327 du code actuel, qui sont très-précis ; mais on a aimé à rester, autant que possible, dans les termes de l'article 20 du projet. Il faut encore remarquer que dans l'espèce *la dette n'est pas éteinte,* mais que le prêteur est sans action.

Art. 21.

On propose la rédaction suivante :

« Si le navire ou les marchandises sur lesquels le prêt à la grosse a été
« fait, éprouvent quelque malheur ou sont pris, l'emprunteur, etc.

« Si l'emprunteur se trouve sur le navire ou à proximité des objets affec-
« tés, il doit faire toutes les diligences qui peuvent être raisonnablement
« exigées de lui, pour les sauver, à défaut, » etc.

Art. 22.

Faute d'impression.

Le texte français n'est pas conforme au texte hollandais ; on propose ce qui suit :

« Celui qui, en cas d'échouement ou de naufrage d'un navire affecté,
« paye des dettes qui, selon l'ordre établi par la loi sur les dettes privi-
« légiées, seraient préférées au prêt à la grosse, est subrogé aux droits du cré-
« ancier primitif. »

(Signé) SERRUYS.

PRÉSENS MESSIEURS :
Donker Curtius.
Van Brakell.
De Rouck.
Repelaer.
Surmont.
Wassenaer.
Serruys.

PREMIÈRE SECTION.
CODE DE COMMERCE.
LIVRE 2.   TITRE 9.
Des assurances.

SÉANCE DU 17 NOVEMBRE 1825.

Observation générale.

« La section aurait désiré qu'on eût traité séparement et divisé par sections les différentes espèces d'assurances, en établissant dans une première section les principes généraux, applicables à toutes assurances : la loi serait plus claire.

Art. 1.

On demande la suppression de cet article, comme inutile ; et si on voulait donner une définition de ce contrat, on devrait au moins omettre *aléatoire :* autrement, on devrait aussi l'employer dans tous les autres, également *aléatoires*, comme le contrat à la grosse, la constitution de rente viagère, etc.

Art. 2.

Pas d'observation.

Art. 3.

La section ne peut pas admettre cet article tel qu'il est, attendu que d'après cette rédaction on ne pourrait même pas assurer avec effet des marchandises sujettes à détérioration par leur nature, tels que *blés, sels, pommes*, etc. ; et cependant on voit tous les jours faire de ces assurances. On propose donc la rédaction suivante :

« L'assureur n'est pas tenu des dommages ou des avaries causés par
« le vice propre ou par la nature des objets assurés, à moins qu'il n'en ait
« pris expressément les risques à sa charge par le contrat.

Art. 4.

Cet article, tel qu'il est rédigé, n'est aussi pas admissible : on ne comprend pas ce qu'on a voulu dire ; car certainement il n'est pas défendu à quelqu'un de faire assurer le bien de son ami, par exemple, absent ; et cependant, d'après cette rédaction, cela ne pourrait pas se faire. On demande en conséquence, ou que l'article soit supprimé, ou qu'on en donne les motifs, et qu'en tout cas il soit rédigé d'une manière intelligible.

Art. 5.

Cela est trop évident pour être dit dans le code ; en conséquence on demande la suppression de cet article.

Art. 6.

A supprimer aussi cet article ; car, suivant le droit commun, la mauvaise foi vicie toujours les contrats.

Art. 7 et 8.

La section demande à l'unanimité que les articles 7 et 8 du projet soient remplacés par l'article 348 du code actuel.

Art. 9.

Sans observation quant à présent, jusqu'à ce qu'on rencontrera les articles exceptionnels prévus par le projet, que l'on ferait bien d'invoquer dans cet article 9.

Art. 10.

Ajouter à cet article, après le mot assuré : *et qu'il n'y a ni dol ni fraude.*

C

Art. 11.

Il faut suivre les principes du droit commun sur l'interprétation des contrats : donc à supprimer ; et l'on ne voit pas de raison pour faire ici en faveur des assureurs une exception aux règles générales.

Art. 12.

On ne voit pas la raison pour faire une pareille disposition et d'une manière aussi générale, plutôt pour le contrat d'assurance que pour tous autres contrats , tels que celui à la grosse. On ne peut pas , il est vrai , déroger [par des conventions particulières aux lois qui intéressent l'ordre public ou les bonnes moeurs ; mais les assurances ne sont pas d'ordre public ; elles font l'objet de conventions entre particuliers , et en général on peut par des conventions particulières déroger aux dispositions de la loi. La section pense donc qu'il convient de supprimer cet article comme contenant une disposition trop générale , et se borner à établir la peine de nullité , s'il y a lieu , dans les cas particuliers prévus par le projet de loi et qui en sont susceptibles , comme le fait l'article 85 de ce projet de loi.

Art. 13.

Transeat.

Art. 14.

On propose de dire : *la police exprime le jour et l'heure à laquelle l'assurance est conclue* , etc. ; parce que la validité du contrat d'assurance peut dépendre de la connaissance de *l'heure* à laquelle l'assurance a été conclue.

Art. 15.

La section est divisée d'opinion sur la question de savoir s'il est bien nécessaire de conserver le n°. 1 de cet article.

Art. 16.

Dire : les *polices d'assurances maritimes énoncent* en outre, etc.
Au dernier alinéa *le* au lieu de *de* ; et quant *aux exceptions*, on s'expliquera à cet égard aux articles où il est question d'exception.

Art. 17.

Sans observations.

Art. 18.

Au n°. 1 dire : *le tems dans lequel le voyage doit être achevé.*

Art. 19.

Pas d'observation.

Art. 20.

Sans observation.

Art. 21.

Idem.

Art. 22.

Transeat la première partie. Supprimer la dernière , et ajouter : *à peine de nullité.*

Art. 23.

Si , dans un pareil cas , l'assureur veut ou a intérêt de connaître le mandat ou sa date et les dernières nouvelles , il l'exigera ; s'il ne le fait , c'est une preuve qu'il n'en a pas besoin. La section croit en conséquence que cet article peut très-bien être supprimé, en abandonnant le tout aux conventions des parties.

Art. 24.

Sans observation.

Art. 25.

Idem.

Art. 26.

Idem.

Art. 27.

Bon ; mais dire simplement : *courtier d'assurances.*

Art. 28.

Bon.

Art. 29.

D'abord, il faut dire (dans les deux textes) *s'est chargé ;* car, pour être obligé, il faut avoir accepté le mandat ; et il y a acceptation en disant *s'est chargé.*

La section pense, de plus, qu'au lieu de dire *et qu'il la tienne pour son compte*, il faut dire dans quel cas il est censé l'avoir tenue pour son compte ; et en conséquence elle propose ce qui suit :

« Si quelqu'un *s'est chargé* de faire une assurance pour un autre, et
« qu'il ne délivre pas la police ou qu'il néglige d'annoncer qu'il n'a pas
« pu parvenir à conclure l'assurance, le tout dans les huit jours de la ré-
« ception du mandat, il est censé avoir tenu l'assurance pour son propre
« compte et être assureur aux conditions de la *place.*

Art. 30.

Changer la rédaction française de la fin du second alinéa ainsi qu'il suit :
« Elle continuera à *courir* au profit de l'ancien propriétaire, pour autant
« que, à cause du non payement du prix de vente, il aurait conservé quel-
« que droit dans l'objet vendu.

Et au premier *alinéa*, au lieu de *transmission*, dire *remise* de la *police :* car transport et *transmission* sont ici synonimes ; cependant il est question du transport ou de la *remise* du titre, zelfs *zonder overdragt* of *overgifte der polis*, est-il dit au texte hollandais.

PRÉSENS MESSIEURS :

Donker Curtius.

Van Brakell.

Repelaer.

De Rouck.

Huyssen de Kattendijke.

Wassenaer.

Surmont.

Serruys.

SÉANCE DU 18 NOVEMBRE 1825.

DEUXIÈME SECTION.

Des personnes qui peuvent assurer et des objets qui peuvent être assurés.

Art. 31.

Pas d'observation.

Art. 32.

La section pense que la clause finale, *si la loi ne l'a pas exclu*, doit être supprimée ; il suffit de poser le principe général que l'assurance peut avoir pour objet tout intérêt appréciable ; car si dans un cas particulier la loi dit que telle ou telle chose ne peut pas être l'objet d'une assurance, il est clair qu'alors le principe général cessera, sans avoir besoin de le dire ici.

Art. 33.

Dire: *les armemens en guerre*, pour être conforme au texte hollandais ; et ensuite aller à linea et dire *les victuailles*, etc.

Art. 34.

Cette répétition continuelle *elle peut être faite*, nuit à la bonne rédaction ; donc à changer.

La section demande pourquoi on n'a pas inséré la disposition de l'article 356 du code actuel, qui contient un cas que la loi doit prévoir ; en conséquence, on en demande l'insertion, comme utile au commerce.

Art. 35.

Pas d'observations.

Art. 36.

Idem ; mais au texte français, on a omis la parenthèse, qu'il faut ajouter.

Art. 37.

La section préfère l'art. 367 du code actuel: elle croit qu'après avoir admis le serment, il ne serait pas convenable d'admettre la preuve contraire ; car, si la preuve contraire était faite, il en résulterait qu'il a été fait un faux serment.

Art. 38.

La section pense à l'unanimité qu'il faut commencer l'article comme suit : *On ne peut assurer :*
1º. les loyers, etc.
2º. la prime, etc.
3º. les navires, etc.
4º. les choses, etc.

parce qu'il a paru à la section que c'est trop dire, en disant, que le *contrat est nul ;* car il pourrait être bon sous d'autres rapports que celui ici prévu, et cependant aux termes de cette rédaction tout le contrat serait nul.

Art. 39.

Sans observation.

Art. 40.

Idem.

Art. 41.

Au texte français il y a une faute ; il faut dire *des navires qui sont déjà sortis ou des marchandises transportées*, etc. Même observation sur le § 2 : *départ du navire ou transport des marchandises*.

On répète ici l'observation déjà faite ailleurs, que, si l'assureur croit utile d'avoir connaissance de toutes les circonstances qui sont mentionnées ici, il les exigera de l'assuré ; et s'il ne les exige pas, c'est une preuve que l'assureur le juge inutile ; et en conséquence la section pense qu'on ne peut pas pour cette omission rendre *l'assurance nulle*. Dans tous les cas, c'est au juge à décider, suivant les circonstances, si l'omission de ce qui est prescrit ici est de nature à donner lieu à annuller le contrat.

Art. 42.

Transeat.

Art. 43.

l'Assureur peut de bonne foi avoir indiqué l'époque du départ ; en conséquence, la section pense que cet article ne peut pas être admis tel qu'il est rédigé. D'ailleurs, il ne suffirait jamais de dire qu'il est censé de mauvaise foi, mais il faudrait dire que l en est le résultat ; en conséquence, la section propose la rédaction suivante :

« Dans le cas où l'époque du départ du navire serait désignée dans la
« police, et qu'il fût prouvé qu'il était parti plutôt, l'assurance sera nulle à
« l'égard de l'assuré. »

Art. 44.

On met ici tout sur le dos de l'assuré. La section demande la suppression de cet article, d'autant plus, que c'est communément l'assureur qui fait ou fait faire le contrat, et c'est à lui plutôt qu'à l'assureur à soigner que tout le nécessaire soit inséré dans la police.

Art. 45.

On demande la suppression de cet article, les idées ne sont pas bonnes : c'est aux parties et particulièrement aux assureurs, comme on l'a déjà dit, de faire insérer dans la police tout ce qui est nécessaire dans leur intérêt respectif. Aussi, dans le cas prévu par cet article, il n'est pas vrai en principe que l'assurance de navires qui ne se trouvent pas dans le lieu où le péril doit commencer, est nulle, tout dépend des conventions ; un navire en construction peut être assuré contre le *feu* ; cependant l'article le défend.

Art. 46.

La section ne conçoit pas de motif pour obliger l'assuré à exprimer la somme principale et la prime *séparement*, à peine par l'assuré de ne pas avoir droit au montant de la prime de grosse en cas de perte de l'objet affecté au prêt ; en conséquence, elle demande le retranchement de l'article.

Art. 47.

Il est impossible de concevoir un contrat d'assurance où tout ce qui est mentionné dans les quatre paragraphes de cet article ne se trouve pas. D'ailleurs, tout est prévu à cet égard par les articles 15 et 16 de ce titre ; et il est clair que, lorsqu'un contrat n'énonce pas tout ce que la loi ordonne qu'il *doit* énoncer, ce contract ne peut pas subsister. En conséquence, la section demande la suppression de cet article comme superflu.

Art. 48.

Sans observation.

Art. 49.

Idem.

Art. 50.

Idem.

Art. 51.

On pense qu'au texte hollandais, il faut remplacer le mot *bewijsbare waarde*, par ceux de *wezenlijke waarde*.

D

Pour le surplus, on approuve cette disposition, quoique dérogeant au code actuel.

Art. 52.

Assez mal rédigé en français.

Art. 53.

Sans observations.

Art. 54 et 55.

Admis, sans autre observation que celle, qu'à l'article 55, pour la bonté de la rédaction, il convient de dire ; *tout ce que, par suite de cet événement, le capitaine*, etc. *sont dispensés*, etc.

Art. 56.

Il faut dire : *contre les risques de l'esclavage, tegen de gevaren van slavernÿ*. Pour le surplus, bon.

Art. 57.

Bien évident.

Art. 58.

Idem.

Art. 59.

Idem.

Art. 60.

Il paraît à la section que, lorsque l'assuré a fait signifier à l'assureur qu'il renonce à l'assurance, l'omission d'en faire mention dans la nouvelle police ne peut pas rendre par cela seul cette assurance nulle, attendu que l'assuré ne peut faire valoir la première assurance contre personne, puisqu'au moyen de la renonciation elle est venue à cesser : on demande donc la suppression du § 2 ou final.

SECTION TROISIÈME:

De l'évaluation des objets assurés.

Art. 61.

Cet article, tel qu'il est rédigé, pourrait souvent donner lieu à des contestations; aux termes de cet article, l'assureur pourrait se refuser à tout payement, sur le prétexte que la valeur n'aurait pas été fixée par une expertise judicaire.

On pense qu'il conviendrait de le rédiger comme suit:

« L'évaluation des objets assurés, insérée dans la police, ne fait pas foi,
« à moins que la valeur n'ait été fixée de gré à gré et qu'il n'y ait ni dol
« ni fraude de la part de l'assuré. »

Art. 62.

On demande à l'unanimité la suppression de cet article.

Art. 63.

Idem.

Art. 64 et 65.

Bon, quand on n'est pas convenu de la valeur de gré à gré.

Art. 66.

Sans observation.

Art. 67.

Idem.

Art. 68.

Au lieu d'attendre, dire obtenir.

Art. 69.

Sans observation.

Art. 70.

Idem.

Art. 71.

Dès que la valeur est fixée de gré à gré par la police, l'assurance est censée aite à la vraie valeur, jusqu'à preuve contraire; et la section pense qu'au noyen de l'article 61 proposé, et s'il est admis, cet article 71 pourrait être ayé, ainsi que l'art. 72.

PRÉSENS MESSIEURS,

Donker Curtius.

van Brakell.

de Rouck.

Repelaer.

Surmont.

Wassenaer.

Kerens.

SECTION QUATRIÈME.

SÉANCE DU 22 NOVEMBRE 1825.

Art. 73.

Pour la première partie de cet article la section préfère la rédac·
tion de l'art. 328 du code actuel, en observant qu'il ne peut ici être question que d'assurances maritimes. Or en matière d'assurance maritime,
l'assureur ne court que les risques de mer, et par cet article on fait
commencer les risques du moment que le capitaine a commencé de charger;
on peut cependant avoir chargé dans l'intérieur, dans le bassin d'une ville;
et en ce cas le risque ne court pas encore, si cela n'a pas été convenu par
le contrat. En conséquence, on propose la rédaction suivante:
« Si le tems des risques n'est point déterminé par le contrat, il court,
« à l'égard du navire, des agrès, apparaux, armement et victuailles, du jour
« où il a fait voile, jusqu'au jour où il est ancré ou amarré au port ou lieu
« de sa destination."
L'on propose la suppression du second paragraphe, comme superflu, et
par suite aussi la suppression de l'art. 74, puisque la durée des risques
est déjà déterminée par l'art 73 projeté: la section ne pouvant adopter l'idée
de faire durer les risques à l'égard du navire, au-delà du jour de son
ancrage ou amarrage dans le lieu de sa destination, s'il n'en est autrement
convenu par le contrat.

Art. 75.

Par la même raison, et parce qu'il est bien évident que le risque de
l'assureur court sans interruption jusqu'à la fin du ou des voyages convenus, la section demande aussi la suppression de cet article.

Art. 76.

A cet article on préfère le second paragraphe de l'art. 318 du code actuel, entre autres par la raison, que des marchandises déposées sur le
quai pour être chargées ne sont pas encore exposées aux risques de mer,
et que ces risques finissent quand les marchandises sont délivrées à terre.

Art. 77.

La section demande la suppression de cet article comme inutile et aussi
comme n'exprimant pas des idées bien justes; car, soit que l'assurance soit
faite pour tous risques de mer, ou pour quelques risques de mer seulement,
il est clair que le tems du risque assuré court sans interruption, et qu'il finit quand le voyage est fini réellement, ou quand il est censé fini suivant
les dispositions de la loi.

Art. 78.

Cet article doit être supprimé, parce qu'il faut s'en tenir au principe,
que le risque finit à la fin du voyage, ou quand la marchandise est mise
à terre au lieu de sa destination, sans dire rien de plus.

Art. 79.

On admet la première partie de cet article. Quant à la dernière, il faut
commencer par poser le principe général, que le risque finit quand les marchandises sont déchargées, et faire suivre l'exception pour le cas où le capitaine serait en retard de décharger.

Art. 80.

Il a paru à la section que le principe n'est pas toujours vrai: *que les risques de l'assureur sur des sommes prêtées à la grosse commencent et finissent au même moment que les risques du prêteur;* car il peut arriver que dans le contrat à la grosse on convienne d'une époque particulière où les risques du prêteur commenenceront, sans que pour cela et d'après la loi les risques de l'assureur commencent. La section, croyant que tout doit se régler par les conventions des parties, demande la suppression de cet article.

Art. 81.

Admis; sauf que, au lieu de *ou par courrier*, il faut dire: *ou par la poste.*

Art. 82.

Sans observations.

Art. 83.

En général, le risque est fini quand le voyage est fini, peu importe par quelque cause que ce soit; et dans aucun cas la section ne peut admettre la continuation du risque des assureurs pendant les 15 ou 21 jours dont parle cet article, comme contraire aux bons principes en matière d'assurance. On demande en conséquence la suppression de cet article, comme rentrant dans le principe général : que le risque est fini à la fin du voyage ou à l'arrivée du navire à sa destination.

Art. 84.

C'est bien clair, mais soit.

Art. 85.

Certainement on ne fait pas d'assurance contre l'incendie, sans énoncer dans la police l'époque précise du commencement et de la durée des risques; mais toujours la disposition est bonne, à cause de la peine de nullité.

Art. 86.

C'est trop évident pour être dit dans le code; donc à rayer.

E

PRÉSENS MESSIEURS :

De Rouck.

Van Brakell.

Donker Curtius.

Surmont.

Wassenaer.

Repelaer.

Serruys.

CINQUIÈME SECTION.

SÉANCE DU 23 NOVEMBRE 1825.

Des droits et obligations de l'assureur et de l'assuré.

Art. 87 et 88.

La section , à l'unanimité, préfère l'art. 349 du code actuel pour remplacer les articles 87 et 88 du projet : parce que le principe posé par ledit article 349 est simple et qu'il a paru juste à la section, qui n'admet pas les distinctions qui se trouvent dans les articles proposés ; et qu'au surplus il est bien évident que, dans le cas où l'assuré forme une demande en payement d'avarie survenue pendant le tems des risques, la prime est due en totalité.

Art. 89 et 90.

Par la même raison, et particulièrement parce qu'il n'est pas vrai en principe que la baraterie du capitaine est à la charge de l'assureur, le principe contraire étant vrai, d'après cette autre règle déja adoptée au titre des propriétaires de navires, que le propriétaire du navire est responsable des faits du capitaine), la section demande que ces deux articles soient remplacés par les articles 350 et 351 du code actuel, qui sont plus précis et mieux rédigés.

Art. 91.

La section demande la suppression de cet article ; c'est au juge à apprécier, d'après les circonstances, si le changement de route ou de voyage est tel, qu'il puisse en résulter une non responsabilité de l'assureur.

Art. 92.

Cet article doit venir à cesser, si on adopte l'art. 371 du code actuel, ainsi que la section vient de le proposer.

Art. 93.

La section propose, à l'unanimité, de remplacer cet article par l'article 353 du code actuel. On ne conçoit même pas comment on a pu proposer cet art. 93 ; car il dit précisément le contraire de ce qui se trouve à l'art. 89 du projet, où il est dit en règle générale, que la baraterie de patron est à la charge de l'assureur, ce qui est contre les principes.

Art. 94.

La section demande aussi la suppression de cet article, et d'y substituer l'article suivant, portant une exception à l'article 93 proposé :

(Art. 94.)

« Néanmoins, si l'assurance est faite pour tout risque sur des mar-
« chandises chargées par toutes autres personnes que les propriétaires ou
« affréteurs du navire, l'assureur est responsable des pertes causées par les
« prévarications et fautes du capitaine et de l'équipage, connues sous le nom
« de baraterie de patron, s'il n'y a convention contraire.''

Art. 95.

On commence ici à établir des exceptions, sans avoir posé le principe général. En conséquence, la section propose de substituer à cet article l'article 352 du code actuel ; au moyen de quoi cet article 95 est tout à fait inutile, comme ne contenant qu'une explication de ce qu'on entend par dommages causés par le vice propre et dont l'assureur n'est pas responsable, et qui n'est pas du tout nécessaire.

Art. 96.

C'est beaucoup trop vague: tout cela dépend des circonstances, que le juge doit apprécier, en examinant si le retard d'entreprendre le voyage provient de la faute du capitaine, ou non; en conséquence, cet article doit être supprimé.

Art. 97.

Supprimer également, et par le même motif.

Art. 98.

On demande aussi la suppression de cet article, comme contenant une règle trop générale: car on n'y excepte pas même le cas de retard par suite de force majeure. C'est, encore une fois, au juge à décider, suivant les circonstances, si, dans le cas où le voiturier arrive après le tems fixé pour le transport, il y a lieu à libérer l'assureur de toute responsabilité.

Art. 99.

La section préfère l'art. 355 du code actuel, comme étant conforme aux bons principes de la matière.

Art. 100.

Si l'on veut limiter la quotité de l'avarie dont l'assureur sera tenu, il faut le dire dans la police; et si dans la police il n'en est pas fait une stipulation, il ne peut y avoir lieu à restreindre la responsabilité, parce que les parties sont censées avoir voulu contracter sans restriction; donc à supprimer.

Art. 101.

Pas admis, par la même raison.

Art. 102.

On demande que cet article soit remplacé par l'article 409 du code actuel.

Art. 103.

Il est hors de doute que, lorsqu'on a contracté l'assurance sous la clause *franc d'hostilité*, et que le navire est pris ou endommagé, l'assureur n'est pas responsable, sans qu'il soit nécessaire de le dire; puisque la clause même, de *franc d'hostilité* le comporte. Ainsi, on demande la suppression de cet article comme très-inutile; en observant de plus, sur la clause finale de cet article, que suivant le principe déjà adopté, lorsque le changement de route a été causé par une force majeure, l'assureur ne cesse pas d'être responsable; et l'on ne peut pas disconvenir que, dans le cas où le capitaine du navire, pour éviter d'être pris ou attaqué par un ennemi, change de direction, ce ne soit là une force majeure qui rend la déviation légitime.

Art. 104.

En supprimant l'article 103, l'art. 104 devient inutile; et le cas rentre dans les principes généraux de la matière, qui rendent l'assureur responsable de tous les risques qu'il a pris à sa charge.

Art. 105.

L'on entend qu'en disant *cessent*, les dommages arrivés] antérieurement restent aux risques de l'assureur.

Art. 106.

C'est trop clair pour être dit dans la loi.

Art. 107.

Point d'observation.

Art. 108.

Sans observation.

Art. 109.

Idem.

Art. 110.

La section préfère l'article 359 du code actuel.

E 2

Art. 111.

On admet cet article : sauf à supprimer la clause finale, *ou moins selon la distinction*, ect.

Art. 112.

Sans observation.

Art. 113.

On préfère la rédaction de l'article 361 du code actuel ; sauf le mot *navires*, qu'on préfère à celui de *vaisseaux*.

Art. 114.

Cela est très-clair, et pourrait en conséquence être supprimé sans aucun inconvénient.

Art. 115.

l'Article 364 du code actuel est rédigé avec plus de précision, et en conséquence on le préfère. On demande pourquoi on a omis l'art. 362 du code actuel, dont la disposition paraît bonne, et utile à conserver.

Art. 116.

Pas d'observation.

Art. 117.

Le texte français n'est pas conforme au texte hollandais, et il faut:
1°. ajouter au premier paragraphe le mot *naufrage*, en disant en cas de *naufrage ou d'echoument*, etc.
2°. Après les mots *leur demander les avances*, ajouter : *et le remboursement des frais faits* etc.

On observe de plus, qu'on aurait très-bien pu omettre le commencement du second paragraphe : *il n'est pas nécessaire à cet effet que l'assuré soit muni d'une procuration des assureurs* ; car l'assuré y est tenu de droit en sa qualité et comme propriétaire des objets assurés jusqu'à ce que les assureurs se fassent représenter par un fondé de pouvoir spécial ; et celui qui est tenu de droit de faire une chose, y est par cela même autorisé. Mais enfin soit, pourvu que le texte français soit mieux rédigé, voir l'art 381 du code actuel.

Présens Messieurs :

Donker Curtius.

De Rouck.

Repelaer.

Van Brakell.

Wassenaer.

SÉANCE DU 24 NOVEMBRE 1825.

Art. 118.

Les deux textes ne paraissent pas bien rédigés, et tels qu'ils le sont ils paraissent contraires aux principes du contrat du mandat, suivant lesquels un mandant est en général responsable de la gestion de son mandataire. On a sans doute voulu dire que l'assuré, qui est ici le mandant, n'est pas responsable envers les assureurs de la mauvaise gestion de son mandataire, sans exclure par là l'obligation de l'assuré mandant, d'exécuter les engagemens contractés par son mandataire conformément à la teneur du pouvoir, et de l'indemniser des frais faits pour son exécution ; on demande en conséquence que cet article soit rédigé avec plus d'exactitude.

Art. 119.

C'est très-clair, il doit toujours réclamer ; mais, transeat.

Art. 120.

Il faut dire : *et qu'il a employé, devant le tribunal qui a rendu ledit jugement, tous les moyens et produit des pièces justificatives suffisantes pour écarter la déclaration de bonne prise.*

Art. 121.

Sans observation.

Art. 122.

Idem.

Art. 123.

Idem.

Art. 124.

On admet l'article, jusqu'aux mots *pour laquelle l'assurance est annullée* ; et supprimer le reste de cet article, par les motifs déduits à l'article 87 ci-dessus.

Au lieu, de *en entier ou en partie*, dire : *en tout ou en partie*.

Art. 125.

Sans observation.

Art. 126.

Sans autre observation, que celle qu'il vaudrait mieux répéter le mot *l'assuré*, en disant à la ligne 4 *et l'assuré*, au lieu de *et celui-ci*.

La section demande pourquoi on n'a pas inséré la disposition de l'article 346 du code actuel ?

F

SECTION SIXIÈME.

Du délaissement.

Art. 127.

Sans observation.

Art. 128.

Idem.

Art. 129.

On pense qu'au lieu de *sont échoués*, il faut dire : *ont échoué*. Pour le surplus, pas d'observation sur le fond de cet article.

Art. 130.

Sans observation.

Art. 131.

La section observe que l'on navigue aussi vers les *côtes de l'Asie dans la Mer Noire* ; et en disant seulement : *vers les ports ou côtes de l'Asie ou d'Afrique dans la Méditerranée*, on semble exclure les côtes de l'Asie dans *la Mer Noire*. On pense en conséquence qu'il convient de dire : *dans la Méditerranée et dans la Mer Noire*.

Art. 132.

Sans observations.

Art. 133.

Idem.

Art. 134.

Idem.

Art. 135.

Idem.

Art. 136.

Dire : ne sera plus *recevable*, au lieu de *admis*.

Art. 137.

Sans observations.

Art. 138.

Porte, dire; *perte* ; et au lieu de *dans ces cas*, dire *dans ce cas*. Au surplus, sans observations.

Art. 139.

La section demande qu'on supprime les mots *que lui ou son mandant a faites*, etc., et qu'en conséquence on se borne à dire : *qu'il a faites*, *fait faire*, *ou même ordonné de faire*, parce qu'il n'est pas du tout nécessaire de parler d'un mandant.

Art. 140.

La section pense qu'il n'est pas nécessaire de dire : tout ce qu'il a fait *d'après la loi*, etc., mais qu'il suffit de dire : tout ce qu'il a fait pour le recouvrement, etc.

Art. 141.

Sans observations.

Art. 142.

Sans observation.

Art. 143.

Idem.

Art. 144.

Idem.

La section demande pourquoi on n'a pas inséré les dispositions des articles 395 et 396 du code actuel, qui paraissent à la section pouvoir l'être avec utilité, dans le cas de prise dont traite l'art. 132 ci-dessus.

SECTION SEPTIÈME.

Des droits et obligations des courtiers.

Art. 145.

Pas d'observation.

Art. 146.

Sans observation.

Art. 147.

Transeat.

Art. 148.

Transeat.

Art. 149.

Idem.

Art. 150.

On pense qu'il conviendrait d'insérer à la fin de cet article : *le tout à peine de dommages-intérêts.*

(Signé) SERRUYS.

V. P.

PREMIÈRE SECTION D'OCTOBRE 1825.

CODE DE COMMERCE.

LIVRE 2. TITRE 10.

Des avaries.

SÉANCE DU 25 NOVEMBRE 1825.

PREMIÈRE SECTION.

Des avaries en général.

Art. 1.

Pas d'observations.

Art. 2.

La section à l'unanimité préfère l'article 398 du code actuel, par la raison que l'on peut convenir des avaries, non-seulement par des chartes-parties ou connaissemens, mais aussi par d'autres actes et notamment par des polices d'assurance.

Art. 3.

Dire, au § 2: *les premières sont réparties entre le navire, le fret et le chargement,* attendu que le fret contribue aussi aux avaries grosses; donc il faut le dire en principe.

Art. 4.

N°. 2. dire: *pour le salut commun.*

N°. 6. au lieu, de *exprès,* dire *volontairement.*

N°. 9. dire: *pendant la relâche forcée du navire dans un port.*

N°. 10. au lieu de *nécessaire,* dire *forcée.*

N°. 11. Idem.

N°. 14. Il semble à la section qu'il suffit de dire: *par le déchargement du navire en danger,* sans devoir ajouter les mots *irrégulier et précipité;* car, si un navire est *en danger,* le déchargement, si on le croit nécessaire pour le salut commun, se fera comme on le pourra, soit *régulièrement* ou *irrégulièrement.*

N°. 17. Mal rédigé: ce n'est pas la marchandise qui est une avarie grosse, mais c'est *la perte ou le dommage* survenu aux marchandises; ainsi ce n°. doit être rédigé comme suit:

« La perte ou le dommage survenu aux marchandises chargées dans des « allèges ou canots dans les cas de danger."

Aussi changer le texte hollandais.

N°. 19. l'intention des rédacteurs n'a pu être autre, que de déclarer tout ce qui est dit ici avarie-grosse, dans le cas de relâche forcée dans un port; en conséquence, il convient de substituer une seule *virgule* au *point et virgule* après les mots *à la grosse,* parce qu'autrement on pourroit prétendre que la prime de grosse est toujours avarie commune, ce qui n'est pas vrai. Et au lieu de *nécessaire,* dire *forcée.*

N°. 20 dire *régler,* au lieu de *déterminer.*

N°. 21. La section ne peut pas admettre cette disposition d'une manière aussi générale; mais elle doit être mise en harmonie avec les dispositions du titre 6 *du dommage causé par abordage,* et particulièrement avec son art. 3, qui dit que, *lorsque l'abordage a été purement fortuit, le dommage sera supporté par ceux qui l'ont souffert.* Or, un abordage qui a eu liu *sans faute* est un abordage *fortuit*, et conséquemment le dommage qui en résulte ne peut pas être une *avarie grosse* ou *commune*. Et en tout cas on feroit mieux de n'en rien dire ici ; car il en est dit assez, si déja pas trop, au titre 6.

N°. 22. La section demande ce qu'on entend par *quarantaine extra-ordinaire ;* on désire une explication à ce sujet, et s'il est possible, dans ce n°. même.

Art. 5.

Au texte hollandais il faut dire *onbruikbaärheid tot het doen der reize* c'est là précisément l'équivalent du mot *innavigable.*

Art. 6.

N°. 1. au lieu de *involontaire*, dire *fortuit*, et au texte hollandais *toeval-lige.* Et pourquoi a-t-on omis *par leur vice propre*, comme à l'art. 403 du code actuel ?

N°. 2. Dire en hollandais : *de kosten voor derzelver berging uitgegeven.*

N°. 5. En français dire : *et les frais pour bénéficier les effets endom-magés ;* et en hollandais : *en de kosten tot herstel der beschadigde koop-manschappen besteed.*

N°. 3. La perte des *voiles* et *mâts*, causée par tempête, est également une avarie particulière au navire ; il faut donc les ajouter au n°. 3.

N°. 6. *pour le navire et pour les marchandises seules.* Il faut dire : *pour le navire seul ou pour les marchandises seules ;* alors ce sera con-forme au texte hollandais, et comme cela doit être.

Art. 7.

Pour parler avec plus de précision, il faut dire : *les frais pour l'allége-ment ne sont pas réputés avarie, mais ils sont de simples frais à la charge du navire, s'il n'y a pas*, etc.

Art. 8.

Sans observation.

Art. 9.

La section demande la suppression des mots suivans : *et pour deux tiers par les marchandises ;* car il résulte de la suite de cet article que cela n'est pas vrai, ou est inexact, puisque ces deux tiers sont supportés et répar-tis sur la moitié du navire et du fret, et sur le chargement.

On croit donc qu'il faut dire : *il est supporté, pour un tiers, par les allèges ; et pour les deux autres tiers, par la moitié de la valeur du navire principal et du fret, et par le chargement entier, y compris celui de allèges.*

Art. 10.

Pour rendre les deux textes d'accord, on doit dire : *et le restant de son chargement.*

Art. 11.

Pas d'observation.

Art. 12.

Sans observation.

Art. 13.

Sans observation.

Art. 14.

A la 3e. ligne, dire : *assurées contre tout risque*, ou *pour tout risque.*

Au total, le texte français et mal rédigé et n'est pas conforme au texte hollan-dais ; ce n'est pas *dépérissement*, mais *endommagement ;* ce n'est pas non plus *estimé*, mais *payé.* On demande une nouvelle rédaction de cet article, et particulièrement de son dernier §, dont la rédaction suivante est proposée :

« Si, à l'arrivée à bon port, les marchandises assurées sont avariées en en-

G

tier ou en partie, des experts procéderont à leur visite, et constateront, en premier lieu, quelle aurait été leur valeur si elles étaient arrivées saines et sans avaries; et ensuite, quelle en est la valeur dans l'état d'avarie où elles se trouvent; et en ce cas la somme à payer par l'assureur sera réduite dans la même proportion qui existera entre l'estimation de la valeur avariée et celle de la valeur saine des marchandises assurées, et il acquittera en outre les frais de l'expertise.

Art. 15.

Sans observation.

Art. 16.

Bon pour le fond; mais deux membres demandent: *quid*, s'il y a un Consul des Pays-Bas dans ce port étranger et que tout les intéressés soient Belges? les experts ne seront-ils pas nommés par le Consul, comme le porte l'article 414 du code actuel?

Les autres membres adoptent l'article tel qu'il est, croyant que le code des Pays-Bas ne peut pas prescrire des formalités à observer en pays étranger.

Art. 17.

Pas d'observation, parce que cet article ne paraît avoir pour objet que les obligations entre les assureurs et les assurés

Art. 18.

Sans observation, sauf que la rédaction française du second paragraphe est obscure et embarrassée.

Art. 19.

Sans observation; sinon, qu'il convient de dire *des débris* au lieu de *du débris*.

Art. 20.

Dire: *est entré par relâche forcée dans un port.*

Art. 21.

Il a paru à la section qu'en principe toute avarie, n'allât-elle pas à trois pour cent, doit être payée, si l'on n'est pas convenu autrement par la police.

Art. 22.

Cela veut dire sans doute: au marc le florin des valeurs respectives; mais la rédaction de l'article est un peu obscure.

Art. 23.

La section pense que; cet article doit être supprimé, car, aussitôt qu'un réglement d'avarie a été confectionné, l'assuré doit avoir action contre l'assureur pour se faire payer en lui signifiant le règlement, sans devoir lui donner aucun délai; et il est évident que l'assuré n'a droit à des intérêts, qu'après avoir constitué son débiteur en demeure.

SECTION DEUXIÈME.

Art. 24.

Sans observation sur le principe général. Mais la section ne voit pas de motif fondé pour ne pas faire régler l'avarie-grosse, par exemple, à Batavia, lorsque le navire y est destiné et qu'il y opère son déchargement.

N°. 2 et 3 sans observation.

N°. 4 idem, sauf dire *relâche forcée*.

Art. 25.

Quelques membres n'adoptent pas le paragraphe 3 et la fin de cet article quant aux attributions données aux Consuls des Pays-Bas ; les autres adoptent l'article en entier (voir l'observation sur l'art. 16).

Dire au commencement : *le réglement et la répartition des avaries-grosses est fait à la diligence*, etc. pour être d'accord avec le texte hollandais.

Art. 26.

Sans observations.

Art. 27.

Idem.

Art. 28.

Idem.

Art. 29.

Idem.

Art. 30.

Idem.

Art. 31.

Idem.

Art. 32.

Idem, sauf dire *manifeste*, au lieu de *liste*.

Art. 33.

Un membre adopte l'article en entier. Les autres membres en demandent la suppression, parce qu'il ne leur a pas paru équitable de faire contribuer les objets chargés sur le tillac, dans l'avarie, s'ils sont sauvés, et de les exclure à former une demande en contribution quand ils ont été jetés, ou endommagés par le jet, particulièrement quand ces objets ont été chargés sur le tillac sans l'aveu du propriétaire. Cela ne fait pas changer d'opinion le membre qui adopte l'article.

Art. 34.

Sans observation autre, que celle, qu'il faut dire en français *fait* (toegebragt.)

Art. 35.

Ajouter le mot *agrès*, et dire en conséquence : *ou agrès et apparaux coupés*, etc.

Art. 36.

Sans observations.

Art. 37.

Idem.

Art. 38.

Idem.

Art. 39.

Idem.

Art. 40.

Idem.

Art. 41.

Idem.

Lu et approuvé.

(*Signé*.) SERRUYS.

CODE DE COMMERCE.

LIVRE 2.   TITRE 11.

SÉANCE DU 26 NOVEMBRE 1825.

De l'extinction des obligations *en fait* de commerce maritime, dire : *en matière de commerce maritime.*

Art. 1er.

Un membre a soumis à la section les observations suivantes, qui ont été adoptées à l'unanimité :

L'exception de prescription d'actions intentées en payement de dettes dont la préexistence est reconnue ou établie, est un moyen de défense toujours odieux, et contraire aux principes de l'équité naturelle, qui n'admet pas qu'on se décharge d'une obligation uniquement à cause d'un laps de tems.

Néanmoins on doit l'admettre dans le droit civil, pour ne pas obliger le débiteur à garder et conserver trop longtems les preuves ou titres de sa libération, et parce qu'après un long laps de tems on doit admettre la présomption du payement, en faveur du débiteur. Mais il ne faut pas étendre cette présompion au-delà des justes bornes et l'admettre après un trop court intervalle de tems, comme si elle avait sa source dans l'équité et la probité même, et presque comme pour punir le créancier de la plus petite négligence dans la poursuite de ses droits ; et il a paru que ce serait le cas en admettant les prescriptions de *deux* et de *trois* ans établies par l'article premier, et quelques-unes *d'un an* dont traite l'article deux du projet de loi.

En conséquence, la section pense qu'il conviendrait de doubler les délais proposés par l'article premier ; en observant qu'à la fin du paragraphe 2 de cet article il faudrait ajouter : *et dans la Mer Noire*, où il se trouve aussi une *côte d'Asie*.

Art. 2.

On admet la prescription des actions en payement du fret, des gages des matelots et pour nourriture à eux fournie, un an après le voyage fini ; parce que, assez ordinairement, on ne prend pas de quittance de cet sortes de payemens.

La section croit aussi que la disposition de l'art. 27 du titre 7 livre 4 du code civil doit être applicable tant aux prescriptions établies par l'article premier, qu'à celles de l'art. 2 du présent titre.

Art. 3.

La section pense que ces délais doivent être doublés ; car il pourrait très-bien arriver qu'un navire étant parti d'Amsterdam p. e. pour Naples ou Trieste, on n'ait point la nouvelle de son arrivée avant l'expiration des trois mois depuis le jour de son arrivée, et vice versa.

Aussi ajouter après le mot *Méditerranée : et la Mer Noire*.

Art. 4.

On demande que les articles de la loi ou *des lois* qu'on invoque aussi, soient indiqués dans cet article.

Art. 5.

Sans observations.

Avant de terminer son travail, vu l'importance des matières traitées dans ce second livre et dans tout le projet du code de commerce, et pour s'éclairer mutuellement, la section demande, à l'unanimité, que les procès verbaux de toutes les sections soient imprimés et distribués aux membres de la chambre.

L'utilité en a été sentie dans tout le cours de l'examen des différens titres ; et pour ne pas devoir réitérer à chaque instant cette demande, on a préféré de la consigner à la fin du travail.

Lu et approuvé en séance de la section.

(Signé) S E R R U Y S, *V.P.*

PRÉSENS MESSIEURS :

Coppieters Président.

Siccama.

Van de Kasteele.

De Meulenaere.

Wapenaert.

SECTION DEUXIÈME.

CODE DE COMMERCE.

LIVRE 2. TITRE 7.

SÉANCE DU 11 NOVEMBRE 1825.

Art. 7.

On demande qu'après le mot *geloot*, on ajoute les mots *of afgebragt*.

Art. 14.

Quelques membres observent que le Syndicat d'Amortissement s'appropriera le produit des objets naufragés, qui, d'après le 2e alinéa du présent article, sera considéré comme bien vacant; ils supposent cependant que la disposition de l'article ne préjudiciera pas au droit que quelques propriétaires, dans quelques parties du Royaume, ont exercé jusqu'ici, de s'approprier les choses épaves qui se trouvent sur leurs propriétés. Ils désirent à cet égard des explications.

C. COPPIETERS.

SECTION DEUXIÈME
CODE DE COMMERCE.
LIVRE 2. TITRE 8.
SÉANCE DU 11 NOVEMBRE 1825.

Art. 14.

On demande la substitution du mot *van hooger hand* au mot *overmagt*.

Art. 16.

On préfère *ter kwader trouw* à *te kwader trouwe*.

Art. 17.

Il doit être ajouté à la fin du 1er. alinéa *ter plaats zyner bestemming.*

C. COPPIETERS.

PRÉSENT MESSIEURS :
Coppieters.
Hora Siccama.
Boddaert.
De Wapenaert.
Goelens.
De Meulenaere.
Van de Kasteele.

PROCÈS-VERBAL de la deuxième section,

Séance du 15 Novembre 1825.

La section a commencé l'examen du neuvième titre du livre second du projet d'un code de commerce : *Des assurances.*

à l' Art. 2.

Quelques membres observent que, si l'on veut nommer, outre l'expression générale : *qu'on peut assurer pour tout danger possible,* des objets particuliers, on doit ajouter *la rapine (roof)* et *le danger de l'ennemi (het gevaar van den vijand.*

Ces mêmes membres préféreraient les mots : *risques sur mer (gevaren op zee)* à ceux-ci : *risques de mer (gevaren van de zee.)*

Quelque membres demandent, à l'occasion de ce même art. 2, dans lequel *les risques de l'incendie, des récoltes par l'intempérie des saisons, et la durée de la vie* sont nommés des objets d'assurance, s'il seroit utile de comprendre ces assurances dans le code de commerce ou bien si ceux-là ne devroient pas rentrer parmi les transactions civiles et ordinaires ? D'autres membres observent que la disposition du projet est *nécessaire* et *utile : nécessaire,* parce qu'on ne pas parle de ces objets dans le code civil ; et *utile,* parce que ces sortes d'assurances sont aussi toujours des spéculations commerciales.

à l' Art. 9.

Quelques membres demandent si la peine de nullité, prononcée par cet article, frappera seulement le dernier contrat d'assurance, ou bien tous les deux contrats qui seront faits en préjudice de cet article.

à l' Art. 10.

Quelques membres observent que dans le texte hollandais le mot *belang* comprend plus, et est beaucoup mieux que le français *valeur.*

à l' Art. 14.

Quelques membres demandent pourquoi l'on n'a pas inséré dans cet article, la disposition de l'art. 332 du code actuel ; qu'il doit être énoncé si le contrat d'assurance est conclu *avant ou après midi,* ce qui paroît d'autant plus nécessaire, si, aux termes de l'art. 9, le deuxième contrat seulement est déclaré nul.

à l' Art. 16 n°. 1.

On désire qu'ici encore soit nommé *le pavillon* du navire.

à l' Art. 79.

Dans le texte français doit être : *au fur et à mesure,* au lieu d'*à fur et mesure.*

L'examen est poursuivi jusqu'à la cinquième division, art. 87, et alors la séance est ajournée.

J. C. VAN DE KASTEELE.

PRÉSENS MESSIEURS :
Goelens.
Boddaert.
Fabry Longrée.
Hora Siccama.
Van de Kasteele.

PROCÈS-VERBAL de la Deuxième Section, séance du 17 Novembre 1825.

La section a fait l'examen du dixième titre du livre second du projet de Code de Commerce.

A l'art. 6.

On observe que *l'art.* 403, n°. 1, du code actuel comprend dans les avaries particulières le dommage arrivé aux marchandises *par leur vice propre*, et on demande pourquoi cette disposition, qui paroît très-nécessaire, est omise dans ce projet?

Au n°. 3. On désireroit que la perte *des mâts* y fût insérée, comme elle l'est dans le n°. 3 de l'art. 403 du code actuel.

A l'art. 13.

Dans cet article on nomme seulement *les lamanages et touages*, tandis que dans l'art. 406 du code actuel sont nommés *les lamanages, touages, pilotages*. On préféreroit de garder ces trois mots, ou de mettre *pilotages* au lieu de *lamanages*, comme plus généralement connu.

A l'art. 20.

On observe que cet article est superflu, parce qu'un assureur ne peut être tenu dans aucun cas de payer la moindre somme au-delà de celle pour laquelle il a inscrit sur la police.

A l'art. 24, aux n°. 2, 3 et la fin de l'article.

On préféreroit dans le texte neêrlandais : *binnen het Rÿk*, au lieu de *binnen dit land*.

A l'art. 31.

En français, l'expression *comme celle* paroît mauvaise.

Au titre onzième.

La section n'a pas fait d'observations.

J. C. VAN DE KASTEELE.

I

PRÉSENS MESSIEURS :

Goelens;
Boddaert;
Van de Kasteele!

PROCÈSVERBAL de la deuxième section.

SÉANCE DU 16 NOVEMBRE 1825.

La setion a poursuivi l'examen du neuvième titre du projet d'un code de commerce : *des assurances*, depuis l'art. 87.

à l'Art. 97.

Dans le texte hollandais le mot *routes* paraît de trop.

à l'Art. 100.

S'il est nécessaire d'énumérer les espèces de marchandises dont parle cet article, cette énumeration doit être la plus complète possible. On demande alors pourquoi on a omis *le café*; et l'on désireroit que fussent omis les mots : *ou autres objets semblables*, qui rendent la disposition trop vague.

à l'Art. 102.

Le placement de cet article le rend très-obscur pour ceux qui ne connaissent pas encore ce que signifie *délaissement* (*abandonnement*).

On désirerait pour cela, que cet article fût placé dans la *section sixième* de ce titre; ou bien, si on vouloit lui garder cette place, on devroit énoncer ici ce qu'on entend par *délaissement* (*abandonnement*).

à l'Art. 116.

On observe que la première partie de cet article est impraticable. Il prescrit, sous peine d'être passible de dommages-intérêts envers l'assureur, de communiquer à tous les assureurs, dans le délai de cinq jours, les nouvelles que l'assuré aura reçues; mais il se peut qu'il y a plus de trente personnes qui ont signé la police pour des sommes différentes, formant ensemble la totalité de l'assurance. Alors la communication des nouvelles à chacun d'eux est impossible.

Si on vouloit garder la disposition de cet article, la communication devroit suffire si elle était faite au premier des signataires de la police, comme il est prescrit aux courtiers à l'art. 150 de ce titre.

à l'Art. 119.

Cet article est obscur dans les deux langues; et d'ailleurs les deux textes ne sont pas conformes. Les mots *voor onbepaalde rekening* ne sont pas traduits en français.

On ne comprend pas ce que signifie *nationalité*; à moins qu'on ne veuille dire *munis de certificats d'origine* : mais dans ce cas il faudrait s'exprimer plus clairement.

La section n'a pas fait d'observations ultérieures sur ce titre, à l'exception d'une note faite par un des membres et joine à ce procès verbal.

J. C. VAN DE KASTEELE.

Gevoegd bij het proces-
verbaal van de tweede
Sectie van October van
den 16den November 1825.

J. C. v. d. K.

Een lid merkt nog in het algemeen op het tweede boek aan, dat, al-
hoewel men in den titel van hetzelve spreekt *van regten en verpligtingen uit buitenlandsche en binnenlandsche scheepvaart voortsprui-
tende*, men toch meerendeels in onderscheiden volgende titels alleen de
buitenlandsche vaart voor oogen schijnt te hebben gehad, en van de omstandigheden, betrekkingen en verpligtingen van de binnenlandsche scheepvaart
ongevoelig te zijn afgeweken.

Ondertusschen in de kleine vaart op onze stroomen, wadden en binnen-
rivieren en vaarten is der daad van geen gering gewigt voor een groot
gedeelte der natie, en is de behoefte om dien aangaande goede wetten en
bepaalde verordeningen te hebben niet minder dan bij de grootere vaart,
welke zich alleen tot eenige weinige groote koopsteden bepaalt.

Dit is te meer zoo, daar in het wetboek van koophandel uitdrukkelijk
zijn gemeld de veerschepen en veerschippers, omtrent de, welke zoo wel als
omtrent andere schepen, pak- en trekschuiten op publieke of particuliere
vaarten en kanalen, tot vervoer van koopgoederen ingerigt, verordeningen
en reglementen bestaan; hiervan staat echter tot dus verre (immers in de
beide eerste boeken) niets vermeld.

Voorts bestaan er van oudsher bepalingen en reglementen op het invaren
van havens, hoofden, bruggen en sluizen, zoo wel binnen- als buiten-sluizen,
en deze zijn voor derzelver conservatie volstrekt noodzakelijk; schoon het thans
onmogelijk is geworden, dezelve, gelijk voorheen, te doen nakomen, vermits
aan haven-, brug- en sluismeesters het regt van het leggen *aan de ketting*,
van het innen van boete door pandneming enz. niet meer wordt toegekend; maar
aan dezen niets anders overig is, tot handhaving van goede politie, zoo
onder de schepen en schippers onderling, als ten opzigte der werken, waar-
over zij zijn aangesteld, dan naar den gewonen loop van regten te procederen,
hetwelk in het algemeen, met binnenlandsche vaartuigen, maar nog meer
met schepen van vreemde mogendheden, aanleiding kan geven, en, reeds
dikwerf gegeven heeft tot zeer consequente gevolgen. Alle deze punten, de
kleine vaart meer speciaal betreffende, vorderen dus voorziening op de eene
of andere wijze, even zoo wel als de belangen der grootere scheepvaart, voor
dewelke zelfs tot in de minste aangelegenheden is gezorgd.

Het is dat zelfde lid voorgekomen, dat deze beide boeken, niet zijn onderworpen geworden aan het oordeel van een bevaren en ervaren koopvaar-
dij-schipper, noch aan dat van een bekwaam zee-officier, aangezien in dezelve, onder anderen, omtrent het stellen onder konvooi, het zeilen onder
hetzelve, en de verpligtingen welke daaruit voor de schippers voortvloeijen,
niets is vermeld; terwijl toch de gehoudenheid der schippers om aan de orders,
hun door den kommanderenden officier gegeven, te obediëren, een belang-
rijke waarborg is voor kooplieden, reeders en assuradeurs.

PRÉSENS MESSIEURS :

Barthelemy, Président.

Hooft, Vice-Président.

Van Rhenen.

Van Alphen.

Loop.

Van Genechten.

Van Doorninck.

PROCÈSVERBAL de la 3me Section sur l'examen du 2e livre du Code de Commerce.

TITRE VII.

Art. 18.

On demande aussi un droit de sauvetage pour les personnes sauvées du naufrage ; on demande de régler aussi que les personnes seront sauvées avant les marchandises, et comment on indemnisera ceux qui auront jeté les marchandises pour sauver les hommes.

TITRE VIII.

Art. 1.

On désire une autre et meilleure définition.

Art. 2.

On désire qu'on dise *il doit énoncer*, au lieu de *il énonce.*

Art. 3.

On demande d'ajouter, après *et la date*, ceci: *et le lieu où le payement doit se faire;* et puis, pourquoi l'inscription ne se fait pas *au registre de l'inscription des navires.*

Art. 17.

1°. On demande, dans le cas où le prêt auroit été fait pour la valeur du navire ou des marchandises avant le départ, quel sera le droit du prêteur, si celles-ci sont détériorées à l'arrivée ainsi que le navire?

2°. Dans quel cas le navire sera censé arrivé à bon port?

Art. 19.

Après *l'emprunteur* on demande d'ajouter : *ou de ceux pour lesquels il est responsable.*

TITRE IX.

Art. 1.

On demande que les mots français *d'un profit espéré* correspondent à ceux du texte hollandais *of gemis van voordeel.*

Art. 3.

On demande de faire entendre que cet article n'a lieu, comme tous les autres, que pour le cas où la police d'assurance ne contient pas une stipulation particulière, avec désignation de telles marchandises qui, par leur vice ou nature, sont sujettes à dépérir, comme dans l'art. 353 du code actuel.

Art. 7.

Cet article est trouvé trop général ; on peut l'admettre comme décision dans certain cas.

Art. 9.

Au lieu de *on ne peut*, on demande de dire: *l'assuré ne peut.*

Art. 11.

On demande d'ajouter: *sauf dans les stipulations qui proviennent de l'assureur.*

Art. 12.

On demande d'ajouter après *prohibitives : avec peine de nullité.*

Art. 15.
N°. 1.

On demande d'ajouter après le mot de *l'assuré: ou de son mandataire*, puisque le tiers ne doit être indiqué que dans le cas de l'art. 22; et après le mot *porteur* ceux de: *mais elle peut être à ordre*.

N°. 2.

On demande de rédiger comme suit:

« La nature et la désignation des objets assurés, excepté le cas de l'article 21, et une somme n'excédant pas la valeur des objets.»

N°. 4.

On demande de dire: *les risques* de l'objet qui fait le sujet du contrat.

Art. 16.

On demande de mettre le n°. 3 avant le n°. 2.

Art. 20.

Au lieu de *sont chargées*, il faut dire: *sont ou seront chargées*

Art. 21.

On demande les deux textes conformes, au mot *espèces*.

Art. 22.

On trouve cette disposition et les suivantes juridiques; mais on croit qu'elle donnera trop d'embarras, et que c'est une entrave au commerce.

Art. 30.

On demande que devient l'article 22, si l'assuré primitif est encore tenu au serment, ce qui ne paraît pas, et pourtant on dit que la disposition de cet article sera illusoire.

On propose aussi d'ôter les mots *même sans transport de la police*, afin que le commissionnaire ou le consignataire puisse la garder pour le convoi.

§ 2. même remarque au profit des tiers, qui y ont intérêt pour les droits qu'ils peuvent avoir sur les marchandises.

Art. 33.

Le profit espéré, même remarque qu'à l'article 1.

Art. 37.

On demande de faire cesser le serment, lequel sera sans résultat par les §§ suivans.

Art. 43.

On demande la suppression du second §, comme inutile.

Art. 61, 62 et 63.

On pense que la disposition du code actuel est meilleure.

Art. 65.

On demande de dire: *au prix courant qu'elles ont, au tems de l'assurance, dans le lieu de leur destination.*

Art. 66.

Même principe que ci-dessus.

Art. 74.

On demande d'ajouter après les mots *un jour* celui de *travail*.

Art. 90.

On demande de supprimer *par le fait du capitaine*. On observe de plus qu'il y a une différence dans les deux textes: à la fin, dans l'un on dit *le consentement de l'assuré*, dans l'autre la *science de l'assuré*.

Art. 93.

On demande que la convention ne puisse avoir lieu dans aucun cas.

K

Art. 94.

Le texte hollandais ne dit pas la même chose que le texte français, à l'égard des marchandises appartenant aux propriétaires.

Art. 96.

On demande d'omettre cet article, ou de laisser l'assureur *entier contre le capitaine*.

Art. 99.

par fortune de mer, on désire qu'on dise *par atterrissement*. Après les mots *de relache nécessaire*, on demande d'ajouter *pour radoub*.

Art. 102.

Dans le texte hollandais il faut *vrij van beschaden* pour *franc d'avarie*. On voudroit dire : *excepté dans les cas où il y a plus de 50 pour cent*.

Art. 110.

faite de bonne foi sur, etc. On suppose que l'intention est que cette dis-position s'applique aux assurances contre l'incendie; il faudroit l'exprimer.

Art. 116.

On voudroit dire : *les mauvaises nouvelles seulement*.

Art. 122.

On demande d'ajouter : *s'il n'est autrement convenu par la police*.

Art. 125.

On demande d'ajouter après le mot : *l'assuré*, ceux de : *et dans tous les cas où l'assuré s'est comporté avec mauvaise foi*.

Art. 134.

On trouve le délai de six mois beaucoup trop long.

Art. 146.

La prime de l'assuré: il y a une faute dans le texte hollandais.

TITRE X.

Art. 4.

13°. *la réclamation*, on demande de dire : *cette réclamation*.

21°. On remarque que le mot *overzeiling* n'etait pas rendu en français.

Art. 6.

2°. il y a en hollandais *les frais payés*, au lieu de *frais faits*.

Art. 17, 18 et 19.

Sont recommandés à une mûre délibération de la commission de rédac-tion.

TITRE XI.

Point d'observations :

(Signé).   BARTHELEMY.

VIERDE SECTIE·

Tweede boek van het Wetboek van Koophandel.

ZEVENDE TITEL.

Op art. 1 vraagt men, of deze zoo algemeene bepaling, hoe nuttig eene voorziening ook zij, niet, om hare algemeenheid, aan bedenking onderhevig is? Zij kan zeker niet toepasselijk zijn op verlaten schepen, in zee gevonden wordende. Maar zal men nu niet somtijds worden afgeschrikt om verlaten schepen ter hulp te komen? en hoe, in geval er schijn is, dat het schip is verlaten, en hetzelve echter bij het aan boord komen anders wordt bevonden?

Op art. 4. Ter meerdere duidelijkheid zou men achter de woorden *bevel voert* verlangen te stellen: *en bij gebreke van deze, aan de vordering van de geconsigneerde* enz. Gelijke aanvulling dan ook in den franschen tekst.

Op art. 6 meenen sommige leden, dat het woordje *of* bij de bergers, in 't fransch *ou*, zou moeten zijn *en* en *et*, daar het anders, volgens hun gevoelen, zou kunnen leiden tot eene uitlegging strijdig schijnende met het oogmerk van dit artikel.

Men geeft mede in bedenking, om, misschien liefst bij een afzonderlijk artikel, hierbij te voegen de bepaling: « dat degeen, die op de vaste stran- « den of buitengronden een gestrand schip, wrak van hetzelve, of goederen « van welken aard ook, komt te ontdekken, daarvan onverwijld aan den « naasten ambtenaar of het naaste plaatselijk bestuur zal moeten kennis ge- « ven. Hij zal niet vermogen iets daarvan eigendunkelijk te bergen, als « in het geval dat het door opkomenden vloed zoude kunnen verloren gaan, « van hetwelk hij ook omstandige kennis zal verpligt zijn te geven.» Hier tegen zouden elders strafbepalingen moeten gemaakt worden; en eene zoo heilzame inrigting, tot voorschrift strekkende, zou mogelijk door het verleenen van premien te meer kunnen bevorderd worden.

Op art. 7 rijst eene vraag, of, namelijk, hierdoor moet worden uitgesloten, dat de berging geschiede door den schipper zelven met zijn eigen volk alleen, indien de gelegenheid en de omstandigheden zulks zouden mogen toelaten. Misschien zou men, ten einde hieraan te gemoet te komen, ten slotte kunnen inlasschen: *indien daartoe hulp door hem verlangd is.*

Voorts heeft het 1ste lid van dit artikel nog aanleiding gegeven tot de volgende opmerking: De schipper heeft, volgens de bepaling, niets te zeggen; kan geene leiding aan de berging geven; weet echter waar de waardigste goederen zich bevinden. Eigenaar, geconsigneerde, assuradeur bij abandonnement, alle deze moeten over hun eigendom door anderen, niet daarbij geïnteresseerd, laten beschikken. Daarbij tegenwoordig zijnde, ben ik zeker de naaste en de meeste bevoegde, om voor mijn eigendom te waken en zorg te dragen. Men zou het dus gepast oordeelen deze of soortgelijke bijvoeging in te lasschen: » Echter zal de schipper, eigenaar, geconsigneerde, of assuradeur bij abandonnement, tegenwoordig zijnde, en de « drie laatstgemelde van hunne bevoegdheid voldoende hebbende doen blijken, « door de autoriteit met de berging belast, geraadpleegd moeten worden, ten « einde met het meeste belang der zaak die berging te doen geschieden.»

Bij art. 10 stelt men, als eene nuttige bepaling, voor, in den laatsten regel te voegen het woord *dadelijk* doen verkoopen; als mede daarop te laten volgen: *gelijk ook wrakken op strand aankomende, wanneer er vrees is dat een volgende vloed dezelve zoude verliessen.* Maar men meent tevens dat deze bepalingen in verband moeten gebragt worden met de formaliteiten van art. 11, als schijnende ook *na* den verkoop eene aankondiging noodig,

ten einde de vordering der uit dien verkoop spruitende gelden te doen con-
stateren.

Op art. 13 zal het woord *kostelooze* in den franschen tekst mede behooren
vermeld te worden.

Bij art. 26 vindt men voor het eerst melding van *assuradeurs* gemaakt.
Men meent dat ook wel andere vroegere artikelen op dezelven toepasselijk
zijn, en vraagt eenige nadere inlichting.

ACHTSTE TITEL.

Op dezen titel zijn geene bijzondere aanmerkingen gevallen.

NEGENDE TITEL.

Op art. 3 oordeelen sommige leden deze bepaling te algemeen, en denkt
men dat de dispositien van hetzelve niet in alle gevallen zouden kunnen
toepasselijk gemaakt worden, als b. v. op bouwvallige huizen, waarvan
de soliditeit altijd kan gewaardeerd worden.

Op art. 4 vraagt men in hoe verre het woord *belang*, bij dit artikel
vermeld, moet verstaan worden, ook in verband met wetsbepalingen die
dubbele verzekering uitsluiten. Men stelt een voorbeeld: Iemand zendt
goederen naar buiten 's lands. Een derde persoon, crediteur van den
verzender, meent, om zich zelven ten aanzien der schuld waarvan hij hou-
der is te kunnen waarborgen, het best te doen die goederen voor zijne
rekening te doen verzekeren. Hij heeft dus daarbij belang; maar zal deze
nu gewettigd zijn, of niet, de verzekering te doen? (vergelijk art. 31).

Op art. 6 is de aanmerking gemaakt, dat volgens hetzelve de partij die
ter goeder trouw gehandeld heeft, gelijk gesteld wordt met de partij die ter
kwader trouw handelt, en alzoo, ten eenemaal buiten zijn toedoen, door
het vernietigen van het contract zou gestraft worden. Ten einde dit bezwaar
voor te komen, zouden de tegenwoordig zijnde leden de voorkeur geven
aan de bepaling van art. 336 van het tegenwoordig wetboek van koophandel.

Op art. 7 is men van gevoelen, dat de uitdrukking *déclaration erronée*
beter dan *déclaration fausse* met den hollandschen tekst zoude overeenkomen.
Eene *déclaration erronnée* kan toch ook ter goeder trouw gedaan worden,
hetgeen minder te veronderstellen is van eene *déclaration fausse*. Overigens is het verlangen geuit, om, in plaats van dit en het volgende 8ste artikel, het 348ste artikel van het fransche wetboek over te nemen, en wel omdat men oordeelt dat eene verkeerde opgave, die ter goede trouw gedaan is,
wanneer dezelve de vernietiging van het contract ten gevolge zoude hebben,
te veel in het voordeel zoude strekken van den verzekeraar.

Op art. 11, vindt men, gelijk ook elders in dezen titel, een grondslag
aangenomen, welken men twijfelt of wel met het *algemeen* gebruik overeenstemt. Men schijnt uit te gaan van het gevoelen, dat de verzekerde
de steller is van het contract. Ook is het bekend dat in vele gevallen,
immers van zee-assurantie, van wege den verzekerden de polis wordt
ingevuld en ter teekening aan den verzekeraar gegeven; maar in het algemeen, en bijzonder in de verzekeringen voor brandschade, geschiedt de
invulling der polis door den verzekeraar, die ook voorts van de algemeene
uitdrukkingen en bepalingen der polis moet geacht worden de steller te
zijn. Bij deze omstandigheden vindt men, dat de bepaling van het artikel,
en hetgeen verder ook elders daarmede in verband staat, te ver zoude leiden.
Dat de duisterheid, die uit de opgave, of de invulling van den verzekerden geboren wordt, ten nadeele van dezen laatsten moet worden uitgelegd, daaromtrent wordt geene bedenking gevonden; maar wel wanneer
zulk eene algemeene strekking ten voordeele van den verzekeraar daaraan zoude verbonden zijn, gelijk in dit artikel gevonden wordt. De
afdeeling zou het dus met den aard der zaak en met de billijkheid overeenkomstig achten, dat hier een eenigzins anders gewijzigd principe werd aan-

genomen, in substantie behelzende: « dat de duisterheid in het contract zal
« worden uitgelegd ten nadeele van den verzekeraar, ten zij die duisterheid
« geboren wordt uit de opgave van den verzekerden of van zijnen gemag-
« tigden, in welk geval de uitlegging zal geschieden ten nadeele van den
« verzekerden. » Op deze wijze vermeent men dat de verzekeraar genoegzaam
wordt gewaarborgd, gelijk zulks mede het geval is omtrent den verzekerden.

Op art. 13, merkt men aan, dat de woorden *sans blancs ni inte -
lignes*, nergens als voorschrift gevonden wordende, echter voor belangrijk
gehouden worden; en men geeft daarom het verlangen te kennen, dat
dezelve gebezigd, en na de woorden *rédigé par écrit* in den franschen
tekst geplaatst worden, met gelijke overbrenging van den zin in den hollandschen tekst.

Op art. 14 is aangemerkt, dat men vergeefs tracht te begrijpen, hoe
een polis van eenige kracht kan worden gerekend, vóór dat dezelve de
vereischte onderteekening bekomen heeft. Men vraagt op welken grond
de verzekerde schadevergoeding kan vorderen uit een contract, dat door
de onderteekening nog niet bekrachtigd, en dus eigenlijk nog niet aan-
wezig is. Overigens is de bloote dagteekening niet genoegzaam voorgekomen, en men heeft het verlangen te kennen gegeven, dat daarbij gevoegd worde *voor* of *na den middag*, gelijk in het tegenwoordig wetboek.

Bij art. 17, geeft men in overweging, om, ter bevordering van onderscheiding in sommige gevallen van wezenlijk belang, ook nog te voegen
de wijk en het nommer, voor zoo veel daarvan het blijk voorhanden is.

Op art. 19 en 20 zou men eenige nadere inlichting verlangen omtrent
de ware bedoeling van dit artikel, welke niet genoeg begrepen wordt.
Men meent dat beide artikelen zouden kunnen worden vereenigd, en dat
daardoor dan ook welligt eene meerdere duidelijkheid zou kunnen geboren worden.

Ter meerdere duidelijkheid, en ontwijking van allen twijfel, geeft men in
overweging om in art. 21, achter de woorden *waar onder echter*, in te lasschen: *in dat geval.* Dezelfde bijvoeging in den franschen tekst.

Op art. 24, verwijst men aan de bedenking, welke hierboven ter gelegenheid van art 14 is ter neder gesteld.

De bepalingen van art. 26 hechten zich aan het gevoelen, omtrent hetwelk
hier boven, ter gelegenheid van art. 11, de bedenkingen der afdeeling zijn
opgegeven. Tot die bedenkingen wordt ook hier verwezen. Dat er een
tijd bepaald wordt, binnen welken de polis moet worden uitgeleverd, *bene* ,
doch het gevoelen aantenemen, dat de *verzekerde* de polis aan den *verzekeraar* ter teekening aanbiedt, vindt bedenking, gelijk zulks mede uit het
opgeteekende onder art. 11 genoegzaam zal kunnen blijken.

Op art. 27 zou men verlangen de redenen te vernemen van het groote
onderscheid der tijdsbepaling, 't welk omtrent de uitlevering der polis bij dit
en bij het vorig artikel voorkomt.

Op art. 32 heeft men gemeend, dat, uit hoofde der algemeenheid van de
hier gevonden wordende definitie, het tweede artikel van dezen titel, waarbij
alleen *onder anderen* van de daargenoemde gevallen gesproken wordt, zoude
kunnen worden weggelaten, ten slotte van dit art. 32 de bij art. 2 genoemde
gevallen, *als voorbeeld*, opgevende.

Op art. 33 meent men dat de onderscheiding *alleen of te zamen met
andere varende* overbodig is, en, daar het eene zaak betreft alleen de
contractanten rakende, in het wetboek niet zoude behoeven te worden
uitgedrukt.

Bij art. 36 heeft men eene litterale aanmerking op den franschen tekst:
de woorden *par heure* meent men dat achter het woord *comptant* zouden
behooren te volgen. Ook meent men, uit hoofde van het reeds bevorens
aangemerkte, dat het slot van dit artikel zoude kunnen wegvallen.

Op art. 40, vraagt men, of dit niet eene herhaling is van hetgeen
reeds bij art. 33 en 34 is vermeld geworden? Ook heeft men opgemerkt,
dat de woorden *tot in zee* in het hollandsch, en *jusqu'à son départ*
L

in het fransch, niet geheel overeenstemmen, en tot verschillende gevolgen zouden kunnen aanleiding geven.

Op art 43 vraagt men, of er te dezen opzigte niet welligt iets hards zoude kunnen plaats hebben? Tot voorbeeld diene: Een schipper, in eene vreemde haven, krijgt de toezegging van eene toevoeging op zijne reeds gedeeltelijke lading, en meldt dat hij daarmede binnen drie weken zal gereed zijn, en alsdan vertrekken. Op dien voet wordt de verzekering gesloten, met uitdrukking van den tijd des vertreks. Maar er komt verhindering; de schipper vertrekt vroeger, zonder die aanvulling. Zal dan dit artikel kunnen werken?

Op het slot van art. 44 vraagt men, of het wel noodig, en somtijds niet al te sterk zij, bij het geval alhier vermeld, de verzekering geheel nietig te verklaren; en of er zwarigheid bestaat om in zoodanig bedoeld geval liever te stellen de presumtie van kwade trouw?

In de laatste alinea van art. 45 vindt men de woorden *par qui l'assurance est faite* niet geheel overeenkomstig met het meer duidelijke in het hollandsch: *die de verzekering laat doen.*

Op art. 58 2e lid, vraagt men of deze bepaling niet geheel overbodig is, en dus in het wetboek zoude kunnen worden weggelaten?

In dit artikel worden de levensverzekeringen wel genoemd, doch zij zijn echter bij dezen titel min bijzonder behandeld. De definitie zelfs schijnt op dezelve niet zeer juist te passen. Er wordt eene som verzekerd, te betalen bij de aanwezigheid eener gebeurtenis, waarvan de tijd onzeker is. Art. 31, 't welk alleen toelaat voor het belang van den verzekerden zelve, te contracteren, is op zeer vele gevallen van levensverzekering, weduwen-fondsen, maatschappij tot heil der vrouwen, en soortgelijke niet wel toepasselijk. Men meent de vrees te moeten opgeven, of hieruit, bij de thans bestaande maatschappijen van dien aard, geene moeijelijkheden zouden kunnen ontstaan. Dezelve zijn binnen eenige jaren zoo veelvuldig geworden, dat zij zeker eene bijzondere aandacht verdienen; en men vraagt dus of er, ten aanzien der toepasselijkheid van sommige bepalingen, niet eenige bijzondere aanwijzing zoude behooren te geschieden?

Op art. 61 en 62, vindt het aldaar aangenomen principe tegenspraak, en wordt hetzelve geoordeeld niet geheel met de billijkheid overeenkomstig, en te veel in het voordeel der verzekeraars gesteld te zijn. Een assuradeur is toch geenszins verpligt de verzekering tot den opgegeven prijs aan te nemen; hij behoort, het zij zelve, hetzij door zijne deskundige agenten, zich, vóór zijne aanneming, van de deugdelijkheid der opgave te verzekeren. De slechtheden, die men wel gelooft dat er van den kant der verzekerden somtijds plaats hebben, en tegen welke trouwens ook door andere bepalingen bij het ontwerp reeds wezenlijk wordt voorzien, behooren ook bovendien door de meerdere volmaaktheid der etablissementen zelve van assurantie te worden tegengegaan, en daarin door henzelven een voornaam waarborg tegen die slechtheden gevonden te worden.

Ook de bepalingen van art. 63 worden geacht te veel in het voordeel der verzekeraars te zijn, en het geval, in het 1e lid vermeld, van eenen aard, dat de assuradeurs zelve, bij behoorlijk onderzoek, daarin genoegzaam kunnen voorzien.

Op art. 75 en 76, verlangt men de reden te weten van de daar voorkomende verschillende tijdsbepaling van *drie* weken voor het schip, en *twee* weken voor de go deren. De reize kan toch gerekend worden volbragt te zijn na de ontscheping der goederen. In art. 75 spreekt men van de lossing der lading in minder dan drie weken. Dezelfde aanmerking geldt ook op volgende artikelen, zie 79 en 83.

Op art. 77 vraagt men, wat door *wettige* staking hier verstaan wordt?

Op art. 78 vindt men in den hollandschen tekst *verzekerde op goederen;* dit *sur marchandises* schijnt in het fransch te moeten worden bijgevoegd, ter overeenstemming.

Op art. 81. *posten.* Men vraagt wat hier meer bepaaldelijk bedoeld wordt, en of van die bedoeling niet meer duidelijk zoude behooren te blijken? Men vindt in het fransch *messageries* (welk woord men ook meent dat in het laatste gedeelte van dit artikel zou behooren herhaald te worden); maar men zou gelooven dat eene meer algemeene uitdrukking van vaar- of rijtuigen, op publiek gezag bestaande, hier niet ongeschikt zoude zijn, omtrent welke de bezorging der goederen aan het posthuis, veer of kantoor, de risico zou mede brengen. Deze bepaling van bezorging of verblijving aan het kantoor of magazijn der vervoerders schijnt mede toepasselijk te moeten gemaakt worden op *bijzondere* inrigtingen van verzending, b. v. van roulage en dergelijke.

Op art. 82 las men, om alle misverstand voor te komen, liever *posthuis* dan *postkantoor*.

Op art. 87, is de schadeloosstelling te hoog voorgekomen, daar er toch geene risico geleden is. Ook schijnt de fransche tekst tot eenige andere uitlegging aanleiding te kunnen geven, als men gelooft het doel te zijn, en met het gestelde in den hollandschen tekst overeenkomstig is. Dat doel rekent men daarin gelegen te zijn, dat namelijk de bepaling van het ade lid toepasselijk gemaakt wordt, zoo wel dan als de premie betaald, of als zij niet betaald is. De fransche tekst spreekt alleen van de toepassing voor het eerstgemelde.

Op art. 88 vernieuwt zich de aanmerking omtrent de te hooge schadeloosstelling. Het tegenwoordig wetboek maakt van ½ per cent melding, en men zou dus verlangen te weten of de bepalingen van dat wetboek hieromtrent niet in algemeen gebruik zijn gekomen?

Op art. 93 vraagt men, of er hier geene strijdigheid is met de algemeene bepaling van art. 89, en of het dus niet noodig zij van de uitzondering in art. 93 vermeld, bij art. 89 korte aanwijzing te doen?

Dezelfde aanmerking op art. 94.

Omtrent de uitdrukking in art. 95 van den franschen tekst *obligé de rester*, geeft men in overweging om liever te stellen *obligé de prolonger son séjour*, hetwelk duidelijker en met den hollandschen tekst meer overeenstemmende voorkomt. Men wijst mede aan, dat het woord *verrotting* van den hollandschen tekst niet in den franschen gevonden wordt.

Op art. 100 merkt men aan, dat er, na de optelling van zoo vele waren (welke optelling men overigens zoude verlangen te kunnen verminderen), er nog gezegd wordt *andere* SOORTGELIJKE *waren*; en men vreest dat daaruit chicanes rijzen kunnen. De tweede alinea wordt, daar dezelve zich hecht aan plaatselijke gewoonten, geoordeeld te kunnen wegvallen, terwijl het altijd aan partijen vrijstaat afzonderlijke bepalingen te maken.

Op art. 103 meent men dat de woorden *door molest* beter, in den zin van het artikel, zouden worden uitgedrukt door *ten gevolge van molest* in het fransch *par suite*, etc.

Op art. 110, verwijst men aan het ter neder gesteld op art. 87 en 88; terwijl men, ten aanzien van het ade lid voor zeker aanneemt alhier bedoeld te zijn, dat de percentsgewijze schadeloosstelling aan den verzekeraar, alleen berekend moet worden naar mate en overeenkomstig het excedent.

Op art. 111, 113, 122 en 124, verwijst men mede aan het ter nedergestelde op art. 87 en 88.

Op art. 114, of deze bepaling bij het wetboek wel noodig is, en niet moet geacht worden van zelve te spreken?

Op art. 129, vraagt men, welke reden er bestaat tot eene zoo groote vermeerdering van den tijd hier bedoeld, in vergelijking der bepalingen van het tegenwoordig wetboek?

Dezelfde vraag hecht zich aan het gestelde bij art. 132, 133, 135, 136 en 138.

Op art. 139, laatste lid, zoude men verlangen de reden te weten, waarom het tweede gedeelte van art. 389 des tegenwoordigen wetboeks niet mede alhier is opgenomen?

Op art. 144 vraagt men of de benaming van *makelaar in zee-assurantie* niet (mede overeenkomstig den franschen tekst) moet zijn *makelaar in assurantie*, in het algemeen?

L 2

Op art. 145 geeft men , als litterale aanmerking , in overweging , te stellen in den franschen tekst *remettre* in plaats van *restituer.*

Insgelijks op art. 147 , ter meerdere duidelijkheid , in den franschen tekst te stellen: *et a le droit de retenir la police jusqu'à* enz.

Op art. 150 , wenscht men met sommige daarbij voorkomende bepalingen in verband te doen beschouwen hetgeen hier boven op art. 11 is betoogd geworden.

TIENDE TITEL.

Op art. 4 § 10, 11 en 19 zou men de uitdrukking *relâche forcée* boven die van *relâche nécessaire* verkieslijk achten.

Op dat zelfde artikel , laatste lid , vraagt men of de woorden *opzettelijke raadpleging* op al de voorafgaande nommers worden toepasselijk geacht?

Op art. 6 , § 3 , vraagt men of er eene reden bestaat om de *masten* onder deze bepaling niet te begrijpen , en dezelve niet optenoemen ?

Op hetzelfde artikel , § 5 wordt de uitdrukking *tot redding* niet in het fransch gevonden. Men vraagt welke hier de bedoeling deswege zij ?

In het laatste lid van dat artikel staat *schip alleen* , in het fransch *navire.* In het tegenwoordig wetboek , art. 403 § 5 , wordt *le navire seul* gevonden. Dit schijnt verkieslijk toe en allen twijfel te vermijden.

Op art. 11 vraagt men of deze bepaling wel noodig zij. Bij art. 1 wordt de algemeene opgave gevonden van hetgeen avarij uitmaakt. Of wel , indien de bepaling wegens het gestelde omtrent de ligters wordt noodig gekeurd , wat zal dan het geval zijn omtrent goederen , die nog niet ingeladen zijn in het principale schip zelve , dat eenige ramp overkomt?

Op art. 13 laatste lid , vraagt men of het niet goed zij die bepaling te laten achtervolgen door de woorden : *ten zij in geval van bijzonder bestaande uitdrukkelijk beding.*

Ook na de bepaling van art. 16 geeft men in overweging te laten volgen: *des echter , dat blijke achtervolgens dezelve te zijn gehandeld.*

Op art. 21 meent men te moeten aanmerken, dat , zoo men zich niet bedriegt , de kosten van bezigtiging en begrooting thans te Amsterdam onder de drie percent begrepen zijn ; en dit zoo zijnde , vraagt men welke de reden is om die kosten nu nog *bovendien* te doen berekenen. Insgelijks zoude men verlangen ingelicht te worden omtrent de reden der afwijking van het tegenwoordig wetboek art. 408.

Op art. 23 geeft men in overweging om ten slotte van het 1e lid bij te voegen : *ingeval door hen geene aanmerkingen op die schade-rekening gemaakt zijn, en partijen deswege instemmen* , en dan te laten volgen: *na dat tijdverloop, betalen zij wettelijke intressen van de werkelijk verschuldigd bevondene sommen.* Op deze wijze toch schijnen wederzijdsche regten volkomen en naar billijkheid te worden gewaarborgd.

Op art. 27 , verlangt men te worden ingelicht omtrent de reden der uitzondering van het *gemunt geld.*

Op art. 31 , geeft men in overweging bij te voegen : *voor zoo veel zij niet de lading of een gedeelte derzelve uitmaken.*

Op art. 36 , vindt men dat de woorden *als dan* aan deze bepaling in den hollandschen tekst duidelijkheid geven , terwijl die volgens den franschen tekst aan eenige dubbelzinnigheid onderhevig schijnt.

Op art. 37 , meent meneenig verschil te vinden in de woorden *kapping* in den hollandschen , en *ouverture* in den franschen tekst ; men verlangt dat de regte meening worde aangewezen.

ELFDE TITEL.

Bij het slot van art. 1. wordt een geval gesteld , waarbij de verjaring geene plaats heeft; maar ook bij art. 454 van het tegenwoordig wetboek, vindt men nog eene andere bepaling van uitzondering. Is er eene genoegzame reden dat van deze laatste mede geene melding wordt gemaakt?

Op art. 2, derde lid, *een jaar na* enz. Men vindt in deze redactie een anderen zin als dien, welken de fransche tekst oplevert; en vraagt welke de meening zij, ten einde beide teksten in overeenstemming zouden kunnen gebragt worden.

Bij dezen titel vindt men geene melding van art. 432 des tegenwoordigen wetboeks, en men meent de vraag te mogen doen: of het niet noodig zij deswege eenige bepaling te maken.

Eene tweeleedige, meer algemeene, aanmerking heeft de afdeeling vermeend ten slotte te moeten ter neder stellen. Zij betreft, vooreerst, de op onderscheidene plaatsen, mede van dit tweede boek, gevonden wordende reglementaire bepalingen, welke, daar zij meer de taal van instructie, dan van wetgeving voorkomen te ademen, van eenen aard gekeurd worden om, bij eene wenschelijke herziening, te worden geschift en afgezonderd; terwijl die herziening, in de tweede plaats, verlangd wordt, ten einde met al de strengheid, welke voor een duurzaam wetboek meer bijzonder past, de redactie der beide talen, en vooral die der fransche, te beter te zuiveren van die kleinere of grootere ongelijk- en onnaauwkeurigheden, die, gelijk zij somtijds in dit proces-verbaal zijn aangewezen, ook nog bovendien hier en daar zijn overgebleven.

Bij het eindigen der overwegingen van dit gedeelte der nationale wetgeving, heeft zich voorts bij alle de aanwezige leden der afdeeling de wensch vernieuwd, om, met al den spoed, dien het gewigt der zaak gedoogt, in staat gesteld te mogen worden tot den voortgang en de voltooijing van de nog overig zijnde taak omtrent de regterlijke instellingen, welker behoefte zich toch van dag tot dag, vooral voor het lijfstraffelijke, op eene meer en meer dringende wijze doet gevoelen.

Aldus opgemaakt bij de onderscheidene zittingen der vierde afdeeling.

L. VAN TOULON, PRESIDENT.

M

CINQUIÈME SECTION.

SÉANCE DU 17 NOVEMBRE 1825.

LIVRE 2 DU CODE DE COMMERCE.

TITRE 7.

Art. 1.

On propose de mettre *secourir*, au lieu *d'assister*.

Art. 3.

On estime que les mots *de cette manière* sont superflus.

Art. 4.

On propose de supprimer, à la première ligne, le mot *ainsi*.

Art. 6.

A la dernière ligne du 1 alinéa on propose de lire: *entre celles*; et au 2 alinéa: *qui ont concouru au sauvetage*.

On estime que les peines portées dans cet article contre celui qui sauve des marchandises sans se conformer aux dispositions y énoncées, sont trop légères.

Art. 13.

Il faudra ajouter au texte français: *sans frais quelconques*.

Art. 14.

On propose de porter la prescription à 20 ans, à dater de la première annonce; et de lire à la fin du 1 alinéa *ou confisquer*, etc.

Eenige leden stellen voor, in de eerste paragraaf weg te laten de woorden *ten ware het vijandelijk eigendom* enz., Deze bijvoeging schijnt onnoodig: de prijsverklaring heeft den vorigen eigenaar reeds onteigend, en hij kan dus zijn regt niet meer behouden of door prescriptie verliezen.

Art. 15.

Het twee lid schijnt onnoodig te zijn en zelfs eene gevaarlijke uitdrukking te behelzen, geschikt om een verkeerd denkbeeld te doen ontstaan omtrent hetgeen men gewoon is strandregt te noemen; de regten van den oorlog hebben daarmede niets gemeens.

Art. 17.

Par qui sera réglé le *salaire*?

Art. 22.

Le texte hollandais est plus clair, il faudra rendre le français conforme.

Art. 23.

On propose le tribunal d'arrondissement de l'endroit où le sauvetage a eu lieu.

Art. 26.

Zoude het niet beter zijn de overeenkomsten, in het laatste lid van dit artikel bepaald, verbindend te verklaren, behoudens verhaal op den schipper?

Les alinéa des deux textes ne sont pas en harmonie.

La séance est levée.

(*Signé*)   VAN DER GOES.

PRÉSENTS MESSIEURS.

Van der Goes.

Tinant.

Beelaerts.

Van de Spiegel.

Van Boelens.

CINQUIÈME SECTION;

SÉANCE DU 18 NOVEMBRE 1825.

CODE DE COMMERCE,

LIVRE 2, TITRE 8.

Art. 1.

Men stelt voor de navolgende redactie:

Bodemarij is eene overeenkomst, waarbij eenig geld wordt voorgeschoten, ten behoeve en onder verband van schip of lading, of van beide, voor eene of meer zeereizen, met dien verstande, dat de geldschieter het gevaar loopt van de see.

Art. 2.

On propose de lire : *si le prêt a lieu pour un ou plusieurs voyages.*

Art. 3.

On demande s'il n'est pas contraire à l' intérêt public de trop encourager les entreprises hasardeuses; et s'il ne convient pas de défendre le contrat à la grosse avant le voyage, attendu que, dans ce cas, les raisons de l'autoriser en mer n'existent pas.

Art. 5.

On propose de lire à la fin du premier paragraphe : *si cet acte est à ordre.* L'on désire que l'endossement ne puisse pas être mis en blanc.

Art. 6.

Le texte français présente un alinéa, qui ne se trouve pas dans le texte hollandais.

Art. 7.

Les deux textes ne sont pas en harmonie.

Art. 9.

Il faut lire, dans le texte hollandais, au lieu de *verdiende : te verdienen vracht* enz.

Art. 12.

Un membre pense que cet article est étranger au contrat à la grosse, mais devrait se trouver au titre *des copropriétaires*, ect.

Art. 15.

On propose de lire à la 6me ligne: *arivée à bon port ;* cette énonciation étant d'ailleurs plus conforme au texte hollandais. De plus les alinéa ne sont pas en harmonie.

Art. 17.

On pense que les risques ne doivent finir, que lorsque le déchargement est effectué.

Art. 20.

Quelques membres voudraient conserver les art. 325, 326 et 327 du code actuel. D'autres, en adoptant l'article du projet, désirent qu'il soit retouché, afin de faire disparaître les fautes grammaticales.

Algemeene aanmerking.

Behoorde men in dezen titel niet eene bepaling te plaatsen, dat het schip niet anders bij bodemarij zoude kunnen verbonden worden, dan voor noodzakelijke uitgaven ten behoeve van het schip?

VAN DER GOES.

PRÉSENS MESSIÈURS :

Van der Goes.

Tinant.

De Secus.

De Snelling.

Beelaerts.

Van de Spiegel.

Van Boelens.

CINQUIEME SECTION.

SÉANCE DU 22 NOVEMBRE 1825.

CODE DE COMMERCE.

TITRE IX.

Art. 7.

Deux membres estiment que, lorsque la déclaration est de bonne foi, et qu'elle n'influe que légèrement sur l'appréciation, il est trop rigoureux d'annuller le contrat.

Art. 8.

On préférerait conserver l'art. 348 du code actuel.

Art. 14.

Le texte français ne présente pas d'alinéa.

Art. 16.

A la fin, il faut lire *le tout*, et non *de tout*.

Art. 20.

Le texte français ne présente pas d'alinéa.

Art. 21.

Même observation.

Un membre demande, si la restriction apportée à la dénomination de *marchandises* et applicable à tous les cas où l'on parle de marchandises en général dans le présent titre.

Art. 22.

Même réflexion pour l'alinéa.

Un membre demande si l'assurance dont il est fait mention dans cet article, peut se faire concurremment avec les autres espèces d'assurance.

Art. 25.

Niet slechts de bijzondere bedingen, maar het contract zelve moet in den tusschentijd, tusschen het sluiten en de uitlevering der polis, kunnen worden bewezen door alle middelen in het eerste boek, titel 6, opgenoemd. Het zoude anders schijnen, of er twee schriftelijke akten wierden vereischt, in plaats van eene; daar dit het oogmerk niet wel zijn zal, en het met de gebruiken in den handel zoude strijden, stelt men voor, dit gedeelte van het artikel in dien geest te wijzigen.

La séance est levée.

VAN DER GOES,

PRÉSENS MESSIEURS :

Van der Goes.

Tinant.

De Moor.

Van Boelens.

Van de Spiegel.

SÉANCE DU 23 NOVEMBER 1825.

TITRE IX.

Art. 31.

Au second alinéa on propose de lire, *lorsqu'elle a eu lieu.*

Art. 33.

Les alinéa ne sont pas en harmonie.

Art. 34.

Même réflexion pour les alinéa.

Quelques membres demandent si par *bonnes ou mauvaises nouvelles*, ou entend toute espèce de nouvelles, ou bien uniquement celles relatives au vaisseau ou navire.

Art. 37.

On estime que les mots: *à l'effet d'annuller le contrat d'assurance* sont superflus.

Art. 38.

N°. 4. De slavenhandel door 's lands wetten verboden zijnde, zoo is mede onder het verbod van dit artikel begrepen, het verzekeren van schepen in dien verboden handel gebruikt, zoo wel als op die slaven zelve. Maar is het wel duidelijk genoeg, dat hier ook bedoeld wordt, dat assurantie hier te lande gedaan op *vreemde* schepen, in dien handel gebruikt door onderdanen van mogendheden, welke dien handel nog toelaten, nietig zijn? Men stelt voor dit duidelijk te verklaren, en dien ten gevolge de navolgende redactie van dit artikel:

« Op schepen in den slavenhandel gebruikt, het zij nederlandsche, het zij « vreemde, of op die ladingen zelve, en in 't algemeen op voorwerpen, enz.

Art. 40.

Il paraît que le mot *départ*, du texte français, n'est pas conforme avec celui du texte hollandais *tot in zee toe.*

Art. 45.

Ajouter au second alinéa le mot *encore.*

Art. 46.

Quelques membres demandent si c'est la prime d'assurance, ou les intérêts, dont on parle dans cet article.

Art. 56.

Les dispositions de cet article ne paraissent pas justes; on pense que l'assureur devrait être tenu dans tous les cas de payer la somme assurée.

Art. 57.

Het is zeer bedenkelijk, verzekering voor brand toe te laten voor de volle waarde.

Art. 61 et 62.

Quelques membres estiment que, par les dispositions contenues dans ces articles, les avantages ne sont pas balancés entre les assurés et les assureurs, et peuvent fournir matière à des procès.

Les mots *op zich zelve* ne sont pas exprimés dans le texte français.

Art. 65.

Le texte français est clair, on propose de mettre le hollandais en harmonie.

Art. 69.

Cet article paraît obscur.

Art. 71.

On propose de lire : *pourra à défaut de toute autre preuve*, au lieu de *pourra être prouvée*.

Art. 74 en 75.

Men heeft in zeereizen slechts 15 legdagen toegelaten ; waarom dan hier 21 dagen ten laste van den verzekeraar bepaald ?

Art. 81.

Pourquoi les risques ne courent-ils pas du moment de la remise des marchandises, aussi bien que pour celles expédiées par la poste ?

La séance est levée.

VAN DER GOES.

CINQUIÈME SECTION.

SÉANCE DU 24 NOVEMBRE 1825.

CODE DE COMMERCE.

TITRE 9.

Art. 93.

Les alinéa ne sont pas en harmonie.

Art. 99.

On demande si l'expression *par fortune de mer* n'est par trop générale, et s'il ne faudrait pas ajouter : *par échouement, secousses*, etc.

Art. 100.

On propose de lire à la fin de l'article du texte hollandais *beschadiging*. Est-il juste de libérer entièrement *l'assureur ?*

Art. 102.

La disposition de cet article paraît trop générale, on estime que les avaries-grosses ne devraient pas y être comprises.

Art. 106.

Le texte hollandais exprimant davantage, il faudra rendre le texte français conforme.

Art. 112.

On trouve de l'obscurité dans les deux derniers paragraphes.

Art. 116.

Le texte français ne présente par d'alinéa.

Art. 122.

On propose d'ajouter après le mot *d'assurance*, les mots : *de la somme empruntée à la grosse.*

Art. 124.

Le texte français ne présente pas d'alinéa.

Art. 125.

Lisez *action pénale.*

Art. 127.

On propose d'ajouter un article portant que le *délaissement ne peut avoir lieu, que dans le cas d'assurance maritime.*

Ibid.

Le texte hollandais présente plusieurs alinéa ; il faut mettre le français en harmonie, pour le rendre plus clair.

Art. 128.

Le mot *gestooten* n'est pas exprimé dans le texte français.

Art. 131.

Au second alinéa du texte hollandais, lisez *na verloop van een jaar.*
Au second alinéa du texte français, lisez *vers les ports* etc.
On propose d'ajouter à la fin de l'article : *sauf preuve du contraire.*

Art. 133.

On propose de lire à la fin de l'article *que le prix a été liquidé avec l'assuré,* afin de mettre ce texte en harmonie avec le texte hollandais.

Art. 143.

On propose d'ajouter: que ces effets assurés seront affectés à l'assuré, pour recouvrement de dommages.

Art. 146.

Lisez, au commencement de l'article du texte hollandais *van den verzekerden.*
Au second alinéa le , mot *syndics* paraît superflu.

Art. 149.

Même réflexion pour le mot *syndics.* |

Réflexions générales.

Quelques membres estiment, qu'en portant quelques changements dans la distribution des matières, on rendrait le texte plus clair : en établissant premièrement les principes communs à toutes les assurances, et traitant ensuite séparément chaque assurance particulière.

Un membre estime que les assurances pour incendie ne devraient pas être traitées dans le code de commerce.

La séance est levée.

VAN DER GOES.

VIJFDE SECTIE.
TITRE IX.
Art. 35 à 37.

Le contrat d'assurance de sa nature est un contrat aléatoire, donc il est de son essence qu'il y ait des risques. Ces risques n'existent plus dans le cas prévu par l'art. 35.

Mais on autorise le contrat passé dans l'incertitude sur bonnes ou mauvaises nouvelles, et dès-lors on se jette dans toute l'incertitude des preuves de la bonne ou de la mauvaise foi; on doit recourir aux présomptions, au serment, et après tout il planera toujours du doute par l'impossibilité d'obtenir une preuve complète.

Il paraît qu'on pourrait trancher sur toutes les difficultés, en décidant que tout contrat d'assurance fait sur des objets ou péris ou arrivés à leur destination, et ainsi hors de tout risques avant la date de la signature de la police, ne produira aucun effet. Il est certain qu'à l'époque où le contrat doit être exécuté, on sait positivement le sort des objets et si, au moment où on passait le contrat, il y avait, ou pas, termes habiles pour contracter.

C'est le même principe que dans la vente : s'il est prouvé, par exemple, qu'un cheval vendu était mort avant la conclusion du contrat, toute la bonne foi du vendeur ne rendrait pas la vente valide, parce que les termes habiles manquent.

Art. 41 à 45.

Ces articles présentent les mêmes difficultés, faute d'avoir posé des principes; on propose les suivans :

1°. « Il faut qu'il y ait risque au moment de la signature du contrat; si par la suite il est reconnu qu'il n'y en avait pas, le contrat est de nul effet.

2°. « S'il y avait risques, et que les contractans en ignoraient les circonstances et l'intensité, ils sont censés avoir contracté sur ce qui serait prouvé, lors de l'exécution du contrat, avoir existé antérieurement.

3°. « Si l'un ou l'autre a usé de faux énoncés, il est censé être de mauvaise foi, et tenu de tous dommages-intérêts envers l'autre. »

L'adoption de ces principes simples dispenserait de toute distinction obscure.

Art. 113.

La disposition de cet article a-t-elle lieu même après que les risques ont commencé et dans le cas d'innavigabilité d'un ou de plusieurs navires? Par exemple, quatre navires, chargés de marchandises assurées, font voile d'Anvers et voyagent de conserve pour Marseille. A la hauteur d'un port quelconque voisin de Marseille, le chef de cette flotille découvre une avarie à un de ses navires; il entre dans ce port, pour ne pas louer un autre navire, et, vu la proximité, il charge les marchandises de ce navire sur les trois autres: est-ce le cas de l'article?

PRÉSENS MESSIEURS :

Van der Goes.

Tinant.

De Snellink.

Van de Spiegel.

de Gerlache.

De Secus.

CINQUIÈME SECTION.

SÉANCE DU 26 NOVEMBRE 1825.

CODE DE COMMERCE.

TITRE X.

Art. 3.

Les alinéa ne sont pas en harmonie.

Le fret n'y est pas mentionné ; on pense que c'est une omission.

On propose un changement de rédaction , et de lire: *tous dommages qui arrivent aux navires depuis leur départ jusqu'à leur retour, et aux marchandises depuis leur chargement jusqu'à leur déchargement.*

Art. 4.

N°. 4. On trouve la disposition *pour le salut commun* trop générale et sujette à contestation ; on propose de la restreindre à la nécessité d'échapper à un danger, ou de suivre le convoi.

Art. 6.

Même réflexion que pour l'art. 4.

Art. 8.

On propose d'ajouter ; aux *allèges* qui ont transporté ce *marchandises* et *aux objets* , etc.

Art. 9.

Le texte français ne présente pas d'alinéa.

Lisez, au commencement de l'article: à ces *allèges* , et non *aux allèges*.

Art. 12.

Il paraît qu'il faut ajouter à la fin de l'article, après le mot *chargeur* : *ou assureur, s'il a payé le dommage.*

Art. 13.

L'alinéa du texte hollandais paraît de trop.

Art. 18.

Men stelt voor, aan het einde van de eerste paragraaf, bij te voegen : *Wordende het daarvoor gehouden , dat het overig een derde heeft gediend tot verbetering van oud op nieuw.*

En zoo men dit aanneemt, zoude het tweede lid mede eenige wijziging moeten ondergaan, om de evenredigheid der korting voor vernieuwing uittedrukken.

Men stelt nog voor, wegtelaten het woord *wezenlijke*; ook wordt dit in den franschen tekst niet gevonden.

Art. 24.

Le n°. 4. du texte français ne présente pas d'alinéa.

Il paraît que , par les dispositions de cet article, on met plus de confiance dans les tribunaux ou autorités en pays étranger, que dans ceux des colonies de notre Royaume. On ne voit pas le but de cette distinction.

Art. 28.

Les alinéa ne sont pas en harmonie. Dans le dernier paragraphe, au commencement , il faut ôter le mot *onder weg*.

Art. 30.

Le mot *déguisée* n'est pas bien rendu dans le texte hollandais par ceux de *valschelijk opgegeven*.

Art. 37.

Le mot *ouverture* n'est pas bien exprimé par celui de *kapping* du texte hollandais.

TITRE XI.

Il paraît qu'il faut stipuler que, partout où il est parlé de prescription dans ce titre, elle n'aura pas lieu au cas de communication interrompue par force majeure.

La séance est levée.

VAN DER GOES.

SIXIÈME SECTION D'OCTOBRE 1825.
CODE DE COMMERCE.
LIVRE 2.

TITRE VIII.
Art. 3.

Cet article a fait naître un examen particulier de la question de savoir s'il se présente la facilité, ou au moins la possibilité, de mettre l'inscription ordonnée par cet article en rapport direct avec les inscriptions mentionnées aux articles 2 et 8 du titre 1 de ce livre : la section la soumet à l'attention de la commission de rédaction.

Art. 9.

En français ou dit *fret à gagner* ; en hollandais, *op de verdiende vrachts* Il faut mettre ces textes en harmonie.

Art. 20.

Le texte français contient la disposition suivante : *ou arrété jusqu'à la fin du temps des risques.* On ne conçoit pas que la circonstance de l'arrestation du navire puisse donner lieu à l'extinction de la dette contractée à la grosse, c'est-à-dire, que l'emprunteur ne seroit pas, dans ce cas, obligé de restituer au prêteur le capital que celui-ci lui a avancé. Aussi cette phrase, ainsi placée après le mot *confisqué*, ne se trouve-t-elle pas dans le texte hollandais ; et la section croit qu'en faisant une traduction exacte du texte hollandais, la disposition que l'on veut établir aura la clarté nécessaire et atteindra le but qu'on s'est proposé.

TITRE IX.
Art. 17, n°. 1.

L'expression de *biens fonds* dans ce n°. a paru impropre ; et on désire d'y substituer celle de *biens immeubles*, qui correspond mieux aux *vaste goederen* du texte hollandais.

Art. 24.

Comme cet article est en rapport direct avec l'art. 13 et qu'il en est même une modification, on remarque qu'il seroit plus convenablement placé immédiatement après l'art. 13, en le rédigeant dans le sens d'une exception portée au principe établi par cet article.

Art. 34, dernière disposition.

La section saisit bien l'idee que l'on a pu avoir, que les bonnes ou mauvaises nouvelles peuvent influer sur l'assurance qu'on fera sur l'un ou l'autre des objets énumérés dans cet article. Mais comment établira-t-on l'assurance sur les bonnes ou mauvaises nouvelles elles-mêmes ? C'est sur cette question que la section demande des écaircissemens, pour savoir si elle peut donner son assentiment à cette disposition.

Art. 61.

L'évaluation des objets assurés sans avoir été le résultat d'une expertise faite en justice, peut être, et l'on croit qu'elle est communément et régulièrement, l'effet du contrat entre les assureurs et les assurés, qui de chaque côté, pour fixer l'évaluation, n'ont pas eu besoin de faire intervenir la justice : ainsi l'on croit que ce contrat, fait volontairement entre les parties, doit faire foi en justice, même en cas de contestation ; et en vertu de ce contrat les assureurs

demanderont le payement de la rétribution annuelle à raison du l'évaluation ;
comme les assurés, en cas d'incendie, demanderont la restitution des dommages ;
à raison aussi de la même évaluation. D'après ces observations, on remarque
que la disposition de cet article est trop générale, et qu'il faut la modifier
de manière que le respect soit conservé au contrat fait entre les parties.

Art. 62.

Cet article étant le corollaire du précédent, les mêmes observations lui sont
appliquées, et on demande qu'il soit refondu dans le même sens.

Art. 72.

La rédaction de cet article prouve que l'on a eu l'idée de constater la
valeur des immeubles assurés par titres ou par expertise antérieurement au
contrat d'assurance, sans recours à la justice ; cette circonstance fait sentir qu'on
a voulu se rapporter à un contrat destiné à régler le sort et les obligations
des parties, et que par conséquent ce contrat doit faire foi dans tous les cas.
On en induit que l'art. 72 n'est pas en harmonie avec l'art. 61, et que l'un
et l'autre doivent se rapprocher, d'après les observations qui précèdent.

Art. 108.

Comme l'assuré a recours à l'assurance pour se garantir contre toute espèce
de causes d'incendie, on demande si on a l'intention d'étendre cette disposition au fait ou à la négligence grave de ceux dont le maître doit répondre, tels
que les domestiques. Si on répondait affirmativement, on observerait que
l'assuré perdrait les avantages principaux de l'assurance, puisqu'il est égal
pour lui que sa maison brûle par l'effet de la foudre, ou par la négligence
grave de ses domestiques. On soumet cette observation à la commission, pour
que l'art. 108 subisse à cet égard un nouvel examen de sa part.

Titre X. Art. 27.

On remarque dans le texte hollandais une expression qui ne se trouve pas
dans l'autre texte : ce sont les mots *en vergoed geworden*. Si on en conserve
la disposition dans le premier texte, on pense qu'il faut corriger les mots, en disant
en vergoed worden ; et dans ce cas, il faut ajouter la même disposition au
texte français.

Titre XI. Art. 2, § 3, commençant ainsi : *Pour fourniture de bois*, etc.

En français au fait acquérir cette prescription par le laps d'un an après
les fournitures faites ; en hollandais on s'est exprimé de manière à faire croire
que cette année ne commencera à courir qu'après l'expiration de l'année pendant laquelle les fournitures ont été faites, et de cette manière cette prescription pourrait n'être acquise que par le laps d'à peu près deux ans, ce qui n'est
pas sans doute l'intention des rédacteurs. Il faut donc mettre les deux textes
en harmonie, pour établir le principe de la prescription annale, qui est de
même adoptée dans les autres §§ de cet article.

Clos et arrêté en séance du 15 Novembre 1825.

(*Signé*) R E Y P H I N S.

P

ZEVENDE SECTIE.

Zitting van 12 November 1825.

WETBOEK VAN KOOPHANDEL.

II BOEK.

ZEVENDE TITEL.

Aanmerking 28. In art. 1, fransche tekst, moest er staan: Il n'est permis à personne de venir à bord d'un navire sous aucun prétexte, même pour l'assister ou le sauver, sans le consentement, enz.

Art. 11.

29. Wordt, door de voornaamste nieuwspapieren, niet verstaan de staats-courant en het officieel blad, als mede het provinciaal blad der plaats, waar het goed zich bevindt? En ware het niet beter dit hier uit te drukken?

ACHTSTE TITEL.

30. De sectie herhaalt hier de aanmerking reeds meermalen gemaakt ten op-zigte van het onvolledige, dat definitien altijd gevaar loopen van in zaken van wetgeving over te laten, uit hoofde van de onmogelijkheid, om van te voren alle toepasselijke gevallen voor uit te zien. Zij is derhalve van oordeel, dat het 1ste artikel van dezen titel zoude kunnen worden weggela-ten, even als in het fransche code, waar dezelve begint met hetgeen het contract moet inhouden (art. 311).

31. Eenige leden vinden zwarigheid om in art. 19 het inwendig bederf van schip of goed onder de redenen op te nemen, die den geldopnemer niet ontslaan van de hoofd-som en het bedongen voordeel te betalen; aangezien uit den aard der zaak, op eene lange reis, beide aan inwendig bederf onderworpen zijn, en, in geval van vergaan, het daaraan dikwijls toegeschreven kan worden.

32. Eindelijk wordt er gevraagd, of het niet geraden zoude wezen in dezen titel een maximum vast te stellen, hetwelk de premie in evenredigheid van het voorgeschotene kapitaal nimmer zoude mogen te boven gaan, om daardoor den geldschieter te beletten, misbruik te maken van de ongelukkige om-standigheden, waarin de schipper zich bevindt?

Gedaan ten dage als boven.

In afwezendheid van den President.

(*Geteekend*)   I. CORVER HOOFT, VICE-PRESIDENT.

ZEVENDE SECTIE.

ZITTING VAN 15 NOVEMBER 1825.

2 BOEK.

NEGENDE TITEL.

Aanmerking 33. De woorden *onder anderen* alle klem aan het 2d, ar tikel ontnemende, stelt men voor te zeggen :

De verzekeringen hebben voornamelijk tot voorwerp het hier na gemelde. En ten slotte er bij te voegen : doch kunnen ook tot nog meerdere voorwerpen uitgestrekt worden.

34. Art. 3 komt als te stellig voor, en zoude kunnen doen gelooven dat de voorwerpen, daarin vermeld, nooit verzekerd zouden mogen worden ; men zoude ten slotte daarbij gevoegd willen hebben : ten zij dit gebrek of bederf het bepaald voorwerp van de assurantie uitmaakt.

35. De drie voornaamste takken van assurantie, namelijk, voor zeeschaden, brand, en vervoer te lande, alhier door elkander behandeld wordende, zoude het verkieslijker voorkomen, de orde, waarin de artikelen zich opvolgen, dusdanig te veranderen, dat eerst al de vereischten van de zeepolissen opgegeven wierden ; dan de uitzonderingen daarin voorvallende ; waar na hetzelfde ten aanzien van de brandpolissen zoude in acht genomen worden, om te eindigen met die voor het vervoer te lande. Deze aanmerking geldt voor alle de afdeelingen van dezen titel.

36. De naam van den genen, die de assurantie laat doen, altijd in de polis moetende worden uitgedrukt volgens art. 15, en hier nergens eene uitzondering in de volgende artikelen op gemaakt zijnde, komt het overtollig voor dit in art. 22, ter gelegenheid van verzekering op goede of kwade tijding, te herhalen.

37. Sommige leden zagen wederom in art. 37 de eed liever niet toegestaan ; te meer, daar het tegenbewijs des niet te min daar na niet blijft uitgesloten.

38. Voor waardering van deskundigen wenschen eenige leden, dat ook uitdrukkelijk gehouden worde de waarde, waarvan overeengekomen was tusschen den geassureerde, en den directeur of correspondent der brandwaarborg-maatschappij, als deze de taxatie zelf heeft gedaan. Zie art. 72.

Aldus gedaan ten dage als boven.

In afwezendheid van den President.

(*Geteekend*)   I. CORVER HOOFT, VICE-PRESIDENT.

ZITTING VAN 17 NOVEMBER 1825.

VERVOLG VAN DEN 9den TITEL VAN HET WETBOEK.

Aanmerking 39. In art. 89 wordt opgenoemd tegen welke schaden de verzekering van regtswege beschouwd wordt aangegaan te zijn, wanneer dezelve in de polis niet uitgedrukt staan. Dit strookt niet met art. 15, n°. 4, alwaar bevolen wordt dat de polis uitdrukkelijk bevatten moet de gevaren, voor welke verzekerd wordt.

40. Wanneer men art. 94 vergelijkt met art. 90, zal men ontwaren dat de conditie van hem, die zijne goederen op zijn eigen schip geladen heeft, ten opzigte van het buiten zijn weten veranderen van cours door den schipper, veel erger is dan van den genen, die zijne goederen op een vreemd schip heeft. Men vraagt, om welke reden hierin onderscheid gemaakt is.

41. De exempelen, in het art. 99 en 100 aangehaald, zijn zoo menigvuldig en zoo uit een loopend, dat men zich niet wel eenige waren kan uitdenken, welke niet onder de benaming van *soortgelijken* zouden kunnen gerangschikt worden. Men zoude voorstellen, die in art. 99 te benoemen: vloeibare waren, die aan lekkaadje onderworpen zijn; en die in art. 100: drooge waren voor beschadiging vatbaar.

42. Men vraagt hoe dezelfde eigenaar, ter goeder trouw, dezelfde goederen meermalen en voor verschillende waarden verzekeren kan, zoo als in art. 110 en volgende verondersteld wordt?

43. Art. 124 is eene herhaling van hetgeen in art. 87, 110, 111 en 113 gevonden wordt, en komt dus voor overtollig te zijn.

44. Het woord *abandonnement*, waar over de geheele zesde afdeeling handelt, veel minder nederduitsch zijnde dan *compagnieschap* en vele andere in algemeen gebruik, en in dit wetboek afgeschaft of ten minste door andere vervangen, stelt de sectie voor, in het opschrift van deze afdeeling te stellen: abandonnement of *verlating*, en het woord abandonneren te laten afwisselen met *verlaten*.

45. Het slot van art. 133 is duidelijker in den franschen, dan in den hollandschen tekt. Om dezelve geheel in overeenstemming te brengen, zoude kunnen gezegd worden: Ten zij de verzekeraar kunne bewijzen, dat de verzekerde den koopprijs der verkochte goederen heeft ontvangen.

46. In art. 146, eerste paragraaf, staat: zonder de premie van *den* verzekeraar te hebben ontvangen; dit moet zijn: *van den verzekerden*.

Aldus gedaan ten dage als boven.

In afwezendheid van den President.

(*Geteekend*)   I. CORVER HOOFT, VICE-PRESIDENT.

ZITTING VAN 18 NOVEMBER 1825.

VERVOLG VAN HET WETBOEK VAN KOOPHANDEL;

TWEEDE BOEK.

TIENDE TITEL.

Aanmerking 47. De onkosten, voor het scheepsvolk gedaan gedurende de quarantaine, worden in het fransche code, art. 403, n°. 5, onder de particuliere avarijen van het schip opgenoemd. Van de gewone quarantaine wordt in het geheel hier niet gesproken, en de buitengewone quarantaine, onder n°. 22 van het 4de artikel, gesteld onder de avarijen aan schip en lading in gemeen toegerekend.

48. De verdeeling der schade, in geval van avarij aan een ligter overkomen, komt voor, niet genoegzaam duidelijk uit een gezet te zijn. Indien men het wel begrepen heeft, zoude in dit geval de bevrachter meer dan gewoonlijk in evenredigheid van den reeder moeten bijdragen.

49. De sectie is over de regte bedoeling van de tweede paragraaf van art 18 niet geheel van hetzelfde gevoelen, en wenscht eene duidelijker redactie.

50. Men ziet het nut niet in van de uitzondering n°. 1, in art. 24, gemaakt op de berekening der avarij voor schepen naar Oost of West en andere bezittingen van den Staat, welke gevoegelijker daar ter plaatse als in het moederland opgemaakt kan worden.

ELFDE TITEL.

51. In de tweede paragraaf art. 2, staat: *een jaar na gedane levering;* in de derde paragraaf: *met een jaar na het jaar, in hetwelk de leveringen geschied zijn.* Is dit even lang, of een jaar langer? In den franschen tekst bestaat dit onderscheid niet.

(*Geteekend*) J. CORVER HOOFT, VICE PRESIDENT:

Q

REPONSES,

aux observations des sections sur les titres 7, 8, 9, 10, et 11 du 2ᵉ livre du code de commerce.

REPONSES aux observations des Sections de la 2ᵐᵉ Chambre des Etats-Généraux, sur les VII, VIII, IX, X et XI titres du 2ᵐᵉ livre du Code de Commerce.

TITRE VII.

Du naufrage, de l'échouement et des épaves.

On pense que l'on a satisfait à la majeure partie des observations des sections par la nouvelle rédaction des articles 6, 7, 10, 11, 13, 14, 15, 25 et 26 du texte hollandais et des art. 1, 3, 4, 5, 6, 7, 8, 10, 11, 12, 13, 14, 15, 19, 21, 22, 25 et 26 du texte français.

Relativement à l'article 1ᵉʳ, on observe:

1. Qu'aussi longtemps que le capitaine a la direction de son navire, personne ne doit avoir le droit de lui donner une assistance qu'il ne réclame pas; parce que le vaisseau et sa cargaison seraient exposés alors à de graves inconvéniens, ainsi que l'expérience l'a très-souvent démontré.

La section qui a fait une remarque sur cet article, trouvera la réponse à sa demande dans les articles suivans du présent titre sur ce qui arrivera lorsque le navire est sans direction et abandonné.

2. Art. 7. La disposition de cet article a un but très-salutaire; elle est d'une importance majeure pour les propriétaires d'un vaisseau échoué.

L'article 1ᵉʳ porte que personne n'a le droit de se mêler des intérêts du capitaine, tant que celui-ci dirige son navire et peut y commander.

Il en est autrement, si le vaisseau échoue *et se brise* près du rivage ou sur le rivage même: dans ce cas, le capitaine a perdu la direction de son navire, et il ne peut plus demeurer responsable, ni conserver une surveillance sur des objets jetés la et la sur la côte.

Si, dans de telles circonstances, la loi n'avait point statué que le repêchement des marchandises échouées aurait lieu exclusivement par l'autorité publique, il en serait résulté que tous les objets se seraient perdus très-facilement, soit par la mauvaise foi du capitaine, soit par la fraude des gens de l'équipage, sans aucun recours; parce que les propriétaires n'auraient pu suffisamment prouver quels sont les objets sauvés ou perdus, et qu'ils se trouveraient dans la nécessité de s'en rapporter au dire du capitaine à cet égard.

Deplus, il s'élève assez souvent de violentes tempêtes qui font échouer plusieurs navires dont les cargaisons sont jetées et répandues ensembles sur les rivages; et il n'est pas nécessaire de démontrer quel désordre il en naîtrait, si, sans l'intervention de l'autorité publique, chaque capitaine prétendait reprendre lui-même ses marchandises.

Néanmoins, dans le 2ᵉ alinéa de cet article on a fait une exception équitable si le capitaine, après avoir entendu les principaux de l'équipage, fait échouer lui-même son navire, ou si le navire est échoué de manière que les marchandises pourroient être regulièrement déchargées du vaisseau.

3°. Art. 8. Une section a très-bien compris le sens du 2ᵉ alinéa de cet article, en faisant remarquer que dans ce cas le salaire du sauvetage est dû au fonctionnaire, parce qu'il est très-indifférent pour le propriétaire que les marchandises sauvées l'aient été par telles ou telles personnes, pourvu qu'il jouisse des effets du sauvetage.

A

4. **Art. 10.** l'Adjonction proposée par la section 4e n'a pas été admise, parce qu'on n'a pu comprendre comment on pourrait trouver des acheteurs pour acquérir des débris flottant sur la côte, tant qu'il y a crainte qu'ils pourront être détruits ou emportés par les flots en la marée suivante.

5. **Art. 14.** On a pensé que la fin du premier alinéa de cet article devait nécessairement rester telle qu'elle est actuellement rédigée, afin de pouvoir décider la question si un navire ennemi, qui est échoué, peut être déclaré de bonne prise; et la loi la décide affirmativement, parce que c'est un système adopté dans tous les pays. Enfin on a pensé qu'une période de dix ans était suffisante pour des biens meubles.

6. **Art. 15.** Le deuxième alinéa de cet article est en rapport avec la réponse donnée au commencement de l'article précédent: il a pour objet de donner la garantie que par l'abolition du droit de bris il n'est aucunement dérogé au droit de confiscation des objets échoués, appartenant à l'ennemi.

7. **Art. 17.** La section qui a demandé par qui le droit de sauvetage sera réglé, trouvera la réponse dans les articles 23, 24 et 25 du présent titre.

8. **Art. 19.** Lors de la rédaction du code de commerce, on avait d'abord pensé qu'il fallait allouer pour salaire, à ceux qui sauvent une navire, une quotité déterminée dans les objets sauvés; mais on est revenu de cette opinion, en réfléchissant que les navires et marchandises abandonnés ou en danger étaient quelquefois sauvés avec peu de peine, sans péril et sans le secours de beaucoup de personnes, tandis qu'au contraire le danger du sauvetage peut dans d'autres cas être si grand, que l'équité exige pour ceux qui s'y sont exposés un salaire plus fort que celui que la loi pourrait établir en général.

C'est pourquoi on a pensé que l'estimation devait en être abandonnée au juge.

Quelque philantropique qui soit la proposition de la section 4e pour fixer un salaire en faveur de ceux qui sauvent les personnes et pour ordonner que les hommes devront être secourus avant de sauver les marchandises, elle voudra bien observer que c'est au Gouvernement qu'il appartient d'encourager et de récompenser ceux qui sauvent la vie à leurs semblables, mais que cet objet n'appartient point au code de commerce en général, ni au présent titre en particulier où il s'agit du sauvetage et du salaire pour choses appréciables à prix d'argent, et dans lesquelles la vie de l'homme ne peut être comprise.

On voudra bien, au surplus, ne pas perdre de vue que, lorsque le navire et la cargaison ont entièrement péri, ceux qui sont venus au secours perdent leur droit nonobstant tous les efforts employés par eux, parce qu'il ne reste aucun objet sur lequel ils peuvent le faire valoir; d'où il suit que la disposition proposée, de sauver d'abord les hommes et ensuite les marchandises, aurait très-peu d'effet, outre qu'il serait très-difficile de veiller à l'exécution d'une telle disposition.

9. **Art. 23.** On n'a pu satisfaire au voeu d'une section pour, dans le cas du présent article, attribuer la connaissance des questions sur le salaire dû, au tribunal dans le ressort duquel le sauvetage a eu lieu, et l'on a pensé au contraire devoir suivre à cet égard ce qui a été établi par les ordonnances anciennes: d'abord, parce que, d'après les principes de la procédure, le demandeur doit citer le défendeur devant le juge du domicile de ce dernier, ce qui est ici d'autant plus juste, que ceux qui font le sauvetage sont garantis de leur salaire par une caution qui est donnée sur le champ. Et ensuite, si on adoptait le principe contraire, il pourrait s'élever une foule de questions de jurisdiction, lorsque des vaisseaux voguant sur le Zuiderzee sont sauvés en pleine mer, et il serait très-souvent difficile de

déterminer sous quelle juridiction des tribunaux d'arrondissement des différentes provinces, qui touchent au Zuiderzee, l'affaire doit être portée.

10. Art. 26. La section qui a dit ne point comprendre le véritable but du deuxième alinéa de cet article, voudra bien remarquer qu'il a pour objet d'établir que, si le salaire pour l'assistance et le sauvetage a été fixé par décision judiciaire, le jugement sera obligatoire à l'égard des assureurs.

Mais lorsque le capitaine, après que le danger est fini, fait une transaction à l'amiable avec ceux qui ont sauvé des objets, et que les assureurs et autres parties intéressées peuvent prouver qu'il y a eu collusion ou qu'on a stipulé un salaire exorbitant, il est évident qu'ils ne peuvent être liés par une convention semblable.

11. On observe enfin que le droit français présentait ici une lacune notable, en ce qu'on ne trouve point dans le code de commerce des dispositions sur cette importante matière; et l'on n'a vu aucune raison décisive pour traiter cet objet dans une loi spéciale : car s'il s'agit des droits et obligations des habitans, et le sauvetage est lié réellement avec les dispositions sur le salaire dont il est même parlé en plusieurs endroits du code français.

TITRE VIII.

Des contrats à la grosse.

Par les corrections, modifications et changemens opérés aux art. 1, 2, 3, 4, 5, 9, 10, 13, 15, 16, 17, 19, 20, 21 et 22 du texte français, et aux art. 1, 2, 3, 5, 6, 7, 9, 10, 15, 16, 17, 19, 20, 21 et 22 du texte hollandais, il a été satisfait à la majeure partie des observations faites sur le présent titre :

1. A l'égard de la radiation de l'art. 1, considéré par une section comme superflu, on se réfère à ce qui a déjà été dit dans les réponses aux titres précédens, pour démontrer l'utilité des définitions dans certains cas; et l'on pense qu'au moyen des changemens faits à l'article précité, on a rempli le vœu de quelques sections par une rédaction plus simple et plus précise.

2. La section qui a demandé pourquoi, dans l'article 3, on bornait l'inscription du contrat au cas où *l'emprunt* a été fait pour l'équipement du navire, sans l'étendre aussi à *l'emprunt à la grosse sur des marchandises* chargées avant le départ, voudra bien remarquer que, tout ce qui concerne cet emprunt étant réglé spécialement par l'art. 15 du présent titre, on n'a dû s'occuper dans l'art. 3 que *de l'équipement* du navire; et c'est principalement pour cet emprunt qu'une inscription sur le registre est nécessaire, pour obvier aux fraudes des antidates pour les actes sous seing privé et afin de conserver *le privilége* accordé au prêteur dans le n°. 9, art. 6 du titre premier du second livre du code de commerce.

3. On n'a pu ajouter à l'art. 5 *le lieu où le payement doit se faire*, ainsi qu'une section l'a demandé; parce que ce lieu ne peut être déterminé d'avance et dépend des risques de mer. On sait que le prêt à la grosse aventure est soumis à une condition suspensive, et que l'emprunteur n'est tenu au remboursement du capital et du profit maritime, qu'autant que le navire arrive à bon port; c'est pourquoi on a abandonné aux principes généraux sur le payement, tout ce qui concerne le remboursement du capital, le profit maritime, l'action du prêteur sur les débris du navire ou les effets sauvés.

A 2

4°. La prohibition de ce contrat avant le voyage, demandée par une section comme contraire à l'intérêt public, n'a pas été admise ; parce que c'est à l'aide de ces emprunts, que l'on exécute souvent de grandes entre , prises, et que l'industrie et la navigation reçoivent de puissans développe- ment ; et, si quelque fois ils donnent lieu à des entreprises dangereuses, ils n'en sont pas moins d'un grand secours aux commerçans industrieux et peu fortunés.

5. Le livre des inscriptions, exigé par l'art. 3, n'a pu être confondu avec celui exigé au titre premier pour l'inscription et la transcription des navires, parce que les deux objets sont d'une nature différente. Il s'agit ici d'un registre uniquement destiné à l'inscription des contrats de prêt à la grosse, sans donner de préférence aux premiers inscrits, comme on peut le voir à l'art. 13 du projet ; tandis que l'enregistrement du navire confor- mément au titre premier donne une préférence aux créanciers du vendeur sur ceux de l'acquéreur qui n'a pas encore fait transcrire la vente.

6. La section qui a demandé d'ajouter à l'art. 10, *que, si l'argent est prêté sur le navire et la cargaison, le chargement sera aussi affecté*, voudra bien remarquer que cette disposition est déja comprise virtuellement dans la définition du contrat à la grosse, et que l'art. 10 n'avait pour objet que de fixer l'étendue du privilège du prêt sur le corps et quille d'un navire, et l'on verra par la nouvelle rédaction de cet article, que le privi- lège n'aura lieu facilement que sur le fret acquis, et il résultera de ce changement plus de correspondance avec l'art. 6 du présent titre.

7. Nul doute, dans le cas de l'art. 11, que la ratification des proprié- taires vaudra autorisation, en vertu de la maxime, *ratihatitio mandato æqui- paratur*, et le prêteur qui a traité avec le capitaine, ne pourra se prévaloir du défaut d'autorisation lors du contrat.

8. Comme l'art. 11 n'exige d'autorisation par écrit que lorsque le capitaine se trouve *dans le lieu* de la demeure des propriétaires, il s'ensuit qu'elle n'est plus nécessaire dans toute autre lieu du Royaume ou de la province où l'emprunt se fait.

9. A l'égard de la demande faite, si l'art. 12 ne devait pas être inséré dans le titre des propriétaires des navires, on observe que c'est ici sa vé- ritable place, parce qu'il s'agit *des effets* du contrat à la grosse pour radoud et victuailles sur *les parts et portions* des propriétaires.

10. On n'a pu, dans l'art 16, rayer les mots : *afin de porter préjudice au porteur du contrat à la grosse*, parce que tout déchargement de mau- vaise foi ne rend pas dans tous les cas responsable du payement de la dette ; mais il faut que la mauvaise foi soit accompagné de l'intention de porter préjudice au *prêteur*.

11. La section qui a demandé qu'els seront les droits du prêteur à la grosse dans le cas où les marchandises seront détériorées à leur arrivée, voudra bien observer que, d'après l'art. 1er, sa créance pourra s'exercer sur la valeur de ce qui reste de ces marchandises, si la détérioration a été occasionnée par un événement de mer ; mais si elle a eu lien par toute autre cause, elle sera pour le compte de l'emprunteur, qui demeure toujours personnellement responsable.
On remarque en même temps que l'expression : *arrivée à bon port* est très connue, et qu'il ne s'est pas élevé de doute sur son véritable sens : c'est quand le navire, après une heureuse navigation, entre dans le lieu de sa destination, pour y opérer son déchargement on même y charger des mar- chandises.

13. A l'égard de la demande d'une section sur l'art. 17, de ne faire finir les risques qu'après *le déchargement*, on observe qu'il eût été trop rigoureux et même injuste de prolonger la responsabilité et la garantie des prêteurs selon le caprice ou la négligence du capitaine ; c'est pourquoi la loi, après avoir déterminé en règle générale que le temps des risques finit au moment où les marchandises sont déchargées, a sagement ajouté *ou auroient dû l'être* et ainsi le prêteur ne sera plus la dupe du fait d'autrui.

14. Le changement de rédaction proposé par une section dans l'art. 19 n'a pu être admis : car l'emprunteur est non-seulement responsable si la destination du navire a été changée par *son fait ;* mais il l'est encore si le changement a eu lieu *de son consentement* par les gens de l'équipage, parce que, d'après les principes généraux du quasi-contrat, il doit répondre du fait des personnes placées sous ses ordres.

15. Les membres d'une section, qui ont pensé que l'expression *vice propre de l'objet* pouvait avoir une application trop générale contre l'emprunteur, parce que la détérioration d'un navire par la navigation y serait comprise, voudront bien remarquer que l'art. 19 entend par *vice propre*, toute perte ou détérioration arrivée à une chose par une cause à laquelle sa nature la rendait sujette, par une conformation vicieuse ou un germe de destruction intrinsèque ; tandis que la détérioration d'un navire est une suite *de son usage* ou d'un événement de mer.

16. On observe enfin qu'il a paru très-utile dans l'intérêt du commerce de permettre le prêt à la grosse sur des marchandises (voyez art. 1er), et non de se borner au navire seulement, ainsi qu'une section l'a désiré.

17. Le prêt à la grosse étant un contrat aléatoire, pour lequel la stipulation d'intérêts indéfinis a toujours été permise dans les expéditions maritimes, on l'aurait sappé dans sa base principale, si on avait établi un maximum de prime.

TITRE IX.

Des assurances.

D'après les changemens et modifications faits aux art. 1, 4, 14, 15, 16, 17, 18, 19, 20, 21, 22, 23, 25, 26, 33, 35, 38, 40, 41, 42, 43, 44, 45, 46, 51, 52, 56, 64, 65, 71, 73, 81, 85, 87, 88, 90, 92, 94, 95, 96, 97, 99, 100, 102, 103, 105, 106, 111, 113, 116, 117, 118, 119, 120, 122, 124, 125, 127, 131, 133, 134, 138, 139, 140, 144, 145, 146, 149 et 150 du texte hollandais, et aux art. 1, 4, 5, 14, 15, 16, 17, 18, 19, 20, 21, 22, 23, 26, 27, 31, 33, 34, 35, 37, 38, 41, 43, 44, 45, 46, 52, 55, 56, 63, 64, 65, 68, 71, 73, 78, 81, 86, 87, 88, 89, 93, 94, 95, 96, 97, 99, 102, 103, 106, 108, 109, 110, 111, 113, 114, 116, 117, 118, 119, 120, 122, 124, 125, 126, 127, 128, 129, 131, 133, 138, 139, 140, 145, 146, 149 et 150 du texte français, on pense qu'il a été satisfait aux nombreuses observations auxquelles le projet a donné lieu.

Avant de passer à l'examen des observations faites sur les divers articles du présent titre, il a paru très-important d'exposer, aussi brièvement que la nature et la gravité de l'objet le permettent, les grandes bases sur lesquelles repose la matière, et spécialement les principes du projet qui semblent s'écarter du droit français. Cet exposé aura l'avantage qu'on ne sera plus forcé de revenir sur chaque article spécial, ni de faire par la suite des répétitions inutiles ; car on verra, par le développement et la défense des bases du projet, que les autres dispositions n'en sont qu'une application nécessaire.

Il est inutile de démontrer que, sans le contrat d'assurance, ou ne pourrait

B

penser à faire des opérations commerciales ; c'est pourquoi ce contrat aléatoire a été reçu chez toutes les nations commerçantes, avec certaines modifications.

Le but principal que l'on s'est proposé dans la rédaction de ce titre, et que l'on pense avoir atteint, est d'empêcher que le contrat d'assurance ne dégénère en *jeu* ou *pari*, en d'autres termes, de faire ensorte que l'assurance ne soit *jamais* par elle - même une spéculation de la part de l'assuré, et qu'elle n'ait d'autre objet et conséquence que de favoriser les transactions commerciales, de manière que les assurés ne pourront jamais tirer plus de profit d'un dommage ou désastre de mer, que si, n'ayant point fait assurer les objets, le dommage n'avait pas eu lieu.

Si donc l'on peut démontrer que, dans la loi présentée à Vos Nob'es Puissances, ce but salutaire a été parfaitement atteint ; si l'on peut faire sentir d'une manière palpable que le législateur français, quoiqu'ayant *le même but*, ne paraît pas avoir été assez heureux pour l'atteindre, on pense alors que le projet n'a plus besoin d'appui ultérieur.

Afin d'écarter toute espèce de jeu et de pari dans cet important contrat, on a fait reposer les dispositions de ce titre sur ces deux bases très-simples:

L'assuré peut seulement faire assurer la valeur que les objets assurés ont réellement *au moment* de l'assurance.

Il peut cependant ajouter à cette valeur, spécialement, une somme pour le profit que la chose assurée pourrait présumablement donner *au lieu de sa destination*.

En d'autres termes : il peut faire assurer les marchandises, et le bénéfice qui proviendrait de leur envoi.

Le législateur français, pour empêcher le jeu et le pari, a prohibé, il est vrai, les assurances sur le profit espéré ; mais il a ouvert une porte très-large, par laquelle ce profit peut non – seulement être *implicitement* compris dans l'assurance, mais il a encore par là tellement facilité la fureur du jeu, que, lorsque les contractans sont d'accord, ils peuvent par exemple faire assurer une cargaison de la valeur de 10,000 florins pour une somme de 100,000 fl.

A quoi donc sert la prohibition de l'assurance du profit espéré, s'il est libre aux parties de *déterminer* dans la police la valeur des objets assurés, sans qu'il soit nécessaire d'avoir une autre preuve de cette valeur, et sans qu'on la puisse exiger ?

On a donc pensé qu'un tel système ne pouvait être admis dans la législation Belge ; et l'on a trouvé également difficile d'adopter sur cette matière les systèmes qui régissaient auparavant les villes d'*Amsterdam* et *Rotterdam*.

Dans l'ordonnance d'*Amsterdam* sur les assurances, on était allé trop loin, en permettant *indéterminément* les assurances sur le gain à espérer ; tandis qu'à *Rotterdam* elles étaient bien prohibées, mais on exigeait impérieusement (contre la disposition du code français) que la valeur des marchandises assurées fût établie par factures, ou autres pièces probantes.

Après un examen long et approfondi, les rédacteurs du projet primitif, en 1809, se sont aperçus que ces diverses opinions dépassaient le but, et que l'on courrait ici le danger, comme dans beaucoup d'autres choses, de s'aller briser contre un écueil en voulant en éviter un autre.

La défense d'assurer le gain espéré, telle qu'elle se trouve dans l'ordonnance de *Rotterdam*, est à la vérité utile pour prévenir les assurances sur jeu et le pari ; mais il en naît un autre inconvénient, en ce que le négociant qui veut faire assurer la chose et le profit qui en est espéré, peut aller en *Angleterre*, à *Hambourg*, ou dans d'autres contrées où ces sortes d'assurances sont permises ; et l'on court par là le danger de perdre cette branche d'industrie, qui a un rapport intime avec le commerce et la navigation.

Maintenant, pour faire cesser toutes ces difficultés, conserver ce qu'il y a d'utile dans les assurances et rejeter ce qu'il s'y trouve de défectueux, on a tâché de prendre un juste milieu, qui a obtenu l'approbation de ceux qui sont versés dans cette partie du droit.

Il consiste à permettre seulement que l'assurance n'aura lieu que pour la *valeur qu'ont les objets au moment où elle est conclue* ; que la fixation de cette valeur ne dépendra plus du caprice et de l'arbitraire des contractans ; mais qu'elle devra être prouvée par des factures, livres ou autres documens, si les objets n'ont pas été estimés auparavant en justice ;

Que la déclaration pure et simple de la valeur dans la police ne formera aucune preuve par elle-même ;

Qu'outre la valeur, il est permis d'assurer une somme pour le gain espéré, et qu'il doit non-seulement en être fait mention expresse ; mais que ces assurances sont nulles en tout ou en partie, si l'assuré, en cas de malheur, ne peut prouver que les marchandises auraient rapporté le profit stipulé, si elles étaient arrivées au lieu de leur destination.

On croit donc que, par ce développement succinct, le système a été justifié ; et cet exposé servira de réponse aux observations faites par quelques sections sur les articles 4, 10, 53, 61, 62, 64, 65, 66, 67, 68, 69, 70 et autres qui y sont liés ; et, sans devoir encore revenir sur cet objet, l'on pense avoir démontré, que les rédacteurs du code français, et ceux du code belge, sont partis du même point et avaient le même but, mais que ces derniers ont pris les meilleurs moyens pour l'atteindre.

Le deuxième point sur lequel les deux législations semblent différer, consiste en ce que dans le droit français le danger de l'assureur commence du moment du départ du navire et finit aussitôt qu'il a jeté l'ancre ; tandis que d'après l'ancien droit belge, le danger commence lors du chargement des marchandises sur le navire et lors qu'elles sont placées sur le quai, et finit après le déchargement.

Si l'on considère à combien de dangers sont exposés les navires qui se trouvent dans un port, et par combien de tempêtes, ouragans, hautes marées et abordages ils peuvent être endommagés, il est bien juste et conforme à la nature des choses que les propriétaires de vaisseaux veuillent être assurés, non-seulement après la sortie définitive du navire, mais qu'ils désirent encore une garantie pendant le temps qu'il prend charge pour un voyage, ou lors même qu'après être chargé, il est retenu dans le port par des vents contraires et attend de pouvoir mettre à la voile.

La même chose s'applique aux marchandises qui, après avoir été déposées sur le quai, sont mises sous la surveillance et direction du capitaine, et commencent ainsi à courir les dangers de voyage.

Quoique les deux législations paraissent au premier coup d'oeil différer sur ce point, la chose n'en est pas moins proprement la même : d'abord, parce que, d'après l'article 86, il est loisible aux parties de faire d'autres conventions sur le commencement et la fin des risques ; et ensuite, parce que la prime sera plus ou moins élevée, selon que le danger de l'assureur commencera ou finira plus ou moins tard.

On a, en conséquence, fait à cet égard les changemens les plus conformes à la nature de la chose ; mais rien n'empêchera l'assureur et l'assuré, lorsqu'ils voudront faire commencer les risques plus tard et les faire cesser plutôt, d'en faire l'objet d'une stipulation.

Par cet exposé plusieurs observations seront éclaircies et résolues.

Maintenant, on passera aux réponses aux objections faites sur les dispositions particulières du présent titre, pour autant qu'elles n'ont point de rapport au système qui vient d'être défendu.

1. Art. 1. Le mot aléatoire a été rayé, parce que les assurances ont déjà été comprises dans le code civil au titre des contrats aléatoires.

2. Art. 2. On n'a fait aucune mention de la piraterie, ou de la prise de l'ennemi ; parce que cela est compris dans les risques de mer, comme on le verra en l'art. 89 de ce titre.

3. Art. 2. Comme le présent titre traite des assurances, et que les principes généraux sont applicables à toutes, on a dû naturellement insérer dans cet article les assurances contre l'incendie ; si l'on eût traité séparément cet

objet, qui est très-connu dans toutes les parties du Royaume, on au ait été forcé de faire des répétitions inutiles.

4. Art. 3. On ne peut, dans aucun cas, faire des assurances contre le vice propre des objets assurés. Les permettre, serait exposer le commerce et la navigation aux plus graves inconvéniens; parce qu'on pourrait faire assurer des marchandises en tout ou en partie endommagées, tandis que l'assureur serait rarement en état de prouver la fraude. C'est pourquoi il est permis seulement d'assurer contre des vices et dangers extrinsèques.

5. Art. 5. Quoique la disposition de cet article paraisse incontestable, elle a du moins l'utilité de faire connaître la nature et le but de cette convention.

6. Art. 6. La disposition d'après laquelle l'assurance est nulle, lorsqu'il y a mauvaise foi chez l'une ou l'autre des parties, est très-juste et équitable; et celle des parties qui est dans la bonne foi n'est nullement préjudiciée par elle, ainsi qu'une section l'a pensé. Si donc l'assuré trompe l'assureur, l'assurance devient nulle, mais l'assureur retiendra toute la prime (voyez art. 125). Si, au contraire, la fraude a eu lieu de la part de l'assureur (ce qui ne se présume que dans le cas de l'art. 35, lorsqu'il a connaissance de l'arrivée des objets), alors le contrat tombe également, et l'assureur doit rendre la prime: dans les deux suppositions l'assurance doit cesser.

7. Art. 7. Cet article est fondé sur le droit et l'équité, et il n'est susceptible d'aucune exception; parce qu'on doit bien remarquer que *toute* déclaration fausse ne rend pas le contrat nul, mais seulement celles qui *ont influé sur l'appréciation du risque* ou *changé la nature* de l'objet: dans ces cas l'obligation cesse, parce que le consentement est censé n'avoir pas existé.

8. Art. 9. Il ne peut y avoir de doute que, dans le cas de cet article, c'est la deuxième assurance qui est nulle (voyez art. 110): comme serait-il possible qu'un fait postérieur et illégitime pût annuller une convention antérieure et valable?

9. Art. 11. La disposition de cet article repose sur la justice et l'équité.
L'assuré est celui qui va chercher l'assureur, qui lui fait part de ce dont il s'agit et lui propose d'assurer des objets contre un danger quelconque ou indéterminément; toutes les stipulations renfermées dans la police (sauf la hauteur de la prime) sont donc dans l'intérêt de l'assuré; et toute obscurité doit en conséquence être interprétée contre lui, parce que c'est lui qui a stipulé et a dû s'expliquer d'une manière claire et non ambigue.
L'assureur stipule seulement la prime, et l'on ne conçoit à cet égard la possibilité d'aucune obscurité.
Quant à l'équité, tous les écrivains, tant nationaux qu'étrangers, qui ont traité cette matière, sont d'accord que l'assureur mérite une protection spéciale relativement aux clauses du contrat; puisque, hors le cas de l'art. 35, il ne peut jamais être de mauvaise foi, et qu'il agit toujours dans l'incertitude, tandis que l'assuré peut le tromper de mille manières.

10. Art. 12. Cette disposition, conforme aux anciennes ordonnances et à la doctrine des meilleurs auteurs, a pour objet d'empêcher qu'un contrat aussi salutaire ne dégénère en un jeu de hazard: ce qui pourrait arriver, si les parties avaient la faculté de renoncer aux dispositions *impératives ou prohibitives de la loi.*
Pour éviter toute interprétation erronée, on a eu soin d'indiquer dans le présent titre toutes les dispositions qui pourront être changées ou modifiées par les conventions spéciales des parties.

11. Art. 14. D'après l'article 24 les obligations réciproques existent *dès que le contrat est conclu;* c'est pourquoi l'article 14 dit, que la police doit être datée du jour auquel l'assurance a été convenue. Mais, comme après la signature des premiers assureurs, d'autres assureurs viennent encore participer au contrat après quelques jours et même des semaines, chacun pour une somme déterminée, la loi a exigé qu'il fût fait mention dans la police de la signature de chacun d'eux, afin que les risques commencent respectivement à courir du jour où ils ont signé.

12. Art. 15. L'on ne devait pas statuer que la police pouvait être *à ordre*; parce que l'article 30 dit, qu'en cas de vente des objets assurés, l'assurance passe au nouveau propriétaire *sans transport de la police*. Dans les emprunts, les parties pourront facilement convenir, ainsi qu'on le fait ordinairement, que la police sera remise au prêteur.

Au surplus, il a toujours été d'usage, et la loi ne le prohibe pas, d'ajouter dans la police, *outre* le *nom* de celui qui se fait assurer, ces mots: *ou de celui à qui il appartiendra*.

13. Art. 19 et 20. Ces deux articles, réunis et rédigés plus clairement, traitent d'un cas qui arrive très-souvent dans le commerce.

14. Art. 21. L'explication de ce qu'on entend par le mot *marchandises* se trouve dans cet article : c'est, lorsqu'on ignore l'espèce de marchandises qu'on attend, et qu'on les fait assurer *sous la dénomination générale de marchandises*, sans autre indication.

15. Art. 22 et 23. Ces articles, réunis en un seul, renferment des dispositions très-salutaires pour l'assurance *sur bonnes ou mauvaises nouvelles*. Comme l'assureur doit dans ces cas payer le dommage, quoique la chose assurée soit déjà périe, ce qui s'écarte des règles ordinaires, la loi a dû redoubler de surveillance contre toutes les fraudes possibles.

16. Art. 25. Le contrat d'assurance doit être fait par écrit, au moyen de la police dont il est parlé aux articles précédens; c'est un usage dans plusieurs villes de commerce de signer provisoirement une sorte de police de la main à la main, où l'on mentionne sommairement l'objet de l'assurance.

Mais, comme cet usage n'est pas général, la loi a dû pourvoir au mode de prouver les conditions de ce contrat, s'il existe quelque différence entre l'époque de sa conclusion et celle de la délivrance de la police.

17. Art. 27. La durée de huitaine, dans le cas de cet article, n'est pas trop longue ; parce que, à l'égard des assurances sur des navires et cargaisons de quelque importance, il est nécessaire d'un certain délai pour remplir la police.

18. Art. 29. Il est évident que cet article parle seulement du cas où le mandataire a accepté le mandat, et cela résulte des mots: *et qu'il la tienne pour son propre compte*.

19. Art. 32. Ces expressions: *si la loi ne l'a pas exclu*, ne sont pas superflues; parce qu'il n'est pas permis de faire assurer certains dangers, comme par exemple: le vice propre de la chose, la fraude ou négligence, etc.

20. Art. 34. La disposition de l'art. 356 du code français ne peut être placée ici; car il est parlé aux art. 124 et 125 du présent titre de la restitution des primes ou *de la ristourne*.

21. Art. 35. L'expression, *de bonnes ou mauvaises nouvelles*, que l'on trouve aussi dans l'art. 367 du code français, est très connue dans le commerce, et les dispositions sur cette clause se trouvent développées dans l'art 22.

C

22. Art. 40. Les mots *tel in me tos* sont mieux exprimés dans la nouvelle rédaction.

23. Art. 41. La nullité prononcée à la fin de cet article est très-nécessaire, parce qu'on ne doit point perdre de vue qu'il s'agit d'une assurance spéciale sur des objets déjà expédiés du lieu d'où les risques ont commencé; c'est pourquoi la loi devait faire à cet égard des dispositions particulières.

24. Art. 43. L'annullation de l'assurance, dans le cas de cet article, est fondée sur le droit et l'équité, parce que l'assureur a conclu le contrat ensuite de la déclaration contenue dans la police; et lorsque le navire est parti plus tôt que ne le porte la police, l'assurance est nulle. Quant à la prime, il y est pourvu aux articles 124 et 125.

25. Art. 44. La disposition de cet article est une suite des précédens. L'assuré peut et doit savoir quand son navire ou ses marchandises sont partis, ou il doit faire connaître son ignorance à cet égard; l'assureur est dans l'impossibilité d'en avoir la moindre connaissance. Si donc l'assuré ne stipule rien, il est évident qu'il doit être censé avoir reconnu tacitement que le navire se trouvait encore au lieu d'où il devait partir, lors du départ du dernier courrier.

26. Art. 45. La nullité de l'assurance dans les divers cas de cet article est dans la nature des choses.
Si donc l'assuré ne fait pas connaître son ignorance, l'assureur doit supposer:
Que le navire se trouve dans le lieu où le risque doit commencer;
Qu'il est prêt à prendre charge;
Que les marchandises peuvent être aussitôt chargées.
Si l'assureur avait su le contraire, il n'aurait point conclu le contrat; ou il aurait du moins stipulé une prime plus forte.
Enfin, cette disposition est une conséquence du principe posé en l'art. 8.

27. Art. 46. Le motif de cet article est: que l'assureur doit connaître la nature de l'assurance qu'il contracte, afin de pouvoir en régler la prime.

28. Art. 47. Comme les assurances sur des sommes prêtées à la grosse forment un contrat particulier, il a bien fallu énoncer ici les élémens de cette convention.

29. Art. 56. La disposition du 2ème alinéa de cet article est très-juridique et conforme à la nature de ce contrat.
Si l'assuré a stipulé pour sa rançon 10,000 florins, et qu'il en ait payé la prime, il ne peut naturellement exiger que cette somme.
Si, par exemple, il est racheté pour 8,000 florins, il ne peut réclamer de l'assureur rien de plus que cette somme; parce que l'assurance n'est point un jeu, et qu'ayant été assuré contre l'esclavage, il a obtenu pour les 8,000 florins tout ce qu'il s'était proposé dans le contrat, c'est-à-dire, la liberté. Mais il est évident que l'assureur doit dans ce cas restituer la prime sur les 2,000 florins (voyez art. 124).

30. Art. 57. L'on a permis dans cet article, ainsi que dans toutes les autres sortes d'assurances et conformément au droit français, de faire assurer la *valeur totale* des objets.
Quoique l'on ait reconnu, d'un autre côté, qu'il pouvait y avoir quelque utilité de laisser une partie de la propriété non assurée et qu'ainsi le propriétaire y conserverait encore quelque intérêt, on a néanmoins considéré qu'une foule de spéculations serait manquées, si l'on ne pouvaient faire assurer toute la valeur de la chose.
D'ailleurs, une disposition contraire blesserait non-seulement l'esprit du commerce, mais elle deviendrait une source de procès sur la valeur véritable des objets assurés.

Du reste, il est évident que les parties pourront faire à cet égard telles stipulations qu'elles jugeront à propos.

32. Art. 58. L'assurance sur la vie est le seul contrat où l'on ne peut exiger la preuve de l'intérêt de l'assuré; parce que la vie d'une personne est une chose inappréciable, à l'égard de laquelle il faut laisser aux parties la faculté de fixer une somme déterminée.

32. Art. 60. Quoiqu'il ne soit pas permis de faire assurer une seconde fois un objet qui l'est déjà, tant que le premier contrat subsiste, et quoique la loi ait dû veiller contre les doubles assurances, elle devait cependant d'un autre côté prévoir le cas de la faillite de l'assureur, et celui où il n'offre pas une garantie suffisante à l'assuré. Alors elle autorise une deuxième assurance, en statuant en même temps (afin de prévenir les abus) qu'il faut, non seulement renoncer à l'assurance antérieure, mais que la renonciation devra, à peine de nullité, être signifiée à l'assureur.

33. Art. 63. Il a été démontré, dans le commencement de ce mémoire, combien il y avait d'utilité dans la disposition qui défendait aux parties de faire des stipulations *arbitraires* sur la valeur des objets assurés, et qui établissait que cette valeur devait être prouvée par des factures, livres, titres ou par une expertise faite en justice.
Mais dans le cas même d'une estimation judiciaire de navires, la disposition de l'article ne peut être considérée que comme une exception salutaire, en statuant: qu'en cas de malheur, on devra soustraire de la valeur de ces navires tout ce qui, *par la nature des choses*, a été diminué par suite de plusieurs voyages; et cette exception est fondée sur ce que l'assureur n'est pas responsable du vice propre, et que l'assuré ne doit pas profiter ni s'enrichir par l'événement de mer, plus que si le malheur n'était pas arrivé.

34. Art. 65. Comme la valeur des marchandises provenant des fabriques ou plantations du l'assuré ne peut naturellement être établie par des livres ou factures, la loi a dû déterminer un autre moyen de preuve.

35. Art. 71. L'assurance contre l'incendie, de marchandises ou meubles, est la seule espèce où, sauf la preuve du contraire, on a dû ajouter foi au serment de l'assuré, parce qu'il est presque impossible de prouver d'une autre manière la valeur des objets mobiliers détruits par l'incendie.

36. Art. 73-77. L'on a deja donné, au commencement de ce mémoire, des éclaircissemens détaillés sur tout ce qui a rapport au commencement et à la fin des risques.
L'on croit cependant devoir encore ici ajouter que, quoique la fixation des délais diffère chez les divers peuples commerçans de l'Europe, la plupart suivent néanmoins les dispositions du projet sur cette matière; et les anciennes ordonnances ou coutumes d'Anvers sont rédigées dans cet esprit.
Enfin, on observe, relativement aux navires, que 21 jours ont toujours été fixés pour la fin du risque, savoir: 15 jours pour le déchargement, et six pour désarmer ou désappareiller le navire.
Tout cela n'empêche point que, d'après l'article 86, les parties contractantes ne puissent faire à cet égard d'autres stipulations.

37. Art. 77. La disposition de cet article s'accorde avec les principes du droit et de l'équité, et l'on ne voit point qu'il soit nécessaire de lui donner une explication ultérieure.

38. Art. 80. Si les parties n'ont fait aucune convention spéciale sur le commencement et la fin des risques sur des sommes prêtées à la grosse, il

est évident que l'un et l'autre doit se régler du moment où les risques du prêteur commencent et finissent.

39. Art. 87. Cet article, qui est équitable, n'a besoin d'aucun dévéloppement, et il est tiré du code français, auquel on a seulement ajouté le cas, où la prime entière est *moindre* d'un *pour cent ;* alors, il est juste que l'assureur reçoive la moitié.

40. Art. 88. Comme la loi accorde, dans l'article précédent, à l'assureur un demi pour cent de la prime si le voyage est rompu *avant* que les risques n'ayent commencé, il est certain que l'équité exige de lui donner une plus forte indemnité *après* le commencement du risque.

41. Art. 89. Cet article, dont la rédaction a subi quelque changement, comprend l'énumération de *tous* les dangers qui *peuvent* être à la charge de l'assureur, et parmi lesquels se trouvent la négligence ou la baraterie du capitaine et des gens de l'équipage.
On voudra bien ne pas perdre de vue qu'à la fin de cet article, il est expressément statué : *à moins que, par la nature de la chose,* PAR LA LOI, etc., *l'assureur ne soit libéré de quelque risque.*
Si l'on examine ensuite les art. 90, 93 et 94, on y verra les cas où l'assureur est déchargé de la baraterie du capitaine ; d'où il suit qu'il n'y a entre l'art. 89 et les suivans aucune espèce d'antinomie : les derniers modifient seulement la généralité du premier.

42. Art. 90 et 91. L'on ne peut contester l'équité de la disposition de ces articles : puisque, par le changement de route, les principes du contrat sont anéantis ensuite d'un fait *volontaire* de *l'une* des parties, sans le consentement de l'autre ; et l'art. 91 est nécessaire, afin que la règle de l'art. 90 ne soit pas appliquée avec trop de rigueur contre l'assuré.

43. Art. 94. Il est évident que, lors d'une assurance sur marchandises, l'assureur, s'il n'y a convention contraire, doit répondre de la fraude ou baraterie du capitaine ; cela est dans la nature de la chose, parce que le capitaine est au service de l'association du navire, et non point des propriétaires du chargement. Mais lorsque les marchandises appartiennent *aux propriétaires du vaisseau,* la chose change de face ; et l'on doit, à l'égard de la baraterie du capitaine, suivre les mêmes principes pour le navire et la cargaison, c'est-à-dire, que l'assureur ne répondra de rien dans ce cas.

44. Art. 95. Cet article a été rayé sur la demande d'une section, comme étant déjà compris dans la disposition de l'art. 3, qui porte : que l'assureur n'est tenu dans aucun cas des dommages causés par le vice propre ou par la nature des objets assurés.

45. Art. 96. La disposition de cet article est très-importante ; et les principaux écrivains qui ont traité du contrat d'assurance, sont unanimes, que la négligence de profiter du vent favorable libère l'assureur de ses obligations.
Cette négligence existe lorsque le capitaine, pourvu de ce qui est nécessaire pour entreprendre le voyage, laisse passer, *sans motif valable ,* l'occasion de partir, et expose par là l'assureur aux dangers des tempêtes, ouragans, guerres qui pourraient survenir, ou changemens de saisons, contre la volonté des parties contractantes.
Il est clair que les parties ont la faculté de faire à cet égard d'autres conventions, parce que l'assureur peut aussi s'engager à répondre de la négligence ou de la baraterie du capitaine.

46. Art. 98. L'on ne peut concevoir comment une section a pu considérer cet article comme superflu.

Lorsque les parties sont convenues que l'assurance aura lieu pour une époque déterminée, on ne voit pas qu'il pourrait exister un cas, même la force majeure, qui pourrait prolonger le délai, *contre la volonté* de l'un des contractans.

Si donc l'assurance a été faite pour trois mois, il s'ensuit qu'elle cesse après l'expiration de ce délai.

47. Art. 100. Cet article a été puisé dans les ordonnances du pays et dans les lois des autres nations commerçantes; il traite spécialement du cas où l'assuré, ne sachant en quoi la cargaison consiste (voyez art. 21), fait une assurance *sous la dénomination générale de marchandises.*

Lorsqu'il se trouve parmi celles-ci des objets sujets a être avariés, dont la nature est déterminée par cet article, on admet alors que l'assureur est libéré de tous les dommages qui n'excèdent par dix pour cent, et qu'il est entièrement libéré de toute avarie à l'egard des objets qui sont ordinairement assurés *franc d'avarie ou de coulage.*

48. Art. 101. Si des marchandises de la nature de celles mentionnées à l'article précédent ont été désignées nominativement dans la police, alors l'exemption d'avarie se bornerait à trois pour cent.

49. Art. 102. Il existe toujours une controverse entre les auteurs qui ont écrit sur *les assurances,* pour savoir si la stipulation *franc d'avarie* se borne uniquement *aux avaries particulières* arrivées aux objets, ou si elle comprend aussi les *avaries communes.*

On a pensé qu'il serait plus conforme à la nature des choses de présumer que cette clause a seulement pour objet les avaries simples, et que l'assureur n'a pas voulu s'affranchir de contribuer à certains frais qui peuvent avoir été faits, même dans son intérêt, pour la conservation des objets assurés.

C'est le motif pour lequel on a expliqué dans un sens restreint la clause *franc d'avarie,* et celle *franc de toutes avaries* dans le sens le plus étendu.

50. Art. 106. Cette disposition est en rapport avec l'article 20, spécialement dans le cas où une assurance a été faite *pour un temps déterminé* sur des objets chargés dans un navire qui n'a pas été désigné dans la police, et pour lesquels la loi exige la preuve que le chargement a été fait dans le temps fixé.

51. Art. 110. Cet article, tiré du code français, s'applique à toutes les espèces d'assurances, même à celles contre les risques d'incendie; et la généralité de ses expressions ne laisse aucune doute à cet égard.

Il traite du cas où il existe une double assurance faite de bonne foi : et cela arrive souvent; particulièrement lorsqu'on charge plusieurs correspondans de contracter une assurance, et que les polices qu'ils ont repectivement conclues surpassent la valeur des objets.

52. Art. 113. La disposition de cet article, tirée aussi du code français, est générale et ne souffre aucune exception.

Si, par exemple, un assureur a, sur chacun de quatre navires déterminés, assuré une somme de dix mille florins, et si l'assuré, au lieu de diviser la cargaison sur chacun d'eux, la fait charger sur un, deux ou trois navires seulement, l'assureur sera responsable pour dix mille florins par vaisseau, sans aucun égard à l'augmentation du chargement : et cela par le motif très-naturel, qu'il n'a voulu assurer *sur chaque navire déterminé* qu'une somme de 10000 florins.

53. Art. 114. Cette disposition, conforme à l'art. 363 du code français, n'a pas seulement pour objet de compléter la matière; mais elle sert spécialement à faire connaître que l'assuré peut de nouveau assurer son intérêt, sans se trouver par là dans les termes d'une double assurance.

D

54. **Art. 115.** L'on a ajouté expressément à cet article, qui est tiré de l'art. 366 du code français, le mot *ultérieur*, pour faire connaître que, si le navire fait voile vers un port plus éloigné, l'assureur ne sera point libéré des dommages arrivés aux choses assurées pendant le temps que le navire se trouvait encore dans la route désignée par le contrat.

55. **Art. 118.** Cet article est conforme aux véritables principes du droit.

La loi a obligé l'assuré, quoiqu'il soit garanti de tous dommages par le contrat d'assurance, de veiller autant que possible, et dans l'intérêt de l'assureur, à la conservation des objets.

Cependant cette sollicitude de la loi ne doit pas être trop étendue ; et si l'assuré a donné une procuration, à son correspondant ordinaire ou à une autre personne jouissant de crédit, il ne sera pas responsable de la gestion de celui qui a accepté le mandat : il pourra se libérer, en faisant cession d'action à l'assureur contre son mandataire.

Cela repose sur le principe, que le mandat donné par l'assuré à son correspondant n'était pas dans *son intérêt*, mais en faveur de l'assureur même.

56. **Art. 121.** Pour démontrer combien cet article est juste, on observe que, d'après le titre *du contrat à la grosse*, le prêteur n'est pas responsable de la fraude ou de la négligence de l'emprunteur, et qu'il doit en conséquence toucher les deniers prêtés, avec la prime, quoique les objets engagés aient péri *par cette faute ou négligence*.

Cette sorte de dommage n'est pas comprise parmi les risques de mer dont le prêteur répond ; et il s'ensuit que, sans une stipulation spéciale dans la police, il ne peut se faire assurer contre ce risque : parce qu'une telle assurance, dans la rigueur du terme, s'étend au-delà des risques de mer et comprend plutôt une garantie de la solvabilité de l'emprunteur, qui demeure responsable.

57. **Art. 124.** Cet article n'est pas une répétition inutile de ce qui a été dit ci-dessus, mais il contient les cas *de bonne foi* où il y a lieu à *ristourne* ; tandis que dans les articles suivans, il s'agit *de la mauvaise foi*.

Pour justifier l'omission de l'art. 346 du code français, on observe que dans l'article 60 du présent titre il a été pourvu à cet objet d'une manière plus efficace ; et l'on ne peut concevoir comment, *en cas de faillite de l'assureur*, une personne voudra être sa caution pour le payement de toutes les avaries possibles.

TITRE X.

Des avaries.

On pense avoir satisfait à la majeure partie des observations par des modifications, corrections et changemens faits dans la rédaction des articles 1, 3, 4, 6, 7, 8, 9, 10, 13, 14, 18, 19, 20, 21, 23, 24, 25, 31, 32, 34, 35, 36, 37, et 41 du texte français, et des articles 1, 3, 4, 6, 7, 8, 9, 10, 14, 18, 21, 23, 24, 30, 31 et 37 du texte hollandais.

1. Comme l'article 1er. du présent titre devait être en harmonie avec ce qui a été statué, au titre des *assurances*, sur la durée des risques de mer, il a été nécessaire d'en changer la rédaction en ce qui concerne les dommages arrivés au navire et aux marchandises ; et afin d'éviter une espèce de contradiction dans le système adopté à cet égard, il fallait mettre en rapport l'art. 1 avec les articles 73 et suivans du titre 9, de même que, dans le code français, l'art. 397 avait été rédigé dans le sens de l'art. 328 qui avait fixé la durée du temps des risques de la navigation.

2. La section qui a préféré l'art. 398 du code français à l'art. 2 du

présent titre, sur le motif qu'on peut aussi régler les avaries par *d'autres conventions* que le charte-partie et les connaissemens, voudra bien remarquer qu'en général tout ce qui concerne les avaries peut être réglé par la charte-partie, et qu'en outre la disposition du projet n'empêche pas de stipuler par une convention séparée (qui par sa nature sera alors une nouvelle charte-partie ou un supplément à la première) tout ce que les contractans jugeront à propos à cet égard. On observe encore que l'art. 2 donne plus de latitude aux parties que la disposition invoquée du code en vigueur ; puisque la loi leur permet de déterminer dans le *connaissement* même, qui n'est qu'une quittance, tout ce qui a rapport aux avaries, tandis que le code français ne l'autorise que par *conventions spéciales.*

3. A l'égard de la remarque faite par une section sur le n°. 4 de l'art. 4, qui lui a paru trop général, on observe qu'il eût été dangereux de restreindre la disposition à des cas déterminés, et que les expressions *pour le salut ou l'avantage commun* renferment tous les dangers qui compromettent le navire, comme : la nécessité d'échapper à l'ennemi, de suivre le convoi, et autres où il s'agit de la perte ou destruction du vaisseau.

4. On n'a point parlé, dans le projet, de *la quarantaine ordinaire*, parce que les frais qu'elle doit occasionner ne sont point de véritables avaries, mais des dépenses qui ont dû être prévues et qui rentrent dans les frais de navigation ; c'est ainsi que les navires venant des échelles du Levant ou des Cotes de Barbarie, sont toujours soumis à cette quarantaine.
Mais la *quarantaine extraordinaire* du n°. 22 de l'art. 4 est une avarie, parce qu'elle est imprévue et dépend de causes subites qui arrivent dans diverses contrées. Ordinairement les navires qui viennent de l'Amérique septentrionale ne sont soumis à aucune quarantaine; mais s'il survient dans ces pays une maladie contagieuse, alors les vaisseaux qui en arrivent ne peuvent aborder avant un temps déterminé : c'est le cas d'une quarantaine extraordinaire, pendant laquelle la nourriture et le loyer des gens de l'équipage doivent être payés, et c'est une avarie grosse.

5. Sur la demande faite par par une section, si les mots *après délibérations motivées*, à la fin de l'art. 4, s'appliquent à tous les dommages énoncés aux nos. de cet article? on répond affirmativement, parce que, d'après les articles 25 et 27 du titre 3, livre 2 du présent code, le capitaine doit, dans tous les *événemens importans*, tels que ceux y énoncés, consulter les principaux de l'équipage et rédiger les délibérations prises à ce sujet.

6. La section qui a demandé d'ajouter au n°. 1 de l'art. 6 *par leur vice propre*, voudra bien remarquer qu'il s'agit ici des dommages arrivés aux marchandises par risques de mer, dans lesquels on ne peut comprendre *le vice propre de la chose.* C'est pourquoi l'adjonction a paru inutile; et elle n'est en effet, et d'après la nature des choses, qu'un accident qui, comme tout autre, doit retomber sur le propriétaire.

7. La disposition de l'art. 9 ne présente point l'espèce de contradiction qu'une section a cru y remarquer, et qu'elle a désiré voir disparaître par la radiation de quelques mots.
En statuant, dans la première partie de l'article, que les deux tiers du dommage seront supportés par les marchandises qui se trouvent à bord des alléges, la loi indique seulement que ces marchandises seront tenues, par forme d'avance aux deux tiers de l'avarie grosse, sauf le recours des propriétaires, qui ont le droit, d'après la 2e partie, d'en faire faire une *répartition définitive* sur la moitié de la valeur du navire principal et du fret et sur la cargaison de ce navire et des alléges. On voit donc qu'il n'y a point d'antinomie: dans le premier cas c'est une *avance*, dans le second une *sous-répartition.*

D 2

8. L'art. 11, sur l'utilité duquel une section a eu des doutes, a dû être nécessairement inséré dans le présent titre; il décharge de toute contribution les marchandises qui ne sont pas encore à bord des alléges, pour les dommages qui arrivent au navire destiné à les recevoir. Sans cette disposition, qui est en rapport avec l'article 1er. du titre, la question proposée par la section n'aurait pas été résolue.

9. On n'a point jugé utile d'ajouter à l'article 12, ensuite du mot *chargeur*, ceux-ci: *ou l'assureur s'il a payé*; parce que, d'après l'article 126 du titre *des assurances* il est clairement énoncé que, *si l'assureur a* payé un dommage arrivé à la chose assurée, il sera subrogé de plein droit aux actions que l'assuré ou le chargeur aurait de ce chef.

10. L'adjonction proposée par une section au premier alinéa de l'article 18 n'a point paru nécessaire: car elle n'ajoute rien à la force de la disposition; elle exprimerait plutôt le motif de la loi, qui a réduit d'un tiers les frais de réparation, afin d'empêcher que le propriétaire d'un navire vieux ou usé ne s'enrichisse aux dépens des assureurs par suite de la réparation. Au surplus la rédaction de l'article, spécialement celle du 2ème alinéa, a été changée et rendue plus claire selon le désir de quelques sections.

11. Comme le point décidé par l'article 20 n'était pas fixé et donnait lieu à des controverses devant les tribunaux, et qu'il y avait des usages établis dans quelques villes de commerce d'après lesquels l'assureur était tenu de payer plus que la somme stipulée dans la police, même le double ou le triple; la section qui a demandé la radiation de cette disposition, en reconnaîtra bien l'utilité pour faire cesser toute incertitude à cet égard.

12 ad article 21. L'on ne peut partager l'opinion de la section qui a pensé que *toute avarie quelconque* devait être payée; et l'on a au contraire considéré que l'on ne devait pas admettre une demande en avarie, lorsque, pour jouir de ses effets, il serait nécessaire de faire des frais qui surpasseraient presque toujours la somme qu'on obtiendrait. Et certes, dans ce cas, il n'y a aucun intérêt pour personne de paraître devant les tribunaux.

13. Le délai de six semaines, accordé aux assureurs par l'art. 23 pour payer le dommage causé par les avaries grosses ou particulières, est fondé sur l'usage constant du commerce et sur la convenance de donner un temps moral pour examiner les comptes et pour en effectuer le payement.

14. La section qui a demandé pourquoi, dans l'art. 24, on a fait une exception pour le réglement des avaries grosses, lorsque le voyage finit dans les possessions de l'État aux Indes Orientales ou Occidentales, et s'il n'est pas plus convenable de le faire, par exemple, à Batavia, si le navire y est destiné, voudra bien observer que presque tous les intéressés à la navigation, soit propriétaires de navires, soit assureurs et assurés, habitent dans le Royaume, et qu'il leur importe beaucoup d'appliquer à leurs différens les lois de la mère patrie, et non pas des réglemens spéciaux ou usages de nos possessions d'outre-mer, auxquels il ne faut pas les soumettre.

Comme les nos. 1er et 2 de l'exception n'avaient point un rapport direct avec le principe de l'article 24, où il s'agit d'un déchargement *après la fin* du voyage, on en a fait une disposition particulière et séparée (art. 25).

Le nº. 4, qui formera le nouvel art. 26, a dû être conservé, non point parce qu'on met plus de confiance dans les tribunaux étrangers que dans ceux de nos colonies, mais parce que, dans la circonstance extraordinaire de la rupture d'un voyage, ou d'une vente lors d'une relâche forcée, il a bien fallu déterminer que la répartition se fera dans le lieu de la rupture ou dans celui où la vente a été faite; car on ne pouvait soumettre les étrangers aux lois du Royaume, qui sont sans force au-delà du territoire.

15. Le motif pour lequel les espèces monnayées ne contribuent dans l'art. 27 que pour la moitié de leur valeur, repose d'abord sur l'usage généralement adopté dans le commerce ; ensuite sur ce qu'une valeur considérable en pièces d'argent ne tient guères de place dans le navire en comparaison des gros ballots d'autres marchandises, et qu'enfin, n'étant presque pas susceptibles d'avaries par leur nature, il est bien rare que les autres objets contribuent pour leur détérioration.

16. Comme le principe général de l'art. 31 est de ne faire contribuer que les choses qui sont transportées, et non celles dont on doit se servir durant la navigation, il s'ensuit que les munitions de guerre et de bouche, destinées à la défense du navire ou à la nourriture de l'équipage et des passagers, ne doivent aucune contribution ; mais une section à très-bien observé que les munitions et commestibles chargés *pour être transportés*, font partie de la cargaison et doivent contribuer comme les autres marchandises.

17. La section qui a trouvé injuste l'article 33 et qui en a demandé la radiation, voudra bien observer que le chargement des marchandises sur le tillac est un fait en général illicite, puisqu'elles n'y sont placées que parce que la cale est pleine ; et qu'il y a dès-lors surcharge, qui embarrasse la manoeuvre et expose le navire à faire côte ou à se perdre corps et biens.

Si des circonstances périlleuses nécessitaient le jet de ces objets, on doit alors présumer que, sans ce chargement, la manoeuvre aurait été facile et qu'on n'eût jeté aucune marchandise ; et n'est-il pas juste de refuser à un chargement fait en contravention aux règles reçues, une indemnité quelconque à titre de contribution ?

Il n'est pas moins équitable de faire contribuer les effects placés sur le tillac, s'ils sont sauvés : car les autres chargeurs peuvent avec raison alléguer que la perte ou la détérioration de leurs marchandises a été occasionnée par la suite du chargement sur le tillac, et qu'un fait par lui même illicite ne peut être, pour aucun motif, excepté de la loi commune, surtout si le propriétaire de ces effets jouit du bénéfice qu'ils sont sauvés.

18. On observe que le mot *toegebragt* se trouve clairement exprimé dans le texte français de l'art. 34.

TITRE XI.

De l'extinction des obligations en matière de commerce maritime.

On a satisfait à beaucoup d'observations, par les changemens et corrections faits aux articles 1, 2 et 3 des deux textes du présent titre, et à l'article 4 du texte hollandais.

1. Comme la disposition de l'article 27, tit. 7, livre IV du code civil, n'a été établie que pour des prescriptions particulières, résultant de créances de nature a être payées dans un délai très bref, comme sont celles de l'art. 2 du présent titre, on ne peut partager l'opinion de la section qui voulait que le serment pût aussi être déféré par le créancier dans le cas de l'article 1er.

Outre que l'article 1 établit une prescription d'assez longue durée, il faut encore remarquer qu'il ne s'agit point ici d'une action ordinaire *en payement*, comme dans l'article 2, mais d'une action dérivant d'une police d'assurance pour régler une avarie grosse ou particulière. Et l'assuré, qui a dû signifier à l'assureur (d'apres l'article 116 du titre *des assurances*), dans le délai de cinq jours, toutes les nouvelles qu'il reçoit relativement au navire et aux marchandises, ne doit-il pas s'imputer de n'avoir pas intenté son action dans les 2, 3 ou 5 ans de la signification ?

Au surplus, la condition des assureurs serait aggravée ; car comment pour-

E

rait-on , après un long délai , constater les avaries, dont tous les élémens de preuve et contrepreuve sont presque toujours disparus ? Car le serment qu'on ferait prêter aux assureurs n'aurait pas pour unique résultat le *payement* d'une livraison avouée et déterminée, ni des faits purement personnels; mais il entraînerait des procès sur la constatation d'un dommage qui n'a souvent laissé aucune trace.

2. On n'a pas jugé utile d'insérer , selon le désir d'une section, la disposition finale de l'article 434 du code français ; parce que, si les parties ont réglé leurs droits respectifs par une cédule, obligation, ou un arrêté de compte, il résulte de cette *novation* une nouvelle obligation , qui rentre dans les termes de la prescription ordinaire.

Quant à l'interpellation judiciaire , c'est une *interruption* du cours de la prescription , qui rentre dans les principes généraux et dont on ne devait pas s'occuper ici.

Au sur plus , on a fixé à 3 ans la prescription pour fourniture d'objets nécessaires à la construction et au radoub de navires , sur le motif que l'article 6 , n°. 7 , du titre 1 de ce livre accorde un privilége pendant 3 ans pour les créances de cette nature.

3. L'indication des *articles* de la loi, demandée par une section, n'a pas été jugée nécessaire : l'oubli d'un seul pouvait amener des inconvéniens ; et dans un titre où il s'agit de l'extinction des obligations pour le commerce maritime en général, il suffisait de s'exprimer comme le fait l'art. 4.

4. La nécessité d'ajouter un article, pour suspendre la prescription lors qu'il y a interruption de communication par suite de force majeure, n'a pas été reconnue; et la section qui a demandé cette adjonction au présent titre, voudra bien remarquer que cette circonstance rentre dans les principes généraux du droit, et que les cas de cette nature seront appréciés par les tribunaux.

INDICATION des changemens introduits dans la nouvelle rédaction des titres 7, 8, 9, 10 et 11 du second livre du Code de Commerce.

TITRE VII.

Art. 1.

À lire comme suit :

Il n'est permis à personne sans le consentement exprès du capitaine, ou de l'officier qui le remplace, de venir à bord d'un navire pour le secourir, le sauver, ou sous quelque autre prétexte que ce soit.

Art. 3.

Les mots *de cette manière* ont été supprimés. L'article *le* doit précéder le mot *propriétaire.*

Art. 4.

Supprimez le mot *ainsi.*

Art. 5.

Sauf sont recours lisez : *sauf son recours.*

Art. 6.

Changez *ou* en *et.* A la fin de la 4e ligne du premier alinéa *dans celles* lisez : *en celles.* Le deuxième alinéa doit être lu comme suit :

En cas de contravention, ceux qui ont concouru au sauvetage perdent le salaire qui pourrait leur être dû à cet égard, et ils sont tenus des dommages-intérêts ; sauf l'action publique, s'il y a lieu.

Art. 7.

Néanmoins ne lisez : *Ne.*

Art. 8.

Ou l'administration locale à leur défaut, lisez : *ou à leur défaut l'administration locale.* Au lieu *de consignares* lisez : *consignataires ;* et au lieu de *envers eux* lisez : *envers ces fonctionnaires ou l'administration locale.*

Art. 10.

Après le mot *vendre* ajoutez : *sans délai.*

Art. 11.

La première partie est changée ainsi :

Il seront tenus, dans l'espace de huitaine après le sauvetage, d'annoncer dans l'un des journaux de la province toutes les circonstances de l'événement, avec désignation des marques et numéros des marchandises, et invitation à tous les intéressés d'en faire la réclamation.

Dans la deuxième partie, au lieu de *afin de pouvoir les comprendre ensuite dans les annonces faites pour*, lisez : *afin de les comprendre ensuite dans les annonces à faire pour.*

Art. 12.

La première partie, est changée ainsi :

Si le droit à ces effets est constaté par des connaissemens ou autres pièces, les fonctionnaires seront tenus, après y avoir été autorisés par les Députés des États, de les délivrer aux ayant droit, moyennant le salaire dû pour le sauvetage, et les frais.

La deuxième partie n'a pas subi de changemens.

La troisième partie est modifiée de la manière suivante :

Lorsque les objets auront été sauvés et remis à l'autorité locale, celle-ci sera tenue des obligations imposées, par cet article et les articles précédens, aux fonctionnaires y désignés.

Art. 13.

Le mot *susdites* a été supprimé. *Auxquels il sera rendre compte*, lisez : *accordée sans frais, et il leur sera rendu compte.* Au lieu de *faite par les États Députés*, lisez : *donnée par les États Députés ; et pourront*, au lieu de *pourraient.*

A

Art. 14.

A lire comme suit :

Le propriétaire des objets sauvés aura le droit, pendant dix ans, de réclamer le montant du prix de vente.

Si personne ne réclame dans ce délai, le produit des objets naufragés sera considéré comme bien vacant.

Les objets confisqués sur l'ennemi ne pourront jamais être réclamés.

Art. 15.

A lire ainsi :

Il ne sera perçu aucun droit de bris, de naufrage ni autre semblable sur les navires ou les marchandises naufragés, appartenant soit à des belges, soit à des étrangers.

Cette disposition ne fait pas cesser le droit de confisquer les navires ou les marchandises naufragés, appartenant à l'ennemi.

Art. 19.

Du sauvetage, lisez : *pour sauvetage.*

Art. 21.

Et occupé, lisez : *et s'il a été occupé ;* au lieu de *qui veuillent*, lisez : *qui veulent.*

Art. 22.

Après le mot *sauvé* ajoutez *et.* Au lieu de ceux *d'après ce que le navire ou les marchandises eussent valu probablement au lieu où*, lisez : *d'après la valeur que le navire ou les marchandises sauvées auraient probablement eue au lieu où*, etc.

Art. 25.

Commencez la deuxième partie ainsi :

Si le capitaine de ce navire change sa destination, etc.

Art. 26.

A lire comme suit :

Toute convention ou transaction à l'égard des salaires pour l'assistance et le sauvetage est nulle, si elle a été faite en pleine mer ou lors de l'échouement avec le capitaine ou officier, soit pour le navire, soit pour les marchandises qui se trouvent en danger.

Néanmoins, lorsque le danger est fini, il est permis à chacun de faire des transactions et arrangemens à l'amiable ; mais ils ne sont pas obligatoires à l'égard des propriétaires, consignataires ou assureurs, qui n'y ont pas consenti.

TITRE VIII.

Art. 1.

La rédaction de cet article est ainsi changée :

Le prêt à la grosse est un contrat par lequel la somme prêtée pour une expédition maritime est affectée sur le navire ou le chargement, ou sur les deux ; à la charge par l'emprunteur, si les objets affectés arrivent à bon port, de rembourser le principal ; et le profit maritime convenu ; et qu'en cas de désastre par fortune de mer, le prêteur ne pourra exercer son droit que sur ce qui est sauvé.

Art. 2.

Fait par acte écrit, lisez : *rédigé par écrit.* Au lieu de *si le prêt a lieu pour un voyage*, lisez : *si le prêt a lieu pour un ou plusieurs voyages.*

Art. 3.

A lire comme suit :

Le contrat doit exprimer la date du jour et le lieu où l'emprunt à la grosse a été fait.

Si avant le voyage l'emprunt a été fait pour l'équipement du navire, l'acte devra être inscrit au greffe du tribunal d'arrondissement du lieu où l'équipement est fait.

Art. 4.

A lire ainsi :

Si les dispositions des deux articles précédens n'ont pas été observées, le contrat ne sera pas réputé prêt à la grosse ; et dans ce cas l'emprunteur sera obligé personnellement, envers le prêteur, au payement du principal et des intérêts légaux.

Art. 5.

Cet article a été rédigé de la manière suivante :

Tout acte de prêt à la grosse, s'il est à ordre, peut être négocié par un endossement dans la même forme que celui de la lettre de change. Dans ce cas, le cessionnaire remplace l'endosseur, tant à l'égard du profit que des pertes, et sans autre garantie que celle de l'existence du prêt à la grosse.

Art. 9.

Le mot *seul*, à la 2e et 5e ligne de cet article, est supprimé.

Art. 10.

Est ainsi conçu dans la nouvelle rédaction :

Lorsque le prêt à la grosse est fait sur le corps et quille du navire ; le fret acquis est aussi affecté à ce prêt.

Art. 13.

De relâche nécessaire, lisez : *de relâche forcée*.

Art. 15.

Est ainsi changé :

En cas d'emprunt à la grosse sur des marchandises avant le voyage commencé, il en doit être fait mention sur les connaissemens et sur la liste ou le manifeste de la cargaison, avec désignation de la personne à qui le capitaine doit faire connaître son heureuse arrivée au lieu de la décharge.

A défaut de ce, le consignataire est préféré au porteur du contrat à la grosse, s'il a accepté des lettres de change ou fait des avances sur la foi du connaissement.

Le capitaine, ignorant à qui il doit faire connaître son arrivée, peut, à défaut de la mention susdite, faire décharger les marchandises, sans se rendre dans ce cas responsable d'aucune manière envers le porteur de contrat de prêt à la grosse.

Art. 16.

Celui qui a déchargé, lisez : *celui qui au préjudice du prêteur a déchargé* ; et supprimez les mots *afin de porter préjudice au porteur du contrat à la grosse.*

Art. 17.

A lire comme suit :

Si le tems des risques maritimes n'est point déterminé par le contrat à la grosse, il commence à courir :

A l'égard du navire, des agrès, apparaux, armement et victuailles, du moment que le navire a fait voile ; et il finit au moment que le navire est ancré ou amarré au port ou lieu de sa destination.

A l'égard des marchandises, du moment qu'elles ont été chargées à bord du navire ou des gabarres destinées à les y transporter, et du jour du contrat, si l'emprunt sur des marchandises chargées a été fait pendant le voyage.

Dans les deux derniers cas, le tems du risque finit au moment, où les marchandises sont déchargées au lieu de leur destination, ou auraient dû l'être.

Art. 19.

Après le mot *détériorées* ajoutez celui *de diminuées.*

Art. 20.

A lire de la manière suivante :

Si les objets sur lesquels le prêt à la grosse a eu lieu sont entièrement perdus, ou pris et déclarés de bonne prise, et que la perte ou la prise soit arrivée par cas fortuit ou force majeure, dans le tems et le lieu des risques, la somme prêtée ne peut être réclamée.

Si une partie des objets affectés est sauvée, le prêteur conserve ses droits sur les effets sauvés, et non pas au-delà.

Art. 21.

A lire ainsi :

Si le navire ou les marchandises sur lesquels le prêt à la grosse a été fait éprouvent quelque désastre de mer ou sont pris, l'emprunteur est tenu d'en avertir le prêteur aussitôt que la nouvelle est parvenue à sa connaissance.

Si l'emprunteur se trouve sur le navire ou à proximité des objets affectés, il doit faire toutes les diligences qui peuvent être raisonnablement exigées de lui, pour les sauver ; à défaut de ce, il est passible des dommages-intérêts dans les deux cas.

Art. 22.

Qui selon l'ordre établi par la loi sont préférées par privilège, lisez : *préférées.*

TITRE IX.

Les mots *de sa nature* ont été supprimés dans l'intitulé de la section première.

Art. 1.

Supprimez le mot *aléatoire* ; et lisez : *événement incertain*, au lieu de *danger possible.*

Art. 4.

A lire comme suit :

L'assurance n'est pas valable, si celui pour qui elle est faite, n'a pas intérêt dans la chose assurée.

Art. 5.

Valide, lisez : *valable*.

Art. 14.

A lire ainsi :

La police doit porter la date du jour auquel l'assurance a été conclue, et celle de la signature de chaque assureur.

Art. 15.

1°. *De l'assuré ;* lisez : *de celui qui fait assurer*.

2°. *Hors le cas de l'article 21*, lisez : *excepté le cas de l'article 20*.

4°. Lisez : *Les risques contre lesquels on fait l'assurance*.

Art. 16.

A lire de la manière suivante :

Les polices d'assurances maritimes doivent énoncer en outre :

1°. Le nom du capitaine ; le nom et la désignation du navire ; spécialement la mention s'il est construit en bois de sapin, ou la déclaration que l'assuré ignore ce fait.

2°. Le lieu où les marchandises sont chargées, ou doivent l'être.

Les n°. 3 et suivans sont conservés sans changement.

Dans la disposition finale, lisez : *Le tout sauf* au lieu des mots : *De tout sauf*.

Art. 17.

Enoncent, lisez : *doivent énoncer*.

1°. *Bien-fonds*, à lire : *immeubles*.

5°. *Puissent*, lisez : *peuvent*.

Art. 18.

Énoncent spécialement, lisez : *doivent énoncer :*

1°. *Auquel*, lisez : *dans lequel*.

Art. 19 et 20.

Ces deux articles n'en forment qu'un seul, qui a été rédigé de la manière suivante :

Si un navire se trouve hors du Royaume, on pourra le faire assurer, seul ou avec sa cargaison, contre les risques de mer, sans être tenu d'indiquer le nom du navire ni celui du capitaine ; pourvu que l'assuré déclare dans la police qu'il les ignore, et qu'il désigne la date et la signature de la dernière lettre d'avis ou d'ordre qu'il a reçue.

Si l'assuré ignore dans quel navire seront chargées les marchandises qu'il attend, il sera même dispensé de faire la désignation du navire, pourvu que l'assurance de son intérêt dans la cargaison soit faite pour un tems déterminé.

Les nos. des articles suivans doivent être changés en conséquence.

Art. 21 (20 nouv. réd.)

Dans lesquelles ne pourront être compris l'or ou l'argent, lisez : *cette assurance ne comprend pas l'or ou l'argent*.

Art. 22 et 23. (21 nouv. réd.)

Les deux articles ont été réunis. La rédaction a subi les changemens suivans :

Lorsque l'assurance est faite sur bonnes ou mauvaises nouvelles, la police devra exprimer si celui qui fait assurer, agit en qualité de propriétaire, ou de commissionnaire. Lorsque cette assurance a été contractée pour le compte d'un tiers, la police devra énoncer la date du mandat et contenir la dernière nouvelle reçue, concernant la chose assurée. Le tout à peine de nullité.

Les nos. des articles suivans doivent être changés en conséquence.

Art. 26 (24 nouv. réd.)

Les mots *par celui-ci* ont été supprimés.

Art. 27. (25 nouv. réd.)

Supprimer les mots *en fait*.

Art. 30. (28 nouv. réd.)

Au lieu du mot *transmission*, à la 4e ligne, lisez *remise*.

Art. 31. (29 nouv. réd.)

Lorsqu'elle a lieu, lisez : *lorsqu'elle a eu lieu*.

Art. 33. (31 nouv. réd.)

A commencer un nouvel alinéa par les mots *Les victuailles, et en général*, etc.

Art. 54. (52 nouv. réd.)

A lire ainsi :

L'assurance peut être faite sur le tout, ou sur une partie desdits objets, conjointement ou séparément.

Elle peut être faite en tems de paix ou en tems de guerre, avant ou pendant le voyage du navire.

Elle peut être faite pour l'aller et le retour, ou seulement pour l'un des deux ; pour le voyage entier, ou pour un tems limité.

Elle peut être faite pour les risques des voyages et transports par terre, par mer, par rivière et canaux.

Elle peut être faite sur bonnes ou mauvaises nouvelles.

Art. 55. (53 nouv. réd.)

Nulle assurance ne peut être, lisez : *Est nulle toute assurance.*

Si l'assureur était informé de, lisez : *s'il y a présomption que l'assureur avait connaissance de.*

Art. 57. (55 nouv. réd.)

A lire comme suit :

Si cependant l'assurance est faite sur bonnes ou mauvaises nouvelles, la présomption mentionnée dans les articles précédens n'est point admise.

Le contrat n'est annullé que sur la preuve, que l'assuré ou son mandataire savait la perte, ou l'assureur l'arrivée des objets assurés, avant la conclusion du contrat.

Art. 58. (56 nouv. réd.)

4°. Après le mot *navires* ajoutez : *nationaux ou étrangers.*

Art. 40. (58 nouv. réd.)

Jusqu'à son départ, lisez : *jusqu'à ce qu'il ait fait voile.*

Art. 41. (59 nouv. réd.)

A lire comme suit :

Il est permis de faire assurer des navires déjà sortis ou des marchandises déjà transportées du lieu d'où le risque devait commencer pour le compte de l'assureur. Dans ce cas, l'époque précise du départ ou du transport doit être mentionnée dans la police ; et si l'assuré ignore cette époque, il en fera de même une déclaration dans la police. Celui qui fait assurer est aussi tenu, à peine de nullité, d'indiquer dans la police la date que porte sa lettre d'ordre ou d'avis, ou la déclaration qu'il n'en a pas ; ainsi que la dernière nouvelle, concernant le navire ou les marchandises, qui est parvenue, soit à lui, soit à la personne pour qui l'assurance se fait.

Art. 43. (41 nouv. réd.)

A lire de la manière suivante :

Si l'époque du départ du navire est désignée dans la police, et s'il est prouvé qu'il est parti plutôt, l'assurance sera nulle.

Art. 44. (42 nouv. réd.)

Supprimer le mot *tacitement.*

Art. 45. (45 nouv. réd.)

Après le mot *assurance*, à la 1e. ligne, ajoutez : *maritime.*

Art. 46. (44 nouv. réd.)

Au lieu de mots *la prime*, à la 5e et à la 6e ligne, lisez : *le profit maritime.*

Art. 52. (50 nouv. réd.)

La première partie doit être lue comme suit :

Si les objets assurés n'arrivent pas à bon port, l'augmentation mentionnée en l'article précédent sera sans effet, tant que cesserait par là, en tout ou en partie, le payement du fret, des droits d'entrée et autres frais.

Les mots *En cas de perte*, des deux dernières lignes, doivent commencer une nouvelle ligne.

Art. 55. (53 nouv. réd.)

Après les mots *tout ce que*, ajoutez *par suite de cet événement ;* et supprimez les mots *par cet événement* à la 4e ligne.

Art. 56. (54 nouv. réd.)

Contre l'esclavage, lisez : *contre les risques de l'esclavage ;* et au lieu de *que la somme assurée*, lisez : *que la somme stipulée dans la police.*

Art. 63. (61 nouv. réd.)

Que le navire eut été, lisez : *que le navire aurait été ;* et supprimez le mot *savoir :*

A 5

Art. 64. (62 nouv. réd.)

Ajoutez à la fin *ou par les livres.*

Art. 65. (65 nouv. réd.)

A lire comme suit :

La valeur des marchandises provenant des fabriques ou plantations de l'assuré, est estimée au prix auquel elles auraient pu être vendues dans le lieu du chargement.

Art. 68. (66 nouv. réd.)

Attendre, lisez : *obtenir.*

Art. 71. (69 nouv. réd.)

La disposition finale a été supprimée.

Art. 75. (71 nouv. réd.)

Des marchandises ou s'il part en lest, lisez : *des marchandises ou victuailles ; et s'il part en lest.*

La disposition finale est supprimée.

Art. 78. (76 nouv. réd.)

Jusqu'au moment de la décharge finie, lisez : *jusqu'à la fin du déchargemens.*

Art. 81. (79 nouv. réd.)

A été rédigé ainsi :

Si l'assurance est faite sur des marchandises à transporter par terre ou par rivières et canaux, au moyen de navires, bateaux, charrettes, chariots ou messageries, ou par la poste, les risques commencent, à l'égard de l'assureur, aussitôt que les marchandises ont été remises dans les lieux ou les bureaux où elles doivent être chargées.

Art. 86. (84 nouv. réd.)

Lisez le commencement ainsi :

Dans toutes les assurances, les parties contractantes ont le droit de faire par la police, etc. *Convenable*, lisez : *convenables.*

Art. 87. (85 nouv. réd.)

A lire comme suit :

Si le voyage est rompu avant que les risques ayent commencé, l'assurance est annullée, sans payement de la prime ; si elle a été payée, elle doit être restituée. Dans tous les cas l'assureur reçoit un demi pour cent de la somme assurée, à moins que la prime entière ne s'élève pas à un pour cent ; dans ce dernier cas l'assureur recevra la moitié de la prime.

Art. 88. (86 nouv. réd.)

Lisez ainsi les deux dernières lignes de la 1ère partie : *mais si elle est au dessous d'un pour cent, l'assureur jouira de la prime entière.*

Art. 89. (87 nouv. réd.)

et généralement toutes les autres fortunes de mer ; lisez : *et généralement par toutes autres fortunes de mer ;* et supprimez les mots, *prévues ou non prévues, ordinaires ou extraordinaires.*

Art. 92. (90 nouv. réd.)

Supprimez les mots *s'il prouve qu'ils ont été.*

Art. 93. (91 nouv. réd.)

Cette convention ; ces mots commencent un nouvel alinéa.

Art. 94. (92 nouv. réd.)

Après le mot *sur* insérez *des.*

Appartenantes, lisez : *appartenant.*

Art. 95.

Est supprimé.

Art. 96. (95 nouv. réd.)

A lire ainsi :

En cas d'assurance sur le corps et quille du navire ou sur le fret, l'assureur est déchargé des pertes survenus depuis le moment où le capitaine, pourvu de tout ce qui est nécessaire pour entreprendre le voyage, a négligé, sans motif valable, de mettre à la voile en tems opportun.

Art. 97. (94 nouv. réd.)-

A lire de la manière suivante :

Dans le cas d'assurance sur marchandises qui doivent être transportées par terre ou par les eaux intérieures, ou alternativement, l'assureur est déchargé des pertes survenues après que, sans nécessité, le voyage a cessé d'être continué de la manière et par les routes ordinaires.

Art. 99. (96 nouv. réd.)

La rédaction de la première partie est ainsi changée :

Si des objets liquides sont assurés, tels que vin, eau de vie, huile, sirop et autres, ainsi que le sel, l'assureur est déchargé des pertes par coulage, à moins qu'il n'ait été causé par secousses, naufrage ou échouement du navire, ou que ces marchandises n'ayant été déchargées et ensuite rechargées dans un port de relâche nécessaire.

Art. 100. (97 nouv. réd.)

Ajouter le mot *café* après celui de *fèves*, et après le mot *semblables* ajoutez, *sujets à détérioration ou diminution*.

Art. 102. (99 nouv. réd.)

A lire ainsi :

La clause *franc d'avarie* affranchit les assureurs des avaries particulières. La clause *franc de toute avarie* affranchit les assureurs des avaries grosses et particulières. Néanmoins ces clauses n'affranchissent point les assureurs dans les cas qui donnent ouverture au délaissement.

Art. 103 (100 nouv. réd.)

hostilité, à la 5e ligne, lisez : *l'effet des hostilités*. Le mot *et* est supprimé, et les suivans sont changés comme suit : *Le contrat d'assurance cesse dès que le voyage a été* etc. Cette dernière disposition forme un nouvel alinéa.

Art. 106. (103 nouv. réd.)

l'article 20, lisez : *l'article* 19, *deuxième alinéa*. Les mots *en cas de perte ou de dommage* ont été supprimés. Après le mot *chargés* insérez ceux-ci : *dans le tems déterminé*.

Art. 108. (105 nouv. réd.)

de l'assuré, lisez : *de la personne même de l'assuré*.

Art. 109 (106 nouv. réd.)

A lire ainsi :

En cas d'incendie, tous les frais faits par l'assuré pour empêcher ou diminuer le dommage sont supportés par l'assureur.

Art. 110 (107 nouv. réd.)

l'article 87, lisez : *l'article* 85.

Art. 111 (108 nouv. réd.)

l'article 87, lisez : *l'article* 85 et ajoutez la disposition finale suivante : *La même disposition aura lieu, si plusieurs polices ont été souscrites le même jour pour le même objet.*

Art. 115 (110 nouv. réd.)

et que le chargement entier soit mis, lisez : *et si le chargement entier est mis*. *L'article* 87, lisez : *l'article* 85.

Art. 116 (113 nouv. réd.)

A lire de la manière suivante :

L'assuré est tenu de communiquer sans délai à l'assureur, ou, s'il y en a plusieurs sur une même police, au premier signataire, toutes les nouvelles qu'il reçoit concernant le navire ou les objets assurés, et de donner aux assureurs qui le requièrent, des copies ou extraits des lettres qui les contiennent ; à défaut de quoi, il est passible de dommages-intérêts envers l'assureur.

Art. 117 (114 nouv. réd.)

Après les mots *en cas* insérez *de naufrage ou*, et après celui de *réclamation* ajoutez : *ou le remboursement de celles qu'il a faites*.

Art. 118 (115 nouv. réd.)

Est ainsi changé :

L'assuré, obligé de veiller au sauvetage ou de faire une réclamation hors du Royaume, et qui en a chargé son correspondant ordinaire ou une autre maison ou personne jouissant de crédit, n'est pas responsable de sa gestion ; mais il est tenu de faire cession d'action à l'assureur contre son mandataire.

Art. 119 (116 nouv. réd.)

Doit être lu ainsi :

Si la police ne désigne pas la nation à laquelle le propriétaire des objets assurés appartient, l'assuré, en cas de prise ou d'arrêt illégitime, est aussi tenu de réclamer, à moins qu'il n'en soit dispensé par la police.

Art. 120 (117 nouv. réd.)

Lisez les quatre dernières lignes comme suit :

les objets assurés ont été réellement propriété neutre ; et qu'il a employé devant ce

A 4

tribunal tous les moyens, et produit toutes les pièces justificatives pour prévenir sa déclaration de bonne prise.

Art. 122 (119 nouv. réd.)

annulle lisez : *fait cesser.* Après le mot *assurance* ajoutez; *sur le prêt, s'il n'y a stipulation contraire.*

Art. 124 (121 nouv. réd.)

Il retient ; ces mots commencent un nouvel alinéa. *L'article 87* lisez : *l'article 85.*

Art. 125 (122 nouv. réd.)

Dol ou fraude lisez : *dol, fraude ou mauvaise foi.*

Art. 126 (123 nouv. réd.)

Et celui-ci lisez : *et l'assuré.*

Art. 127 (124 nouv. réd.)

A lire ainsi :
Le délaissement des navires et marchandises assurés peut être fait :
En cas de prise ;
De naufrage ;
D'échouement avec bris ;
D'innavigabilité par fortune de mer.
En cas d'arrêt d'une puissance étrangère ;
En cas de perte ou détérioration par fortune de mer.

Art. 128. (125 nouv. réd.)

Après le mot *navire* ajoutez: *ayant touché ou.*

Art. 129. (126 nouv. réd.)

Sont échoués, lisez : *ont échoué.*

Art. 131. (128 nouv. réd.)

Lisez la seconde partie ainsi :
Dans le délai d'un an pour les voyages vers les ports ou côtes de l'Europe, ou vers ceux d'Asie ou d'Afrique dans la Méditerranée et la Mer Noire.
Ajoutez à la fin de l'article : *sauf preuve contraire.*

Art. 133 (130 nouv. réd.)

Est ainsi changé :
Lorsque des marchandises détériorées ou des navires déclarés innavigables ont été vendus en route, l'assuré pourra délaisser ses droits à l'assureur, si, nonobstant ses diligences, il n'a pas reçu le prix des objets vendus, dans les délais déterminés par l'article 128 ci-dessus. Ces délais commenceront à courir du jour de la réception de la nouvelle du désastre.

Art. 134. (131 nouv. réd.)

Six mois, lisez : *trois mois.*

Art. 138. (135 nouv. réd.)

La porte, lisez : *la perte.* Au lieu de *dans ces cas,* lisez : *dans les cas ;* et au lieu de *les articles* 131, 132, 133, lisez : *les articles* 128, 129 *et* 130.

Art. 139. (136 nouv. réd.)

Que lui ou son mandant a faites, lisez : *qu'il a faites.*

Art. 140. (137 nouv. réd.)

Les mots *d'après la loi et dans les délais fixés par elle* sont supprimés.

Art. 144 (141 nouv. réd.)

Ajoutez à la fin : *les effets délaissés sont affectés au payement.*

Art. 145 (142 nouv. réd.)

Après le mot *assurances* ajoutez ; *maritimes.* Au lieu des mots *exige pas,* lisez ; *a pas reçu.*

Art. 146. (143 nouv. réd.)

Supprimez les mots *Syndics ou.*

Art. 147 (144 nouv. réd.)

par l'art. 145, lisez : *par l'art. 142.*

Art. 149. (146 nouv. réd.)

Le mots *Syndics ou* sont supprimés.

Art. 150. (147 nouv. réd.)

Ajoutez à la fin de la disposition finale ces mots ; *le tout à peine de dommages et intérêts.*

TITRE X.

Art. 1.

A lire ainsi :
Toutes dépenses extraordinaires, faites pour le navire et les marchandises, conjointement

ou séparément ; tous dommages qui arrivent aux navires et aux marchandises depuis le moment où les risques de mer commencent et finissent, d'après les dispositions de la section 4e du titre des *assurances*, sont réputés *avaries*.

Art. 3.

Avaries grosses, lisez : *les avaries grosses*. Au lieu de *avaries simples*, lisez : *les avaries simples*.

Le navire ajoutez : *avec son fret. Le chargement*, lisez : *la chose*.

Art. 4.

2°. *pour le salut du navire*, lisez : *pour le salut commun*.

4°. *pour le salut commun*, à lire : *pour le salut ou l'avantage commun*.

6°. Le mot *exprès* est changé en celui d'*expressément* ;

9°. Lisez : *les gages et nourriture des gens de l'équipage*, *pendant la relâche forcée du navire*.

10°. *nécessaire*, lisez : *forcée* ;

11°. *nécessaire*, lisez : *forcée* ;

13°. *La réclamation*, lisez : *cette réclamation* ;

14°. Les mots *irrégulier et précipité* sont supprimés ;

17°. Lisez : *la perte ou les dommages survenus aux marchandises chargées, en cas de danger, dans les allèges ou canots*.

Une nouvelle disposition, est insérée, portant le n°. 19. Elle est ainsi conçue :

Le profit maritime des sommes empruntées à la grosse, pour couvrir les dépenses à répartir pour avaries communes.

19°. Ce n°. est devenu le 20e, par l'insertion de celui qui précède. Il est changé comme suit :

La prime pour faire assurer les frais d'avarie ; et les pertes essuyées par la vente d'une partie de la cargaison dans un port de relâche forcée, afin de faire face à ces frais.

20°. (21) *déterminer*, lisez : *régler*.

21°. Ce paragraphe est supprimé.

Les mots *et par nécessité*, dans la dernière partie de l'article, sont supprimés.

Art. 6.

1°. *involontaire*, lisez : *fortuit*.

3°. après le mot *cordages* insérez ceux-ci : *voiles et mâts*.

5°. *Et les frais pour* lisez : *et les frais faits pour conserver*.

6°. La 2e partie doit être lue ainsi :

Et en général les frais causés ou le dommage souffert pour le navire seul ou pour les marchandises seules, pendant le tems des risques mentionné en l'article 1er du présent titre.

Art. 7.

Ils sont à charge, lisez : *ces frais sont à la charge*. La particule *pas*, dans la pénultième ligne, est supprimée.

Art. 8.

Aux allèges, lire : *à ces allèges*.

Art. 9.

Aux allèges, lisez : *à ces allèges* ; et commencez un nouvel alinéa des mots *Ces deux derniers tiers*, etc.

Art. 10.

Montant, lisez : *restant*.

Art. 13.

Après le mot *lamanages* ajoutez : *pilotages*. Au lieu de *mais sont* lisez : *mais ils sont*. Les mots : *Ces frais ne peuvent* doivent commencer un nouvel alinéa.

Art. 14.

Est ainsi changé :

Pour régler l'avarie particulière que l'assureur doit payer pour les marchandises assurées contre tout risque, on observera les dispositions suivantes :

Tout ce qui est pillé, perdu, ou vendu en route pour cause d'endommagement, est estimé d'après la valeur énoncée dans la facture ; ou, à défaut de facture, d'après celle pour laquelle l'assurance a été faite conformément à la loi, et l'assureur en paye le montant.

En cas d'arrivée à bon port, si les marchandises sont avariées en tout ou en partie, des experts constateront quelle aurait été leur valeur si elles étaient arrivées sans avarie, et quelle est leur valeur actuelle ; et l'assureur payera une quotité du montant de l'assurance en proportion de la différence qui existe entre ces deux valeurs.

Le tout indépendamment de l'estimation du profit espéré, si l'assurance en a été faite.

Art. 18.

A lire de la manière suivante :

S'il arrive un dommage particulier au navire assuré, l'assureur ne paye que deux tiers des frais de réparation des avaries qui, d'après le rapport des experts, sont causées par fortune de mer, sans égard, si la réparation a été faite ou non ; pourvu que le navire ait été estimé dans la police pour sa valeur réelle, et que les frais ne surpassent pas les trois quarts de cette valeur.

Si les experts estiment que par les réparations la valeur réelle du navire serait augmentée au-delà du tiers de la somme que coûteraient les réparations, l'assureur en paye les frais, déduction faite de la plus-value du navire.

Art. 19.

du débris, lisez : des débris.

Art. 20.

par nécessité dans un port, lisez : dans un port de relâche forcée.

Art. 21.

A lire ainsi :

L'assureur est dispensé de payer les avaries tant communes que particulières, si elles sont au dessous d'un pour cent, les frais d'estimation et du jugement de répartition non compris : sauf stipulation contraire des parties.

Art. 22.

Objecis, lisez : objets.

Art. 23.

Les mots d'après ce qui est statué par la loi sont supprimés. Les six semaines, lisez : les six semaines après la délivrance ; et au lieu de payent, lisez : doivent.

Art. 24.

Les dispositions de cet article forment trois articles de la nouvelle rédaction, qui doivent être lus de la manière suivante :

Art. 24 nouv. réd.

Les avaries grosses ou communes sont réglées et réparties au lieu où le navire est déchargé à la fin du voyage ; à moins que le voyage n'ait lieu pour les colonies des Indes-Orientales et Occidentales, ou autres établissemens et possessions de l'État ; auquel cas les répartitions sont réglées dans le lieu du Royaume d'où le navire est parti.

Art. 25 nouv. réd.

Si le voyage est rompu dans le Royaume, ou si le navire y est échoué, les répartitions sont réglées dans le lieu du Royaume, d'où le navire est parti ou aurait dû partir.

Art. 26 nouv. réd.

Si, le navire étant hors du Royaume, le voyage a été rompu en route, ou si la cargaison a été vendue dans un port de relâche forcée, la répartition de l'avarie est réglée dans le lieu où la rupture est survenue, ou dans celui où la vente a été faite.

Art. 25 (27 nouv. réd.)

Le premier alinéa doit être lu comme suit :

Le règlement et la répartition des avaries grosses sont faits à la diligence du capitaine et par experts.

Dans le 5e alinéa, pour devra, lisez : doit.

Art. 51 (53 nouv. réd.)

A lire à la fin sur tous les autres effets, au lieu des mots comme celle de tous les autres effets jetés.

Art. 52. (54 nouv. réd.)

La liste, lisez : le manifeste ou la liste.

Art. 54. (56 nouv. réd.)

Il a lieu, lisez : Il y a lieu.

Art. 55. (57 nouv. réd.)

Si le jet, lisez : si, nonobstant le jet ; et au lieu de ne sauvent pas le navire, lisez : le navire n'est pas sauvé.

Art. 56. (58 nouv. réd.)

Ou par la coupe des apparaux, lisez : ou par les apparaux coupés.

Art. 57. (59 nouv. réd.)

Le commencement de l'article doit être lu ainsi :

Si le navire et la cargaison sont sauvés par des apparaux coupés ou autres dommages faits au navire.

Art. 41. (45 nouv. réd.)

Prétendre à, lisez : *réclamer.*

TITRE XI.

Lisez dans l'intitulé de ce titre : *en matière de commerce*, au lieu de *en fait de commerce.*

Art. 1.

Prescite, lisez : *prescrite*. Après le mot *Méditerranée* insérez les mots *ou la Mer Noire ;* et ajoutez à la fin de la 4e. partie de l'article : *en cas de guerre maritime, ces délais sont doublés.* Au lieu de *la prescription*, dans ce dernier alinéa, lisez : *cette prescription.*

Art. 2.

La troisième disposition est changée comme suit :

« Pour fourniture des choses nécessaires à l'équipement et à l'avitaillement du navire, un un après les fournitures faites."

Après la cinquième disposition, insérez la disposition suivante :

« Pour fourniture de bois et autres objets nécessaires à la construction et au radoub du navire, trois ans après les fournitures faites."

La disposition finale doit être lue ainsi :

« La disposition de l'art. 27 du titre 7 livre 4 du code civil, relative au serment, est applicable aux prescriptions énoncées dans le présent article."

Art. 5.

La rédaction est ainsi changée :

Le droit de préférence sur des navires, le fret et les marchandises, résultant d'un contrat à la grosse, est éteint six mois après l'arrivée des navires dans le lieu où le voyage finit, si le contrat a été conclu dans les limites de l'Europe ; un an, s'il a été conclu dans un lieu situé sur les côtes d'Asie et d'Afrique, dans la Méditerranée ou la Mer Noire ; deux ans après l'arrivée du navire, s'il a été conclu dans des pays plus éloignés.

En cas de guerre maritime, ces délais sont doublés.

INDICATION

des changemens dans la nouvelle rédaction des titres 7, 8, 9, 10 et 11 du second livre du Code de Commerce.

PROCESSEN VERBAAL

VAN DE

BERAADSLAGINGEN DER AFDEELINGEN

van de Tweede Kamer der Staten-Generaal, over den eersten titel des derden boeks van het Wetboek van Koophandel.

PROCES-VERBAUX

DES

DÉLIBERATIONS DES SECTIONS

de la Deuxième Chambre des États-Généraux, sur le premier titre du troisième livre du Code de Commerce.

PRÉSENS MESSIEURS:

Donker Curtius,

Van Kattendyke,

Van Wassenaer,

Derouck,

Serruys. Vice-Président.

PREMIÈRE SECTION DU MOIS D'OCTOBRE 1825.

CODE DE COMMERCE, LIVRE 3, TITRE 1.

De la Faillite.

SÉANCE DU 2 FÉVRIER 1826.

Pas d'observation sur les trois premiers articles.

Mais la section ne peut adopter l'art. 4 tel qu'il est rédigé, elle préfère l'art. 441 du code actuel; car il est est à remarquer que dans cet article il n'est pas question d'un individu non encore failli, mais il s'agit de fixer l'époque de *l'ouverture* de la faillite existante d'un commerçant; or suivant l'art. 4 proposé, le tribunal ne pourrait fixer l'époque de l'ouverture de la faillite, qu'à dater, soit de la déclaration faite par le failli même, soit de sa retraite, soit de la clôture de ses magasins, de la vente judiciaire de ses meubles ou de l'exécution d'une contrainte par corps; cette disposition exclut ainsi tous autres cas ou événemens, qui cependant constituent ou peuvent constituer le commerçant en état de faillite, et conséquemment déterminer l'époque de l'ouverture de sa faillite; c'est pourquoi dans l'art. 441 du code actuel il est dit, et bien dit: *soit de la date de tous actes constatant le refus d'acquitter ou de payer des engagemens de commerce*, et la section pense qu'il est nécessaire de l'ajouter à l'art. 4 du projet. On sait bien qu'un seul acte de protêt d'un effet de commerce ou un autre acte isolé ne constitue pas toujours un négociant en état de faillite, cela depend du fait, si le refus de payer, et constaté par le protêt, est suivi de la cessation effective des payemens, ainsi que le porte le deuxième *alinéa*, et qui répond à toute objection qu'on pourrait faire contre l'insertion de la clause que demande la section et qu'elle croit d'autant plus nécessaire, qu'il pourrait se faire qu'aucun des cas mentionnés dans le projet n'arrivât; et alors le tribunal se trouverait bien embarrassé pour fixer l'époque de l'ouverture de la faillite, si on omettait la clause susdite.

Art. 5.

On ne disconvient pas, qu'en ne fixant pas le terme au-delà duquel il ne serait pas permis de reporter la date de l'ouverture d'une faillite, il est possible qu'il en résulte quelque inconvénient dans des cas particuliers. D'un autre côté, cependant, on n'ignore pas qu'il y a plus d'un exemple de commerçans qui étaient déjà effectivement en état de faillite long-tems avant le jugement qui les a déclarés faillis, et qu'en conséquence les tribunaux ont reporté et dû reporter l'époque de l'ouverture de ces faillites à des dates antérieures de quelques mois à celle de la prononciation des jugemens; et il est fort à craindre qu'en ordonnant par la loi que l'époque de l'ouverture de la faillite ne pourra être reportée à plus de 30 *jours* avant la date du jugement, il résultera d'une latitude aussi restreinte des inconvéniens plus graves que du système du code actuel. En conséquence, et en tout cas, la section pense que le terme de 30 jours serait beaucoup trop court, et qu'il conviendrait de le fixer à six semaines ou 42 jours au moins.

Art. 6.

Pas d'observations.

Art. 7.

La section demande la suppression des mots *pour dettes de commerce;* car un commerçant ne peut pas plus constituer, ni un créancier acquérir hypothèque sur les biens du failli pour dettes *civiles* que pour dettes *com-*

merciales; si l'on admettait cette distinction, ce serait accorder des préféren-
ces pour dettes civiles au préjudice des créanciers commerçans, et cela donnerait lieu à des fraudes.

Art. 8, 9, 10, 11 et 12.

Pas d'observations.

SECTION 2.

Art. 13.

Un membre a fait la réflexion que la mise des scellés, ordonnée par
cet article isolément, n'offre pas toujours assez de garantie aux créanciers;
que quelquefois elle est incommode, coûteuse et sans effet.
Il désirerait donc que l'article portât que le tribunal, en délibérant, &c.
ordonnât, soit l'apposition des scellés, soit l'établissement d'un ou de
plus d'un gardien, soit l'inventorisation immédiate des Biens meubles, effets,
etc. du failli, soit toutes autres mesures conservatoires, séparément ou conjointement, suivant les circonstances.
Deux autres membres adoptent cette proposition; et les deux membres
restans adoptent l'article tel qu'il est, en observant que, suivant les dispositions du code de procédure en vigueur, l'apposition des scellés est et doit
toujours être accompagnée de l'établissement d'un gardien des scellés, et
qu'on suppose que le code de procédure à faire contiendra la même disposition.
La section à l'unanimité demande qu'il soit dit: *un ou plusieurs curateurs provisoires, suivant l'importance de la faillite*, comme au code actuel.

Art. 14, 15, 16, 17 et 18.

Pas d'observations.

Art. 19.

La section craint qu'un homme seul pourrait quelquefois abuser de
cette autorité; en tout cas, il conviendrait de dire: *Sur la notoriété acquise des faits qui constituent la faillite.*

Art. 20.

La section pense qu'il conviendrait de dire *l'expédition du procès-verbal*; car la minute doit rester au juge de canton.

Art. 21.

Pas d'observations, sinon qu'il faudrait dire *curateurs*, dans le cas où on
adopterait la proposition faite à l'article 13.

Art. 22.

La section pense qu'il suffit qu'un extrait du jugement soit inséré dans
un des journaux, ainsi que le prescrit la fin de l'article, les affiches et les
procès-verbaux des huissiers qui constatent cette formalité occasionnant
beaucoup de frais inutiles.

Art. 23, 24 et 25.

Pas d'observation.

SECTION 3.

Art. 26.

Les trois membres qui ont fait l'observation qui précède sur l'art. 13

renouvellent ici cette observation, et observent de plus que c'est vouloir multiplier les formalités, en prescrivant par cet article que le curateur requerra le juge de canton d'apposer les scellés, si déja fait n'a été, et qu'il requerra *ensuite la levée des scellés*: ainsi, deux opérations qui se succéderont pour ainsi dire immédiatement; et en conséquence ils persistent à croire qu'il n'y a pas de nécessité de prescrire impérieusement et dans tous les cas l'apposition préalable des scellés, alors que, dans plus d'un cas et suivant les circonstances, il pourrait être plus utile et convenable de faire procéder de suite à la confection de l'inventaire selon que le tribunal le pourrait trouver convenir; et pour mieux faire sentir les motifs qui déterminent lesdits membres à désirer une autre marche que celle prescrite par le projet de loi, l'un d'eux a remis la note ci-jointe.

Art. 27, dernier alinéa.

Faute d'impression: il faut dire, *leur ces quittances qui devront*, etc. et après la mot *commissaire* aller alinéa.
Sur le fond de cet article, un membre en demande la suppression; comme ne contenant que quelques-unes des obligations du curateur, et non pas toutes; il connaîtra sans cela ses obligations, sachant qu'il représente provisoirement la masse; d'ailleurs ce membre pense qu'il n'est pas nécessaire de faire entrer ici partout le juge de canton, ce qui ne fait qu'augmenter le nombre des procès-verbaux et les frais, il lui semble qu'on trouve assez de garantie dans le curateur même, surveillé par le juge commissaire. Les autres membres adoptent l'article, parce qu'ils croient les formalités prescrites par cet article nécessaires pour la conservation des intérêts de tous

Art. 28 à 37.

Pas d'observation.

SECTION 4.

Art. 38.

La section ne voit pas la nécessité de l'intervalle de 40 jours: cet intervalle de 40 jours, et même celui de 60 jours, peuvent quelquefois n'être pas suffisans, et souvent trop longs; on croit donc qu'il faudrait abandonner la fixation de cet intervalle au juge commissaire, qui le fixera, suivant les circonstances, au plus bref délai possible.

Art. 39 à 45.

Pas d'observation.

Art. 46.

La section ne voit pas bien la nécessité de la peine de nullité établie ici, si le concordat n'est pas signé séance tenante, cette peine préjuducierait sans motif valable aux intérêts des créanciers présens et signataires du concordat

Art. 47.

Pas d'obsevation.

Art. 48.

Deux membres observent que l'art. 524 du code actuel statue qu'à l'effet d'assurer l'exécution du concordat, les syndics seront tenus de faire inscrire aux hypothèques le jugement d'homologation; et, comme l'hypothèque judiciaire n'est pas admise dans le nouveau code civil du Royaume, ces membres demandent s'il sera ou s'il pourra être pourvu à d'autres mesures afin d'assurer aux créanciers l'exécution de ce qui sera convenu entre eux et le failli.

B

Un autre membre pense qu'on ne peut rien fixer là-dessus, puisque, comme le principal, on doit délaisser aussi l'accessoire de la garantie aux conventions faites entre le failli et la majorité de ses créanciers.

Art. 49.

On n'a rien à dire sur le refus de l'homologation pour les causes mentionnées dans cet article ; mais de ce refus il ne résulte pas nécessairement que le failli doive être renvoyé devant le ministère public : en conséquence la section demande la radiation de la clause finale de l'article.

Art. 50.

La section pense qu'il n'est pas de nécessité absolue que ce compte soit rendu en présence du juge commissaire, et que, si le failli y consent, ce compte peut être rendu au failli à l'amiable et sans l'assistance du juge-commissaire ; en conséquence elle propose de rédiger cet article comme suit :

« Après l'homologation, le curateur rendra compte au failli, et ce en
« présence du juge-commissaire, si le failli l'exige, lequel juge-commissaire
« renverra, etc."

Art. 51.

Les trois membres qui sur l'article 13 ont fait l'observation y consignée, pensent qu'il faut autant que possible simplifier l'administration d'une faillite, éviter autant que faire se peut les procès-verbaux et les frais inutiles, convocations sur convocations des créanciers ; et ainsi ils n'admettroient pas la distinction entre curateurs provisoires et curateurs définitifs, mais ils voudroient confier toute l'administration à un ou plusieurs curateurs nommés dès le commencement par le tribunal, sous la surveillance du juge-commissaire ; ils pensent qu'on peut y avoir toute confiance, et cela serviroit à simplifier toute l'administration et à éviter la masse énorme des frais que le mode actuel entraîne.

Par ce moyen, disent ces membres, l'art. 51 et les suivans de cette section et de la suivante, tant par rapport au curateur définitif qu'au contrat d'union, devraient être changés.

Les autres membres pensent que la disposition de l'article 51 et des suivans, qui s'y rattachent, est dictée par les droits et les intérêts des créanciers, lesquels, une fois connus et admis, doivent être libres de choisir tels mandataires qu'ils jugent convenable à leurs intérêts.

Art. 52 et 53.

Pas d'observation.

Art. 54.

Voir l'observation sur l'art. 38, que la section reproduit ici.

Art. 55, 56 et 57.

Pas d'observation.

SECTION 5.

Art. 58 à 61.

Sans observations ; sauf que les membres qui ont opiné pour la distinction entre les curateurs provisoires et définitifs, observent qu'il n'est rien dit relativement au compte à rendre par les curateurs provisoires. On sait bien qu'ils doivent rendre ce compte ; mais ils pensent qu'il seroit bon de le dire dans la loi ; ainsi que le fait le code actuel art. 481 et 517.

SECTION 6.

Art. 62.

Bon.

SECTION 7.

Art. 63 à 74.

Pas d'observations.

Art. 75.

Rien sur le fond; mais on demande que les mots *in natura*, au texte français, soient remplacés par ceux *en nature*, comme au 1er alinéa.

Art. 76.

Quelques membres demandent si l'intention est d'exclure le droit de reprise de la femme, lorsqu'elle aura placé en rente constituée les deniers qui lui auroient été donnés par donation ou testament avec la clause qu'ils seroient exclus de la communauté; ces membres pensent que cela ne seroit pas juste.

Art. 77.

Pas d'observation.

Art. 78.

La section désire avoir des explications sur cet article et particulièrement sur la partie finale de cet article; car il a paru à la section qu'ici la femme est traitée moins favorablement que le mari. Enfin, que deviendra l'avantage fait par la femme à son mari par leur contrat de mariage, si la femme meurt après l'ouverture de la faillite de son mari?

Art. 79 et 80.

Pas d'observation.

SECTION 8.

Art. 81.

La section pense qu'il faut supprimer le mot *mobilier*, et qu'il suffit de dire *de l'actif*; car, si les immeubles ont été vendus, ce qui reste de leur produit après le prélèvement des créances hypothécaires ou priviligiées, est aussi bien un *actif* à répartir entre les créanciers que tout autre.

Art. 82 à 86.

Pas d'observations.

Fait et approuvé en section.

(*Signé*)   S E R R U Y S.

RÉFLEXIONS GÉNÉRALES sur le projet de loi, DES FAILLISSEMENS.

Le titre des faillissemens dans le code actuel est un de ceux qui sont le plus généralement désapprouvé dans les provinces septentrionales, et qui exige, à mon avis, les plus grands changemens.

D'abord, le but, quand quelqu'un tombe en faillite, doit être et est au moins régulièrement :

En premier lieu : la conservation des biens du failli, la garantie des créanciers contre leur dilapidation, et d'obtenir quelque connaissance de l'état des affaires.

Puis : de provoquer un arrangement, afin que les créanciers retirent autant que possible de leurs prétentions, et que le failli soit, s'il est possible, remis sur pied : car l'intérêt de la société ne veut pas que qui que ce soit soit mis hors d'état de pouvoir gagner son pain ou de rétablir des malheurs.

Enfin : si l'arrangement ne peut être conclu, le seul but doit être de réaliser l'actif aux moindres frais et avec toute la diligence possible, et d'en faire la distribution aux intéressés.

Or, je ne vois pas que, pour obtenir ces résultats, *tant de formalité* soient requises : qu'il soit nécessaire de requérir pour cela le ministère, non-seulement d'un juge-commissaire mais du juge de paix, d'un agent provisoire, de syndics provisoires, enfin de syndics définitifs, et d'exiger, *tantôt la mise du scellé* et des procès-verbaux à cet effet ; tantôt la levée et des procès-verbaux à cet effet, le tout par le juge de paix ; tantôt l'inventarisation des biens *en présence du juge de paix* et des vacations infinies à cet effet ; tantôt des expertises et des experts, pour faire une estimation qui n'a aucun résultat ; tantôt l'intermédiaire d'un agent jusqu'à un certain point, tantôt celui de syndics provisoires agissant jusqu'à un autre point, et enfin des syndics définitifs : et, quoique dans le projet on ait *un peu* simplifié tout ceci, en écartant au moins *soit* l'agent *soit* les syndics provisoires, il me paraît pourtant que, pour obtenir un bon résultat, tout ces embarras, qui entraînent des frais énormes et ne font que retarder la liquidation, ne sont pas nécessaires.

Quand le tribunal déclare un faillissement, il faut que par le même jugement il commette *deux personnes* (à mon avis) prises, autant que possible, d'entre les principaux créanciers (qu'on peut déjà connaître) pour entrer *en possession* de la masse.

Ils seront autorisés par là même à *sceller, garder, conserver, inventariser* même immédiatement, selon que les circonstances l'exigeront, ou que le tribunal ordonnera selon les circonstances ; par là on atteindra mieux le but, de conserver véritablement et de garantir contre des dilapidations, que par de simples mises de scellé, et on n'a pas besoin du juge de paix ; au surplus ils seront sous la surveillance d'un juge-commissaire.

Ces *mêmes* personnes, ayant examiné l'état des affaires, et fait un bilan, avec le failli ou sans lui, convoqueront les créanciers au plustôt, pour leur faire part du résultat de leurs recherches ; ainsi que de la proposition du failli, s'il y a lieu, pour un arrangement.

Il en sera délibéré incessamment ; ou bien, en cas d'absence d'un certain nombre, une nouvelle convocation définitive aura lieu.

Si l'arrangement est conclu à *l'unanimité*, il n'y aura pas besoin d'homologation ; autrement, elle sera provoquée, et après l'avoir obtenue, les fonctions des curateurs cesseront, et le failli rentrera dans ses droits.

Ils rendront compte : car je sousentends qu'ils ont administré en atten-
dant, qu'ils ont pu vendre les biens dépérissables, et encaisser les dettes
actives, etc.

Si l'arrangement est refusé, le seul but étant alors une prompte liquidation, les créanciers présens au refus d'arrangement se prononceront d'abord,
si ces curateurs commis par le tribunal continueront l'administration et la
liquidation, toujours sous la surveillance du juge-commissaire. Dans le cas
rare, qu'ils n'en voudraient pas, ils en nommeront d'autres.

Il me paraît évident, qu'en simplifiant ainsi la marche, on évite *l'inter-*
médiaire du juge de canton, et ses opérations pour la mise et la levée des
scellés, formalité qui en elle-même, certes, ne garantit pas contre des dilapidations; on évite *l'expertise* lors de l'inventaire, formalité en vérité sans
but, on au moins, s'il en a un, pas équivalent aux frais qu'entraîne cette
expertise dans les détails. Pour la plupart on évitera la nomination d'autres curateurs, les comptes à rendre des provisoires aux définitifs, enfin toute
cette distinction. On évitera plusieurs convocations des créanciers, incom-
modes, et désagreables pour eux, et qui provoquent encore des procès-verbaux et des frais. Enfin, il n'y aura par cette multiplication de comptes,
procès-verbaux, etc. etc., qui font, de la loi sur les faillissemens, une loi
fiscale en faveur *de l'enregistrement.*

Si les curateurs une fois nommés sont bien surveillés par le juge-commissaire, et solidairement responsables, j'y trouve toute la garantie nécessaire; sauf les restrictions à l'égard du mode de leur administration, spécialement à exprimer dans la loi.

DONKER CURTIUS VAN TIENHOVEN.

TEGENWOORDIG DE
HEEREN :

Warin, Vice-President.

de Meulenaere.

van de Kasteele.

Siccama.

TWEEDE KAMER DER STATEN-GENERAAL.

PROCES-VERBAAL der 2de Afdeeling
van October 1825

VERGADERING DEN 3den FEBRUARIJ 1826.

Raadpleging over het ontwerp tot een wetboek van Koophandel,
IIIde Boek, Titel I.

Art. 2. De leden der afdeeling begrijpen niet, waarom enkel gezegd wordt:
« Elk koopman, die zich bevindt in een der gevallen, enz.» en waarom niet
wordt gezegd: *Elk koopman die zijne betalingen opschort en tevens zich*
bevindt in een der gevallen enz. Volgens hun gevoelen, past het woord
bankbreuk slechts op die gevallen waar opschorting van betaling plaats heeft,
terwijl het geval kan plaats hebben dat een koopman zich werkelijk kan
hebben schuldig gemaakt, of bedrog kan hebben gepleegd, ten opzigte
dergenen met welke hij handel heeft gedreven, zonder daarom zich in het
geval te bevinden zijne betalingen opteschorten. In dit geval is een
koopman strafwaardig, doch hij is niet bankbreukig.

Art. 4, 5 en 6. Het schijnt dat hier niet duidelijk is onderscheid gemaakt
tusschen het verklaren van den staat van faillissement, en het bepalen van
den dag op welken het faillissement moet worden geacht te zijn geopend.

De verklaring *dat er staat van faillissement plaats heeft* vereischt spoed,
vermits dezelve dient te worden vergezeld van den maatregel voorgeschre-

C

wen bij art. 13, en spoedig te worden gevolgd van de maatregelen voorgeschreven bij de artikelen 15, 17, 18, 20, 26 en andere. Ook is de regter
in staat spoedig te beoordeelen of eene zulke verklaring te pas komt, of niet.

Daarentegen valt het dikwijls zeer moeijelijk te bepalen, op welken dag
het faillissement moet geacht worden te zijn geopend, en wordt er dikwijls
veel tijd vereischt om de noodige gronden en bewijzen tot deze beslissing
te verzamelen.

Derhalve, indien men bepaalt, dat bij een en hetzelfde vonnis, de verklaring van den staat van faillissement en de bepaling van den dag der
opening moet plaats hebben, kan dit enkel beschouwd worden als een
provisionele maatregel, welke slechts dan definitief blijft bestaan, wanneer
niemand er zich tegen verzet, en in dit geval minder omslagtig en minder
kostbaar is, dan zijn zoude het verleenen van twee onderscheiden vonnissen:
doch, is wisselijk, bij artikel 14, bepaald, dat tegen dit vonnis verzet of
hooger beroep plaats hebben mag. En in allen gevalle is, de verklaring van
den staat van faillissement de hoofdzaak in het eerste vonnis, terwijl de
bepaling van den dag der opening slechts eene bijkomende omstandigheid is.

De leden der afdeeling zijn derhalve van gevoelen, dat art 5 zoude dienen
te worden gesteld als volgt:

«De dag der opening van het faillissement zal niet mogen worden ver-
«vroegd, dan ten hoogste dertig dagen, vóór de uitspraak van het vonnis,
«hetwelk verklaart dat er faillissement bestaat.»

Er valt echter nog meer aantemerken op de bepaling bedoeld bij art. 5,
namelijk, dat van dezelve afhangt de toepassing der bepalingen vervat in
de artikelen 7, 8, 9 en 11, vermits niet de dag op welke de verklaring
van den staat van faillissement heeft plaats gehad, maar *de dag der opening* diegene is, van welken af men dertig dagen voorwaarts moet reke-
nen, om de wettigheid van een hypotheek, of die van eene der andere
genoemde overeenkomsten te bepalen.

De leden der afdeeling zijn derhalve van gevoelen, dat, tot voorkoming
van verwarring in het begrijpen der bedoeling van den wetgever, het beter
zijn zoude, in art 5, in de plaats van *dertig* dagen, te stellen, *veertig* dagen.

Dienvolgens zoude de nieuwe redactie van art. 5 zijn:

«De dag der opening van het faillissement zal niet mogen worden ver-
«vroegd, dan ten hoogste veertig dagen, vóór de uitspraak van het von-
«nis, hetwelk verklaart, dat er faillissement bestaat.»

Behalve het reeds gezegde, hetwelk toepasselijk is op het verband der
drie artikelen, is bij de afdeeling aangemerkt, dat in art. 4 verscheiden
omstandigheden zijn opgenoemd, waarvan er eene moet hebben plaats gehad,
om daarna, gepaard met de omstandigheid dat er ophouding van betaling
plaats hebbe, den dag der opening te kunnen regelen. Dit art. 4, is den
leden der afdeeling geenszins duidelijk en voldoende voorgekomen. De gevoelens zijn verdeeld geweest omtrent verscheiden der tegenwerpingen, welke
tegen hetzelve gedaan zijn; doch heeft men eenparig gevonden, dat er de
bepaling ontbrak, dat de opening zoude kunnen gesteld worden op den dag
dat de betaling heeft opgehouden.

Ten opzigte van art. 6 in het bijzonder, wordt nog aangemerkt dat de
daarin gebezigde uitdrukking *uitspraak van het gemelde* vonnis slechts
dan duidelijk wordt, wanneer het betrekking krijgt tot een gemeld vonnis,
hetwelk verklaart, dat er faillissement bestaat.

Art. 13. De afdeeling zoude verkiezen het art. 449 van het tegenwoordige wetboek van koophandel.

Art. 21, tweede alinea. De ondervinding heeft bewezen dat menigmaal
onder de schuldeischers niemand gevonden wordt die geschikt is om tot
curator te dienen; ook heeft zij bewezen dat het noodzakelijk is dat ten
minste een der curatoren herhaalde ondervinding hebbe van dit soort van
werk. Deze bepaling is derhalve regtstreeks strijdig met hetgeen dikwijls
het belang der crediteuren vereischt.

Er is opgemerkt dat de opschriften van de vierde afdeeling van dezen titel niet in beide talen overeenkomen. Men is van gevoelen dat het fransche opschrift diende te, worden veranderd en in overeenstemming gebragt met het hollandsch.

Art. 38, tweede alinea. Men vraagt wat de reden is der beperking van den tijd ter oproeping der crediteuren, en of hier niet al te weinig aan het oordeel van den regter–commissaris wordt overgelaten. Er zijn toch vele gevallen waar een tijdverlies zoo lang als veertig dagen zeer nadeelig is, terwijl er in vele boedels geene crediteuren zijn die niet binnen zeer weinige dagen bij de hand zijn kunnen.

Art. 46, laatste alinea. » Ne le présente qu'à l'assemblée" is in het hollandsch verkeerd gesteld. » zich ter vergadering aanmeldt".

Art. 50. De aanhef van dit artikel wordt in het fransch beter gevonden dan in het hollandsch.

Art. 75, derde alinea. Staat *bezwarenda*, lees: *bezwaarde*.

Art. 79. Staat *que les deniers lui appartenant étaient exclus*, dit is niet overeenkomstig met het hollandsche; te dien einde zoude er moeten staan: *que les deniers lui appartenaient et étaient exclus*.

Art. 80. De leden der afdeeling zijn van gevoelen dat, in de plaats van *afkondiging van dit wetboek*, diende gesteld te worden: *invoering van dit wetboek*. De bewoording *afkondiging* zoude tot misvattingen kunnen aanleiding geven; gelijk er omtrent het burgerlijke wetboek reeds misvattingen hebben plaats gehad, ten gevolge der afkondiging waartoe men is overgegaan, niettegenstaande de invoering nog niet plaats heeft.

W A R I N, Vice–President.

PRÉSENTS MESSIEURS:

Van Reenen,

Van Doorninck,

Hooft,

Taintenier,

Barthelemy.

TROISIÈME SECTION.

SÉANCE DU 2 FÉVRIER 1826.

CODE DE COMMERCE, LIVRE 3, TITRE 1.

Art. 1. Un membre demande qui cet article ne soit pas restraint aux commerçans, mais s'applique aussi aux non–commerçans, surtout dans les endroits où s'exerce le commerce.

Art. 3, 1. Alinéa. On croit qu'il faut une pénalité, si le commerçant qui cesse ses payemens ne fait par la déclaration au tribunal, et on propose à cet effet la disposition de l'art. 587, second alinéa, du code de commerce français.

On demande que la déclaration puisse aussi se faire par un ou plusieurs des créanciers, voyez l'art. 449 du même code. On appuye cette demande ainsi pour assurer l'intérêt des créanciers en cas d'évasion, de décès, ou de cession de biens si le commerçant avait voulu par ce moyen civil se soustraire à ses payemens. En tout cas, on doit se persuader de l'utilité de donner ce droit aux créanciers, par l'observation qu'un failli se tiendra en état aussi longtems que possible, tandis que les créanciers pourront assurer, et pour eux et pour lui, l'état de ce qui lui reste.

Art. 3, 2 Alinéa. On croit convenable à cette occasion de demander des tribunaux spéciaux pour les affaires de commerce, afin d'accélérer les mesures à prendre pour assurer la masse des faillis, et surveiller le failli dès le premier moment de cessation de payement. On croit qu'une section ou quelques membres d'un tribunal, habitués par la routine journalière, serait favorable à la chose.

Art. 4. On réitère ici la demande concernant la déclaration des créanciers. Après cela on demande, qu'à l'énumération des faits nommés dans cet article, il soit ajouté celui de protêt pour non payement sans cause de ses lettres de change.

Au texte hollandais il faut dire, pour signifier l'expression de *magasin*, soit *winkel* ou *verkoopplaats* ; mais pas *pakhuizen*, qui se ferment toujours quand on ne les a que pour garder des marchandises.

Art. 5. Comme cela peut dépendre de beaucoup de circonstances quand le jugement sera prononcé, on préférerait de dire dans cet article que le jugement ne pourra être reporté à plus que le terme fixé à l'article 4, à l'instar de ce qui s'est fait au titre de *l'interdiction*, au lieu des trente jours mentionnés au projet.

Art. 6. *Sauf l'assistance qu'il doit prêter aux soins du curateur mentionné à la 3e section*, est une ajoute qu'on demande.

En faveur de l'industrie nationale on aimerait bien y ajouter une disposition par laquelle le juge pourra permettre que les affaires du failli (het bedrijf) puissent être continuées sous bonne surveillance ; l'expérience ayant appris, que par là les créanciers peuvent bien mieux se garantir d'une perte souvent totale, qu'en mettant fin à ces affaires.

Art. 7. Les mots *à l'époque du payement* sont superflus ; ou il faut dire *à l'époque de la faillite*.

D. HOOFT, VICE-PRÉSIDENT.

Art. 9. Il faut écrire *trente jours* en lettres.

L'observation faite à l'art. 5 sur la brièveté du délai de 30 jours, s'applique à l'art. 9.

Art. 11. La rédaction prête à laisser croire que les actes frauduleux, antérieurs aux vingt jours, ne seraient pas nuls.

Art. 13. On aimerait mieux l'art. 449 du code actuel, à cause qu'il donne la faculté au tribunal de déclarer la faillite, soit par la provocation du créancier, ou par la notoriété.

On pense que quelquefois *deux curateurs* seraient nécessaires.

On pense qu'il faudroit ici parler de l'affiche à faire faire par le greffier du tribunal.

Art. 15. On désire que le 2e alinéa de l'art. 451 du code actuel soit répété ici, ou reporté ailleurs.

Art. 17. On voudroit ajouter : *et généralement sur tous effets du failli*. Il faut mettre en hollandais *winkels en pakhuis*.

Art. 18. On désire que l'associé solidaire qui veut payer ou donner caution, puisse être exempt de l'apposition des scellés.

On remarque que dans le code actuel on ne met les scellés que sur le principal manoir de la société.

Art. 21. On demande que le juge ait la latitude pour nommer deux fois la même personne.

Art. 22. On voudroit que l'huissier soit tenu de remettre au greffe du tribunal, ou au curateur, le procès-verbal d'affiche.

On demande aussi que le commissaire puisse faire insérer dans les journaux étrangers qu'il trouvera convenable de choisir.

Art. 25. On demande de dire *si lors*, au lieu de *si après* : de même dans le texte hollandais.

Idem, 3ème alinéa, dire : *il pourra se faire aider par gens à ce connaissants*.

Art. 26. Après les mots *le failli duement appelé* on demande d'ajouter : *lequel sera tenu de faire incontinent la déclaration des effets qu'il possède.*

Art. 27. Accorder le texte hollandais *handelspapier* avec *effet*, en disant *effecten.*

Art. 29. Ajouter : *et des déboursés nécessaires à faire par le curateur.*

Art. 30. Après les mots *tous les quinze jours*, on demande de dire : *ou plus souvent si le juge-commissaire le trouve bon.*

Art. 34. Le curateur le vérifiera, et le signera.

Art. 36. Effacer *auprès de la femme du failli*, etc.

Art. 38. Au lieu de dire *lorsque* il faut dire *aussitôt que.*

Art. 39. On demande de dire, après à *l'égard des créanciers inconnus :* « ou dont le domicile est inconnu."

Art. 40. On demande d'ajouter : « il y joindra la liste de créanciers, que « le curateur provisoire devra lui fournir sur sa demande.

Accorder le texte hollandais, de *huit jours*, avec le français, qui donne 15 jours.

Art. 42. On demande qu'il y ait affirmation des créances avec offre de serment , déclaration et production de titres.

Art. 50. Après les mots *le curateur*, on désire de dire : « à moins de « stipulation contraire, relativement au payement des dividendes.

Art. 52. On demande s'il n'y aurait pas moyen d'obliger la majorité de payer à la minorité le dividende dont elle voudrait se contenter pour faire la remise de sa créance.

Art. 59. On désire que le curateur provisoire puisse aussi exécuter les dispositions de cet article.

On demande aussi si l'on ne pourrait pas y ajouter des secours indispensables à l'alimentation.

Dans le texte hollandais on préfère *noodzakelijk* à *noodig.*

Art. 62. On préfère, pour la vente des effets et marchandises , l'art. 492 du code actuel, attendu que ce mode doit être plus productif.

On demande de permettre le rachat des linges et ustensiles du menage par la femme ou les enfans, avec autorisation du commissaire, moyennant estimation par experts.

Art. 63. On demande d'effacer *se prétendant*, et d'expliquer aux art. 38 et 39 comment on reconnaîtra ou constatera le privilége.

Art. 67. Le texte hollandais ne dit pas *à contribution.*

Art. 75. On demande d'ajouter que, s'il ne conste pas d'emploi, la femme prélevera les deniers qui lui auront été donnés de la manière prévue par l'article.

Art. 81. On devrait dire : le montant de l'actif du failli pour y comprendre ele produit des immeubles excédant les hypothèques.

Art. 83. On désire que l'article explique le mode de l'avertance.

Art. 85. Ne serait-il pas à propos de dire quel sera le mode de décharge des curateurs ?

Art. 86. On demande de quoi se composera la majorité de l'union pour former cette demande ; si c'est conformément à ce qui est dit art. 44 ?

(*Signé*) BARTHELEMY.

VIERDE AFDEELING.

DER TWEEDE KAMER STATEN-GENERAAL

FEBRUARIJ 1826.

Met dezelfde gevoelens en bedoelingen, welke bij de inleiding van het proces-verbaal wegens het 1e boek eenigzins nader werden ontwikkeld, en waartoe men ook thans de vrijheid neemt te verwijzen, hebben de in onderscheidene zittingen tegenwoordig geweest zijnde leden der afdeeling de overwegingen van het ontworpen 3e boek voortgezet, en daaruit zijn de navolgende bedenkingen en vragen voorgevloeid.

TITEL I.

Op art. 1. Indien men, gelijk niet twijfelachtig is, de wetgeving over de faillissementen, en de kooplieden die buiten staat zijn hunne schuldeischers te voldoen, geheel in het belang van den koophandel moet beschouwen, zoo is het ook zeker, dat niemand de begunstiging dier wetgeving behoort te kunnen inroepen, dan de koopman alleen, die door de voordeelen, welke hij aan de burgermaatschappij verschaft, die begunstiging verdient en, als het ware, doet wettigen; maar het is dan ook van belang, dat er geen verschil van oppvatting besta omtrent het woord koopman. Men vraagt daarom eenige nadere uitlegging omtrent de ware bedoeling dezer uitdrukking, zoodanig, dat daaruit blijke of al, of niet, hij die eene enkele daad of daden van koopmanschap, of mercantiele speculatie doet, hierbij begrepen is?

Bij art. 1, 3 en elders vindt men eenig verschil in het gebruik der woorden opschort en cesse bij de beide teksten. Het laatste duidt toch meer aan dan het eerste. Men zou de voorkeur geven aan ophoudt, ophouding, het welk mede in de 1 alinea van art. 3 wordt aangetroffen.

In art. 3, 2e alinea, worden de woorden van den franschen tekst dans lequel le failli a son domicile, niet in het hollandsch gevonden.

In art. 3, 3e alinea, staat in het fransch associés, in het hollandsch voor het geheel verbonden vennoten. Het woord solidaires schijnt dus in eerstgenoemden tekst te moeten worden bijgevoegd.

Bij art. 3 en 4 vraagt men (ook in vergelijking van art. 449 van het tegenwoordig wetboek) in hoeverre de schuldeischer, in het geval wanneer de koopman zelve de verklaring niet doet, zal kunnen tusschen beide komen om de opening van het faillissement te doen verklaren; als mede of die verklaring door de regtbank zal kunnen geschieden op de publieke notorieteit? Dit schijnt uitgemaakt en bepaald te moeten worden.

In art. 4 spreekt men van lijfsdwang, en wel in den zin, dat dezelve ook op andere dan commerciële zaken zal worden betrekkelijk gemaakt; intusschen is er tot nog toe niets daarvan bepaald. Men merkt dit alleen op, ten einde uit de toestemming van het gestelde bij dit artikel geene gevolgtrekking omtrent verdere bepalingen, tot lijfsdwang betrekkelijk, zoude kunnen gemaakt worden.

Nog vraagt men op art. 4, hoe er zal gehandeld worden, ingeval er ophoudirg van betaling plaats heeft, zonder het bestaan van hetgeen bij dit artikel is opgenoemd, en of hetzelve gerekend mag worden in alles geheel voorzien te hebben?

In art. 5 wenschte men, in plaats van niet kunnen vervroegen, liever te zeggen niet vroeger kunnen stellen: het woord vervroegen heeft toch den zin van iets dat reeds bepaald was, en drukt dus hier niet uit de ware meening.

Bij art. 6 vindt men in het fransch *disposition et administration*, in het hollandsch enkel *beheer*. Men vraagt of dit laatste het eerste wel geheel aanduidt, immers of het niet noodig zij de teksten geheel te doen overeenstemmen. In art. 21 wordt mede het woord *beheer* gevonden, en daar leest men in den franschen tekst *gestion*.

Nog vraagt men op dit artikel, of de bepaling van hetzelve *in alle gevallen* zou moeten uitsluiten de voortzetting eener affaire of fabrijk; dan of daartoe door de regtbank, bij bijzondere omstandigheden, en na de schuldeischers gehoord te hebben, autorisatie zal kunnen verleend worden? zoo ja, zal het opmerking verdienen zulks uit te drukken.

Ten aanzien van art. 10, 2 alinea, schijnen er moeijelijkheden in eene zoo algemeene en lang werkende bepaling te bestaan, ofschoon men overigens de nuttige strekking op zichzelve geenszins tegenspreekt. De bepaling is algemeen, en betreft dus ook betaling van deugdelijk bestaande schuldvorderingen, welke, naar den regel, gedaan en ontvangen worden kan, zoo lang het faillissement niet is geopend : en dus ontstaat de vraag : in welke gevallen kan er bedriegelijk te dezen aanzien worden gehandeld? Men zoude kunnen stellen, dat dit gebeurt ingeval de schuldeischer, wetende, dat zijn debiteur staat te failleren, betaling van hem ontvangt: deze zijne wetenschap zou dan het kenmerk van bedriegelijken handel uitmaken. Dan men veroorlooft zich op te merken, dat deze niet was de regtsleer onder die wetgeving uit welke kennelijk zijn ontleend de bepalingen aangaande handelingen *in fraudem creditorum*. Men bedoelt hiermede in het bijzonder de L. 6 § 7 ff. quæ in fraudem creditorum, in welke dit geval opzettelijk wordt behandeld : de regel, dat de regten voor de waakzamen ingesteld zijn, vindt hier hare toepassing. Het is bovendien zeer bedenkelijk, of de vrijlating, aan de gezamenlijke crediteuren van een gefailleerden gegeven, om handelingen en bijzondere betalingen, hoe lang ook te voren gepleegd en gedaan, te vernietigen uit hoofde van voorgewenden bedriegelijken handel, niet open stelt eene zeer wijde deur voor regtsvorderingen, in welke de crediteuren, door den curator vertegenwoordigd, ligtelijk kunnen beproeven lang verledene handelingen aan te tasten, en dus onzekerheid te doen ontstaan in al wat ooit met den gefailleerden is gehandeld of door hem betaald. Regtsvorderingen van dien aard zijn doorgaans ingewikkeld, daar bewijs van bedriegenlijken handel uit omstandigheden veel al wordt afgeleid; welke niet zeer juist kunnen bepaald worden. Eindelijk zijn de gevolgen van vernietiging van handelingen of betalingen, vooreerst, herstelling in den vorigen staat, ten andere teruggave van het betaalde. Wanneer dit nu tot lang verledene tijden kan opklimmen, wordt daardoor veel verwarring veroorzaakt; netelige geschilpunten ontstaan over vruchten en renten, over den staat van het terug te geven goed, en soortgelijke. Zoodanige regtsvorderingen schijnen dus niet te moeten worden aangemoedigd, daar dezelve, hoe zeer in eenige gevallen billijk, echter in andere gevallen dikwijls vexatoir kunnen worden.

Men meent dus in bedenking te mogen geven, of dit artikel wel zoo algemeen en zonder tijdsbepaling behoorde te zijn gesteld, en of niet met juistheid diende bepaald te worden, wat men verstaat door bedriegelijken handel met opzigt tot gedane betalingen ?

Op art. 13 geeft men in bedenking, hier niet uit te sluiten de bevoegdheid van de regtbank, om, bij daartoe leidende bijzondere omstandigheden, ook meer dan één provisionelen curator te benoemen.

Bij art. 14 vindt men in den hollandschen tekst, 1e alinea, het woord *voorloopig*, hetwelk niet in het fransch gevonden wordt. De zaak zelve kan moeijelijk worden beoordeeld zonder kennis van het wetboek op de manier van procederen, maar in allen gevalle schijnen hier de beide teksten in volkomene overeenstemming te moeten gebragt worden.

Op art. 15 stelt men voor, achter het woord *kan*, bij te voegen, *om bijzondere redenen*. Men vindt dit te meer nuttig, omdat daaruit volgt, dat in het vonnis zelve die bijzondere redenen worden uitgedrukt.

Ten aanzien der laatste alinea van art. 16, vindt men eenig verschil in de redactie der beide teksten; men zoude aan den franschen de voorkeur geven, en verlangt de vereischte overeenstemming.

Op art. 24 stelt men, ten einde alle denkbeeld van willekeurige bepaling uittesluiten, voor, om bij te voegen *om gewigtige redenen.*

Op art. 27 wijst men eenig verschil aan in de beide teksten. In het hollandsch komt de opteekening (1ste alinea) voor als eene daad van den *curator;* in het fransch (zoo als het zeker zijn moet) van den *kantonsregter.* In het hollandsch worden de woorden der fransche tekst *qui les arrêtera* niet gelezen. De uitdrukking in het fransch (1ste alinea) *ils se trouveront,* meent men dat, ook in overeenstemming met het hollandsch, behoort veranderd te worden in *ils se trouvent.* Eindelijk merkt men op, dat in den franschen tekst, laatste alinea, achter het woord *quittances,* zal moeten gevoegd worden *qui;* en in plaats van *ces* gelezen worden *ses.*

Bij art. 29 merkt men aan, in den hollandschen tekst niet te vinden de bepaling in den franschen voorkomende, namelijk, *dat een der sleutels zal gegeven worden aan den curator.*

Op art. 30 meent men, dat het, bij een voorschrift van wet tot eenparige werking bestemd, verkieslijk zij het verschil dat in de woorden *quinze jours,* en *veertien dagen* gelegen is, te vermijden.

Op art. 31, fransche tekst, stelt men voor bij te voegen *s'il y a lieu,* hetwelk dan ook beter schijnt te stroken met de redactie van den hollandschen tekst.

Men vraagt op art. 32 of de bepaling, voorkomende in de 2e alinea, niet overtollig moet geacht worden, bijzonder uit het oogpunt der afschaffing van de *hypothèque judiciaire.*

Ook vraagt men ten slotte van de in dezen titel voorkomende 3de afdeeling te mogen vernemen de reden der geheele weglating van hetgeen bij art. 475 des tegenwoordigen wetboeks gevonden wordt, de beschikkingen van welk artikel als billijk worden aangemerkt.

Het opschrift der vierde afdeeling van dezen titel schijnt voor de beide teksten meer overeenstemming te vorderen. In het hollandsch leest men *van accoorden;* en in het fransch *de l'assemblée des créanciers.*

In art. 38 mist men bij den hollandschen tekst het woord *onverwijld,* zoo men anders de woorden van den franschen tekst *sans délai* noodig keurt.

Omtrent de uitdrukking, alhier voorkomende, van *voorgeschrevene formen,* verwijst men tot de algemeene aanmerking, welke, ten slotte van dezen titel, bij dit proces-verbaal staat voorgedragen te worden.

Bij art. 40 staat in het hollandsch *acht dagen,* in het fransch *quinze jours.* Indien het laatste bedoeld wordt, zou men, terug komende op het reeds bij art. 30 aangeteekende, alwaar echter het verschil een minder belang oplevert, van meening zijn dat *quinze jours* door *vijftien dagen* moest worden uitgedrukt, dewijl het hier de bepaling van een termijn *de rigueur* oplevert.

Op art. 41 verzoekt men inlichting of er eenige verschillende bedoeling is bij het gebruik der woorden, in het fransch *sera présent* en *assister,* in het hollandsch *bijwonen,* en *tegenwoordig zijn?* Zoo ja, dan acht men het noodig de beide teksten in volkomene overeenstemming te brengen.

Op art. 44 vraagt men, of er niet eene bepaling behoort gevonden te worden, dat de niet tegenwoordige schuldeischers gerekend worden onder de meerderheid. Dit schijnt toch toe, te strekken ter gunstige bevordering der accoorden. Intusschen bevat art. 46, 2e alinea, eene bepaling in eenen anderen zin; doch juist uit het oogpunt van begunstiging der accoorden geeft men in overweging, of het niet gepast ware te bepalen, dat, in het geval van art. 46, het accoord wel zou gehouden worden voor gesloten, onverminderd de oppositie, binnen zekeren te bepalen termijn, van de afwezende schuldeischers, en nadere daaruit voort te vloeijen, raadpleging.

Bij art. 50, fransche tekst, zal, zoo men meent, in plaats van *après l'ho-mologation*, moeten gelezen worden: *après la signification de l'homo-logation.*

In het zelfde art., 2e alinea, stelt men voor, achter het woord *gefail-lieerden* bij te voegen: *of aan de personen bij het accoord tot de bered-dering zijner zaken bestemd; ou aux personnes désignées par le con-cordat pour la liquidation de ses affaires.* Deze bijvoeging bedoelt toch de bevordering van het sluiten van accoorden. Men weet dat veelal huive-righeid van den kant der crediteuren kan bestaan en werkelijk bestaat om-trent de teruggave aan den gefailleerden zelven. Bovendien is het dikwijls van belang, en mede ter bevordering der accoorden dienstbaar, dat er termij-nen voor de aangegane schikking bepaald worden.

Op art. 54 herhaalt men de aanmerking omtrent het woord *onverwijld*, bij art. 38 ter neder gesteld.

Ter gelegenheid der overweging van de 7de afdeeling dezes titels, meent men te mogen vragen, of dezelfde reden, welke or bij het fransche regt bestond, om van de wijze van preferentien in het wetboek van koophandel te gewagen, en hetgeen verder daar op betrekkelijk is, wel zoo zeer van toepassing moet geacht worden bij dit nieuw wetboek, en of het niet genoegzaam zal zijn, voor zoo veel noodig, daar van te spreken bij de ma-nier van procederen? Uit dat oogpunt vraagt men verder, of dan niet (zoo als art. 70 ter voorbeeld wordt aangevoerd) onderscheidene bepalingen alhier zouden kunnen wegvallen. De zaak zelve behoort toch tot het gewone regt; en welke zijn de bijzondere redenen, die de vermelding in dit wetboek van koophandel zouden vorderen?

Op art. 64 vindt men geene volkomene overeenstemming tusschen de uitdrukking *participera* in het fransche, en *heeft regt op de uitdeelingen* in den hollandschen tekst.

Even zoo meent men dat, omtrent de uitdrukking bij art. 68 *seront com-pris dans la mase; zullen in den boedel voor hunne geheele schuldvor-dering opkomen*, eene meerdere overeenstemming tusschen de beide teksten zoude kunnen en behooren plaats te hebben.

Bij art. 71 merkt men aan, dat de woorden, in den franschen tekst: *sur le produit de la vente des immeubles affectés à leurs créances respectives*, in het holl. niet gelezen worden.

Op art. 74 meent men dat het in den holl. tekst gebezigde woord *con-currente* niet juist bevat de benaming van *chirographaires*; daar toch geprivilegeerde schuldeischers, in eene en dezelfde klasse staande, ook met elkander concurreren.

Ter gelegenheid van art. 75 meent men mede in bedenking te mogen ge-ven, of in het algemeen de meeste der bepalingen omtrent de vrouw niet zouden kunnen worden weggelaten, daar er toch thans geene voldoende reden meer schijnt te bestaan, om te dezen opzigte zoo vele bijzondere bepa-in het wetboek van koophandel te maken en alles door het gewone regt zich genoegzaam schijnt te kunnen regelen.

Bij art. 76 verwijst men mede tot de naast vorige aanmerking. Alleen merkt men tevens nog daarbij op, dat hier een principe is aangenomen, hetwelk aan de afdeeling mede zeer wenschelijk voorkomt, namelijk, de inschrijvingen op het grootboek onder de *immobilia* te rangschikken.

Men geeft daarom het bijzonder verlangen te kennen, dat zulks bij de herziening van het nieuw burgerlijk wetboek in nadere overweging worde genomen, met betrekking tot de bepalingen bij het 2de boek van dat wet-boek voorkomende.

Art. 78 levert eene zeer gewigte beschouwing op. Men zou, ten einde moei-jelijkheden voor te komen, verlangen en in overweging geven er bij te voegen de bepaling *mits koopmanschap drijvende ten tijde van het huwelijk.*

Op art. 79, in fine, merkt men aan, dat de holl. tekst twee gevallen stelt voor het bewijs, hetwelk aldus niet in den franschen tekst ge-vonden wordt.

E

Op art. 81 vraagt men, of er, aangezien de kostbaarheid der in dezen titel vermelde maatregelen, over het algemeen wal groote resultaten van deze ponds ponds gelijke verdeeling te verwachten zijn?

En dit leidt van zelve tot de meer algemeene aanmerking, welke, volgens het reeds aangeteekende bij art. 38, de afdeeling zich ten slotte wenschte voor te behouden. Men bedoelt de omslagtigheid en kostbaarheid der voorgedragene formaliteiten. De ondervinding heeft toch maar al te zeer geleerd dat vermenigvulding van formaliteiten, in plaats van voordeel aan te brengen, juist het tegen overgestelde ten gevolge heeft, immers geenszins voorkomt, maar veel eer tot aanleiding dient dat er van vele gefailleerde boedels weinig of niets overblijft. Men meent, uit hoofde van het groot belang, hetwelk zich hier voordoet, de aandacht der commissie van redactie hier op nader te mogen bepalen, en den wensch te kennen geven tot het vinden van een middel geschikt om, immers in sommige gevallen, ter bekorting der formaliteiten te strekken. Zonder eenigzins die commissie of het gouvernement ten aanzien van dit belangrijk vraagstuk te willen vooruitloopen, meent men echter in overweging te mogen geven, of het onder anderen niet geschikt ware eenige bepaling te maken, in staat om de schuldeischers zelve vroeger dan wel volgens het ontwerp het geval is, met de toedragt der zaak bekend te maken, op die wijze de anders voorafgaande formaliteiten te bekorten, en te spoediger tot een accoord, 't welk toch als het voornaams doel in deze moet worden aangemerkt, te leiden?

(geteekend) VAN TOULON.

Present:

van der Goes.
Belaerts.
Clifford.
Boelens.

VIERDE SECTIE.

WETBOEK VAN KOOPHANDEL.

DERDE BOEK.

ZITTING VAN DONDERDAG 2 FEBRUARIJ.

Art. 2.

Men stelt voor, alhier bij te voegen, en dus te lezen, elk *gefailleerd* koopman enz.

Art. 3.

De termijn van drie dagen komt voor te lang, als aanleiding kuntiende geven tot bedriegelijke handelingen.

Art. 4.

De alineas in de beide teksten komen niet over een.
De sectie vermeent, dat alhier behoort te worden uitgedrukt, dat het vonnis, bij hetwelk de opening van het faillissement wordt verklaard, onmiddellijk na de verklaring van den koopman moet plaats hebben, ten zij daarin bij de manier van procederen worde voorzien.

Art. 5.

Men vraagt, of de faculteit, om de opening van het faillissement te bepalen dertig dagen vóór de uitspraak van het vonnis, wel doelmatig is.

Art. 8.

Men vermeent, dat hieronder niet kunnen begrepen zijn de gedane betalingen voor goederen kontant verkocht, en dit artikel dus niet is tegenstrijdig met den 8sten titel van het eerste boek, waarin wordt gehandeld van de reclame van op kontant verkochte en onbetaalde goederen.

Art. 13.

Men ziet niet, waarom de verzegeling niet zonde kunnen geschieden door den regter-commissaris, ten einde bespoediging te bevorderen en onkosten te vermijden.

Art. 14.

Uit den hollandschen tekst zoude behooren te worden weggelaten de woorden *voorloopig kunnen:* de uitvoering behoort stellig te zijn, zoo als ook in den franschen tekst duidelijk is uitgedrukt.

Art. 19 en 20.

De woorden van *openbare bekendheid* zijn, naar inzien der sectie, te algemeen. Men refereert zich overigens, aan de gemaakte bedenking op art. 13, en vermeent, dat de verzegeling zoude kunnen geschieden door een regter-commissaris, van wege den president der regtbank daartoe gedelegeerd.
De zitting is opgeheven.

H. M. VAN DER GOES.

WETBOEK VAN KOOPHANDEL.

DERDE BOEK.

EERSTE TITEL.

ZITTING VAN 3 FEBRUARIJ.

Art. 21.

Men beschouwt de bepaling, in de laatste alinea voorkomende, niet alleen zonder eenig nut, maar veelal schadelijk. De ondervinding leert, op commerciële plaatsen, dat personen, welke zich genoegzaam uitsluitend bezig houden met het beredden van boedels, daartoe veel geschikter zijn en de afdoening meer bespoedigen, dan personen, welke door hunne beroepsbezigheden worden verhinderd hun hoofdwerk te maken van de afdoening des boedels.

Men vermeent, dat de in de plaats gedomicilieerde schuldeischers, behoorden te concurreren in de benoeming van den provisionelen curator.

Art. 22.

Waartoe de publiciteit, bij dit en art. 14 bepaald, zoo lang er nog maar provisionele voorzieningen plaats hebben? Deze kan eerst dan van nut zijn, wanneer de boedel insolvent is verklaard. In allen gevalle, komt de *aanplakking aan de deur der woonstede* voor, als eene nuttelooze hardigheid.

Art. 23.

Men veronderstelt, dat bij de manier van procederen zal worden bepaald, dat de regtbank summier uitspraak zal doen op rapport van den regter-commissaris.

Art. 26.

Men refereert zich alhier tot de gemaakte bedenking op art. 19 en 20, betrekkelijk de bemoeijingen van den kantons-regter.

Waartoe de waardeering in een provisioneelen maatregel?

Art. 27.

De alineas komen in de twee teksten niet overeen.

Men refereert zich te dezen tot de algemeene aanmerking, betrekkelijk het ontnemen der boeken aan den gefailleerden.

Art. 29.

Te lezen: de opbrengst van *die* verkoopingen.

In den hollandschen tekst is het emplooi, van den tweeden sleutel niet uitgedrukt.

Art· 32.

In het algemeen systema van de afdeeling, zoude de inschrijving behooren te worden gevraagd door den gefailleerden, geadsisteerd met zijn curator.

Art. 36.

De bepalingen van dit artikel kunnen, ingevolge de algemeene aanmerking, niet worden toegepast op de provisioneele voorziening of sequestratie, maar behooren tot de definitive beredding of insolventie.

Art. 37.

Men ziet niet, hoe eene burgerlijke regtsvordering kan worden voortgezet of aangelegd tegen een boedel, waarin eene provisionele voorziening
bij regterlijk vonnis is daargesteld.

Art. 39.

Het hoofd van de vierde afdeeling komt in de twee teksten niet overeen.
In het algemeen systema van de afdeeling, behoort de aanplakking aan
de beurs, en plaatsing in dagbladen, voor als nog niet te geschieden.

Art. 40.

De sectie vermeent, dat de gefailleerde niet behoort te worden toegelaten tot het voorstellen van een accoord, zonder voordragt aan en beoordeeling van den regter-commissaris; dit beginsel komt ook meer overeen met de bepalingen van art. 521 van het vigerende wetboek.

Art. 46.

De woorden, *zich ter vergadering aanmeldt*, komen niet overeen met den
franschen tekst.
De alineas komen niet overeen.
Ingevolge de aanmerking gemaakt op art. 40, zoude de laatste alinea
behooren te worden weggelaten.

Art. 48.

De laatste zinsnede schijnt het denkbeeld niet duidelijk uit te drukken.

Art. 50.

De inhoud van dit artikel is strijdig met de voorgestelde verandering
in het systema.

Art. 51.

Bijaldien de homologatie door de regtbank wordt geweigerd, moet dan
niet weder de vergadering der schuldeischers worden bijeen geroepen?

Art. 52, 53 en 54.

De afdeeling vermeent, dat de questie, waarvan alhier gesproken wordt,
staande de vergadering behoorde te worden afgedaan.

Art. 56.

De alineas komen niet overeen.
Men kan zich niet vereenigen met het gevoelen dat deze schuldeischers
niet zouden ontvankelijk zijn, om de reeds toegelaten schuldvorderingen te
betwisten; men acht verkieslijk de bepalingen te behouden, voorkomende
in art. 513 van het vigerende wetboek.

Art. 57.

In het, door de sectie voorgestelde systema, komen de bepalingen van
dit artikel eerst in aanmerking, in cas van insolventie.

Art. 59.

De alineas komen niet overeen.

F

Art. 60.

Als voren.

Men acht deze bepaling te gunstig, voor den gefailleerden, in staat van insolventie, aan deze behoort slechts eene matige vergunning, naar mate van de repaititie, te worden toegekend.

Art. 61.

De alineas komen niet overeen.

Men stelt voor te lezen *in alle gevallen naar vereeniging* enz.

Art. 63.

De alinea's komen niet overeen.

Men stelt voor te lezen: *En de regter-commissaris zal toestaan, dat die schuldeischers,* NADAT DEZELVE ERKEND ZIJN, VOLGENS WETTELIJKE RANGSCHIKKING, *uit de eerst inkomende penningen betaald worden:*

Art 65.

De alinea's komen niet overeen.

Art. 71.

In den franschen tekst moet zijn: *répartitions.*

Eenige leden vermeenen, dat geene uitdeelingen aan concurrente crediteuren behooren te worden gedaan, vóór en aleer de vaste goederen zijn verkocht, en gebleken is, of de hypothecaire schuldeischers onder de concurrente crediteuren behooren.

Art. 75.

Aan het einde van de derde alinea moet zijn: *bezwaarde goederen* enz.

Art. 81.

Men stelt voor, hier bij te voegen: *in evenredigheid* van hunne gevestigde schuldvorderingen.

Art. 84.

De afdeeling vermeent, dat de woorden: *titre constitutif des créances,* niet behoorlijk zijn overgezet door : *titel van aankomst.*

Art. 85.

Zoude de opkomst van schuldeischers niet behooren te worden afgesneden, naar de bepaling der laatste verdeeling?

VAN DER GOES.

ALGEMEENE AANMERKING.

De vijfde afdeeling heeft, in het beraadslagen over en de beoordeeling van het ontwerp van het derde boek van het wetboek van koophandel, een geheel verschillend systema, betrekkelijk het beredderen van faillissementen, tot grondslag aangenomen, dan dat hetwelk in de bepalingen van het aangeboden ontwerp is gevolgd.

Volgens het door de afdeeling aangenomen, systema geeft het derangement van een koopmans-boedel, volgens wettelijke bepalingen en voorschriften, aanleiding tot regterlijke beredding:

1. Onder sequestratie.
2. Onder insolventie.
3. Onder bankbreuk.

A. In de eerste plaats (sequestratie) biedt de wet aan hem, die, door een wangunsig lot vervolgd, in zijne eerlijkste ondernemingen wordt teleur gesteld, eene hulprijke hand; zulk een ongelukkige vindt in de wet zijne bescherming; en tevens zijn door die wet de vereischte bepalingen gemaakt, waardoor tegenstrijdige belangen vereenigd, de hartstogten beteugeld, en eene billijke schikking voorgeschreven wordt, waarnaar het bijzonder voordeel aan het algemeene welzijn moet worden opgeofferd. Volgens deze bedoeling, moet dus de wet aan een koopman, die buiten zijne schuld ongelukkig geworden is, betamelijke bescherming verleenen, doch nogtans zoo, dat daardoor de regten der crediteuren niet worden gekrenkt, dat dus in de beredding van des gederangeerden boedel hunne toestemming gevorderd wordt; doch in deze toestemming gebiedt zij de billijkheid.

Het oogmerk der eerste wijze van beredding (sequestratie) is geheel weldadig: onder dezelve blijft de schuldenaar zelf de beredderring van zijnen boedel houden, en hij zet zijne zaken voort, doch alles niet anders dan te zamen met zijnen sequester en onder het dadelijk toezigt en goedvinden van den regter.

Gedurende de eerste wijze van beredding (sequestratie) geschiedt alles, met behoorlijke vermijding van kosten en van vertraging, tusschen den debiteur en zijne crediteuren, ten overstaan, onder bewind en goedkeuring van den regter. Alle publiciteit van de ongelegendheid, waarin de debiteur zich bevindt, wordt zoo veel mogelijk vermeden; en hij wordt toegelaten een betamelijk accoord aan zijne crediteuren voor te stellen, welke vrijelijk over het al of niet aannemen van hetzelve, volgens eene door de wet bepaalde meerderheid van schuld en schuldeischers, beslissen.

Deze eerste wijze van beredding (sequestratie) schijnt aan de afdeeling ook daarom des te nuttiger en noodzakelijker te zijn, omdat in den derden titel van het ontwerp van dit derde boek van het wetboek van koophandel, zoo te regt en doelmatig het vragen en verleenen van surseance is beperkt, en dus het bestaande misbruik daarvan geweerd; doch waarbij dan ook eene weldadiger beredding des boedels van eenen wezenlijk ongelukkige mogelijk moet zijn gemaakt.

B. Onder de tweede wijze van beredding (insolventie gaat de administratie en beredding des boedels geheel aan den regter over.

De boedel van dien genen, welke het faveur om tot het voorstellen van een betamelijk accoord te worden toegelaten, niet verdient, of die zich daartoe buiten staat bevinden, of wiens voorstel van accoord door de bevoegde meerderheid van crediteuren en van schuld niet is aangenomen, wordt bered onder insolventie. De aard dezer beredding is geheel verschillende van die onder sequestratie.

Bij de beredding onder insolventie, houdt de schuldenaar op persoon te zijn, verliest geheel de maniantie zijner zaken, en zijn boedel wordt dadelijk door en onder toezigt van den regter, ten behoeve zijner crediteuten, vereffend. Deze vereffening geschiedt, volgens de voorschriften der wet, met volkomen publiciteit, en oproeping der crediteuren ter justificatie hunner vorderingen.

Met vermijding zoo veel mogelijk van procedures en kosten, wordt die justificatie en het judicium præferentiæ et concurrentiæ der crediteuren, onderling geregeld; en daarna wordt van den boedel openlijke staat en rekening overgelegd, ter goedkeuring aan de geïnteresseerden; na approbative sluiting van dezelve geschiedt de repartitie.

Door eene, volgens de wet bepaalde, meerderheid van crediteuren, en van schuld die gewettigd en onbetaald is gebleven, kan aan dusdanig een insolvent verklaarde rehabiliteit worden verleend, onder regterlijke sanctie. Die rehabiliteit brengt, als het ware, de opstanding uit den burgerlijken dood, of liever de wedergeboorte mede. Na het verkrijgen van die rehabiliteit, kan de tot hiertoe insolvente weder eenen nieuwen boedel acquireren; daar, vóór het verkrijgen van de rehabiliteit, al wat hem te bate mogt komen, ten voordeele is zijner crediteuren.

C. Hij, die zich aan wanbedrijf, merkelijke schuld of bedrog heeft schuldig gemaakt, vóór of staande zijn faillissement, valt in den derden graad, namelijk bankbreuk; de bepalingen te dezen opzigte behooren tot het strafregt.

Uit dit systema hebben de meeste der navolgende bedenkingen hunnen oorsprong.

De afdeeling heeft zich eenparig vereenigd met het in dezen gedevelopeerde systema.

V A N   D E R   G O E S.

TEN SLOTTE VAN DEN EERSTEN TITEL.

ALGEMEENE AANMERKING.

In deze wet zijn geene bepalingen, waarbij de koopman, die onder definitive curatele gesteld is, dat is, ten opzigte van wiens boedel een *contrat d'union* is aangegaan, steeds en ten allen tijde verpligt is en blijft, om, betrekkelijk zijnen boedel, alle opheideringen en openingen te geven aan den definitiven curator en den regter, en tot het aanwenden van alle devoiren, welke hem ten nutte van de vereffening des boedels worden opgelegd.

Ook staat er in dit ontwerp van wet niets vermeld, wegens de pene, welke dusdanige insolvente incurreert, en de dwangmiddelen omtrent hem te bezigen, ingevalle hij zich aan de bovengemelde verpligtingen onttrekt.

Ook dient er wel in de wet eene bepaling te zijn uitgedrukt, dat toevallige baten, erfenissen als anderzins, welke voor het verkrijgen van rehabiliteit eenen insolventen mogten toekomen, geheel zijn ten behoeve zijner crediteuren.

Omtrent het houden van een verbaal der handelingen in de beredding van eenen boedel, is ook niets in dit ontwerp van wet voorgeschreven; dit houden van een verbaal komt echter aan de afdeeling zeer nuttig en noodzakelijk voor.

Eindelijk schijnt het doelmatig, dat, betrekkelijk verschuldigde interessen, en door den onder regterlijk beheer gebragten gecontracteerde huren, in deze wet voorzieningen en bepalingen worden gemaakt, en wel, ten aanzien van de interessen: dat er bepaald worde, dat aan eenen concurrenten schuldeischer, wiens vordering in een insolventen boedel op interessen loopt, dezelve niet verder zullen worden toegestaan, dan tot den dag dat de boedel onder regterlijk beheer is gekomen; terwijl preferente crediteuren voor het montant der achterstallige interessen, voor zoo verre die niet volgens de bepalingen der wet bij de preferente vordering worden bijgerekend, voor het nog aan die interessen ontbrekende, met de overige concurrente crediteuren concurrent worden gesteld.

En ten aanzien van de huren van huis, woning of land, door eenen onder definitive curatele gestelden aangegaan, dient wel een bepaald termijn door de wet gesteld te worden, op welken dat loopende huur-contract geacht wordt op te houden; over welken termijn de preferentie van den eigenaar geregeld wordt in de vereffening des boedels, op de goederen, welke op den bodem zijn gevonden; omtrent het te kort komende, waarop de eigenaar gelijk gesteld wordt met de overige concurrente crediteuren.

VAN DER GOES.

G

SECTION 6 Octobre.

SÉANCE DU 2 FÉVRIER 1826.

III LIVRE DU CODE DE COMMERCE.

TITRE 1er.

SECTION 1er.

Art. 1.

En examinant l'art. 1 dans les deux textes, on a remarqué la différence de signification entre les mots *opschort*, dont se sert le texte hollandais, et celui de *cesse* en français. *Opschorten* devroit se traduire par *suspendre*, et on sait que *cesser* et *suspendre* n'ont pas exactement la même signification; de là on a senti la nécessité que ce titre, avant tout, contienne des dispositions relatives à la suspension de payemens, lesquelles devroient être mises en harmonie avec le titre du *sursis de payement*. Il doit être dans la force des choses même de ne pas donner des conséquences aussi graves à la suspension qu'à la cessation de payements; et on semble avoir pressenti cette vérité, en admettant le principe du sursis, qui forme la matière du titre 5 de ce livre. Pour rendre ces observations plus sensibles, un membre lui a donné des développemens, qui seront joints au présent procès-verbal.

Art. 2.

Cet article étant textuellement le 438 du code actuel, au mot *failli* près, qu'on a omis, la section croit qu'il faut rétablir ce mot dans le texte: un négociant peut être soumis à des peines pour faute grave ou fraude, sans être pour cela banqueroutier; la faillite doit être le précédent nécessaire de la banqueroute; aussi la disposition de cet article ne peut trouver son application qu'au commerçant failli, et pour cette raison il faut dire : *tout commerçant failli.*

Art. 3.

Dans le sens de l'observation à l'art. 1, on remarque que le mot *ops-hort* dans le texte hollandais ne correspond pas à *cesse*: il faudroit dire en hollandais: *elk koopman die ophoudt te betalen*. On fait la même remarque pour tous les articles suivans, où le mot *opschort* se représentera. Le 5e. § de cet article en français n'est pas conforme au texte hollandais, celui-ci contient de plus la mention des associés *solidaires*; la section croit que le texte français suffit : tous les associés peuvent n'être pas obligés pour le tout ou solidairement. Pour cela il doit suffire d'indiquer les associés qui doivent être déclarés, quelle que soit la manière dont ils sont obligés.

Art. 4.

Une première observation a été faite sur l'absence du motif d'ouverture de faillite, dans la rédaction de cet article, résultant, d'après la législation actuelle, du refus de la part du négociant d'acquitter des engagemens de commerce. Ce motif paraît devoir être adopté par la législation, puisque tous les autres motifs peuvent ne pas exister tels qu'ils sont indiqués par le projet ; et dans l'intervalle, surtout jusqu'au moment que l'on pourra obtenir des jugemens pour la vente judiciaire des meubles ou la mise à exécution d'une contrainte par corps, le négociant réellement en faillite ne pourra pas être déclaré tel, et aura la gestion de ses affaires, au préjudice de ses créanciers. On croit donc que le refus d'acquitter des engagemens commerciaux, dûment constaté, doit être compris parmi les raisons de déclarer l'ouverture de la faillite.

Le second § de l'article ne peut être admis dans sa généralité: quand la vente judiciaire des meubles ou la contrainte par corps ont eu lieu, il est sans doute superflu de déclarer dans ces cas *qu'autant qu'il y aura effectivement cessation de payement*. On joindra à ce procès-verbal des réflexions qui donnent du développement à ces observations sur l'article 4.

Art. 5.

Les membres de la section, frappés du changement de législation proposé par cet article, regrettent de ne pas avoir reçu à cet égard quelque explication des motifs qui ont déterminé la commission à l'adopter. L'ouverture de la faillite est généralement déterminée par une réunion de circonstances, par une masse de faits, qui doivent être portés à la connaissance des juges chargés de prononcer sur l'époque de l'ouverture. La loi ne peut donc pas préjuger elle-même quel parti doit être adopté par le tribunal, devant lequel les parties intéressées auront développé les moyens qui démontrent souvent que ce n'est pas le terme de 30 jours qui peut servir de base au jugement à prononcer. Il n'est d'ailleurs pas difficile de prévoir que les tribunaux seront mis, d'après les formes de la justice même, dans l'impossibilité de prononcer sur l'époque de l'ouverture de la faillite au moment où ils auraient pu le faire, sans sanctionner des injustices qui seront frappantes par l'effet que l'on donnera à des actes ou à des inscriptions hypothécaires qui seront reconnus valides, tandis qu'ils devroient tomber dans la faillite, si les juges avoient pu prononcer d'après les motifs qui auront déterminé leur conviction. D'après ces observations, la section, avant que de se prononcer définitivement sur cet art. 5, désire connaître les motifs qui ont fait prévaloir des raisons pour adopter une disposition en sens contraire.

Art. 7.

La restriction *aux dettes* de commerce pour acquérir hypothèque, que l'on veut proscrire en cas de faillite, a été examinée par la section, qui demande encore une fois, comme à l'art 5, les motifs de ce changement de législation.

Séance du 3 Février 1826.

CODE DE COMMERCE.

Livre 3. Titre 1. Section 2.

Art. 13.

Comme il peut se présenter des circonstances et que l'expérience a prouvé qu'il s'en présente en effet, que l'apposition des scellés n'est pas nécessaire, la section est d'avis qu'il conviendroit de rédiger cet article de manière que la faculté soit laissée au tribunal d'ordonner ou de ne pas ordonner cette apposition, d'après la conviction que les juges pourront acquérir à cet égard.

Art. 14.

Le délai pour appeler, fixé par le 2 § de cet article, fait craindre qu'il ne soit trop court, quand il y a des créanciers étrangers ou éloignés du lieu de l'ouverture de la faillite la section désire qu'il soit remédié à cet inconvénient, soit par la faculté, qu'on laisseroit au tribunal de prolonger ce délai, ou de l'étendre à raison de la distance où se trouvent les intéressés.

Art. 17.

L'art. 13 ayant prononcé sur l'apposition des scellés, il a paru que l'art. 17 est inutile: il ne fait que répéter en détail ce que l'autre article comprend mieux en termes généraux; l'énumération détaillée peut d'ailleurs ne pas être sans danger. Cet article 17 peut donc être supprimé sans inconvénient.

Art. 22.

L'affiche à la porte extérieure du local où siège le tribunal, a paru inutile; et la section demande la suppression du n°. 2, excepté pour les villes où il y a une bourse, où l'on voudroit conserver l'affiche.

SECTION 3.

Art. 26.

Comme à l'art. 13, on a demandé que l'apposition des scellès soit facultative pour le tribunal d'arrondissement. On remarque ici qui les fonctions du curateur doivent à cet égard être mises en harmonie avec cette disposition.

Art. 27.

Le 3 alinéa français, par quelque omission ou transposition de mots, est devenu inintelligible; il faut le rendre conforme au texte hollandais, qui vaut encore mieux en faisant un alinéa de plus pour les lettres adressées au failli.

Art. 29.

Le texte hollandais ne dit pas qu'une des clefs sera remise au curateur; il faut remplir cette lacune et par là rendre les deux textes conformes.

Art. 32.

On a observé qu'il est inutile d'ordonner au curateur de joindre à ses bordereaux un extrait du jugement qui l'aura nommé : on demande la suppression de cette dernière partie de l'art. 32.

Art. 36.

Dans le texte hollandais on a dit *zij zullen*; il faut dire *hij zal*.

SECTION IV.

L'intitulé de cette section en français ne ressemble pas au hollandais; il faut dire à ce texte: *bijeenkomst der schuldeischers*.

Art. 38.

Comme dans la suite de ce titre il est fait mention de la vérification et de la reconnoissance des créances par les créanciers convoqués devant le juge commissaire, la première partie de cet article doit contenir, outre ce qui y est déjà : *pour délibérer sur la vérification des créances*; ou en d'autres termes équivalents, pour exprimer la nature de l'opération qui sera soumise à l'assemblée des créanciers.

Art. 39.

Bij missives, disons: *bij brieven*.

Art. 44.

On a formé le doute si à cet article on entend parler des trois quarts des créanciers présens, comme semble l'indiquer l'art. 46; mais, rien n'indiquant positivement que c'est des *présens* que l'article a voulu disposer, il faut qu'il l'exprime de manière à ne laisser aucun doute.

Art. 48.

Plusieurs devoirs étant ici à remplir, soit pour provoquer le jugement sur l'opposition des créanciers, soit pour soumettre le concordat à l'homologation du tribunal, il convient d'exprimer à la diligence de qui ils seront remplis: la section croit que c'est au curateur que la loi doit donner ces attributions, et le rendre poursuivant dans tout ce qui tend à terminer les opérations qui résultent de la faillite.

SECTION VI.

La vente des biens du failli appartenant aux curateurs définitifs, on pense qu'il vaudroit mieux ne pas former cette section d'un seul l'article, et le placer sous la section V.

SECTION VII.

Art. 63.

La faculté donnée au juge commissaire d'autoriser le payement des créances que l'on prétend privilégiées, n'a pas paru sans danger pour la masse des créanciers : la section demande que la question soit examinée de nouveau, s'il ne conviendroit pas mieux de statuer qu'aucune créance ne sera acquittée que d'après le jugement d'ordre à prononcer par le tribunal; c'est ce que semble indiquer l'art. 70.

(Signé)   R E Y P H I N S·

Séance du 2ᵉ Février 1826, de la 7ᵐᵉ Section d'Octobre 1825.

CODE DE COMMERCE.

LIVRE TROISIÈME.

1 Observation. La section remarque, à l'art. 3 et 4 du premier titre, que c'est le tribunal d'arrondissement, qui se trouve chargé par le projet de loi des fonctions que le code français attribue au tribunal de commerce. Elle demande si l'on a l'intention de supprimer les tribunaux de commerce.

2me. L'art. 14 met le jugement exécutoire nonobstant opposition ou appel. L'art. 457 du code français le met exécutoire *provisoirement*, ce qui évite beaucoup de formalités si l'opposition est admise. Quelques membres n'approuvent pas ce changement, ou voudroient au moins en connaître le motif.

3me. Art. 27. Comme il y a des provinces qui n'ont pas de journaux imprimés, comme celle de Namur, il faut dire où l'extrait doit être inséré dans ce cas.

4me. La ponctuation est fautive à l'art. 27, dernier paragraphe; il faut un point après *commissaire*, et un point virgule après *ouvrira*, si l'on ne préfère changer la rédaction comme il suit :
«Il ouvrira les lettres adressées au failli, qui devront lui être remises.
«Celui-ci pourra assister à leur ouverture, s'il est présent.

5me. La section pense que c'est le tribunal, et non le juge commissaire, qui devroit donner l'autorisation mentionnée à l'art. 37.

6me. Les deux textes ne sont pas d'accord. Le hollandais porte 8 jours, le français 15; On pense que huit jours suffisent.

7me. La contestation sur l'admission des créances pouvant déjà s'élever dans l'assemblée convoquée pour régler le concordat, la section seroit d'avis d'intervertir l'ordre des articles et de faire suivre les art. 52, 53 et 54 immédiatement après l'art. 42, et de reprendre ensuite l'art. 43, où il est parlé *de ce qui a lieu, lorsqu'il n'y a pas de contestation*, jusqu'à l'art. 51, où l'on commence à traiter de l'union. Alors l'art. 55 pourroit être supprimé, de même que le premier paragraphe de l'art. 56; tandis que le reste de cet article et le dernier statueront sur le sort des créanciers qui se sont présentés trop tard pour jouir pleinement de l'effet, soit de l'union, soit du concordat.

8me. Pour éviter toute équivoque, un membre propose de finir l'art. 48 de cette manière: *créanciers non privilégiés et non hypothécaires.*

RÉPONSES aux observations des sections
de la 2e chambre des États Généraux;

CODE DE COMMERCE.

IIIe. LIVRE.

TITRE Ier.

De la faillite.

Il a été satisfait à une grande partie des observations faites dans les sections, par des changemens et corrections aux articles 2, 4, 5, 7, 8, 9, 13, 14, 15, 19, 21, 22, 26, 27, 30, 32, 38, 39, 40, 44, 46, 47, 48, 49, 50, 51, 54, 55, 56, 59, 61, 63, 65, 67, 69, 70, 71, 72, 75, 76, 78, 79, 80 et 81 du texte français, et aux articles 1, 2, 3, 4, 5, 6, 7, 8, 13, 14, 16, 19, 21, 22, 26, 27, 29, 30, 31, 32, 36, 38, 39, 40, 44, 46, 47, 48, 49, 51, 54, 55, 56, 59, 60, 63, 68, 71, 73, 75, 76, 78, 80, 81 et 85 du texte hollandais.

1. Comme plusieurs membres de quelques sections ont élevé des doutes sur l'efficacité du système proposé, il a paru utile, avant de passer aux réponses sur les dispositions particulières, de faire connaître brièvement la base principale sur laquelle le présent titre est fondé.

Le but que l'on devait atteindre dans une loi si importante, consistait à arrêter les abus nombreux et le scandale des faillites, dont l'influence se fait sentir sur la prospérité et le crédit du commerce, et a protéger efficacement les créanciers contre l'inconduite et la fraude de leurs débiteurs.

On a d'abord examiné si la faillite devait être présumée l'effet de la fraude; ou si la loi devoit; au contraire, présumer qu'elle était causée par le malheur, sauf au créancier à prouver la fraude.

La présomption de fraude a paru trop dure, et l'on a pensé qu'un négociant dont les opérations ont toujours été marquées par la bonne foi, ne pouvait être par le fait de sa faillite considéré pour malhonnête homme; car les chocs que le commerce éprouve de temps à autre, entraînent souvent dans le malheur un commerçant honnête, qui présentait un actif considérable.

On a aussi écarté la présomption que la faillite étoit l'effet du malheur, parceque l'expérience a démontré qu'une telle supposition froisserait les intérêts des créanciers : car, en laissant encore le failli dans l'administration de ses biens, et nonobstant les syndics ou séquestres nommés pour le surveiller, il pouvait arriver que les créanciers présens, souvent se désintéressant aux dépens des absens, se prêtaient facilement à des actes qui déguisaient la vraie situation du failli, et forçaient les créanciers étrangers à accepter des transactions désastreuses, plutôt que de procéder devant les tribunaux sur des liquidations presque toujours éternelles.

Pour éviter les deux dangers opposés, on n'a point admis l'une ou l'autre de ces présomptions; et le but eût été manqué, si l'on avait montré trop de sévérité pour le malheur, ou trop d'indulgence pour le crime.

C'est pourquoi celui qui manque à ses engagemens ne sera point considéré comme criminel ou comme innocent, et la loi ne voit d'abord en lui

A

qu'un failli, dout les opérations doivent être scrupuleusement examinées; son sort reste en suspens, jusqu'à ce que sa conduite ait été scrutée.

Le failli, dans un tel système, ne pouvait plus conserver l'administration de ses biens, et l'article 6 l'en dessaisit entièrement; et il perdra même sa liberté personnelle, lorsque sa conduite laissera des traces de fraude (art. 15.)

Les affaires du failli sont confiées à des personnes qui agissent sous la surveillance d'un juge nommé par le tribunal, et les sections 2 et 3 du projet contiennent des règles claires et précises pour la garantie des droits des créanciers et la conservation des biens du failli. Après l'examen des papiers et la confection du bilan, les créanciers se réunissent, soit pour conclure un concordat, soit pour signer un contrat d'union et nommer des curateurs définitifs, qui feront une prompte liquidation.

Telle est la marche simple du projet présenté à vos Nobles Puissances; et, quoique rédigé à peu près dans l'esprit de la législation actuelle, il s'en écarte néanmoins sur des points principaux, qui seront indiqués ci-après; et l'on espère que les nombreuses améliorations qu'il contient sont de nature à mériter l'assentiment des États-Généraux.

2. On ne pouvait appliquer aux non commerçans les dispositions du présent titre, parce que l'intérêt du commerce exigeait des règles spéciales à l'égard d'un négociant qui cesse ses paiemens.

3. La section qui a demandé ce qu'on entend par un commerçant, trouvera la réponse dans l'article 2 du titre I, livre 1, du présent code.

4. La pénalité réclamée par une section pour le défaut de déclaration exigée par l'article 3, n'appartient pas à la matière du code de commerce; elle fera l'objet d'un examen particulier, lorsque dans le code pénal on traitera de la banqueroute.

5. Sans doute que la déclaration de faillite pourra être faite sur la notoriété publique; puisque, d'après l'article 19, le juge de canton peut, dans ne cas, apposer les scellés.

6. La disposition de l'article 3 ne préjuge rien sur la suppression ou la conservation des tribunaux de commerce, en statuant que la déclaration sera faite au greffe du tribunal de l'arrondissement; car il sera toujours vrai qu'il y aura un greffe pour les affaires commerciales d'un arrondissement.

7. Comme le silence d'un débiteur, qui ne fait pas sa déclaration, ne doit point nuire à ses créanciers, on a, suivant le désir de quelques sections, ajouté par le nouvel article 4 une disposition qui donne au tribunal le droit de déclarer la faillite sur la requête de l'un d'eux.

8. La disposition de l'article 441 du code en vigueur, réclamée par plusieurs sections, n'a point été maintenue, parce que la généralité de ses termes laisse un arbitraire extrêmement désastreux pour le commerce.

En établissant que le juge pouvait reculer l'époque de l'ouverture d'une faillite à la date de tous actes constatant le refus d'acquitter ou de payer des engagemens de commerce, la jurisprudence a consacré un système vicieux, qui ouvrait la porte à des procès nombreux et interminables, pour juger des transactions qui remontaient à des époques reculées; et le simple protêt d'un billet non payé, qui n'avait pas même été suivi d'exécution, pourrait, d'après cette jurisprudence, fixer l'époque de l'ouverture d'une faillite qui n'avait éclaté que plusieurs années après.

Il était donc urgent de changer un état de choses qui portait des entraves aux opérations commerciales, bannissait la confiance si nécessaire au négoce, et rendait difficiles les transactions avec les commerçans par l'incertitude où l'on se trouvait sur leur véritable situation; et l'on s'est convaincu qu'il fallait limiter les cas à des faits évidens et de leur nature essentiellement publics, afin que ceux qui traitent avec le failli ne soient plus exposés à être les victimes des actes qu'il leur était impossible de connaître.

La nouvelle rédaction de l'article 4 présente une série de faits qui bannissent toute espèce d'arbitraire, et donnent au juge une régle sure pour caractériser l'ouverture de la faillite; et l'article suivant, en fixant une époque après laquelle on ne pourra plus la faire remonter, complète le système, donne un caractère de stabilité à toutes les transactions anciennes, et tarit une source de procès.

9. Les expressions: *sans délai*, ajoutées à l'article 4, feront cesser la crainte qu'il ne s'écoule un trop long intervalle entre la demande en déclaration de faillite, et le jugement qui la prononcera; le tribunal sera tenu de procéder immédiatement.

10. Le dernier alinéa de l'article 4 n'est point superflu, ainsi qu'une section l'a prétendu; car la cessation de payement est une règle invariable que la loi donne aux tribunaux pour déclarer failli un débiteur qui n'avoue pas se trouver dans une telle situation.

La retraite du négociant, la clôture de ses magasins, et autres circonstances énumérées au commencement de cet article, *pourraient avoir lieu*, sans que le commerçant, comme tel, eut cessé ses payemens.

11. On n'a pas jugé utile d'ajouter à l'article 6, que le failli donnera assistance au curateur provisoire, parce que, dans le système de la loi, qui dessaisit le failli de la disposition de ses biens, c'est au curateur à gérer provisoirement, sous la surveillance du juge-commissaire, et les dispositions des sections 2 et 3 tracent les règles qu'il doit suivre dans cette gestion.

Au surplus, la loi ne défend pas au curateur de se faire assister par le failli; et l'article 36, qui donne la faculté de recueillir des renseignemens auprès de sa femme, de ses enfans et de ses commis, indique assez qu'on peut demander au failli une assistance pour préparer la liquidation et le bilan.

12. L'on a, selon le désir d'une section, généralisé l'article 7, afin d'éviter les fraudes que pourrait entraîner l'exécution de cette disposition, en déguisant de véritables dettes commerciales sous l'apparence d'obligations civiles, à l'aide de conventions supposées et dont la fraude serait presqu'impossible à prouver.

Le délai de *vingt* jours, dans lequel toute hypothèque est nulle, est le double de celui établi par le code en vigueur, parce que, dans le système du projet, les hypothèques qui auront plus de soixante jours de date depuis le jugement qui déclare l'ouverture de la faillite, seront valables; tandis que dans le code français, où l'époque de la faillite pouvait être fixée à une date reculée, les hypothèques consenties dans les dix jours auparavant étaient nulles: ce qui laissait une grande incertitude pour la garantie des créanciers. Voilà pourquoi on a ici établi vingt jours, au lieu de dix.

Quelle que soit la protection que le commerce exige, l'intérêt des mineurs réclamait néanmoins une exception relativement à l'hypothèque de leurs tuteurs; ils ne pouvaient être victime de la faillite de leur tuteur, et toutes les législations leur ont toujours accordé appui spécial; c'est le motif du deuxième alinéa de l'article 7.

13. La section qui a pensé que l'article 8 ne comprenait pas les paiemens faits pour les marchandises achetées au comptant, en a parfaitement saisi le sens; car lorsqu'on paye le prix d'une chose achetée sans terme, c'est certainement s'acquitter d'une dette échue.

A 2

14. La section qui a pensé que la disposition de l'art. 10 était trop générale, qu'elle donnerait lieu à beaucoup de procès, et qu'il faudrait fixer une époque après laquelle on ne pourrait plus agir, voudra bien remarquer que la seule crainte des procès ne peut justifier une exception au droit commun, et que ce serait trop favoriser la mauvaise foi, que d'établir un bref délai pour repousser par une fin de non recevoir une juste action de la part des créanciers du failli; la fraude ne mérite pas une telle faveur, et l'intérêt du commerce exige que l'on soit toujours admis à faire annuller les actes frauduleux. La loi laisse à la prudence des juges d'apprécier les faits qui caractériseront la fraude, et de prononcer la nullité des autres; il était impossible de les énoncer d'avance.

15. On ne peut partager le sentiment d'une section qui a trouvé de l'obscurité dans la rédaction de l'art. 11, qui est exactement conforme à l'art. 445 du code actuel.

La loi déclare, dans la première partie de cet article, que les engagemens souscrits par le failli dans les vingt jours qui précèdent l'ouverture de la faillite sont réputés frauduleux de sa part; cette présomption légale, contre laquelle aucune preuve contraire n'est admise, est fondée sur la supposition que le failli ne pouvait plus alors ignorer sa position, et on le punit de ne l'avoir pas fait connaître à ceux avec lesquels il a contracté.

La deuxième partie de l'article ne frappe de nullité ces mêmes actes, à l'égard des autres contractans, qu'autant qu'il serait prouvé qu'il y a eu fraude de leur part. Ceux-ci pouvaient ignorer la position du failli, ils sont donc présumés dans la bonne foi, sauf preuve du contraire.

On voit donc que, dans cet article, il ne s'agit que des actes passés dans les vingt jours; et non point des actes frauduleux antérieurs, dont il est fait mention dans la disposition de l'article précédent.

Enfin, dans l'article 10 il faut qu'il y ait fraude de la part de toutes les parties, tandis qu'à l'article 11 il s'agit de la fraude de ceux qui ont contracté avec le failli.

16. Les membres d'une section, qui ont pensé qu'il fallait encore ajouter à l'article 13 d'autres précautions, voudront bien observer que l'apposition des scellés est la seule mesure conservatoire qui soit efficace dans ce cas; car la nomination d'un gardien, ou l'inventaire, ne sont que la suite de la première opération, ou de la mise sous le scellé, qui place l'avoir sous la garde de justice.

17. La disposition de l'article 13 combinée avec l'article 19, étant plus complète que l'article 449 du code français, réclamé par une section, on a jugé utile de n'y rien changer. En outre, la rédaction de l'article 449 n'est pas bien en rapport avec d'autres dispositions du système adopté dans le projet.

18. Il n'était pas convenable d'ordonner dans l'article 13 que le juge-commissaire apposerait de suite le scellé, parce qu'une telle mesure, réclamée pour éviter des frais, en nécessiterait au contraire de plus grands, lorsque le juge du tribunal serait obligé de se transporter hors du lieu de sa résidence; c'est pour cette raison que le juge du canton en a été chargé. La chose eût été d'une exécution facile, si le ressort d'un tribunal d'arrondissement ne s'étendait que sur une ville ou une population très-agglomérée; mais dans la plupart des arrondissemens, elle nécessiterait des absences et déplacemens très-nuisibles au service, et à l'administration de la justice.

19. Il eût été dangereux de faire nommer le curateur provisoire par les créanciers domiciliés, et l'on a pensé que l'intervention du tribunal était nécessaire pour garantir les intérêts des non présens. Il peut arriver au sur-

Plus qu'il n'y ait point de créanciers dans le lieu du domicile du failli ; alors la nomination du curateur serait retardée, et les choses resteraient en souffrance.

Quant à l'affiche du jugement, c'est une formalité qui appartient au code de procédure.

20. On a pensé qu'il y aurait trop d'arbitraire dans l'article 14, de laisser au tribunal la faculté de fixer les délais de l'apposition ; mais ils ont été prolongés, suivant le désir de la section. Au moyen de ce changement, la disposition est plus simple et plus positive que celle de l'article 457 du code français, qui faisait dépendre le délai de l'apposition du jour du procès-verbal, de la vérification des créances, ou de l'expiration d'un délai accordé à des créanciers en demeure.

21. L'adjonction à l'art. 15, demandée par une section, n'a pas été reconnue utile ; car les jugements doivent toujours être motivés.

22. Les expressions *meubles et effets du failli*, dans l'article 17, rendent inutiles les deux mots proposés par une section : cela comprend sans doute tout ce qui est susceptible d'être mis sous le scellé.

23. La radiation de l'art. 17, considéré comme superflu, n'a pu être faite, et la section voudra bien observer que l'article 13, qu'elle considère comme suffisant, ne fait que poser le *principe* qu'il y aura une apposition de scellé, tandis que l'art. 17 en règle l'exécution.

24. Il est évident que, si, dans l'article 18, l'associé payait les dettes, il n'y aurait point de scellé apposé ; mais la simple caution qu'il donnerait pour la représentation du failli, dont il est parlé en l'article 16, ne pourrait pas empêcher cette mesure, qui a pour objet de prévenir la soustraction des effets du failli.

Au surplus, le scellé n'est pas mis seulement sur le principal manoir, ainsi que la section l'a pensé ; mais il doit aussi l'être, comme dans le code actuel, dans le domicile séparé de chacun des associés solidaires.

25. La disposition de l'article 20, conforme à l'art. 453 du code actuel, est utile pour éviter des frais que nécessiterait une expédition du procès-verbal de l'apposition des scellés ; il n'est pas nécessaire que la minute reste chez le juge de canton.

26. Le deuxième alinéa de l'art. 21 avait été d'abord inséré pour empêcher que plusieurs individus, favorisés par le tribunal, n'aient entre les mains toutes les faillites d'un arrondissement, et que cela ne dégénère en une profession habituelle ; mais on a considéré depuis, sur la remarque de plusieurs sections, qu'il pouvait être utile dans l'intérêt des créanciers de charger un individu de plusieurs curatelles, parce que, dans des masses compliquées, il faut nécessairement une personne exercée pour préparer le bilan et la liquidation, et que cela se pratique même dans les grandes villes de commerce malgré la défense de la loi. L'alinéa a encore été rayé, par le motif qu'en général la curatelle provisoire n'est guère de longue durée, et que les créanciers réunis agissent seuls lorsqu'il y a un contrat d'union, et des curateurs définitifs.

27. La publicité du jugement, ordonnée par l'art. 22 n°. 1 et 2, était nécessaire, afin d'avertir les créanciers qui se trouvent sur les lieux, ou les négocians qui fréquentent la bourse, que tel ou tel commerçant se trouve en état de faillite ; et l'extrait seul du jugement dans un journal n'aurait pas atteint ce but, ainsi qu'une section l'a pensé. Mais on n'a trouvé aucun

A 3

difficulté de remplacer l'affiche à la porte de domicile du failli, par celle à la maison commune

Au surplus, rien n'empêche le curateur de faire insérer l'extrait du jugement dans les journaux étrangers, s'il le juge nécessaire dans l'intérêt des créanciers éloignés.

Enfin, il n'y a aucun doute que l'huissier devra remettre au curateur l'expédition du jugement avec le certificat, au bas, de l'apposition des affiches.

28. On croit aussi, avec la section, que toutes les affaires commerciales seront jugées sommairement; mais cet objet n'appartient pas au code de commerce, mais au code de procédure ou d'organisation judiciaire.

29. Il n'a pas été jugé utile d'ajouter à l'article 24 : *pour des motifs graves*, parce que la loi ne doit point supposer une injustice dans la décision du tribunal, mais que les juges prononceront sainement et en pleine connaissance de cause : cette disposition est conforme à l'article 460 du code actuel.

30. On s'en réfère à la réponse n°. 16 et 18 sur la nécessité de faire précéder toutes les opérations par l'apposition du scellé, qui est une mesure conservatoire essentiellement préalable.

31. La section qui a demandé pourquoi il fallait faire une estimation dans une mesure provisoire, voudra bien observer que cette opération elle-même n'est pas provisoire, et qu'elle constate définitivement la valeur des objets : on ne peut inférer de ce qu'un curateur est provisoire, que tout se fait provisoirement.

32. Les mots *déboursés nécessaires*, qu'une section voudrait ajouter à l'article 29, qui est conforme à l'article 496 du code français, ont paru inutiles; car les expressions *dépenses et frais* comprennent tout ce qu'on aura déboursé et avancé dans l'intérêt de la faillite et pour activer la liquidation.

33. Comme les expressions *quinze jours* et *veertien dagen* dans l'art. 30 sont très-bien connues et signifient la même chose dans les deux langues, et qu'il ne peut s'élever à cet égard aucun doute sur la durée des délais ni sur la contradiction apparente dans les textes, on a pensé qu'elles pouvaient être conservées sans inconvénient.

34. Le deuxième alinéa de l'article 32 n'est pas superflu : c'est un acte conservatoire très-important dans l'intérêt des créanciers, afin de conserver une hypothèque conventionnelle donnée pour des dettes actives du failli.

35. La disposition de l'art. 475 du code actuel n'a pas été insérée dans le projet, parce qu'elle se trouve virtuellement comprise dans l'article 36, où il s'agit du cas où le bilan n'aurait pas été rédigé par le failli lui-même ou son fondé de pouvoir; si donc le failli est décédé, on agira comme s'il était en fuite ou absent.

36. L'adjonction proposée à l'art. 34 par une section n'a pas été jugée nécessaire; parcequ'il n'entre pas dans les attributions du curateur de vérifier et signer un bilan, qui est un acte parfaitement étranger à sa personne, et qui doit être apprécié par les créanciers qui ont seuls intérêt à le contester; l'article 471 du code actuel n'exige pas non plus la formalité réclamée.

37. La section qui a pensé qu'il ne pouvait y avoir d'action contre une masse tant qu'elle est placée sous une administration provisoire, voudra bien remarquer que, d'après le système adopté, le failli ne peut aucunement conserver l'administration de ses biens, et qu'il en est dessaisi du jour de la

prononciation du jugement qui déclare l'ouverture de la faillite; c'est donc le curateur provisoire qui doit nécessairement agir, dans l'art. 35, soit qu'il intente une action; soit qu'il y défende dans l'intérêt de la masse.

38. L'autorisation du juge–commissaire, au 2ème alinéa de l'article 37, a été jugée suffisante, et il eut été même dangereux d'exiger celle du tribunal; car alors les contestations qui se seraient élevées à cet égard eussent d'abord entraîné des longueurs préjudiciables à l'affaire au fond, et l'on pourrait craindre que les jugemens rendus ne fournissent un préjugé sur le point en litige.

39. La remarque faite sur la différence des deux textes de l'article 38 n'a point paru fondée; car les expressions *zoo dra* dans le hollandais, sont bien rendues en français par celles de *sans délai*; et c'est l'ensemble de la phrase qu'il faut lire pour s'en convaincre.

40. On n'a pas jugé utile d'insérer dans la loi qu'un failli ne serait admis à présenter un concordat qu'après en avoir obtenu la permission du tribunal ou du juge-commissaire; parce que le concordat, auquel est joint le bilan, d'après l'article 40 dont la rédaction a été changée, est une sorte de justification que le failli présente à ses créanciers pour les engager à accepter un arrangement, et qu'il serait trop dur de subordonner une telle proposition à l'autorisation du juge.

Au surplus, la chose doit toujours être soumise au tribunal, pour obtenir son homologation, et il pourra bien alors la refuser s'il découvre qu'il y a eu fraude ou inconduite; et l'on a pensé que la disposition de l'article 49 était suffisante, et pouvait remplir le but que la section s'était proposé pour atteindre la fraude.

41. Le système du projet ne permet point qu'il y ait une affirmation des créanciers sous serment dans l'assemblée dont il est parlé à l'article 42, parce que les créances des absens peuvent être admises si personne ne conteste leur validité: cette disposition est favorable pour les créanciers étrangers et éloignés, qui ne seront point tenus à des déplacemens pour affirmer des dettes qui résultent évidemment des livres du failli et qui seraient avouées par les parties intéressées.

On n'a pas voulu en outre qu'il y eût toujours et nécessairement une vérification préalable des créances, d'abord pour éviter les frais et les longueurs que cette formalité doit entraîner, et parce que dans beaucoup de cas tous les créanciers assemblés s'entendront et reconnaîtront mutuellement leurs créances; il sera encore temps de procéder à une telle vérification, lorsque l'une ou l'autre des dettes sera contestée. On voit qu'il y a plus de rapidité dans la marche des choses que dans le code actuel, et que la liquidation sera plus prompte.

42. Afin de suivre la marche des idées dans la rédaction de ce titre, on a jugé convenable de faire une transposition des articles: l'ancien article 52, jusques compris 56, sera à la suite de l'article 43; l'article 56, qui formera l'article 49 de la nouvelle série, sera suivi des articles 44 à 51 inclusivement.

43. La nouvelle rédaction de l'article 44 fera disparaître le doute qui s'est élevé dans une section pour savoir si c'est des créanciers présens dont parle l'article : on y verra clairement qu'il faut le concours des deux tiers de *tous* les créanciers portés sur la liste et représentant les trois quarts des créances, ou le concours des trois quarts de tous les créanciers sans exception et représentant les deux tiers des créances.

A 4

44. Il a paru très nécessaire, à l'article 46, de maintenir la nullité lorsque le concordat n'a pas été signé séance tenante, afin d'empêcher les intrigues et sollicitations qui auraient pour objet d'engager l'une ou l'autre des parties a renoncer au concordat, et à rendre par là inutile un acte consenti auparavant ; il fallait donc établir une sorte de pénalité, afin que le concordat soit toujours signé à l'assemblée, ainsi que cela est statué dans le code français, art. 522.

45. Le changement opéré à la fin de l'article 40 a dû nécessairement amener la radiation du dernier alinéa de l'article 46 ; on a voulu que dans tous les cas le concordat fût présenté avant l'assemblée des créanciers, afin que ceux-ci ayent le temps de prendre inspection du bilan et autres pièces justificatives, et qu'ils ne soient pas induits en erreur par une remise subite du concordat.

46. Le défaut d'hypothèque judiciaire ne peut porter aucun préjudice au créanciers signataires du concordat, et l'omission de l'article 524 du code français, cité par une section, n'est pas une lacune dans le projet. Car les créanciers qui désirent avoir une hypothèque sur les biens du failli, peuvent la stipuler dans le concordat, et alors cette hypothèque conventionnelle sera inscrite sur les registres du conservateur.

47. Les devoirs imposés par l'art. 48 seront en général remplis par le failli, qui a intérêt à faire exécuter le concordat qu'il a sollicité lui-même. Rien n'empêche cependant les autres parties diligentes de le faire.

48. On a jugé nécessaire, dans l'article 50, de faire intervenir le juge-commissaire à la reddition du compte ; parce que cette opération, qui termine la mission du curateur, peut encore donner lieu à des débats relatifs à la faillite, et parce qu'il faillat énoncer, comme le code actuel le fait, comment et par qui les contestations seront renvoyées à l'audience.

49. L'utilité de l'adjonction proposée par une section à l'art. 50 n'a pas été démontrée ; car il est libre au failli et à chacun des créanciers de se faire représenter par un fondé de pouvoir dans les actes énoncés dans l'article, et rien n'empêche qu'ils ne puissent désigner dans le concordat les personnes qui procéderont en leur nom.

50. La section qui ne voudrait point de distinction entre les curateurs provisoires et les définitifs afin de simplifier la marche des opérations et diminuer les frais, voudra bien observer qu'une telle disposition ne peut être admise dans un système où les créanciers ne nomment point eux-mêmes les curateurs provisoires, et qu'il seroit injuste et dur de les obliger de conserver des personnes qui n'ont peut-être pas leur confiance. Dès qu'un contrat d'union est formé, la masse est régie et liquidée au profit des créanciers, qui doivent avoir le droit de choisir leurs agens ; et rien n'empêche que les curateurs provisoires ne soient désignés par eux, s'ils les croient dignes de leur confiance.

51. On a trouvé de graves inconvéniens d'admettre que le tribunal, en homologuant le concordat, pourra en même temps réhabiliter le failli ; parce que, d'après les principes établis au titre 2 du livre 3, il faut avoir satisfait tous ses créanciers pour jouir de ce bénéfice, et parce qu'il ne résulte jamais d'un concordat que cette condition a été remplie : car cet acte ne renferme que les règles sur le mode de s'acquitter envers eux. Lors même que tous les créanciers formant la majorité demanderaient au tribunal la réhabilitation du failli, il serait injuste de l'accorder : car la minorité, qui a déjà dû subir la loi du plus fort pour le paiement de ses

créances, ne doit pas être privée de l'espoir de récupérer ce qui reste à payer; il n'y a que sa réhabilitation qui engage un failli ou sa famille à faire des efforts pour parvenir à ce but : si on pouvait l'obtenir immédiatement après un concordat, il est à prévoir que la minorité ne recevrait plus rien.

52. L'article 51 dit positivement que, s'il n'intervient pas de concordat, les créanciers présens formeront, à la majorité, un contrat d'union ; mais si le concordat accordé ne reçoit point l'homologation du tribunal, il n'y a aucun doute alors, ainsi qu'une section l'a pensé, qu'ils devront être convoqués pour procéder à la nomination des curateurs définitifs, chargés de la liquidation en vertu du contrat d'union qu'ils formeront dans cette nouvelle assemblée.

53. La section qui a demandé si l'on ne pouvait pas obliger la majorité des créanciers qui ont consenti le concordat de garantir à la minorité le dividende dont elle s'est contentée pour ses créances, voudra bien observer qu'il serait injuste de placer dans la loi une semblable disposition ; on a pu, avec raison, obliger quelques créanciers à se soumettre à un plus grand nombre dans un arrangement avec le failli, mais se serait aller trop loin d'admettre que cette majorité deviendrait responsable de la somme convenue.

54. Les questions qui concernent la validité des créances sont trop importantes pour les abandonner à la décision de l'assemblée des créanciers, ainsi qu'une section l'a désiré dans les articles 52 et 53 du projet; elles nécessitent souvent un examen sévère et étendu, qu'on doit laisser au tribunal, et non pas même au juge-commissaire ou à l'assemblée.

55. L'article 513 du code actuel n'a pas été inséré dans le titre, parce qu'il se trouve virtuellement compris dans l'art. 57.

56. La nouvelle rédaction de l'art. 56 rend non recevables les créanciers inconnus à faire procéder de nouveau à la vérification des créances déja admises, afin d'empêcher les abus qu'une telle faculté pourrait entraîner et de prévenir les contestations que la mauvaise foi ne manquerait pas de faire naître à cet égard.

57. L'article 57 satisfait au désir d'une section, relativement au compte à rendre par le curateur provisoire.

58. On ne pense pas que l'article 60 soit trop favorable au failli, et qu'il soit nécessaire de statuer qu'il lui sera accordé une somme proportionnée à la hauteur de la répartition ; parce que la disposition, telle qu'elle est rédigée, satisfera au désir de la section et le comprend virtuellement. Dans ces sortes de matières, il faut donner aux tribunaux une grande latitude ; leur décisions doivent nécessairement varier d'après les circonstances, et il eût été bien difficile de fixer un maximum au-delà duquel la somme à donner au failli ne pourrait s'élever.

59. Il est vrai que les dispositions du code actuel sur la vente des biens des mineurs ne pouvaient pas convenir à la vente mentionnée à l'art. 62 ; mais la section voudra bien remarquer que le système établi par le nouveau code civil renferme des règles très-simples et très-salutaires pour les mineurs, et qu'il en résultera un avantage de les appliquer aux faillites ; voilà pourquoi on s'y est référé.

60. Comme les curateurs provisoires sont autorisés à remettre au failli et à sa famille les vêtemens, hardes et meubles nécessaires à l'usage de leurs

personnes, on n'a point vu la nécessité d'insérer une disposition pour leur permettre le rachat, sous estimation : s'ils ne se trouvent point dans l'indigence, ils pourront acheter ou faire acheter dans la vente publique.

61. On a dû faire une section du seul article 62, parce qu'il peut s'appliquer aux ventes faites par des curateurs provisoires ou définitifs ; on l'arait placé dans la section 5, s'il n'avait pas cette double application.

62. La radiation des mots : *se prétendant*, n'a pu être faite, parce que les créanciers dans l'article 63, se présentent seulement comme tels, mais ne sont pas encore reconnus.

63. La section qui a demandé comment on reconnaîtra un privilége, trouvera la réponse dans le titre des priviléges *du code civil.*

64. On a dû traiter dans la section 7me tout ce qui avait rapport aux différentes espèces de créanciers : d'abord parce qu'il s'y trouve plusieurs dispositions qui s'écartent du droit commun et que l'intérêt du commerce réclame ; et parce qu'on a pensé qu'il était utile de présenter aux négocians un titre complet, où tout ce qui concernait les faillites se trouverait rassemblé, sans les obliger à recourir à d'autres codes.

65. La section qui a pensé qu'une créance ne pouvait être acquittée qu'en vertu d'un jugement d'ordre, voudra bien remarquer qu'il s'agit, dans la première partie de l'article 63, du cas où la créance de celui qui se prétend créancier, n'est pas contestée ; alors, tout le monde étant d'accord, il n'y a aucun difficulté à ce que le juge-commissaire ne puisse autoriser le payement.

66. Oui : le mot *participera*, dans l'article 64, est bien rendu en hollandais.

67. Les membres d'une section, qui ont pensé qu'il ne fallait faire aucune répartition avant la vente des immeubles, et le réglement de l'ordre entre les créanciers hypothécaires, voudront bien remarquer qu'une disposition de cette nature pourrait causer souvent un préjudice aux personnes qui ont un besoin d'argent, et que les distributions provisoires de deniers ne peuvent entraîner aucun inconvénient, puisque les créanciers hypothécaires qui auraient reçu de trop, seront tenus d'abandonner à la masse la différence, ou de souffrir que les deniers qu'ils auront touchés dans les distributions antérieures, au-delà de ce qui leur revient, leur soient retenus au profit de la masse. Ce sera toujours le résultat de l'ordre dans le prix des immeubles vendus, qui fixera la créance par concurrence d'un créancier qui a une hypothèque, et les dispositions des articles 70 à 73 du projet réglent d'une manière précise cet objet.

68. L'on ne peut partager l'opinion d'une section, qui voudrait omettre toutes les dispositions relatives aux femmes en les abandonnant au droit commun ; par ceque l'intérêt du commerce exige, sur tout dans un pays où la communauté limitée forme le droit universel des époux mariés sans contrat, qu'il y ait des exceptions, pour éviter les fraudes qu'on ne manquerait pas d'introduire.

69. Il faut, dans l'article 76, que le contrat d'acquisition porte expressement la déclaration d'emploi des deniers appartenant à la femme ; si l'acte ne constate pas l'emploi, elle ne pourra aucunement les répéter, c'est sa faute de ne s'être pas conformée à la loi.

70. La disposition de l'art 78 du présent titre, conforme à l'article 549

du code actuel, a eu pour objet d'empêcher que les créanciers du failli ne soient préjudiciés à l'avenir par des actions résultant des avantages simulés; qu'on ne manquerait pas de stipuler dans les contrats de mariage, afin de se conserver une partie de la masse, en cas de faillite. Il était juste que la réciprocité fût établie à l'égard des créanciers contre la femme, et c'est l'objet de la deuxième partie de l'article; l'on ne croit pas que la femme y est traitée moins favorablement que le mari.

71. L'on a tâché, dans la rédaction du présent titre, d'éviter les formalités qui ne seraient point nécessaires, afin que la liquidation d'une masse soit faite avec le moins de frais possible; et la section qui a demandé s'il n'y avait pas moyen de diminuer encore les formes, sera convaincue, en examinant la marche tracée dans le projet, que l'on ne pouvait le faire, sans omettre des formalités essentielles à la garantie des droits de toutes les parties intéressées.

72. La nécessité d'insérer le mode d'avertissement dans l'article 83, réclamée par une section, n'a pas été reconnue; car, dans ce cas, les créanciers sont avertis par des antécédans, et la répartition des deniers est une suite des convocations antérieures. C'est donc un objet qui s'arrangera très-facilement entre eux.

73. Relativement à la demande faite, quel sera le mode de décharge des curateurs, à l'article 85, on répond que ce sera la quittance et l'approbation du compte rendu par eux.

74. La section qui a demandé s'il ne faut pas statuer à l'article 85 une déchéance contre les créanciers qui viendront après la liquidation, voudra bien observer que l'article 57 prononce déjà cette déchéance, et les exclut de toutes les répartitions qui ont été faites, sans pouvoir les faire révoquer d'aucune manière.

75. La majorité sera formée, dans le cas de l'article 86, par le plus grand nombre des créanciers présens. Il ne s'agit pas ici d'un concordat, comme à l'article 44; mais de savoir si l'on demandera au tribunal une autorisation pour traiter à forfait des droits et actions dont le recouvrement n'aurait pas été opéré.

76. On n'a pas jugé utile d'insérer une disposition qui obligerait un négociant failli de donner aux curateurs tous les renseignemens nécessaires pour opérer la liquidation, parce que son exécution deviendrait impossible par le seul effet de la volonté d'un failli récalcitrant. On se réserve néanmoins, lors de la confection du code pénal, d'examiner si un tel refus ne constituerait pas une faute grave, dont il est parlé à l'art. 2 du présent titre; et dans ce cas, on statuera une peine dans le titre de la banqueroute.

77. On a satisfait au désir d'un section par un nouvel article, après l'art. 85, relativement aux biens survenus au failli avant sa réhabilation.

78. Il y aurait de l'inconvénient de faire une disposition par laquelle on serait tenu de dresser procès-verbal de toutes les opérations de la faillite; et cela engendrerait des frais excessifs, s'il fallait de cette manière constater tout acte quelconque. Mais la section voudra bien jeter les yeux sur l'ensemble du titre; elle y verra que tous les actes essentiels et de quelque importance doivent être constatés par écrit, et que sans doute il est satisfait à son voeu.

RÉPONSES
aux observations des sections sur le titre I,
livre III, du code de commerce.

(12)

79. Il était inutile de parler dans ce titre des intérêts dus et comment ils courent, parce que, le failli étant dessaisi de plein droit de l'administration de ses biens, qui sont régis dans l'intérêt de ses créanciers, il s'ensuit que depuis cette époque les créances ne portent plus d'intérêt. — Quant aux créances hypothéquées, le code civil dit comment les créanciers seront colloqués pour le principal et les intérêts.

80. Enfin, à l'égard des baux contractés par le failli, le code civil a déjà satisfait à la demand de la section, et l'article 13 du titre *des priviléges* décide qu'ils seront résolus de plein droit.

INDICATION DES CHANGEMENS

introduits par la nouvelle rédaction, dans le titre premier, du troisième livre du code de commerce, *de la faillite.*

INDICATION DES CHANGEMENS

introduits par la nouvelle rédaction, dans le titre premier, du troisième livre du code de commerce, de *la faillite.*

Art. 1.

Tout commerçant, lisez : *tout, commerçant failli.*

Art. 4.

La faillite pourra également être déclarée, sur la demande de l'un ou l'autre des créanciers.

Par l'introduction du nouvel art. 4 qui précède, l'art. 4 du projet est devenu le 5e de la nouvelle rédaction, et ainsi de suite jusqu'au 42, qui devient le 45e. De plus, la première partie de l'ancien art. 4 (5 de la nouvelle rédaction) est changée comme suit :

L'ouverture de la faillite sera déclarée sans délai par le tribunal d'arrondissement, qui fixera son époque à la date, soit de la déclaration faite par failli ; soit de sa retraite ; soit de la clôture de ses magasins ou boutiques ; soit du jour d'une action en payement, de la vente judiciaire de ses meubles, ou de la mise à exécution d'une contrainte par corps, pourvu que dans ces trois derniers cas il s'agisse de dettes commerciales.

Néanmoins, les faits ci-dessus mentionnés ne constateront l'ouverture de la faillite qu'autant qu'il y aura effectivement cessation de payement.

Art. 5. (6 nouv. réd.)

trente, lisez : *quarante.*

Art. 7. (8 nouv. réd.)

A lire comme suit :
Nul ne pourra acquérir hypothèque sur les biens du failli dans les vingt jours qui précèdent l'ouverture de la faillite.

Cette disposition n'est pas applicable à l'hypothèque donnée par le tuteur pour la sûreté de sa gestion.

Art. 8. (9 nouv. réd.)

trente, lisez : *vingt.*
du payement, lisez : *de cette ouverture.*

Art. 9. (10 nouv. réd.)

50, lisez : *quarante.*

Art. 13. (14 nouv. réd.)

un curateur provisoire, lisez : *un ou plusieurs curateurs provisoires.*

Art. 14. (15 nouv. réd.)

exécutoire, ajoutez : *par provision.*
huitaine, lisez : *quinzaine.*
quinzaine, lisez : *les trente jours.*

A

Art. 15. (16 nouv. réd.)

A ajouter ce qui suit :

Il ne pourra, en cet état, être reçu contre le failli d'écrou ou recommandation, en vertu d'aucun jugement portant condamnation pour dettes commerciales.

Art. 19. (20 n. réd.)

Lisez ainsi : *Le juge de canton pourra aussi apposer les scellés, sur la notoriété publique des faits qui constituent l'état de faillite.*

Art. 21. (22 n. réd.)

Le deuxième des alinéa de l'article est supprimé.

Art. 22. (23 n. réd.)

1. Lisez : *à la maison commune du domicile du failli.*
La disposition finale doit être changée ainsi :
L'extrait sera en outre inséré dans un des journaux du lieu où siége le tribunal, et, à défaut, dans un journal de la province.

Art. 26. (27 n. réd.)

Après, lisez : *lors de la prestation.*
Par qui il jugera convenable, lisez : *par gens. à ce connaissant.*
Appelé, ajoutez : *lequel devra déclarer sous serment s'il possède d'autres effets que ceux compris sous les scellés.*

Art. 27. (28 n. réd.)

Le 3e. paragraphe est changé comme suit :
Le curateur recevra les autres sommes dues au failli, et sur ses quittances qui devront être visées par le juge commissaire. Les lettres adressées au failli seront remises au curateur, qui les ouvrira; si le failli est présent, il pourra assister à leur ouverture.
Le curateur remettra, avec l'autorisation du juge commissaire, au failli et à sa famille, les vêtemens, hardes et meubles nécessaires à l'usage de leurs personnes ; et il en dressera état.

Art. 30. (31 nouv. réd.)

Tous les quinze jours, ajoutez : *ou plus souvent, si le juge-commissaire l'ordonne.*
Sera remis au juge-commissaire, qui, lisez : *lui sera remis, il*

Art. 52. (53 nouv. réd.)

Les deux dernières lignes, à partir du mot *qui*, sont supprimées.

Art. 58. (59 nouv. réd.)

Délibérer, ajoutez : *sur la vérification des créances et*
La deuxième partie de l'article est changée comme suit :
Il fixera, d'après les circonstances et dans un délai convenable, le jour, l'heure et le lieu de l'assemblée.

Art. 39. (40 nouv. réd.)

inconnus, ajoutez : *ou dont le domicile n'est pas connu.*

Art. 40. (41 nouv. réd.)

A lire ainsi :

Si le failli désire proposer un concordat, il en déposera le projet au greffe du tribunal avant l'expiration de la moitié du délai fixé en vertu de l'article 39. Il y annexera son bilan et la liste de tous ses créanciers.

Art. 44.

Par une transposition d'articles, ceux 52, 55, 54, 55 et 56 du projet sont devenus les articles 45, 46, 47, 48 et 49 de la nouvelle rédaction, et les articles 44, 45, 46; 47, 48, 49, 50 et 51 du projet forment les articles 50, 51, 52, 53, 54, 55 56 et 57 de la nouvelle rédaction.

L'article 44 (50 de la nouvelle rédaction) est de plus changé comme suit :

Le concordat ne s'établira que par le concours des deux tiers de tous les créanciers et représentant en outre les trois quarts des créances non priviligiées ni hypothécaires, ou par le concours des trois quarts de tous les créanciers et représentant les deux tiers des créances.

Art 46. (52 n. réd.)

Il faut placer un point après le mot *tenante*, et supprimer la deuxième partie de l'article:

Art. 47. (53 n. réd.)

Oppositions, lisez : *moyens d'opposition* et ajoutez la disposition finale qui suit : *L'opposition pourra être fondée, entre autres, sur la preuve que l'actif du failli excède notablement les sommes que le concordat accorde aux créanciers.*

Art. 48 (54 n. réd.)

A commencer un nouvel alinéa des mots : *l'homologation*. Le mot *non* doit être inséré avant celui *hypothécaires.*

Art. 49 (55 n. réd.)

sera, lisez : *pourra être.*

Art. 50 (56 n. réd.)

Lisez ainsi à la première ligne :
Après que l'homologation aura été signifiée au curateur provisoire, celui - ci rendra compte, etc.

Art. 51 (57 n. red.)

Suivante, ajoutez : *et auxquels le curateur provisoire rendra compte en présence du juge-commissaire.*

Art. 54 (47 n. réd)

A lire ainsi :
Lorsque ce jugement sera passé en force de chose jugée, le juge-commissaire ordonnera; dans le délai qu'il fixera, une nouvelle convocation des créanciers, afin de délibérer sur le concordat ou de former un contrat d'union.

Art. 55 (48 n. réd.)

59, lisez : 40.

Art. 56 (49 n. réd.)

42, lisez : 45.
à contester les créances, lisez : *à faire procéder de nouveau à la vérification des créances.*

Art. 59 (60 n. réd.)

Lisez comme suit :
Dans le cas où la remise énoncée au dernier alinéa de l'art. 28 n'aurait pas eu lieu; les curateurs pourront la faire, en remplissant les mêmes formalités.

Art. 61. (62 n. réd.)

A commencer un nouvel alinéa des mots : *le tribunal.*

Art. 63 (64 n. réd).

Et le juge-commissaire, lisez : *et s'il n'y a pas de contestation , le juge-commissaire.* Et commencez un nouvel alinéa des mots : *S'il y a des.*

Art. 65. (66 n. réd.)

La vente : il faut commencer de ces mots un nouvel alinéa.

Art. 67 (68 n. réd.)

Qu'il soit, lisez : *s'il est.*

Art. 68 (69 n. réd.)

La masse, ajoutez : *pour leurs créances.*

Art. 69. (70 n. réd.)

Dans huitaine, lisez : *dans la huitaine.*

Art. 71. (72 n. réd.)

Avait été faite, lisez : *ont été faites.*
La deuxième partie de l'article est changée ainsi :
Si les créanciers hypothécaires ont été colloqués pour la totalité de leurs créances , les sommes qu'ils auront reçues dans ces répartitions seront déduites de ce qui leur reviendra ensuite sur le produit de la vente des immeubles affectés à leurs créances respectives , et elles seront reversées dans la masse générale.

Art. 72. (73 n. réd.)

A eux : ces mots sont supprimés. La disposition finale suivante est ajoutée : *Les deniers qu'ils auront touchés dans les distributions antérieures au-delà de ce qui leur revient dans la masse générale , leur seront retenus sur le montant de leur collocation hypothécaire et reversés dans cette masse.*

Art. 75. (76 n. réd.)

In natura, lisez : *en nature.*

Art. 76 (77 n. réd.)

Les immeubles, ajoutez : *les rentes constituées.*

Art. 78 (79 n. réd.)

Le même contrat, lisez : *le contrat de mariage.*

Art. 79 (80 n. réd.)

Lui appartenant, lisez : *lui appartenaient et*

Art. 80, (81 n. réd.)

75, lisez: 76.

Publication, lisez : *mise à exécution.*

Art. 81 (82 n. réd.)

Le mot *mobilier* est supprimé.

Art. 85 (86 n. réd.)

Un nouvel article 87 est ajouté après celui-ci. Il est ainsi conçu :

Les biens survenus au failli avant sa réhabilitation seront dévolus à l'union des créanciers; et la liquidation s'en fera à la requête du créancier le plus diligent, conformément aux dispositions du présent titre.

Art. 86 (88 n. réd.

L'article 86 du projet devient ainsi le 88°, de la nouvelle rédaction, dont il est aussi le dernier.

PROCESSEN–VERBAAL

der afdeelingen , over de twee laatste titels des derden boeks van het wetboek van koophandel.

PROCÈS VERBAUX

des délibérations des sections , sur les deux derniers titres du troisième livre du code de commerce.

PROCESSEN-VERBAAL

DER

afdeelingen over de twee laatste titels des derden boeks van het wetboek van koophandel.

PROCÈS VERBAUX

DES

délibérations des sections sur les deux derniers titres du troisième livre du code de commerce.

Présens MM.

Donker Curtius,
de Rouck,
Kattendyke,
Wassenaer,
Serruys, V. P.

SECTION QUATRIÈME, D'OCTOBRE 1825.

C O D E D E C O M M E R C E.

L I V R E III.

T I T R E II.

De la réhabilitation.

SÉANCE DU 3 FÉVRIER 1826.

Il n'a été fait aucune observation sur ce titre.

(*Signé*)   J. B. W. SERRUYS, V. P.

Présens MM.

Donker Curtius,

de Rouck,

Kattendijke,

Wassenaer,

Dijckmeester,

Repelaer.

Serruijs, V. P.

SECTION PREMIÈRE, D'OCTOBRE 1825.

C O D E   D E   C O M M E R C E.

L I V R E   I I I.

T I T R E   I I I.

Du sursis du payement.

SÉANCE DU 4 FÉVRIER 1826.

Un membre se réservant son opinion relativement à la question de savoir, s'il est bien conforme aux principes du droit d'accorder sursis de payement à des commerçans et notamment de la manière que ce sursis est proposé par le projet de loi, on procède à l'examen de ce projet article par article.

Art. 1 et 2.

Ces articles sont admis, sauf cependant que le texte français de l'art. 2, à la fin, n'est pas en parfaite harmonie avec le texte hollandais.

Art 3.

La section pense que la disposition de cet article n'est pas suffisante et que, dans l'intérêt des créanciers, il conviendrait que pendant le sursis provisoire la gestion de ses affaires soit confiée à un ou plusieurs de ses créanciers, suivant les circonstances; en conséquence elle propose de dire : « la requête du pétitionnaire contiendra, etc. et la soumission de remettre « la gestion de ses affaires pendant la durée du sursis à un ou plusieurs de « ses créanciers. »

Art. 4.

Sans observation.

Art. 5.

Pour mettre cet article en harmonie avec le changement proposé à l'art. 3, et pour les motifs y énoncés, la section croit qu'au lieu de *pour gérer avec lui*, il conviendrait de dire : *pour gérer avec assistance.*

Art. 6.

La section propose d'ajouter après le mot nommera, *pour être entendus* sur la demande du pétitionnaire; car évidemment c'est là le but ou le motif de la convocation.

Art. 7.

On dirait mieux : les *commissaires feront du résultat de* la comparition des créanciers *incessamment leur rapport à la cour, qui le transmettra, avec son avis, à la haute cour.*

Art. 8.

Sans observation.

Art. 9.

La section propose d'ajouter après le mot *immeuble : contracter des dettes ;* et de faire le premier alinéa comme suit :

Sans l'autorisation des créanciers gérants, nommés aux termes de l'art. 5.

Art. 10 et 11.

Sans observation.

Art. 12.

La section fait remarquer qu'un codébiteur qui n'est pas solidaire, de même qu'une simple caution, c'est-à-dire, qui ne s'est pas obligée solidairement avec le débiteur principal, ont droit d'opposer, le premier l'exception de division, et le dernier celle de discussion préalable du débiteur principal ; en conséquence, elle pense que la disposition de cet article n'est applicable qu'aux *codébiteurs et cautions solidaires*, et qu'il convient de rédiger l'article en ce sens.

Art. 13.

Pas d'observations sur le fond ; mais il faut remplacer le mot *surveillant* par celui de *gérant*.

Lu et approuvé en séance.

(*Signé*)   S E R R U Y S, v. P.

DEUXIÈME SECTION D'OCTOBRE 1825.

SÉANCE DU 6 FÉVRIER 1826.

CODE DE COMMERCE.

LIVRE III.

TITRE II.

Art. 2.

La section demande dans quel sens doit être entendu le mot *satisfaits*, dont on s'est servi dans le présent article. Suffit-il que les créanciers du failli qui demande à être réhabilité, aient reçu leur part dans la répartition de l'actif mobilier? ou bien faut-il qu'ils aient été payés intégralement de leurs créances en principal, intérêt et frais, ainsi que le veut l'article 605 du code de commerce actuel? Plusieurs membres de la section préféreraient ce dernier système au premier : ils voudraient même que, non-seulement le payement dût être intégral, mais même réel; en sorte que le créancier à qui le failli aurait extorqué une quittance totale, n'ayant cependant payé qu'une partie de sa dette, pourrait former opposition à la réhabilitation, conformément à l'art. 608 du même code.

Art. 6.

On demande que, dans la disposition finale, la conjonction alternative *ou* soit remplacée par la conjonction copulative *et*

La section pense qu'il serait bon de conserver la disposition de l'article 614 du code actuel : car, comme on ne connaît pas de loi, qui indique les droits politiques et civils que la faillite fait perdre, il ne serait pas mal à propos que le code de commerce privât au moins le failli du droit d'entrer dans la bourse, jusqu'à sa réhabilitation.

TITRE III.

Du sursis de payement.

L'examen du présent titre n'a pas donné lieu à observations.

C. COPPIETERS.

SECTION TROISIÈME.

TITRE II.

2. On demande d'ajouter : *soit par la voie du concordat , soit par la voie de l'union.*

3. On demande de dire : *requerra qu'il soit rendu arrêt.*

4. On demande d'exprimer le *rejet sur le fond.*

5. On demande de dire : *le tribunal, sur la réquisition du ministère public, en fera faire la lecture en séance.*

TITRE III.

Art. 1.

Pour faire entendre que les cours provinciales ne pourront accorder des sursis, on demande de dire que *les sursis ne seront accordés que par la haute cour*, etc.

Art. 2.

On présume qu'on entend par calamité générale, celle qui affecterait une masse générale d'individus, d'une ville, d'une province, etc.
On demande d'effacer l'article *la*, et de dire *de guerre.*

Art. 5.

Dire : *pour surveiller la gestion*, au lieu de *gérer avec lui.*

Art. 6.

On demande de dire : *elle autorisera le pétitionnaire à convoquer ses créanciers.*

Art. 7.

Dire : *le jour fixé pour la comparition des créanciers expiré*, *les commissaires feront de suite*, etc.

Art. 8.

Ajouter : *dans la forme déterminée par les articles qui précèdent.*

Art. 9.

On demande de commencer l'article par le deuxième alinéa ; et de dire : *l'impétrant ne pourra*, etc.

Art. 12.

On pense que le sursis doit profiter aux codébiteurs et cautions, c'est la règle.

Art. 13.

On demande de dire au deuxième alinéa *le sursis sera sera également révoqué.*

A la Haye,

(*Signé*) BARTHELÉMY.

VIERDE AFDEELING.

IId^e TITEL.

Men vindt de redactie van art. 3 (ofschoon mede aldus bij het tegenwoordig wetboek voorkomende) eenigzins stootende, en geeft in overweging of dit niet zoude worden weggenomen, wanneer men las: *La cour renverra la pétition et les pièces au Procureur-Général, qui recueillera les renseignemens qu'il jugera nécessaires. Sur ses conclusions la cour rendra un arrêt*, enz. Het artikel zou dan even zoo in den hollandschen tekst kunnen gewijzigd worden.

Men oppert mede de vraag, of aan den verzoeker de gelegenheid zal overblijven, om, vóór de uitspraak van het hof, nadere inlichtingen tot staving van zijn verzoek in te dienen?

Op art 5 wijst men eene kleine litterale ongelijkheid tusschen de beide teksten aan. In het hollandsch staat *hare registers*, in het fransch *les registres*.

Eindelijk meent men te mogen vragen de reden der niet overneming van art. 614 des tegenwoordigen wetboeks: *Nul commerçant failli ne pourra se présenter à la bourse, à moins qu'il n'ait obtenu sa réhabilitation;* daar men, zonder eene overwigtige aanleiding tot het tegendeel, hetzelve zoude wenschen behouden te zien.

IIId^e TITEL.

Het zal niet ongepast kunnen gerekend worden, ter betere beoordeeling der bedenkingen welke op dezen titel zijn voorgekomen, het oogpunt der beschouwing van het voorgedragen middel der surseances eenigzins te ontwikkelen. Dit middel, van latere uitvinding, was in de bloeijenste tijden van den hollandschen handel geheel onbekend, en de veelvuldige toepassing van hetzelve moet pas gezocht worden in die tijden toen de handel reeds met reuzenstappen achterwaarts ging. Het verschilde daarin van de gewone regterlijke uitstellen, in de praktijk brieven van *respijt* of *atterminatie* genaamd, dat den schuldenaar niet gevergd werd om zekerheid te stellen voor het voldoen zijner schulden na afloop van den vergunden tijd. Dergelijke beschikkingen van den Souverein namen zoodanig toe, dat in 1793 een plakkaat der Staten van Holland de vereischten tot het bekomen der surseance regelde, en onder anderen vaststelde dat de schuldenaar zou gehouden zijn om *te doen blijken*, niet alleen dat zijne te goed zijnde gelden het beloop zijner schulden overtroffen, maar ook dat het gevraagd uitstel hem tot het voldoen zijner schuldeischers konde in staat stellen. Dit is het principe, van waar men mede bij de tegenwoordige regering, volgens het deswege bestaande besluit, en ook nu bij de voordragt dezer wet, is uitgegaan. Men ontkent niet de nuttigheid van dit middel in enkele gevallen; maar men ontveinst zich ook geenszins de moeijelijkheid van deszelfs billijke toepassing, noch de misbruiken welke maar al te vaak daaruit zijn voortgesproten. De beoordeeling dier nuttigheid is indedaad geene gemakkelijke zaak. Waaruit blijkt er volledig, vooral bij een summier onderzoek, en bij het verleenen der provisionele surseance, dat de koopman, die slechts een uitstel vraagt, waarlijk in staat is om te voldoen, en door dat uitstel geholpen wordt? Is het wel zoo ligt, niet alleen de waarheid der balans te onderzoeken, maar ook bovenal, of de daarop gebragte inschulden werkelijk de waarde hebben voor dewelke zij gesteld zijn, en of alzoo het resultaat der balans, dat er voor al de schulden genoegzaam fonds is, met de waarheid overeenstemt? Waardoor zal men geheel overtuigd worden, dat een uitstel den koopman, die de surseance vraagt, helpen zal? Deze en andere overwegingen van dienzelfden aard zouden dus in de daad de vraag kunnen doen ontstaan, of het wel wenschelijk en voegzaam zij van dit middel bij de nieuwe wetgeving gebruik en melding te maken? Na eene rijpe overweging, hebben de tegenwoordig zijnde leden der afdeeling echter vermeend, dat, overeenkomstig de voordragt, deze vraag, uit hoofde der bestaande omstandigheden en ingevoerde gewoonte, bevestigend mogt worden beantwoord, en het principe zelve, uit hoofde der nuttigheid in enkele gevallen (nuttigheid, welke in de zaak voor de schuldeischers zelve kan gelegen zijn) aangenomen; maar tevens, dat het middel van de meest mogelijke tegen misbruik behoedende bepalingen mogt worden vergezeld, en dat er daarom dan ook vooral zoude moeten gezorgd worden voor het vinden van strafbepalingen tegen hen, die op verdichte of verkeerde gronden het bedoelde middel ten hunnen gunste inroepen. En het is dit laatst ter nedergestelde, waarop de afdeeling dan ook meent de bijzondere aandacht van het Gouvernement nader te moeten inroepen.

Na deze algemeene bedenking, tot de onderscheidene artikelen overgaande, meent men, ook uit het hier boven opgegeven oogpunt, ten aanzien van art. 2 te mogen vragen: welk het criterium of kenmerk zal zijn van *algemeene en onvoorziene rampen?* als mede of het doel (zoo als men vaststelt uit het gebruik van het koppelwoord *en* voort te spruiten) niet zij om *algemeene en onvoorziene rampen*, te zamen gevoegd, als eene onafscheidelijke voorwaarde te beschouwen?

Ter gelegenheid van art. 3 is de vraag gerezen, of het hier eene geschikte gelegenheid zou kunnen geacht worden, om te spreken van strafbepalingen tegen verdichte of voorkomende opgaven; en waarbij in overweging wordt gegeven, om, bij eene zoodanige bevinding, den schuldenaar, aldus buiten staat zijnde de geheele schuld te voldoen, als bedrieglijken bankbreukige te doen beschouwen,

Op art. 6 wenscht men ingelicht te worden omtrent het doel van het hooren der schuldeischers. Zal het gevoelen derzelve van eenige verbindende kracht zijn? Zoo ja, in hoe verre; ook met betrekking tot de meerderheid en minderheid derzelve? Men meent dat dit bepaaldelijk behoort te worden uitgemaakt. Er is wel gezegd wat *vóór* en *na* de comparitie zal moeten geschieden, maar niet *bij* de comparitie zelve. Zal aan de schuldeischers al, of niet, overgelaten zijn, om de visie der boeken te vorderen? Zal de verzoeker zelve niet bij de comparitie moeten tegenwoordig zijn, tot het geven van inlichting? Zullen op de comparitie ook niet moeten benoemd worden de toeziende schuldeischers, waarvan in art. 9 gesproken wordt; en zal die benoeming door de gezamenlijke schuldeischers geschieden, of op welke andere wijze? Deze zijn de vragen, waartoe men meent dat het artikel aanleiding geeft, en waaromtrent men de vereischte bijvoeging zoude verlangen.

Op art. 9 schijnt mede eene zekere ontwikkeling en bijvoeging noodzakelijk, ter voorkoming van verkeerdheid. Een koopmanshuis op zekere firma staande, ofschoon niet de namen der deelhebbers behelzende, vraagt surseance. Die deelhebbers kunnen vaste goederen elders hebben. De annonce, alleen op naam der firma geschiedende, zou dus niet genoegzaam zijn om voortekomen dat iemand gelden op die goederen uitgaf, en deze zou op die wijze dupe kunnen worden. Ter vermijding daarvan zal, zoo men meent, kunnen strekken, dat de namen der deelhebbers van de bedoelde firma in de annonce worden uitgedrukt, en dat dezelve mede worde geplaatst in een der nieuwspapieren van de provincie, waar de vaste goederen gelegen zijn.

Op art. 10 vindt men in den franschen tekst het woord *empêche* tweemaal. Dit kan, zoo men meent, door het gebruik van het woordje *ni* verbeterd worden.

Op art. 11, § 3, zal in den eenen tekst moeten worden weggenomen eenige woorden, of die bij den anderen gevoegd, ten einde dezelve in overeenstemming te brengen.

Op art. 13 vraagt men, op de woorden *ten verzoeke van de schuldeischers*, of dit bedoelt dat de *geheele massa* der schuldeischers in dit verzoek moet zamenstemmen, of hoedanig anders?

Men hoopt dat deze bedenkingen tot de verlangde veranderingen zullen mogen leiden ; of, ingeval zij niet genoegzaam gegrond mogten worden bevonden, dat zulks bij de antwoorden zal worden aangetoond.

Aldus dit proces – verbaal goedgekeurd bij de vierde afdeeling, in de zitting van den 9den Februarij 1826.

L. VAN TOULON, *President.*

VIJFDE AFDEELING.

TITEL II.

Art. 1.

De afdeeling refereert zich, ten opzigte van dezen titel, aan de gemaakte algemeene aanmerking: dat rehabilitatie alleen dan te pas kan komen, wanneer de insolventie is verklaard.

Zoude de rehabilitatie niet kunnen worden toegestaan door de regtbank, die het faillissement heeft verklaard?

Art. 2.

De afdeeling vermeent, dat de schuldeischers moesten worden gehoord, en dat de wet tevens moest bepalen, welke meerderheid van schuld, en schuldeischers, vereischt wordt, om eene toestemming tot de rehabilitatie daartestellen.

TITEL III.

Art. 3.

Men oordeelt, dat bij het verzoek om surseance, zoude behooren te worden gevoegd brieven van voorschrijving van de arrondissements-regtbank, even als dezelve nu worden verleend door de plaatselijke besturen; daardoor zoude worden voorzien in het provisioneel toezigt, hangende het verzoek en toestaan der surseance.

Art. 10.

De alinea's komen niet overeen.

Art. 11.

Men vermeent, dat de bepaling van n°. 2 is begrepen onder n°. 5, en dus overbodig.

De sectie vraagt, of er geene bepalingen zullen worden gemaakt omtrent de verzoeken van cessie of boedel-afstand, mitgaders derzelver beheer en beredding; ook mede omtrent de verzoeken van atterminatie of respijt.

Men vertrouwt, dat door het invoeren van deze wet, de thans bestaande bepalingen komen te vervallen.

VAN DER GOES.

SECTION 6 D'OCTOBRE.

SÉANCE DU 4 FÉVRIER 1826.

CODE DE COMMERCE.

LIVRE III.

TITRE III.

La section, consultée sur la question de savoir s'il convient d'adopter le principe *du sursis de payement*, s'est prononcée pour l'affirmative; en faisant sentir en même temps la nécessité d'employer les mesures les plus efficaces contre l'abus que l'on peut faire de ce principe, soit dans l'obtention du sursis, soit dans son éxécution, au préjudice des créanciers.

Art. 2.

A la question de savoir s'il convient de restreindre la faculté du sursis à des commerçans, comme le propose cet article 2, la section a de même adopté *l'affirmative*.

Art. 4.

La cour provinciale exerçant sa jurisdiction sur une étendue de territoire considérable, en supposant même que chaque province *en aura* une, elle se trouvera trop souvent dans un grand éloignement de la demeure du débiteur et de tous ceux qui sont intéressés à la demande du sursis; et par là il y aura des déplacemens frayeux et des embarras multipliés. Pour ces raisons, la section demande que la haute cour renvoye la requête et les pièces au *tribunal d'arrondissement* du domicile du débiteur.

Résolu en section le 4 Février 1826.

(*Signé*) REYPHINS.

SEPTIÈME SECTION.

LIVRE III.

TITRE II.

L'art. 4 du second titre paroît trop rigoureux à quelques membres. Par exemple ne se pourrait - il pas qu'on eût refusé la réhabilitation à un tuteur ou administrateur parce qu'il n'à pas apuré ses comptes, quoiqu'il pensât de bonne foi l'avoir] fait, et qu'il fût à même de le faire dans la suite à la satisfaction du juge. Cependant d'après l'art. 4 il ne serait plus admis à en faire la demande.

TITRE III.

Le titre troisième, étant entièrement conforme à ce qui se pratique actuellement à cet égard, n'a fourni aucune remarque à la section, si ce n'est que dans le texte hollandais il n'y a, art. 11 n°. 4, que *huren en pachten*, tandis qu'en français il est dit: *loyers et fermages* des terres, maisons, et autres bâtimens.

Un membre croit qu'il pourrait se présenter des cas, où la prolongation du sursis serait nécessaire au-delà de la seconde année.

Un autre a demandé pourquoi la convocation de créanciers pour sursis se fait devant deux membres de la cour provinciale, tandis qu'il n'y en a qu'un de nommé pour le cas de faillite.

Fait à la date ci-dessus.

J. CORVER HOOFT, V. P.

REPONSES aux observations des sections de la 2° Chambre des États Généraux.

TITRE II.

De la réhabilitation.

On a satisfait à beaucoup d'observations par des corrections et changemens aux articles 1, 2, 3, 5 et 6 des deux textes.

1. Comme la réhabilitation est un acte important de sa nature, qui a pour objet de rendre l'honneur au failli et d'effacer une tache qui le privait de plusieurs avantages de la société, il a été nécessaire d'attribuer aux cours provinciales l'examen de telles demandes, et leur décision donne plus de poids dans l'opinion que ne le ferait celle d'un tribunal inférieur, ainsi que le demande une section.

2. L'article deux du présent titre n'exige point, comme l'article 605 du code français, que le demandeur joigne à sa requête des *quittances* ou autres pièces, justifiant qu'il a acquitté *intégralement* toutes les sommes dues, en principal, intérêts et frais; parce qu'une telle disposition peut être facilement éludée par les créanciers, qui donnent une quittance sans payement intégral, lorsqu'ils veulent favoriser le failli. C'est pourquoi on n'a exigé qu'une déclaration pure et simple du créancier, constatant qu'il est *satisfait*, n'importe de quelle manière; et l'on a pensé que, lorsque *tous* ont donné cette déclaration individuelle, l'intérêt public ne pourrait être aucunement blessé d'une réhabilitation qui en serait la suite.

3. A l'égard de la demande: si le failli pourrait encore fournir à la cour, avant la prononciation de l'arrêt, de nouvelles pièces, on ne croit pas qu'il puisse s'élever aucun doute sur ce point; et pourquoi ne pourrait-il pas appuyer sa requête par de nouveaux documens?

4. La section qui a demandé si les créanciers doivent être entendus par la cour, voudra bien remarquer que cette formalité est parfaitement inutile; car on ne peut admettre de réhabilitation, sans leur déclaration qu'ils ont été satisfaits.

5. L'on ne peut partager l'opinion de la section qui a trouvé trop de rigueur dans l'article 4 envers un tuteur ou administrateur, dont la demande en réhabilitation aurait été rejetée, pour n'avoir pas rendu et apuré son compte; parce qu'il doit s'imputer à lui-même d'avoir sollicité une réhabilitation sans s'être conformé au prescrit de l'art. 6 du présent titre. Le pétitionnaire savait qu'il avait géré une tutelle ou qu'il était comptable d'une administration, et pourquoi s'est-il exposé à un rejet en contrevenant à la loi?

Au surplus le rejet aura toujours pour objet le *fond* de la demande; car les cours provinciales ne le prononceront, qu'après que le failli n'aurait point produit les pièces et déclarations nécessaires et le Ministère public aura certainement soin d'avertir le demandeur, s'il manque un acte quelconque pour l'admission de sa requête.

6. L'article 614 du code français n'a point été inséré dans ce titre, parce qu'il présente une disposition, morale à la vérité, mais qui n'en est pas moins illusoire et inexécutable: les gens qui ont fait faillite sont connus, et ils ont beau se présenter à la bourse pour faire des opérations, ils sont repoussés par la confiance et la bonne foi publique; d'ailleurs, comment exécuter la mesure quand un failli se trouve dans une bourse éloignée du lieu de son domicile et où il est parfaitement inconnu? Quand une loi ne peut recevoir d'exécution, il vaut mieux ne pas la faire.

TITRE III.

Des sursis de payement.

On a satisfait à la majeure partie des observations faites dans les sections par des corrections et changemens aux articles 1, 2, 4, 5, 6, 7, 8, 9 et 10 du texte français et aux articles 1, 2, 4, 5, 6, 7, 8, 9, 10 et 11 du texte hollandais.

1. Les calamités dont parle l'article 2, doivent être générales et imprévues, et c'est à la haute cour d'apprécier les faits qui les caractérisent; on sait qu'une calamité, dans le sens de la loi, est un malheur public, qui se répand sur un pays ou une province et qui peut affecter la masse d'une population.

2. La section qui a pensé que la disposition de l'art. 3 n'était pas suffisante, et qu'il fallait, pendant le sursis, confier la gestion des affaires à un ou plusieurs créanciers du pétitionnaire, voudra bien observer qu'il ne s'agit pas ici d'une personne tombée en faillite, contre laquelle il faut des mesures sévères, mais d'un individu qui prévoit le moment où il se trouvera dans la possibilité de se libérer entièrement envers ses créanciers et qui n'a besoin que d'un délai pour les satisfaire; c'est pourquoi on n'a pas donné de curateur dans ce cas, ni jugé à propos de dessaisir le pétitionnaire de la gestion; et l'article 9 du présent titre donne une garantie suffisante aux créanciers à l'égard de toute espèce d'aliénation ou de faits contre leurs intérêts.

3. Il serait trop dur de considérer comme banqueroutier frauduleux celui qui ferait un faux exposé de sa situation: la requête qu'il présente pour obtenir un sursis est un acte volontaire de sa part, qui ne peut, tant qu'il n'est pas en faillite, le placer sur la ligne des criminels; tout ce qu'un faux exposé doit entraîner, c'est le rejet de la demande du pétitionnaire.

4. Au moyen du changement fait à l'article 4, l'adjonction réclamée à l'article 3 par une section, tendant à requérir des lettres de recommandation du tribunal, devient inutile. On voudra bien aussi remarquer que le tribunal de l'arrondissement du domicile du pétitionnaire donnera son avis sur le mérite de la requête; cette substitution du tribunal à la cour provinciale aura des effets salutaires dans l'intérêt de toutes les parties: elle diminuera d'abord les frais de déplacement, et le tribunal sera plus à portée de recueillir des renseignemens sur les individus que la cour provinciale, qui pourrait être placée sur un point trop éloigné.

5. Il a paru inutile d'ajouter à l'art. 6 que les créanciers seront entendus sur la requête; car il ne peut s'élever aucun doute que l'objet de la convocation est de les entendre, et l'on ne conçoit pas qu'ils puissent faire autre chose devant les juges commissaires; du reste, le changement faite à l'art 7 satisfait à l'observation.

6. Comme les créanciers ne sont appelés que pour donner des renseignemens sur la demande du pétitionnaire et guider le juge dans l'avis qu'il doit donner à la haute cour, il s'ensuit que leur opinion ne peut être décisive. Cela n'empêchera pas cependant qu'ils ne puissent faire des observations sur l'exposé de situation et les livres de l'impétrant, et il n'y a point de doute qu'on ne leur refusera pas alors l'inspection des registres. Au surplus il est impossible que, sauf le cas de l'art. 5, le tribunal nomme les créanciers surveillans lors de la convocation et comparution ; car la nomination a eu lieu lorsque le sursis provisoire a été accordé (art. 5), ou elle est faite après que le sursis définitif est accordé (art. 9).

7. D'après l'observation d'une section, la rédaction de l'art. 9 a été changée, tandis que le premier alinéa formera l'art. 10 ; et il en résultera plus d'ordre dans la marche de cette procédure et plus de clarté dans la disposition, qui est plus complète.

8. On n'a pas jugé utile d'ajouter à l'art. 9 les mots : *ou contracter des dettes* ; parce que, quand la loi dit que celui qui a obtenu un sursis, ne peut faire des actes d'administration, il s'ensuit à plus forte raison qu'il ne peut contracter des obligations pécuniaires sans l'assistance ou l'autorisation des créanciers surveillans.

9. La section qui a considéré le n°. 2 de l'art. 11 comme superflu, parce qu'elle le croit compris dans le n°. 5 du même article, voudra bien remarquer que dans le n°. 2 il s'agit d'une exécution *pour alimens* qui seraient dus à d'autres personnes par l'impétrant lui-même, comme à ses ascendans ou descendans ; tandis que le n°. 5 parle des créances résultant de fournitures *qui lui ont été faites* pour sa subsistance et celle de sa famille : dans le n°. 2 il doit fournir des alimens, dans le n°. 5 il doit payer des fournitures ; voilà la différence.

10. L'on ne peut partager l'opinion que le sursis doit profiter aux co-débiteurs ou cautions, et la disposition de l'article 12 a été rédigée dans des termes généraux, pour qu'il ne s'élève aucune contestation à cet égard.
Le sursis est, de sa nature, un bénéfice *purement personnel*, qui n'est susceptible d'aucune extension ; s'il en était autrement, il en résulterait de graves inconvéniens pour le commerce.
Le co-débiteur ne pourra donc invoquer de bénéfice de division, ni la caution celui de *discussion*, parce que le sursis est une exception *personnelle* à celui qui l'a obtenu.

11. L'art. 13 n'exige point, pour faire révoquer le sursis, que *tous* les créanciers agissent *en masse*; il suffit qu'il y ait mauvaise foi ou une tendance à porter préjudice, pour autoriser un ou plusieurs d'entre eux à former une demande en révocation du sursis.

12. Quant à *la cession de biens* et à *l'attermoiement*, qui ont fait l'objet d'une remarque d'une section, il en sera traité, soit dans les titres qui suppléeront le IVᵉ livre du code civil, soit dans le code de procédure civile, parce que ces matières ne concernent pas exclusivement les commerçans et que l'on devra parler dans un autre lieu des remèdes et délais que l'on pourrait accorder à des particuliers, comme les cultivateurs et autres, qui se trouveraient dans une gêne momentanée.

REPONSES

aux observations des sections de la 2ᵉ chambre des États-Généraux sur les titres IIᵉ et IIIᵉ du 3ème titre du code de commerce.

TITRE II, LIVRE III,

du code de commerce ; nouvelle rédaction.

Nous **GUILLAUME**, par la grâce de Dieu, ROI DES PAYS-BAS, PRINCE D'ORANGE-NASSAU, GRAND-DUC DE LUXEMBOURG, etc.; etc., etc.

A tous ceux qui les présentes verront, salut! savoir faisons:

Ayant pris en considération qu'aux termes de l'article 163 de la loi fondamentale, « il « y aura pour tout le Royaume un même code « civil, pénal, de commerce, d'organisation « du pouvoir judiciaire, et de procédure « civile et criminelle;"

A ces causes, notre Conseil d'État entendu, et de comun accord avec les États Généraux,

Avons statué, comme Nous statuons par les présentes, d'arrêter le titre suivant, pour faire partie du code de commerce du Royaume de Pays-Bas.

TITRE II.

De la réhabilitation.

Art. 1.

La demande en réhabilitation sera adressée par le failli à la cour provinciale dans le ressort de laquelle il sera domicilié.

Art. 2.

Le failli sera tenu de joindre à sa pétition la liste de tous ses créanciers, avec la déclaration de chacun d'eux, qu'il a été satisfait.

Art. 3.

La cour renverra la pétition et les pièces au Procureur-Général, lequel, après avoir recueilli les renseignemens qu'il jugera nécessaires, requerra qu'il soit rendu un arrêt portant admission, ou rejet, de la demande en réhabilitation.

Art. 4.

Si la demande est rejetée, elle ne pourra plus être reproduite.

Art. 5.

L'arrêt portant réhabilitation sera adressé au Ministère public près le tribunal dans l'arrondissement duquel le failli à son domicile.

Le tribunal, sur le réquisitoire du Ministère public, fera faire la lecture publique de l'arrêt et en ordonnera la transcription sur ses registres.

Art. 6.

Ne seront point admis à la réhabilitation, les stellionataires, les banqueroutiers frauduleux, les personnes condamnées pour fait de vol et d'escroquerie ou violation de dépôt ; ni les personnes comptables, telles que les tuteurs, administrateurs, aussi longtems qu'ils n'auront pas rendu et apuré leurs comptes.

Mandons et ordonnons

NOUVELLE RÉDACTION.

Nous GUILLAUME, par la grâce de Dieu, ROI DES PAYS-BAS; PRINCE D'ORANGE-NASSAU, GRAND-DUC DE LUXEMBOURG, ETC., ETC., ETC.

À tous ceux qui les présentes verront, salut! savoir faisons:

Ayant pris en considération qu'aux termes de l'article 163 de la loi fondamentale « il « y aura pour tout le Royaume, un même « code civil, pénal, de commerce, d'orga- « nisation du pouvoir judiciaire, et de pro- « cédure civile et criminelle'' ;

À ces causes, Notre Conseil d'État entendu, et de commun accord avec les États-Généraux;

Avons statué, comme Nous statuons par les présentes, d'arrêter le titre suivant, pour faire partie du code de commerce du Royaume des Pays-Bas.

TITRE III.

Du sursis de payement.

Art. 1.

Les sursis ne seront accordés que par la haute cour, et dans les cas et de la manière ci-après déterminés.

Art. 2.

Le sursis ne pourra être accordé qu'à des commerçans, qui, sans leur faute, par des événemens extraordinaires de guerre ou par d'autres calamités générales et imprévues, se trouvent dans l'impossibilité de se libérer actuellement envers leurs créanciers, mais qui, d'après leur bilan ou autres pièces probantes, peuvent établir qu'au moyen d'un délai ils pourront satisfaire entièrement leurs créanciers.

Art. 3.

La requête du pétitionnaire contiendra l'exposé des faits, accompagné d'un bilan en due forme, et la soumission de continuer la gestion des affaires, pendant la durée du sursis, sous la surveillance d'un ou de plusieurs de ses créanciers.

Art. 4.

La haute cour renverra la requête et les

pièces à l'avis du tribunal de l'arrondissement dans lequel le pétitionnaire est domicilié.

Art. 5.

Si le tribunal juge que le pétitionnaire se trouve dans le cas de l'art. 2 ci-dessus, il pourra accorder un sursis provisoire jusqu'à ce que la haute cour ait statué définitivement, et nommera provisoirement un ou plusieurs créanciers du pétitionnaire pour surveiller sa gestion.

Art. 6.

Soit que le tribunal accorde, ou non, le sursis provisoire, il ordonnera au pétitionnaire de convoquer ses créanciers pardevant deux de ses membres qu'il nommera, et au jour que ceux-ci indiqueront et qui ne pourra être prorogé pour aucun motif.

Cette convocation se fera par des annonces insérées deux fois dans les journaux que les commissaires auront désignés.

Art. 7.

Après le jour fixé pour entendre les créanciers, les commissaires feront incessamment leur rapport au tribunal, qui le transmettra avec son avis à la haute cour.

Art. 8.

Le sursis définitif ne pourra être accordé que pour une année, à dater du jour de la demande faite à la haute cour.

La prolongation de ce terme ne pourra avoir lieu qu'une seule fois, et pour une année, après avoir entendu de nouveau le tribunal et les créanciers dans la forme déterminée par les articles précédens.

Art. 9.

L'arrêt qui accorde le sursis sera transmis par la haute cour au tribunal d'arrondissement mentionné en l'art. 4, qui nommera, si le sursis provisoire n'a pas été accordé, un ou plusieurs créanciers surveillans.

L'arrêt et la nomination des créanciers surveillans sera publié par affiches à la maison commune du domicile de l'impétrant et à la bourse, et inséré par extrait dans un ou plusieurs journaux que l'arrêt désignera.

Si le sursis est accordé à une société en nom collectif, l'arrêt devra énoncer les noms de tous les associés.

Art. 10.

Celui qui a obtenu un sursis, ne peut

aliéner ni grever ses biens meubles ou immeubles, ni recevoir ni payer aucuns deniers,
ni faire des actes d'administration, sans l'assistance ou l'autorisation des créanciers surveillans.

Art. 11.

Pendant la durée du sursis, l'impétrant ne
peut être contraint à payer ses dettes purement personnelles ; toute exécution commencée, même par corps, cessera. Néanmoins
le sursis n'arrête pas le cours des procédures
intentées, et n'empêche pas qu'il en soit intenté de nouvelles.

Art. 12.

Le sursis n'arrête pas l'exécution à l'égard :
1°. Des hypothèques, gages et autres droits
réels.
2°. Des alimens.
3°. Des loyers et fermages des terres,
maisons et autres bâtimens.
4°. Des gages de domestiques et autres
serviteurs.
5°. Des créances résultant de fournitures
faites à l'impétrant, pour sa subsistance et
celle de sa famille, pendant les six mois antérieurs au sursis.

Art. 13.

Le sursis ne profite pas aux co-débiteurs
ou cautions.

Art. 14.

Si l'impétrant se rend coupable de mauvaise
foi pendant la durée du sursis, ou s'il cherche à préjudicier à ses créanciers, le sursis sera
révoqué par la haute cour, à la demande de
ces derniers, et après avoir entendu l'impétrant, ainsi que les créanciers surveillans.
Le sursis pourra être également révoqué
à la demande des créanciers surveillans, lorsqu'ils feront conster que, pendant la durée
du sursis, l'état des affaires de l'impétrant
est tellement détérioré, même sans sa faute,
que l'actif ne suffira pas pour acquitter intégralement les dettes.

Mandons et ordonnns

Nouvelle rédaction du titre, troisième livre III, du Code de Commerce.

REPONSES

aux observations des sections, sur la
nouvelle rédaction du titre VII livre
premier du Code de Commerce.

REPONSES aux observations des sections sur la nouvelle rédaction du titre VII, livre 1er du Code de Commerce.

1. Au moyen des changemens faits à l'art. 1 des deux textes, 18 du texte hollandais, 82 du texte français et 21, 84, 96 et 103 des deux textes, on espère avoir satisfait aux principales observations des sections à cet égard.

2. L'on ne peut satisfaire au vœu d'une section qui a désiré de changer l'inscription du présent titre de cette manière: *Du contrat de change et des lettres de change*, etc., et l'on a pensé que, la lettre de change étant l'exécution du contrat de change, il était inutile d'allonger l'intitulé du titre et de multiplier les explications doctrinales, en donnant une définition ou description du contrat de change outre celle de la lettre de change. On a omis dans cet article les mots *en forme de lettre* dont s'est servi le célèbre POTHIER dans sa définition de la lettre de change.

3. Quant à l'observation faite sur l'article 3, on remarque que, la prétendue lettre de change n'étant réputée que simple promesse à cause de la supposition de nom ou de lieux, elle ne peut changer de nature en passant d'une main à l'autre par un endossement ; et l'on a ajouté les mots *même à l'égard de tiers*, parce que quelques tribunaux ont appliqué cette disposition dans un sens contraire à l'esprit et à la lettre de l'art. 112 du code français.

Cette disposition, qui est énoncée en termes généraux dans le code actuel, a été établie contre les usuriers qui exigeaient des lettres de change simulées des jeunes gens ou des personnes prodigues ou nécessiteuses, auxquels ils prêtaient de l'argent, afin de pouvoir exercer la contrainte par corps ; or cette disposition si salutaire deviendrait inutile et illusoire, si le tiers à qui cette promesse a été endossée, qui est presque toujours de bonne foi et ignore la fraude, pouvait la faire valoir avec tous les privilèges attachés à la lettre de change.

On voudra bien aussi ne pas perdre de vue que la loi n'a pas déclaré *nulles* ces sortes de lettres de change ; elle a seulement voulu qu'elles fussent considérées comme des simples promesses.

Si elles ont été signées par un commerçant, c'est comme si elles portaient le nom de lettres de change ou de reconnaissance, parce que dans les deux cas le porteur a le droit de la contrainte par corps contre le signataire.

Mais lorsque le signataire n'est point commerçant, la loi doit veiller à ce qu'il ne soit pas lésé par des engagemens masqués sous certains formes, pour lui faire perdre la liberté de sa personne.

La même chose s'applique aux endosseurs pour autant qu'il se trouve parmi eux des négocians, en ce qu'il ne leur soit point porté préjudice par cette disposition de la loi.

Toutes les personnes qui ont de l'expérience dans le commerce, savent que ces sortes de lettres de change y ont toujours été considérées sous un point de vue défavorable.

4. Comme l'article 5 du premier projet avait fait naître une divergence d'opinions, pour savoir s'il y avait une *vente* ou un *échange*, la rédaction en

a été changée en etablissant d'une manière invariable que les obligations des parties sont, dans tous les cas, les mêmes qu'entre le vendeur et l'acheteur.

5. Quant à l'observation faite par une section sur l'article 13, on se réfère à la réponse deja faite à cet égard.

6. L'on n'a pas jugé utile de rayer, à l'article 37, la date de l'endossement, parce que la date offre une garantie contre des abus possibles.

7. L'article 38 ne présente point d'obscurité, et l'on pense que la volonté du législateur y est clairement exprimée.

8. L'on n'a pu admettre le changement proposé a l'art. 39, parce que cet article exprime l'objet d'une manière plus juridique que la rédaction projetée par la section.

9. On observe à l'égard de l'art. 42 qu'il n'est pas toujours vrai que le mandat finit par la mort du mandant : il y a des cas où il peut se prolonger après son décès ; au surplus, on ne doit pas perdre de vue la disposition finale de cet article, par laquelle l'accepteur s'oblige de payer, obligation dont il ne peut être relevé aux termes de l'art. 21.

10. On a pensé qu'il ne fallait point parler à l'art. 55 des *fêtes légales*, parce que ces jours ne sont pas les mêmes dans les différens cultes du Royaume ; et l'on s'est borné au *dimanche*, qui est un jour de repos généralement consacré. On n'a pu statuer que le protêt serait fait dans les trois jours après l'échéance, parce que cette disposition aurait introduit des jours de grâce, contre le voeu des sections.

11. On a satisfait au voeu des sections en rayant l'art. 69, et il s'ensuit que la loi abandonne à la sagesse des tribunaux toutes les questions qui pourront s'élever à cet égard ; au surplus la radiation de cet article ne fait pas cesser la règle générale *qui accepte paye*, énoncée à l'art. 21 du présent titre.

12. Comme on n'a point trouvé dans l'article 85 le mot *entièrement*, la radiation demandée n'a pu être faite.

13. L'adjonction demandée à l'article 86 par une section n'a pas été jugée utile, parce qu'elle eût été contraire aux principes qui ont été développés dans la dernière discussion pour justifier les dispositions des deux derniers alinéa de cet article.

14. Le rechange, dont il est parlé à l'art. 87, doit être effectué d'après le cours du change à l'époque de la retraite ; il n'y a aucune équivoque sur ce point, la disposition le dit expressément et il ne peut certainement pas y avoir contestation dans le cas.

Réponses aux observations des sections, rélativement le titre de la propriété.

RÉPONSES aux observations des sections, relativement le titre de la propriété.

Le sens de l'art. 20 est parfaitement dévéloppé par la majorité de la première section, et l'on ne saurait se persuader qu'il soit possible d'attribuer un autre sens au mot *simultané* que celui-ci , *que le propriétaire recevra son indemnité au même instant où il perd sa propriété.*

On a changé la rédaction française en lisant après les mots *d'y prendre part* ce qui suit :

« et s'ils refusent ou restent en défaut d'y satisfaire , ils pourront être
« expropriés.

On répond à une observation de la 4e section , qu'on ne saurait exprimer plus clairement, que le propriétaire recevra à titre d'indemnité la valeur des terrains, comme *terrains submergés* ou dans *leur état de submersion*, et certes le propriétaire n'aura pas le droit d'exiger au-déla de cette valeur à l'époque de l'expropriation.

En dernier lieu l'on n'a pu trouver le motif , qu'un titre *du code civil*, déjà adopté deux fois par la 2e Chambre par une forte majorité et qui ne doit son dernier rejet qu'à la disposition de l'art. 19 , pourrait ne pas être adopté, après que le Roi a satisfait dans le sens le plus étendu au désir de la Chambre , et si ce titre ne contient aucuno disposition qui offre des difficultés, on ne peut prévoir un rejet sur le motif, qu'il n'est pas accompagné d'une *loi spéciale* ne formant pas une partie *du code* , d'autant moins que par la disposition finale de l'art. 20 du présent titre à l'égard de l'indemnité simultanée, le Roi a manifesté de nouveau les principes généraux qui se guident dans la matière des indemnités.

Le Roi a donc lieu d'insister aux termes de la loi fondamentale, que le titre soit examiné et jugé en lui-même et abstraction faite d'autres dispositions législatives.

REPONSES

aux observations des sections, sur le titre 9 du livre 2, du code de commerce, *Des Assurances.*

REPONSES aux observations des sections, sur le titre 9 du livre 2, du code de commerce, *Des Assurances.*

On a vu avec satisfaction que les changemens faits dans le nouveau projet ont été approuvés par la plupart des sections, et l'on observe que le vrai sens de l'article 57 a été développé avec beaucoup de clarté par la 1re. section.

L'article 62 de l'ancien projet a été omis, par le motif que les livres, factures, etc. sont compris dans les *moyens de preuve* mentionnés au dernier alinéa de l'article 57.

A l'égard de l'article 89 du premier projet (84 du projet actuel), on se réfère aux réponses qui ont été données sous les n°. 43 et 45.

L'on n'a pu se borner dans ce titre aux assurances maritimes, parceque la chambre, en adoptant le titre 1 du premier livre, a décidé (sur l'observation de plusieurs sections) que TOUTES les assurances seraient réputées actes de commerce.

L'on voudra d'ailleurs ne pas perdre de vue, que le commerce est fortement intéressé aux assurances sur marchandises transportées par terre et par eau, ou par la poste, et particulièrement aux nombreux contrats de ce genre contre l'incendie de magasins ou dépôts, dans lesquels sont déposées des marchandises et des objets nécessaires à la navigation; et l'on observe en outre que les assurances, de quelque nature qu'elles soient, doivent, *quant à l'assureur*, toujours être rangées parmi les actes de commerce.

On remarque finalement, à l'égard de l'article 65 du premier projet, que les produits de plantations doivent nécessairement avoir un prix quelconque sur les lieux, parce qu'il arrive journellement que ces produits sont expédiés pour l'Europe en payement de dettes, et que par conséquent il est indispensable qu'ils soient évalués sur le lieu de l'expédition.

MESSAGE DE SA MAJESTE,

concernant une nouvelle rédaction du 3e. livre du commerce.

NOBLES ET PUISSANS SEIGNEURS!

Pour faire suite à Notre Message du 20 Octobre dernier, Nous transmettons ici à vos Nobles Puissances une nouvelle rédaction du *troisième* livre du code de commerce, renfermé en *trois* projets de lois, et ce pour remplacer dans vos délibérations celle présentée à votre assemblée le 24 Octobre 1824.

Sur ce, Nobles et Puissans Seigneurs, Nous prions Dieu qu'il vous ait en en sa sainte et digne garde.

La Haye, le 21 Décembre 1825.

TITRE II.
CODE DE COMMERCE.

NOUS GUILLAUME, *par la grâce de Dieu*, ROI DES PAYS-BAS, PRINCE D'ORANGE-NASSAU, GRAND-DUC DE LUXEMBOURG, *etc.*, *etc.*, *etc.*

A tous ceux qui les présentes verront, salut! savoir faisons:

Ayant pris en considération qu'aux termes de l'article 163 de la loi fondamentale, « il « y aura pour tout le Royaume un même code « civil, pénal, de commerce, d'organisation « du pouvoir judiciaire, et de procédure civile « et criminelle; »

A ces causes, Notre Conseil d'État entendu, et de commun accord avec les États-Généraux,

Avons statué, comme Nous statuons par les présentes, d'arrêter le titre suivant pour faire partie du code de commerce du Royaume des Pays-Bas.

TITRE II.

De la réhabilitation.

Art. 1.

Toute demande en réhabilitation de la part du failli, sera adressée à la cour provinciale dans le ressort de laquelle il sera domicilié.

Art. 2.

Le demandeur sera tenu de joindre à sa pétition la liste des créanciers mentionnée en l'art. 42 du titre de la faillite, ainsi que les pièces constatant que ses créanciers ont été satisfaits.

Art. 3.

La cour renverra la pétition et les pièces au procureur-général, lequel, après avoir recueilli les renseignemens qu'il jugera nécessaires, fera rendre un arrêt portant admission, ou rejet de la demande en réhabilitation.

Art. 4.

Si la demande est rejetée, elle ne pourra plus être reproduite.

Art 5.

L'arrêt portant réhabilitation sera adressé au ministère public près le tribunal dans l'arrondissement duquel le failli a son domicile.

Le tribunal en fera faire la lecture publique, et la transcription sur les registres.

Art. 6.

Ne seront point admis à la réhabilitation, les stellionataires; les banqueroutiers frauduleux; les personnes condamnées pour fait de vol et d'escroquerie ou violation de dépôt; ni les personnes comptables, telles que les tuteurs, administrateurs, aussi longtems qu'ils n'auront pas rendu ou apuré leurs comptes.

TITRE III.
CODE DE COMMERCE.

L'arrêt qui accorde le sursis, sera publié par affiches à la maison commune du domicile de l'impétrant et à la bourse, et inséré par extrait dans un ou plusieurs journaux que l'arrêt désignera.

Art. 10.

Pendant la durée du sursis, l'impétrant ne peut être contraint à payer ses dettes purement personnelles, toute exécution commencée, même par corps, cessera; néanmoins le sursis n'empêche point le cours des procédures intentées, et n'empêche pas qu'il en soit intenté de nouvelles.

Art. 11.

Le sursis n'arrête pas l'exécution à l'égard :

1°. Des hypothèques, gages et autres droits réels.

2°. Des alimens.

3°. Des loyers et fermages des terres, maisons et autres bâtimens.

4° Des gages de domestiques et autres serviteurs.

5°. Des créances résultant de fournitures faites à l'impétrant pour sa subsistance et celle de sa famille pendant les six mois antérieurs au sursis.

Art. 12.

Le sursis ne profite pas aux co-débiteurs ou cautions.

Art. 13.

Si l'impétrant se rend coupable de mauvaise foi pendant la durée du sursis, ou s'il cherche à préjudicier à ses créanciers, le sursis pourra être révoqué par la haute cour, à la demande de ces derniers, et après avoir entendu l'impétrant, ainsi que les créanciers surveillans.

Le sursis pourra être également révoqué à la demande des créanciers surveillans, lorsqu'ils feront conster que, pendant la durée du sursis, l'état des affaires de l'impétrant est tellement détérioré, même sans sa faute, que l'actif ne suffira pas pour acquitter intégralement les dettes.

Mandons et ordonnons etc.

Nous GUILLAUME, *par la grâce de Dieu,*

ROI DES PAYS-BAS, PRINCE

D'ORANGE-NASSAU, GRAND-DUC

DE LUXEMBOURG, *etc., etc., etc.*

A tous ceux qui les présentes verront, salut ! savoir faisons :

Ayant pris en considération qu'aux termes de l'article 163 de la loi fondamentale « il « y aura pour tout le Royaume, un même « code civil, pénal, de commerce, d'orga- « nisation du pouvoir judiciaire, et de pro- « cédure civile et criminelle ; »

A ces causes Notre Conseil d'Etat entendu et de commun accord avec les Etats Généraux,

Avons statué, comme Nous statuons par les présentes, d'arrêter le titre suivant, pour faire partie du code de commerce du Royaume des Pays-Bas.

TITRE III.

Du sursis de payement.

Art. 1.

Les sursis seront accordés par la haute cour, dans les cas et de la manière ci-après déterminés.

Art. 2.

Le sursis ne pourra être accordé qu'à des commerçans qui, sans leur faute, par des événemens extraordinaires de la guerre, ou par d'autres calamités générales et imprévues, se trouvent dans l'impossibilité de se libérer actuellement envers leurs créanciers, mais qui, d'après leur bilan ou autres pièces probantes, peuvent établir qu'au moyen d'un délai ils pourront satisfaire entièrement leurs créanciers.

Art. 3.

La requête du pétitionnaire contiendra l'exposé des faits, accompagné d'un bilan eu due forme, et la soumission de continuer la

gestion des affaires, pendant la durée du sursis, sous la surveillance d'un ou plusieurs de
ses créanciers.

Art. 4.

La haute cour renverra la requête et les
pièces à l'avis de la cour provinciale, dans le
ressort de laquelle le pétitionnaire est domicilié.

Art. 5.

Si la cour provinciale juge que le pétitionnaire se trouve dans le cas de l'art. 2 ci-dessus, elle pourra accorder un sursis provisoire,
jusqu'à ce que la haute cour ait statué définitivement, et nommera provisoirement un ou
plusieurs créanciers du pétitionnaire pour gérer avec lui.

Art. 6.

Soit que la cour provinciale accorde, ou
non, le sursis provisoire, elle ordonnera au
pétitionnaire de convoquer ses créanciers pardevant deux de ses membres qu'elle nommera,
et au jour que ceux-ci indiqueront et qui ne
pourra être prorogé pour aucun motif.

Cette convocation se fera par des annonces
insérées deux fois dans les journaux que les
commissaires auront désignés.

Art. 7.

Après le jour fixé pour la comparition des
créanciers, les commissaires feront incessamment
leur rapport à la cour, qui le transmettra
avec son avis à la haute cour.

Art. 8.

Le sursis définitif ne pourra être accordé
que pour une année, à dater du jour de la
demande faite à la haute cour.

La prolongation de ce terme ne pourra avoir
lieu qu'une seule fois, et pour une année,
après avoir entendu de nouveau la cour
provinciale et les créanciers.

Art. 9.

Celui qui a obtenu un sursis, ne peut aliéner ni grever ses biens meubles ou immeubles,
ni recevoir ni payer aucuns deniers, ni faire
des actes d'administration, sans l'assistance ou
l'autorisation des créanciers surveillans.

Nous GUILLAUME, par la grâce de Dieu, ROI DES PAYS-BAS, PRINCE D'ORANGE-NASSAU, GRAND - DUC DE LUXEMBOURG, ETC., ETC., ETC.

A tous ceux qui les présentes verront, salut! savoir faisons:

Ayant pris en considération qu'aux termes de l'article 163 de la loi fondamentale, « il « y aura pour tout le Royaume, un même « code civil, pénal, de commerce, d'orga- « nisation du pouvoir judiciaire, et de pro- « cédure civile et criminelle; »

A ces causes, Notre Conseil d'État enten- du, et de commun accord avec les États Généraux,

Avons statué, comme Nous statuons par les présentes, d'arrêter le titre suivant, pour faire partie du code de commerce du Royaume des Pays-Bas.

LIVRE III.

De la faillite, de la réhabilitation, et du sursis de payement.

TITRE Ier

De la faillite.

SECTION 1ère.

Dispositions générales.

Art. 1er.

Tout commerçant qui cesse ses payemens, est en état de faillite.

Art. 2.

Tout commerçant qui se trouve dans l'un des cas de faute grave ou de fraude, prévus par le code pénal, est en état de banque-route.

A

Art. 3.

Tout commerçant qui cesse ses payemens, sera tenu d'en faire la déclaration dans les trois jours à compter de celui de la cessation de payement.

La déclaration sera faite au greffe du tribunal de l'arrondissement dans lequel le failli a son domicile.

En cas de faillite d'une société en nom collectif, la déclaration du failli contiendra le nom et l'indication du domicile de chacun des associés.

Art. 4.

L'ouverture de la faillite est déclarée par le tribunal d'arrondissement, qui fixera son époque à la date, soit de la déclaration faite par le failli, soit de sa retraite, soit de la clôture de ses magasins, soit de la vente judiciaire de ses meubles ou de la mise à exécution d'une contrainte par corps, pourvu que dans l'un et l'autre cas il s'agisse de dettes commerciales.

Néanmoins les faits ci-dessus mentionnés ne constateront l'ouverture de la faillite qu'autant qu'il y aura effectivement cessation de payement.

Art. 5.

Le jugement qui déclare l'ouverture de la faillite, ne pourra en reporter l'époque à plus de trente jours avant celui de la prononciation.

Art. 6.

A compter du jour de la prononciation de ce jugement, le failli est dessaisi de plein droit de la disposition et de l'administration de tous ses biens.

Art. 7.

Nul ne pourra acquérir hypothèque sur les biens du failli pour dettes de commerce dans les trente jours qui précèdent l'ouverture de la faillite.

Art. 8.

Toutes les sommes payées par le failli dans les trente jours qui précèdent l'ouverture de la faillite, pour dettes commerciales non échues à l'époque du payement, sont rapportées.

Art. 9.

Tous actes translatifs de propriété mobilière ou immobilière faits par le failli, à titre gratuit, dans les 30 jours qui précèdent l'ouverture de la faillite, sont nuls et sans effet relativement à la masse des créanciers.

Art. 10.

Tous actes translatifs de propriété mobilière ou immobilière à titre onéreux, tous engagemens, tous payemens faits à quelle époque que ce soit, sont susceptibles d'être annullés sur la demande des créanciers, s'ils prouvent qu'il y a eu fraude de part et d'autre.

Art. 11.

Tous actes ou engagemens pour fait de commerce, contractés par le débiteur dans les vingt jours qui précèdent l'ouverture de la faillite, sont présumés frauduleux quant au failli ; ils sont nuls, lorsqu'il est prouvé qu'il y a eu fraude de la part des autres contractans.

Art. 12.

La faillite rend exigibles, à l'égard du failli *seul*, les dettes passives non échues.

SECTION 2ème

De l'apposition des scellés, et autres mesures provisoires.

Art. 13.

Le tribunal, en déclarant l'ouverture de la faillite, ordonnera par le même jugement l'apposition des scellés, et nommera un de ses membres commissaire de la faillite et un curateur provisoire.

Expédition de ce jugement sera sur le champ adressée au juge de canton.

Art. 14.

Le jugement sera exécutoire nonobstant opposition ou appel.

L'opposition ne sera recevable de la part du failli, que pendant la huitaine après le jour de l'affiche ; et de la part des créanciers ou

A 2

autres intéressés, que pendant la quinzaine
après la même époque.

Art. 15.

Le tribunal d'arrondissement pourra, par
le même jugement, ordonner le dépôt du
failli dans la maison d'arrêt pour dettes, ou
la garde de sa personne par un huissier ou
un agent de la force publique.

Art. 16.

Il pourra également, sur le rapport du juge-
commissaire, ordonner sa mise en liberté pure
et simple, ou sous caution de se représenter ;
dans le dernier cas, la somme à payer par la
caution sera arbitrée par le tribunal, et tour-
nera, le cas échéant, au profit des créanciers
du failli.

Art. 17.

Les scellés seront apposés sur les magasins, comptoirs, caisses, portefeuilles, livres,
registres, papiers, meubles et effets du failli.

Art. 18.

Si la faillite est faite par une société en
nom collectif, les scellés seront apposés, non
seulement dans le principal manoir de la société,
mais dans le domicile séparé de chacun des
associés solidaires

Art. 19.

Le juge de canton pourra aussi apposer les
scellés sur notoriété publique.

Art. 20.

Dans tous les cas, le juge de canton
adressera sans délai au tribunal le procès
verbal de l'apposition des scellés.

Art. 21.

Le curateur provisoire devra être nommé,
de préférence, parmi les créanciers présumés ; et à défaut de créanciers qui pourraient
convenablement remplir ces fonctions, parmi
d'autres personnes, qui offriraient le plus de
garantie pour la fidélité de leur gestion.
Nul ne pourra être nommé curateur deux

fois dans le cours de la même année, à moins qu'il ne soit créancier.

Art. 22.

Le jugement sera affiché par extrait, à la diligence du curateur provisoire, dans les trois jours de sa nomination :

1°. A la porte du domicile du failli.

2°. A la porte extérieure du local où siége le tribunal et à la bourse, s'il y en a une dans le lieu du domicile du failli.

L'apposition de l'affiche sera constatée par l'huissier au bas de l'expédition du jugement.

L'extrait sera en outre inséré dans un des journaux imprimés dans le lieu où siége le tribunal, et, à défaut, dans un de ceux imprimés dans la province.

Art. 23.

Le juge-commissaire surveillera le curateur provisoire, et fera au tribunal rapport de toutes les contestations que la faillite pourra faire naître, et qui sont de la compétence de ce tribunal.

Art. 24.

Le curateur est révocable par le tribunal qui l'aura nommé.

Art. 25.

Le curateur ne pourra faire aucune fonction, avant d'avoir prêté serment, devant le juge-commissaire, de bien et fidèlement s'acquitter des fonctions qui lui sont attribuées.

SECTION 3ème.

Des fonctions du curateur provisoire.

Art. 26.

Si, après la nomination du curateur provisoire et la prestation du serment, les scellés n'avaient point été apposés, il requerra le juge de canton d'y procéder sans délai.

Il requerra ensuite la levée des scellés et procédera à l'inventaire des biens du failli.

A 3

Il pourra se faire aider, pour l'estimation, par qui il jugera convenable.

L'inventaire sera fait par le curateur provisoire, à mesure que les scellés seront levés et en présence du juge de canton, le failli duement appellé.

Art. 27.

Le curateur pourra requérir, même avant la confection de l'inventaire, que les livres du failli lui soient remis par le juge de canton, qui les arrêtera, et constatera sommairement par son procès-verbal l'état dans lequel ils se trouveront.

Il pourra également requérir, après la description sur le procès-verbal du juge de canton, la délivrance des effets qui seront à courte échéance ou susceptibles d'acceptation, pour en faire le recouvrement; le bordereau en sera remis au commissaire.

Le curateur recevra les autres sommes dues au failli, et sur ces quittances devront être visées par le juge commissaire, les lettres adressées au failli, seront remises au curateur qui les ouvrira, si le failli est présent, il pourra assister à leur ouverture.

Art. 28.

Le curateur fera vendre les denrées et marchandises sujettes à dépérissement prochain, après avoir exposé ses motifs au juge-commissaire et obtenu son autorisation.

Les marchandises non dépérissables ne pourront être vendues par le curateur, qu'avec la permission du tribunal et sur le rapport du juge-commissaire.

Art. 29.

Les deniers provenant des ventes et des recouvremens seront versés, sous la déduction des dépenses et frais, dans une caisse à double serrure; une des clefs sera remise au curateur, et l'autre à celui d'entre les créanciers que le juge commissaire aura préposé à cet effet.

Art. 30.

Tous les quinze jours le bordereau de situation de la caisse de la faillite sera remis au juge-commissaire, qui pourra, sur la demande du curateur et à raison des circonstances, ordonner, pour le profit de la masse, le versement de tout ou partie des fonds à la caisse des consignations.

Art. 31.

Le retirement des fonds versés à la caisse des consignations se fera en vertu d'une ordonnance du juge-commissaire.

Art. 32.

A compter de son entrée en fonctions, le curateur sera tenu de faire tous actes pour la conservation des droits du failli sur ses débiteurs.

Il sera aussi tenu de requérir l'inscription hypothécaire sur les immeubles des débiteurs du failli, s'il a des titres suffisants à cet effet ; l'inscription sera reçue au nom du curateur, qui joindra à ses bordereaux un extrait du jugement qui l'aura nommé.

Art. 33.

Le failli qui aura, avant la déclaration de la faillite, préparé son bilan, le remettra au curateur provisoire dans les vingt quatre heures de son entrée en fonctions.

Art. 34.

Le bilan devra contenir l'énumération et l'évaluation de tous les effets mobiliers et immobiliers du débiteur, l'état des dettes actives et passives ; le tableau des profits et des pertes, le tableau des dépenses ; le bilan devra être certifié véritable, daté et signé par le débiteur.

Art. 35.

Si, à l'époque de l'entrée en fonction du curateur provisoire, le failli n'avait pas préparé son bilan, il sera tenu d'y procéder, par lui-même ou par son fondé de pouvoir, en présence du curateur ou de la personne que celui-ci aura préposée.

Les livres et papiers du failli lui seront à cet effet communiqués, sans déplacement.

Art. 36.

Dans tous les cas où le bilan n'aurait pas été rédigé, soit par le failli, soit par un

fondé de pouvoir, le curateur procédera lui-
même à la formation du bilan, au moyen
des livres et papiers du failli, et au moyen
des informations et renseignemens qu'il pourra
se procurer auprès de la femme du failli,
de ses enfans, de ses commis ou autres employés.

Art. 37.

A compter de l'entrée en fonction du curateur, toute action civile, intentée avant la
faillite ou à intenter après contre la personne
et les biens du failli, ne pourra être suivie
ou intentée que contre le curateur.

Celui-ci ne pourra intenter ni poursuivre
aucune action au nom de la masse, ni défendre à aucune action ou poursuite contre la
masse, qu'avec l'autorisation du juge commissaire.

SECTION 4ème.

De l'assemblée des créanciers.

Art. 38.

Lorsque les formalités ci-dessus prescrites
auront été accomplies, le juge-commissaire
ordonnera sans délai la convocation des créanciers connus et inconnus du failli, pour
délibérer sur le concordat à présenter par le
failli; ou pour former un contrat d'union.

Il fixera les jour, heure et lieu de l'assemblée, avec un intervalle de quarante jours
au moins et de soixante jours au plus, entre
la date de son ordonnance et le jour de
la réunion des créanciers.

Art. 39.

La convocation sera faite par le curateur
provisoire dans les cinq jours, à dater de celui de l'ordonnance du juge-commissaire, par
lettres missives, adressées aux créanciers
connus, et à l'égard des créanciers inconnus,
par affiches à la bourse et insertion dans un
ou plusieurs journaux désignés par le juge-
commissaire.

Art. 40.

Si le failli désire proposer un concordat,
il en déposera le projet au greffe du tribunal

quinze jours avant celui fixé pour l'assemblée des créanciers.

Art. 41.

L'assemblée des créanciers sera présidée par le juge-commissaire; le curateur provisoire y sera présent, le failli pourra également y assister, en personne ou par un fondé de pouvoir.

Art. 42.

Le juge-commissaire fera donner à l'assemblée lecture de la liste des créanciers, dressée d'avance par le curateur provisoire, sur laquelle seront encore inscrits, séance tenante, les créanciers inconnus qui se présenteront; cette liste contiendra, outre les noms des créanciers leur demeure ainsi que le montant et, la nature de leurs créances; cette liste sera arrêtée et signée par le juge commissaire, et mention en sera faite au procès verbal.

Art. 43.

S'il ne s'élève aucune contestation sur l'admission des créances portées sur la liste, elles seront tenues pour vérifiées, et le juge-commissaire invitera l'assemblée à délibérer sur le concordat présenté par le failli.

Art. 44.

Le concordat ne s'établira que par le concours d'un nombre de créanciers formant les deux tiers, et représentant en outre les trois quarts des créances non privilégiées ni hypothécaires, ou formant les trois quarts des créanciers et représentant les deux tiers des créances.

Art. 45.

Les créanciers privilégiés ou hypothécaires n'auront point de voix dans la délibération sur le concordat, à moins qu'ils ne renoncent à leur droit de préférence.

Art. 46.

Le concordat, s'il est consenti, sera, à peine de nullité, signé séance tenante; si les trois quarts des créanciers présents à l'assemblée,

A 5

mais ne représentant pas les deux tiers des créances, consentent au concordat, la délibération sera remise à huitaine pour tout délai, sans nouvelle convocation.

Si le failli, sans avoir déposé au greffe son projet de concordat conformément à l'art. 40 ci-dessus, ne le présente qu'à l'assemblée, la délibération pourra être également remise à huitaine, pourvu que tous les créanciers présents y consentent.

Art. 47.

Les créanciers opposans au concordat seront tenus de faire signifier leurs oppositions au curateur provisoire et au failli, dans la huitaine *pour tout délai.*

Art. 48.

Le concordat sera soumis à l'homologation du tribunal dans la huitaine du jugement sur les oppositions, s'il y en a eu, ou dans la huitaine après le dernier jour utile, pour former opposition; l'homologation rendra le concordat obligatoire pour tous les créanciers non privilégiés ou hypothécaires.

Art. 49.

Le tribunal pourra, pour cause d'inconduite ou de fraude, refuser, même d'office, l'homologation du concordat, et dans ce cas le failli sera renvoyé devant le ministère public.

Art. 50.

Après l'homologation le curateur provisoire rendra compte au failli en présence du juge-commissaire, qui renverra à l'audience les contestations qui pourraient s'élever sur ce compte.

Le curateur provisoire remettra ensuite au failli l'universalité de ses biens, ses livres, papiers et effets: le failli en donnera décharge; les fonctions du curateur cesseront, et il sera du tout dressé procès verbal par le juge-commissaire.

Art. 51.

S'il n'intervient point de concordat, les créanciers présens à l'assemblée formeront, à la majorité individuelle des voix, un contrat

d'union ; ils nommeront un ou plusieurs curateurs définitifs, qui seront chargés de liquider la masse conformément à la section suivante.

Art. 52.

Si, dans l'assemblée des créanciers formée
conformément aux dispositions ci-dessus, l'admission d'une ou de plusieurs créances est
contestée, et si le juge-commissaire ne
peut parvenir à concilier les parties, il en
fera mention au procès-verbal, renverra les
parties à une audience qu'il fixera, sans qu'il
soit besoin d'assignation, et remettra l'assemblée à un autre jour ultérieurement à indiquer.
Le procès verbal énoncera le domicile que
les parties seront tenues d'élire dans le lieu
où siége le tribunal, à moins qu'elles n'y
soient domiciliées ; à défaut de cette élection,
tous exploits pourront leur être signifiés
au greffe.

Art. 53.

Le curateur provisoire sera tenu d'intervenir en cause pour la conservation des droits
de la masse ; le tribunal statuera sur toutes
les contestations par un seul et même
jugement.

Art. 54.

Lorsque ce jugement sera passé en force
de chose jugée, le juge-commissaire ordonnera
sans délai une nouvelle convocation des
créanciers, avec un intervalle de vingt jours
au moins et de trente jours au plus, à dater
de son ordonnance, afin de délibérer sur
le concordat ou de former un contrat
d'union.

Art. 55.

La convocation sera faite par le curateur
provisoire, conformément aux dispositions de
l'article 39 ci-dessus.

Art. 56.

Dans cette assemblée le juge-commissaire
fera donner lecture de la liste des créanciers,
dressée conformément à l'art. 42 et arrêtée par
lui conformément au jugement rendu sur les
contestations.
Si des créanciers encore inconnus se présentent et si leurs créances ne sont pas contestées, ils seront également portés sur la liste
et ils concourront avec les autres à la forma-

tion du concordat, ou du contrat d'union,
sans qu'ils soient recevables à contester les
créances antérieurement admises.

Si leurs créances sont contestées, ils n'auront pas le droit de délibérer ; mais ils joui-
ront, après avoir fait admettre leurs créances
en justice, des effets du concordat ou des répartitions faites et à faire par suite du contrat d'union.

Art. 57.

Les créanciers qui ne se présenteront
qu'après la formation du concordat ou du
contrat d'union, ne prendront part qu'aux répartitions postérieures à leur demande en
justice, sans qu'ils puissent faire révoquer les
répartitions antérieures. Ils pourront néanmoins, en tout temps, poursuivre contre le
failli seulement l'exécution du concordat.

SECTION 5ème

Des fonctions des curateurs définitifs.

Art. 58.

Les curateurs définitifs représenteront la
masse des créanciers.

Ils procéderont, en vertu du contrat d'union
et sans autres titres authentiques, à la vente
des biens immeubles du failli, à celle de ses
marchandises et effets mobiliers et à la liquidation de ses dettes actives et passives ; le
tout sous la surveillance du juge-commissaire
et sans qu'il soit besoin d'appeler le failli.

Art. 59.

Dans tous les cas il sera, sous l'approbation
du juge-commissaire, remis au failli et à sa
famille les vêtemens, hardes et meubles nécessaires à l'usage de leurs personnes ; cette
remise se fera sur la proposition des curateurs, qui en dresseront l'état.

Art. 60.

S'il n'existe pas de présomption de banqueroute, le failli aura droit de demander,
à titre de secours, une somme sur ses biens.

Les curateurs en proposeront la quotité ;
et le tribunal, sur le rapport du juge-commissaire, la fixera en proportion des besoins
et de l'étendue de la famille du failli, de
sa bonne foi, et du plus ou moins de perte
qu'il fera supporter à ses créanciers.

Art. 61.

Toutes les fois qu'il y aura union de créanciers, le juge-commissaire rendra compte au tribunal des circonstances de la faillite. Le tribunal renverra, s'il y a lieu, le failli devant le ministère public

SECTION 6ème

De la vente des biens meubles et immeubles du failli.

Art. 62.

La vente des biens meubles et immeubles du failli aura lieu d'après les formes établies pour la vente des biens des mineurs.

SECTION 7ème

Des différentes espèces de créanciers, et de leurs droits en cas de faillite.

Art. 63.

Les curateurs définitifs présenteront au juge-commissaire l'état des créanciers se prétendant privilégiés, et le juge-commissaire autorisera le payement de ces créanciers sur les premiers deniers rentrés. S'il y a des créanciers contestant le privilége, le tribunal prononcera; les frais seront supportés par ceux dont la demande aura été rejetée, et ne seront pas au compte de la masse.

Art. 64.

Le créancier porteur d'engagemens solidaires entre le failli, et autres co-obligés qui sont en faillite, participera aux distributions dans toutes les masses, jusqu'à son parfait et entier payement.

Art. 65.

Les créanciers du failli, qui seront valablement nantis par des gages, pourront les faire vendre et se rembourser sur le prix; la vente aura lieu publiquement, les curateurs duement appelés.

Art. 66.

Les curateurs pourront, avec l'autorisation

du juge-commissaire, retirer les gages au profit de la faillite, en acquittant la dette.

Art. 67.

Si les curateurs ne retirent pas le gage, qu'il soit vendu par le créancier et que le prix excède la créance, le surplus sera recouvré par les curateurs ; si ce prix est moindre que la créance, le créancier nanti viendra à contribution pour le surplus.

Art. 68.

Les créanciers garantis par un cautionnement seront compris dans la masse, sous la déduction des sommes qu'ils auront reçues de la caution ; la caution sera comprise dans la même masse, pour tout ce qu'elle aura payé à la décharge du failli.

Art. 69.

S'il n'y a pas d'action en expropriation des immeubles, formée avant la nomination des curateurs définitifs, eux seuls seront admis à poursuivre la vente ; ils seront tenus d'y procéder dans huitaine, si les créanciers hypothécaires le requièrent.

Art. 70.

Les créanciers hypothécaires du failli seront colloqués d'après les règles établies au code de procédure civile, et ils seront payés sur le produit de la vente des immeubles affectés à leurs créances respectives.

Art. 71.

Si une ou plusieurs répartitions de deniers avait été faite avant la distribution du prix des immeubles hypothéqués, les créanciers hypothécaires concourront avec les chirographaires à ces répartitions, dans la proportion de leurs créances totales.

Les sommes qu'ils auraient reçues dans ces répartitions, seront déduites de ce qui leur reviendrait ensuite sur le produit de la vente des immeubles affectés à leurs créances respectives, et seront reversées dans la masse générale.

Art. 72.

Les créanciers hypothécaires, non remplis

sur le prix des immeubles à eux affectés, concourront, à proportion de ce qui leur restera dû, avec les créanciers chirographaires.

Art. 73.

Les créanciers hypothécaires qui ne viennent point en ordre utile, seront considérés comme purement et simplement chirographaires.

Art. 74.

Si le failli n'est pas personnellement obligé au payement de la dette, mais seulement comme détenteur de l'immeuble grevé, le créancier hypothécaire ne pourra concourrir avec les créanciers chirographaires sur les deniers de la masse.

Art. 75.

En cas de faillite du mari, la femme reprendra en nature les immeubles à elle appartenant et qui ne sont pas entrés en communauté.

Elle reprendra également *in natura* tous les biens meubles qu'elle justifiera par acte authentique lui avoir appartenu et avoir été exclus de la communauté par une clause expresse, en observant, à l'égard du contrat de mariage, la formalité prescrite par l'art. 11 du titre 8, du 1 livre du code civil.

Si elle a des créances hypothécaires à la charge de son mari, elle exercera son droit d'hypothèque sur les biens grevés.

Elle concourra avec les créanciers chirographaires sur les deniers de la masse, pour ses créances personnelles, et pour les sommes non utilement colloquées sur le prix des immeubles hypothéqués.

Art. 76.

Si, par donation ou testament, des deniers avaient été donnés à la femme du failli, avec la clause qu'ils seraient exclus de la communauté, elle reprendra les immeubles ou les inscriptions sur le grand livre de la dette nationale, acquis de ces deniers par elle et en son nom, pourvu que la déclaration d'emploi soit expressément stipulée au contrat d'acquisition, et que l'origine des deniers soit constatée par inventaire ou par tout autre acte authentique.

Art. 77.

L'action en reprise, résultant des dispositions des deux articles qui précèdent, ne sera exercée par la femme qu'à la charge des dettes et hypothèques dont les biens sont valablement grevés.

Art. 78.

La femme ne pourra exercer dans la faillite aucune action à raison des avantages portés au contrat de mariage ; et réciproquement, les créanciers ne pourront se prévaloir, dans aucun cas, des avantages faits par la femme au mari dans le même contrat.

Art. 79.

En cas que la femme ait acquis des biens ou payé des dettes pour son mari, la présomption légale est qu'elle l'a fait des deniers de son mari ou de la communauté, et elle ne pourra en conséquence exercer de ce chef aucune action dans la faillite, à moins qu'elle ne prouve par acte authentique que les deniers lui appartenant étaient exclus de la communauté.

Art. 80.

Les dispositions des art. 75 et suivans ne sont point applicables aux femmes mariées avant la publication du présent code.

SECTION 8ème.

De la répartition entre les créanciers.

Art. 81.

Le montant de l'actif mobilier du failli, distraction faite des frais et dépenses de l'administration de la faillite, du secours qui a été accordé au failli, et des sommes payées aux privilégiés, sera réparti entre tous les créanciers, au prorata de leurs créances vérifiées.

Art. 82.

A cet effet, les curateurs remettront tous les mois au juge-commissaire un état de situation de la faillite et des deniers existant en caisse ; le commissaire ordonnera, s'il y a lieu, une répartition entre les créanciers et en fixera la quotité.

Art. 83.

Les créanciers seront avertis des décisions du juge—commissaire, et de l'ouverture de la répartition.

Art. 84.

Le curateur mentionnera sur le titre constitutif des créances le payement qu'il effectuera; le créancier donnera quittance en marge de l'état de répartition.

Art. 85.

Lorsque la liquidation sera terminée, l'union des créanciers sera convoquée, à la diligence des curateurs, sous la présidence du juge—commissaire; les curateurs rendront leur compte, et son reliquat formera la dernière répartition.

Art. 86.

L'union pourra dans tout état de cause se faire autoriser par le tribunal, le failli duement appelé, à traiter à forfait des droits et actions dont le recouvrement n'aurait pas été opéré, et à les aliéner; en ce cas, les curateurs feront tous les actes nécessaires.

Mandons et ordonnons, etc.

RAPPORT de la section centrale sur le premier livre du Code de Commerce.

Les sections ont, en général, accepté pour notification les réponses du gouvernement. L'examen de ces réponses a donné lieu à plusieurs remarques sur divers changemens apportés à la rédaction, qu'on a trouvés plus ou moins satisfaisans.

Une section a déclaré se référer à celles de ces observations, qui n'ont pas amené le résultat qu'elle en attendait, soit par les changemens proposés, soit par des réponses satisfaisantes, et elle a exprimé ses regrets que plusieurs de ces considérations aient été passées sous silence: elle n'a trouvé ni utile, ni nécessaire d'ajouter de nouvelles réflexions.

Une autre section croit aussi devoir à cette occasion, exprimer son regret de ce qu'il n'a été fait aucune mention, dans les réponses du gouvernement, de plusieurs des observations faites par elle à l'égard d'une législation destinée à un usage aussi important que durable, tandis qu'il s'en trouve, parmi elles, à la solution desquelles on pensait pouvoir attacher quelque plus d'importance.

Une section a témoigné, en général, sa satisfaction de la manière dont il a été répondu à la plupart de ses objections; cependant elle croit devoir persister dans les remarques suivantes:

L'art. 7 du titre 7 lui semble inutile.

L'art. 12 du même titre n'est pas clair, et semble appartenir à la section quatrième, qui traite des endossemens.

Enfin, à l'art. 69, quelques-uns des membres qui préféraient le système opposé à celui qui a été adopté dans le projet de loi, se sont rendus à la justesse de l'argument: que la disposition proposée donnait plus de facilité pour découvrir l'auteur du faux; cependant la pluralité a persisté dans son opinion, qu'il valait mieux faire supporter la perte par l'accepteur. Au surplus, on aurait voulu être instruit, dans quel sens les tribunaux décident la question sous la législation actuelle.

Une autre section, qui a remarqué avec satisfaction plusieurs des changemens qui ont été faits, ne trouve aussi pas satisfaisante le réponse donnée à l'art. 12 du titre 7. Quoiqu'on n'ait pas entièrement improuvé son opinion, elle aurait voulu y trouver la disposition demandée.

Une section a fait les remarques suivantes:

Elle croit spécialement devoir persister dans ses observations à l'article 7, en ce qui concerne les courtiers en grains et semences, connus sous la dénomination de *pondgaarders*, qui existent dans quelques villes des provinces septentrionales, et qui ont toujours été et sont encore dans l'usage de faire des opérations en grains et graines pour leur propre compte dans l'intérêt des cultivateurs, qui, si lesdits *pondgaarders* n'avaient pas la faculté d'acheter leurs grains ou graines, ne pourraient souvent pas s'en défaire. En conséquence, la section persiste dans sa demande, à ce qu'il soit ajouté au dit art. 7, *que le 2e alinéa de cet article n'est pas applicable aux courtiers en grains et semences, autrement dits pondgaarders, dans les villes où l'administration locale le jugera convenable.*

TITRE SEPTIÈME.

La section n'a pas trouvé satisfaisantes les réponses à diverses observations qu'elle a cru devoir faire, et notamment sur les articles 1, 5, 6, 7,

12, 13, 14, 15, 38, 41, 42, 64, 65, 69, 87, 105 et 107, et en conséquence elle persiste dans ses remarques.

TITRE HUITIÈME.

Au moyen des changemens faits au projet de loi, la section pourrait admettre le système de revendication tel qu'il est établi par le nouveau projet de loi, sauf en ce qui concerne l'article deux, qui admet la revendication des marchandises qui ne sont plus en leur entier, tant dans le cas de vente à *terme* que *sans terme.*

La section convient qu'il serait trop dur de ne pas admettre la revendication, par cela seul, que les balles ou enveloppes auraient été ouvertes, coupées ou même changées; elle pense qu'on peut admettre la revendication, toutes les fois que la marchandise est indentiquement la même.

Mais elle ne saurait admettre des revendications partielles, c'est-à-dire, d'un restant de la marchandise vendue et livrée; car, outre qu'en pareil cas il ne lui paraît pas qu'il soit bien exact de dire qu'il y a *véritable identité*, on doit convenir que, alors surtout qu'il y a eu vente à *crédit* ou à *termes*, et que la marchandise a été livrée, la propriété en a été transférée à l'acheteur, et que le vendeur doit s'imputer à lui-même d'avoir suivi la foi de l'acheteur. Admettre la revendication en pareil cas, c'est introduire une dérogation manifeste au droit commun, et ce serait lui donner une trop grande extension que d'admettre la revendication d'une marchandise vendue et livrée, qui n'est plus en son entier; et en pareil cas la revendication n'était autrefois pas admise dans les provinces méridionales.

D'ailleurs ces revendications partielles occasionneraient à coup sûr beaucoup d'embarras, des difficultés, des procès et même des abus qu'il importe d'éviter pour le bien du commerce, en excluant la revendication, lorsque la marchandise n'est plus la même en quantité.

RAPPORT de la section centrale sur le premier livre du Code de Commerce.

RAPPORT de la Section Centrale sur les six premiers titres du second livre du Code de Commerce.

Les sections ont en général accepté pour notification les réponses du Gouvernement. Mais, quoiqu'on ait fait droit à plusieurs remarques, on regrette que plusieurs autres observations sont restées sans réponse.

Les observations suivantes, qui ont été proposées ou reproduites, sont consignées dans ce rapport sous les différens titres auxquels elles se rapportent.

TITRE I.

Art. 2.

Une section insiste sur la remarque de cet article, puisqu'il serait moralement impossible de fixer sur quel registre cette inscription devrait être faite, sans gêner le commerce, et les propriétaires de navire.

Au surplus, quand le transport ni l'hypothèque ne peut être constitué que par acte authentique, on atteindrait le but principal.

La loi de vendémiaire an 2 ne paraît pas avoir institué une telle inscription en général ; elle n'est applicable qu'au transport de navires à l'étranger, qui ne pouvait se faire sans cette formalité à la douane.

Art. 6.

§ 8. Une section observe, relativement à sa remarque sur cet article, qu'à la vérité ce qui est dit dans le dernier alinéa de la réponse n°. 1 sur l'art. 2 en rapport avec l'art. 8, semble contenir la réponse à cette remarque. Mais dans cette réponse les deux textes présentent un sens diamétralement opposé : le hollandais s'exprime par rapport à l'instription dans le sens négatif, le français au contraire dans le sens affirmatif. Suivant ce dernier texte, il serait satisfait à l'observations de la section ; mais alors la suite de ce § semble être en opposition avec ce qui précède. Un éclaircissement à cet égard paraît donc désirable.

TITRE II.

Art. 4.

On n'approuve pas la nouvelle rédaction. Une chose n'est jamais responsable. Il faudrait, au lieu de *sa part qui en est responsable*, « sa part, laquelle reste affectée à cet effet."

Art. 16 et 17. (15 et 16 nouv.)

On persiste à remarquer que le Directeur doit pouvoir faire des radoubs et des assûrances sans devoir demander des autorisations spéciales de tous les copropriétaires, puisque cela pourrait occasioner de très-grands délais dans les radoubs et entraver la diligence nécessaire pour le départ de la cargaison, auquel, dans le sens de ces articles, il pourrait être mis obstacle par un copropriétaire qui, comme l'expérience l'apprend, peut l'être pour une bien mince portion. On appuye cette opinion par la confiance que les copropriétaires ont mise en lui en le chargeant de la direction.

TITRE III.

Art. 11.

Il n'a pas été répondu à la remarque de la section à cet égard. Cette disposition lui paraît toujours trop dure; mais elles est inhumaine, quand il s'agit de partir d'un port étranger.

Art. 19. (17 nouv.)

On ne comprend pas la réponse faite à l'observation sur le premier projet, parce que le capitaine n'a à faire qu'avec le propriétaire, ou le Directeur quand il y a plusieurs copropriétaires, et ne peut entrer en correspondance avec tous. Ce qui en outre n'est pas nécessaire quand il se trouve sur les lieux de la Direction, où le cas de cet article a lieu.

Art. 21. (19 nouv.)

On sent la difficulté de faire cet article plus obligatoire; mais à cause de l'imprudence trop connue de plusieurs capitaines, et des abus du pilotage existans, ou insiste auprès du Gouvernement pour une organisation plus satisfaisante sur cette matière, intéressante pour le commerce et la navigation, et qui doit mettre en harmonie les instructions des pilotes avec les dispositions du code.

Art. 22. (20 nouv.)

La section remarque qu'on a omis de changer les mots *le Directeur ou les propriétaires* en *le propriétaire ou le Directeur*, comme on a fait ailleurs.

A l'art. 22 et 23 (20 et 21 nouv.)

on persiste dans l'observation faite pour ce qui concerne *la cargaison*; et ne peut se faire l'idée comment un capitaine, pris, saisi, ou dont le navire est detenu, pourra entrer en correspondance avec tous les chargeurs d'une cargaison chargée en cueillette par exemple, comment il pourra juger de leur intérêt dans la cargaison, et conclura de la marche qu'il devra suivre.

Art. 28.

On persiste à trouver qu'un journal coté et paraphé répondrait mieux au but qu'on se propose, que d'exiger le serment pour affirmer la vérité.

Art. 44. (41 nouv.)

La section observe à la réponse que l'on donne: que là où il y a des magistrats spécialement désignés ou des commissaires de port, on pourra y faire les déclarations; et que là où il n'y en a pas, le président du tribunal les recevra; par conséquent on persiste de le demander pour ces endroits là, pour faciliter les formes.

Art. 55. (52 nouv.)

On répond aux réponses, que, comme l'art. 18 ne charge pas le capitaine d'avoir un code civil, mais bien le code de commerce à bord

et que ce titre lui sert d'instruction, il paraît, pas justement obligatoire, mais presque nécessaire de lui faire songer aux actes de l'Etat civil
dans l'intérêt de son équipage, et, à cet effet, de lui faire connaître les
règles établies à cet égard au code civil.

TITRE IV.

Art. 4.

N°. 6. Il est clair, d'après la réponse n°. 2 qui a été faite à l'observation 14ᵐᵉ de la section, qu'à l'endroit précité il aurait dû être
fait un changement de rédaction et qu'on devrait y lire : *s'il a navigué*,
au lieu de *qu'il a navigué*.

Art. 5.

La section estime qu'il faudrait énoncer positivement *au profit de
qui* seraient les amendes, dont il est fait mention.

Art. 23. et autres.

On remarque qu'on s'est servi plusieurs fois de l'expression de *loyer*
au lieu de *gages*, et de *louer* au lieu d'*engager*.

Art. 38.

On n'a pas satisfait à la remarque *au sujet des testamens faits en mer*;
on estime cependant que l'objet est assez majeur pour y avoir égard.

Art. 51. (nouv.)

La section désirerait plus d'harmonie entre les deux textes, quant à
la nouvelle disposition qui a été ajoutée à cet article. L'expression hollandaise : *indien de schipper hen mishandelt of hun spijs en drank
mogt onthouden hebben*, comparée à l'expression française : *qui ont été
maltraités ou auxquels le capitaine n'a pas fourni la nourriture convenable*, a fait naître ce désir.

TITRE V.

Art. 28.

La section trouve la disposition contenue dans le second alinéa : *pour son
compte*, d'un côté trop affirmative, et d'un autre côté trop vague ; puisque, si le capitaine doit prendre un autre navire, il n'est pas toujours certain d'en trouver un qui pourra servir pour le fret qu'il se serait assuré
pour ce voyage, et ne peut pas être tenu à payer davantage que ce qui
lui en reviendra.

Art. 50.

N°. 3. Quelques membres ne sont pas convaincus par la réponse
n°. 19, faite à l'observation n°. 23, et persistent dans leur opinion.

TITRE VI.

Art. 10.

La section estime que cet article, tel qu'il est maintenant rédigé, pourrait tout aussi bien être considéré comme réglementaire, que les dispositions pour l'éclairage. — On ne voit pas pourquoi la loi ne pourrait
pas statuer, que tout navire, qui n'aurait pas de lumière aux mâts, serait obligé aux dommages et intérêts.

RAPPORT

de la Section Centrale sur les six premiers titres du second livre du Code
de Commerce.

MESSAGE,

Concernant le septième titre du premier livre du code de commerce.

NOBLES ET PUISSANS SEIGNEURS!

D'après le voeu manifesté par votre assemblée, Nous avons pris en considération ultérieure le *septième* titre du *premier* livre du code de commerce, qui traite des lettres de change, soumis entre autres à Vos délibérations par Notre message du 20 Octobre dernier.

A cette occasion, les observations que ce titre avait fait naître dans la chambre, ont fixé Notre attention.

En conséquence, Nous présentons ici à Vos Nobles Puissances une nouvelle rédaction du titre précité.

Sur ce, Nobles et Puissans Seigneurs, Nous prions Dieu qu'il vous ait en sa sainte et digne garde.

La Haye , le 25 Février 1826.

Aux États Généraux ,

Seconde Chambre.

Septième titre du premier livre du Code de Commerce.

Comme le projet qu'accompagne ce message, est en grande partie littéralement conforme à la nouvelle rédaction du premier projet, présenté à la chambre le 20 Octobre 1825 (à voir ce projet et l'indication des changemens introduits dans la nouvelle rédaction des titres du premier livre du code de commerce, coté 1825 — 1826, n°. 14), l'on a jugé qu'il suffisait de faire imprimer les articles qui offrent une différence quelconque, en renvoyant pour les autres aux pièces imprimées et distribuées à tous les membres, qui contiennent le premier projet et l'indication des changemens qu'il avait subis dans sa nouvelle rédaction.

Article 1.

La lettre de change est un acte en forme de lettre, daté d'un lieu, par lequel le signataire charge une personne de payer, dans un autre lieu, soit à vue, soit à une époque déterminée, à celui qui est désigné, ou à son ordre, la somme y énoncée, avec reconnaissance de valeur reçue ou de valeur en compte.

Art. 2, 3, 4.

Conformes aux art. 2, 3 et 4 de la nouvelle rédaction du premier projet.

Art. 5.

Les droits et obligations entre le tireur et le preneur sont les mêmes qu'entre vendeur et acheteur.

Art. 6 — 54.

Conformes aux art. 6 — 54 de la nouvelle rédaction du premier projet.

Art. 55.

Si le jour du payement d'une lettre de change tirée à terme est un dimanche, elle est payable le lendemain.

Art. 56 — 58.

Conformes aux articles 56 — 58 de la nouvelle rédaction du premier projet.

Art. 59.

Celui sur qui la lettre de change est tirée, qui la paye ou l'escompte avant l'échéance, est responsable de la validité du payement.

Art. 60 — 68.

Conformes aux articles 60 — 68 de la nouvelle rédaction du premier projet.

Art. 69.

Conforme à l'art. 70 de la nouvelle rédaction du premier projet. L'article 69 de ce projet a été supprimé et ne se trouve point dans le projet actuellement présenté à la chambre.

Art. 70 — 81.

Conformes aux articles 71 — 82 de la nouvelle rédaction du premier projet.

Art. 82.

Conforme à l'article 83 de la nouvelle rédaction du premier projet, excepté dans la disposition du n°. 2, qui est ainsi changée:

2°. *L'énonciation qu'ils ont fait ou la sommation d'accepter ou de payer la lettre de change aux personnes ou au domicile mentionnés aux deux articles précédens et qu'il n'y pas été satisfait.*

Art. 83 — 110.

Conformes aux articles 84 — 111 de la nouvelle rédaction du premier projet.

RAPPORT de la Section Centrale sur les titres VII — XI du deuxième livre du Code de Commerce.

La section centrale indiquera sous le n°. de chacun de ces titres les observations ultérieures provoquées par l'examen des réponses imprimées du gouvernement, qui d'ailleurs ont été acceptées pour notification.

La cinquième section a remarqué en général que l'on a fait droit à la plupart de ses observations et que les projets, en conséquence, ont subi plusieurs améliorations.

TITRE VII.

L'observation suivante est celle de quelques membres de la première section.

Ils disent que le projet de loi traite uniquement du sauvement des navires et des marchandises; que cependant il importe à la sureté de la navigation qu'il ne reste point *d'ancres* abandonnées dans les rades, à cause des avaries et des dommages considérables, que ces ancres peuvent occasionner et occasionnent souvent aux navires; que c'est pour prévenir ces malheurs, que partout le législateur a constamment pris des soins particuliers d'encourager par l'attrait du gain l'enlèvement des ancres dans les rades; que c'est ainsi que l'ordonnance de la Marine de France de 1681 ordonne, article 28 du titre des naufrages: (1)

« Que les ancres tirées du fond de la mer, qui ne seront pas réclamées « dans deux mois après la déclaration qui en aura été faite par les sau-« veteurs, appartiendront en entier aux sauveteurs. »

C'est ainsi aussi que, par divers édits émanés sous le régime Autrichien et en dernier lieu par celui du 12 Mai 1789, il était ordonné 1°. « que toutes les ancres tirées du fond de la mer sur les rades d'Os-« tende, de Nieuport, etc. qui ne seroient pas réclamées dans les 3 mois « après la déclaration qui devait en être faite par les sauveteurs devant « le juge du lieu où ils les conduiraient, appartiendraient en entier aux « sauveteurs »

« 2°. Que, dans le cas de réclamation fondée dans ledit délai, il « serait payé pour droit de sauvetage le *tiers* (sans frais) de la valeur « de l'ancre, lorsqu'elle aurait été trouvée pourvue d'une bouée ou « autre marque visible; et la *moitié* de la valeur, quand elle serait « sans bouée ou balise. »

Cette disposition salutaire et nécessaire aurait dû se trouver dans le projet.

Il y a plus : suivant les art. 23, 24 et 25, si on n'est pas d'accord

---

(1) Ce titre n'a pas pas été inséré dans le code de commerce français, parce qu'on a envisagé cette matière comme ne devant pas faire partie du droit commercial proprement dit, mais plutôt devoir faire l'objet de dispositions législatives particulières ; et en effet, elle est traitée , comme quelques autres , dans une loi spéciale du mois d'Août 1790. Ceci prouve que l'auteur de la réponse n°. 11 s'est mépris lorsqu'il dit, que le code français présente ici une lacune notable ; on le renvoye à l'analyse raisonnée faite dans le tems par la commission de rédaction du code français, où il est dit, pag. 55 : *Nous n'avons pas compris le titre des naufrages, bris, etc. dans le projet, parce que nous avons reconnu que la matière des naufrages, etc. était du domaine des lois de police maritime*, ainsi que tout le 4e. livre de l'ordonnance de 1681.

Et s'il y a des lacunes, et même de grandes lacunes, c'est dans le projet de loi.

sur le droit de sauvetage, ce droit devrait être réglé par le juge du lieu de la destination du navire ou de celui de l'affrétement. Ainsi, le capitaine d'un navire destiné pour Amsterdam ayant jeté ou dû abandonner quelques marchandises en mer sur la rade de Nieuport, ce serait les juges d'Amsterdam qui fixeraient le salaire ou le droit dû pour le sauvetage. Ce serait absurde et contraire à la législation qui a toujours existé dans les provinces méridionales, et suivant laquelle le droit de sauvetage doit être réglé, en cas de contestation, par le juge du lieu où l'objet sauvé a été *conduit*; et en effet c'est lui qui peut seul apprécier les peines, les frais et les dangers auxquels les sauveteurs ont été exposés. D'ailleurs, dans ce cas, le fait du sauvement fonde la jurisdiction du juge du lieu où l'objet sauvé a été conduit, et c'est une erreur de dire que les sauveteurs doivent citer en justice le propriétaire de l'objet sauvé; c'est, au contraire, au prétendu propriétaire à instituer la réclamation et à justifier de sa propriété là où l'objet se trouve; à défaut, il n'a pas de droit. Et que ce serait — ce, si ce prétendu propriétaire était inconnu? et c'est plus d'une fois le cas.

On parle du Zuiderzee, comme s'il n'y avait que le Zuiderzee; et ce qu'on en dit, comporte la preuve que dans cette matière on ne peut pas prescrire des mesures uniformes, mais qu'il faut des dispositions législatives particulières et suivant les localités.

La troisième section persiste à demander des règles fixes pour le sauvetage de l'équipage, des passagers, et surtout pour établir ce qui devra avoir lieu quand il faut faire des jets pour sauver des hommes d'un naufrage. Il est vrai qu'on peut régler les devoirs des marins par des lois spéciales; mais quand les actes de la philantropie doivent se résoudre en dommages et intérêts, on aimeroit voir régler par la loi les obligations de ceux qui y ont intérêt; c'est ce qu'on croit matière de droit civil adopté à la navigation commerciale, bien plus que de droit public. Pour faire sentir la force de la remarque, on demande si le propriétaire du navire échoué, ou celui du navire qui recueille les naufragés, doit souffrir le dommage occasionné par le jêt des marchandises; ou si ces avaries viennent à la charge des marchandises? On ne croit pas que ce soit là une matière du droit public, mais bien du code de commerce.

A l'art. 7 la même section insiste auprès du gouvernement pour avoir de bons réglemens pour le sauvetage le long des côtes, vu la fraude et la mauvaise foi qui paraissent résider chez les administrations de ce service public.

TITRE VIII.

Les art. 1, 10, 16 et 17 ont donné lieu à la première section de faire les observations suivantes.

Art. 1.

La nouvelle définition qu'on donne du contrat de prêt à la grosse, confirme la section dans son opinion, qu'il aurait mieux valu de la supprimer, par la difficulté qu'il y a souvent de faire des définitions bien exactes. Presque tous les auteurs en donnent une différente de ce prêt.

Art. 10.

La nouvelle rédaction fait cesser l'objection sérieuse et fondée en droit, que la section avait faite contre la rédaction primitive de cet article.

Art. 16.

Le changement dans la rédaction fait disparaître la difficulté.

Art. 17.

On ne comprend pas sur quoi, dans la nouvelle rédaction, est fondée la disposition nouvelle : *et du jour du contrat, si l'emprunt sur des marchandises chargées a été fait pendant le voyage*. Il a paru à quelques membres que cette disposition est contraire aux principes qui régissent le contrat de prêt à la grosse, dont l'essence est, qu'il y ait des risques maritimes auxquels les objets sur lesquels le prêt est fait, seront exposés. Or le contrat de prêt peut être fait avant que les marchandises ne soient chargées à bord du navire, ou des gabarres pour les y transporter, et conséquemment avant qu'elles ne soient exposées véritablement aux risques de mer ; et d'après cela on pense que la disposition dont on parle n'aurait pas dû se trouver dans la nouvelle rédaction, parce qu'on croit que, lorsque le tems des risques n'est pas fixé par le contrat de prêt à la grosse, ces risques à l'égard des marchandises, ne courent que, du moment où elles ont été mises à bord du navire ou dans les alléges destinées à les y transporter.

La troisième section, en voyant que l'on assimile les conséquences d'un contrat à la grosse à celles d'une lettre de change, regrette qu'on n'ait pas établi une disposition relative à la présentation, l'acceptation et le protêt de payement de ces contrats, comme des lettres de change ; et que l'on se soit borné à parler de leur endossement, sans s'expliquer sur le contrat même ni sur le cas où les objets affectés n'ont plus, au moment de la présentation, de l'acceptation ou du payement, la valeur primitive.

La septième section n'a pu se ranger de l'avis de la réponse qui lui a été faite sous le n°. 17. Elle avait demandé qu'on fixât un maximum proportionnel entre la prime et la somme empruntée, afin d'écarter l'usure.

TITRE IX.

La première section a témoigné son regret de ce que les réponses faites à plusieurs de ses observations ne lui ont point paru satisfaisantes et de ce qu'en conséquence elle se trouve obligée d'y persister.

La troisième section ne peut se conformer à plusieurs des réponses relatives au titre neuvième. D'Abord, elle craint que la disposition de l'art. 61 (59 de la nouvelle rédaction) ne donne lieu à beaucoup de procès, parce qu'il faudra une longue et dispendieuse expertise avant de conclure une assurance, ce qui entravera beaucoup les assurances maritimes. En approuvant le système de bannir le jeu des contrats d'assurance, on pense qu'il ne faut point, par une application forcée de ce système, nuire aux assurances mêmes ou risquer, comme disent les réponses, de les faire passer à l'étranger, ce qu'on prévoit certainement devoir arriver.

La même section persiste ensuite à regarder comme superflue la disposition de l'art. 96 (93 de la nouvelle rédaction), à cause de la difficulté qui existe de prouver si le capitaine a pu faire voile ou non. On admet que, dans le contrat, on peut omettre cette circonstance ; mais l'on préférerait ne point laisser subsister dans le code un article dont la disposition sera toujours éludée.

Enfin la troisième section regrette de n'avoir pas trouvé dans les réponses la preuve que l'intention des rédacteurs de l'article 117 (114 de la nouvelle rédaction) est que les frais de sauvetage ou ceux faits pour réclamer des objets assurés ne pourront pas excéder le montant de la somme assurée et que les avaries faites seront déduites de cette somme, *en sus de laquelle l'assureur ne peut en aucun cas être tenu*, comme on pourrait l'inférer de la disposition finale de cet article, qui statue le remboursement des avances, lors même que les efforts auraient été sans succès.

(4)

La septième section a vu avec plaisir qu'il a été satisfait à plusieurs de ses demandes et a été satisfaite de la plupart des réponses faites à ses obseavations, notamment de celles relatives aux articles 37, 89, 93 et 94. Cependant elle croit devoir persister dans ce qu'elle avait observé sur l'expression *ou autres objets semblables*, employée dans l'article 100 pour désigner les denrées les plus dissemblables; elle craint qu'il n'en résulte des contestations interminables.

TITRE X.

La première section a vu avec satisfaction que la rédaction de plusieurs articles a été améliorée.

La septième section approuve aussi les changemens faits aux articles 4 et 18, ainsi que les explications données relativement aux articles 4, n°. 22, et 24, n°. 1.

NOBLES ET PUISSANS SEIGNEURS!

D'après le vœu émis par Votre Assemblée, Nous avons pris en considération ultérieure le *neuvième* titre du *second* livre du Code de Commerce,
qui traite des *assurances* et qui a été soumis précédemment à Vos délibérations.

A cette occasion, Nous avons eu égard aux observations, auxquelles ce
titre a donné lieu dans la Chambre.

En conséquence Nous présentons ici à Vos Nobles Puissances un projet
modifié de ce titre, pour remplacer dans Vos délibérations celui transmis
à Votre Assemblée par Notre message du 20 Octobre dernier.

Sur ce, Nous prions Dieu, Nobles et Puissans Seigneurs, qu'il vous ait
en Sa sainte et digne garde.

La Haye le 14 Mars 1826.

Aux États Généraux,
Seconde Chambre.

SECOND LIVRE
DU CODE DE COMMERCE.

TITRE IX.
Des assurances.

Articles 5, 11, 59, 60, 62 et 70, seront omis, et l'art. 59, sera remplacé par l'article suivant, qui deviendra l'article 57.

Art. 57.

« La valeur des objets assurés exprimée
« dans la police, ne fait pas foi, en cas de
« contestation, à moins que cette valeur n'ait
« été fixée, par un acte d'experts, nommés
« par les parties et qui ont préalablement
« prêté serment en justice.
« A défaut de cette expertise la valeur
« des objets assurés est constatée par tous
« les moyens de preuve admis par le présent
« code. »

NB. Par l'omission des susdits articles, la
série des articles du nouveau projet,
ainsi que les rappels devront être
changés en conséquence.

Art. 113 de l'ancien projet qui deviendra

Art. 108.

« L'assuré est tenu de communiquer sans
« délai, à l'assureur, ou s'il y en a plu-
« sieurs sur une même police, au premier
« signataire, toutes les nouvelles qu'il reçoit
« concernant quelque désastre, arrivé au
« navire ou aux objets assurées, et de donner
« aux assureurs, qui le requièrent, des copies
« ou extraits des lettres, qui les contiennent.
« A défaut, il est passible des dommages
« et intérêts. »

RAPPORT

de la section centrale , sur le nouveau projet
du VIIᵉ titre du IIᵉ livre du code de commerce , traitant des lettres de change.

RAPPORT de la section centrale, sur le nouveau projet du 7e. titre du 2e. livre du code de commerce, traitant des lettres de change.

Les sections 1e. ; 4e., 5e., 6e. et 7e. ont accepté les réponses du gouvernement pour notification. Seulement la 5e a élevé quelques doutes sur la convenance du retranchement de la deuxième partie de l'article 69 ; et un membre de la sixième a pensé qu'il ne suffisait pas de supprimer, dans la disposition finale de l'article 20, les mots *connaissant cette faillite*, mais qu'il fallait aussi omettre l'indication des deux cas qui précèdent : parce qu'elle est superflue dans la supposition que celui qui a accepté n'est jamais restituable ; et que, s'il peut l'être dans certaines circonstances, il vaudrait mieux les définir positivement.

La deuxième section a remarqué qu'on n'a pas eu égard à bien des observations faites par les différentes sections.

Enfin la troisième a reproduit les observations suivantes :

Elle n'admet pas l'article trois, parce qu'une disposition réclamée pour un cas spécial ne doit pas être établie en règle générale dans une loi.

Elle persiste à penser que l'article 5 est inutile ou au moins trop restreint, et qu'il faudrait en étendre la disposition si. on voulait le conserver.

Elle n'est pas satisfaite de la réponse relative à l'article 13 ; parce que, l'usage étant dans les villes de commerce de délivrer une lettre de change sans que le payement ait lieu simultanément, il peut être fort difficile au tireur de prouver qu'il n'a point reçu la valeur en remettant la lettre de change.

Elle accepte pour notification les réponses appartenant aux articles 37, 38, 50 et 55, sans les trouver satisfaisantes et en observant, relativement à l'article 50, qu'on n'a rien répondu à la demande de placer cet article au commencement de la sixième section du titre ; et sur l'article 55, que ce ne sont point des jours de grâce, qui forment un délai nécessaire, que l'on avait demandé d'établir, mais que l'on aurait désiré voir accorder un délai facultatif de trois jours, dans l'intérêt du commerce en cas d'empêchement de faire le protêt le premier jour, et dans celui des moeurs et des devoirs prescrits par les différens cultes, qui jouissent d'une égale protection dans le Royaume.

Finalement, la troisième section regrette qu'on n'ait pas établi par l'article 87, comme il avait été demandé, qu'il sera facultatif à un porteur, agissant contre un endosseur, de déclarer aux endosseurs postérieurs qu'il ne renonce pas à son droit de les poursuivre. L'on aurait par ce moyen écarté la difficulté mentionnée par la première section, et complété la disposition de l'article, en confirmant un usage établi par le commerce.

PROCESSEN - VERBAAL

van de beraadslagingen der afdeelingen over het nieuw ontwerp van den 9^{den} titel des 2^{den} boeks van het wetboek van koophandel, *Van Assurantie.*

PROCÈS - VERBAUX

des délibérations des sections sur le 9e titre du 2e livre du code de commerce, *Des Assurances.*

PROCESSEN-VERBAAL

VAN

de beraadslagingen der afdeelingen over het nieuw ontwerp van den 9^{den} titel des 2^{den} boeks van het wetboek van koophandel , *Van Assurantie.*

PROCÉS-VERBAUX

DES

des délibérations des sections sur le 9e titre du 2e livre du code de commerce , *Des Assurances.*

Présens Messieurs :

Serruys.

Repelaer.

de Rouck.

Della Faille d'Huysse.

van Brakell tot den Brakell.

Surmont van Volsberghe.

Kerens van Wolfrath.

van Crombrugghe.

Huijssen van Kattendijke.

Comte de Borchgrave.

PREMIÈRE SECTION
d' Octobre 1825.

CODE DE COMMERCE.
LIVRE- 2 TITRE 9.
ASSURANCES.

SÉANCE DU 16 MARS 1826.

La section approuve l'omission des articles 5 et 11.

Quatre membres n'adoptent pas l'art. nouveau 57; trois membres ne s'expliquent pas.

Trois membres adoptent l'art. nouveau, dans l'opinion où ils sont que le premier paragraphe contient le principe fondamental en cette matière et sans lequel on ouvrirait une large porte à la fraude et aux spéculations de pur hazard; tandis que le deuxième alinéa, en indiquant les moyens de preuve admis pour constater la valeur et en n'imposant pas au juge la nécessité de charger de cette preuve déterminément l'une ou l'autre des parties, lui laisse à cet égard une latitude entière, dont il usera dans sa prudence et selon les circonstances, comme en toute matière où il y a des faits contestés.

La section adopte le nouvel art. 108.

Un membre persiste dans ses observations précédemment faites sur quelques autres articles du projet, non changés par la nouvelle rédaction, et particulièrement sur l'article 89, qui met aux risques des assureurs la baraterie de patron ou de l'équipage.

Quelques autres membres se rangent aussi à cet avis.

,(*Signé*) VAN CROMBRUGGHE.

Présens Messieurs :

Coppieters.

Warin.

Goelens.

Hora Siccama.

Van de Kasteele.

Boddaert.

Fabry Longrée.

De Leveilleuze.

SECTION DEUXIÈME *d'Octobre.*

SÉANCE DU 16 MARS 1826.

Examen du nouveau projet du titre 9 du livre second du code de commerce, traitant des *assurances.*

La section n'a pas fait d'observations sur le présent titre du livre 2 du code de commerce.

C. COPPIETERS,

Présens Messieurs :
Barthelémy, *Présid.*
Hooft.
Taintenier.
Van Meeuwen.
Loop.
Metelerkamp.
Van Genechten.

PROCÈS-VERBAL de la 3e. section sur l'examen des changemens apportés au titre des assurances.

16 Mars 1826.

La section voit avec satisfaction les changemens apportés à ce titre. Quelques membres voyent avec regret qu'on ait maintenu la consision des diverses espèces d'assurance.

(*Signé*) B.ARTHELÉMY.

Tegenw. de Heeren :
van Randwijck.
van Hees.
Cogels.
Dedel.
de Langhe.
van Nagel.
van Toulon.

VIERDE AFDEELING.

NIEUWE TITEL, ASSURANTIEN.

Op art. 57 zijn eenige leden van gedachte, dat men beter deed de bepaling der waarde aan partijen geheel overtelaten, vooral ook omdat men de benoeming van experts als weinig afdoende beschouwt, en alleen geschikt tot vermeerdering der kosten.

Overigens, hechten sommige leden nog bij voortduring aan vroegere bedenkingen, welke op andere artikelen van het eerste ontwerp zijn gemaakt, en zoo wel in de aanmerkingen der afdeelingen, als ter gelegenheid der jongste discussien, zijn ontwikkeld geworden.

Gedaan in sectie den 16den Maart 1826.

L, VAN TOULON.

CINQUIÈME SECTION.

SÉANCE DU 16 MARS 1826.

TITRE IX.

Des Assurances.

La section, en examinant ce nouveau projet, a vu avec satisfaction que l'on a eu égard à la plupart des réflexions faites sur celui, qui a été présenté précédemment à la Chambre.

VAN DER GOES.

SIXIÈME SECTION D'OCTOBRE.

SÉANCE DU 16 MARS 1826.

TITRE DES ASSURANCES (NOUVEAU PROJET).

Art. 57.

Cet article est soumis à la discussion pour parvenir à la solution de la question de savoir si, lorsque les parties, l'assureur et l'assuré, sont d'accord sur la valeur des objets assurés et qu'elles le déclarent expressément sans avoir recouru à l'expertise, dans le sens de cet article nouveau, leur contrat ainsi formé ne doit pas faire foi entre elles dans tous les cas, comme tous les autres contrats bilatéraux, auxquels on n'oppose aucun des vices qui les rendent nuls et sans effet: quatre des membres présens se déclarent contre l'article, dans le sens qu'il est contraire au principe que les parties contractent comme elles l'entendent et que leurs conventions doivent faire foi : un membre prend la nouvelle rédaction pour notification et conserve son opinion contre le projet en général pour les motifs qu'il a déjà développés: deux membres ne voyent pas d'inconvénient à l'adoption de cet art. 57.

Art. 108.

La section, ne faisant pas d'observation sur le fond de l'article, renouvelle la réflexion grammaticale sur les mots *à défaut* en français, qu'elle a produite dans d'autres occasions ; *à défaut* ne peut se placer sans régime.

(*Signé*) REYPHINS.

PROCÈS-VERBAL

DE LA 7e SECTION D'OCTOBRE.

SÉANCE DU 16 MARS 1826.

La section a vu avec déplaisir la manière dont la rédaction de cette loi lui est parvenue. Elle aurait désiré voir l'ensemble de la loi imprimé article par article, pour éviter la confusion des numéros, qu'il est difficile de suivre dans la rédaction présente.

En examinant les articles changés, on a trouvé que l'art. 5 auroit pu être conservé, comme un principe utile

La suppression de l'art. 11 est unanimement approuvée.

L'art. 57 de la nouvelle rédaction, qui remplace les articles 59 et 60, est approuvé.

À l'égard de l'art. 62, on pense que c'est par erreur qu'il a été supprimé, parce qu'on ne peut rien objecter contre la preuve fournie par les factures et les livres. Mais c'est l'article suivant, correspondant à l'art. 65 du projet primitif, qui devait être omis, puis qu'on a très-bien fait voir; dans les remarques sur le projet précédent, la difficulté qu'il y a de fixer sur les lieux le prix des produits des plantations, puisqu'il n'y existe pas de marchés.

Le changement de l'art. 108 est approuvé.

Enfin, quelques membres auroient désiré voir supprimer dans ce titre tout ce qui a rapport à d'autre espèces d'assurances que l'assurance maritime; ou du moins, que ces assurances fissent matière de titres séparés.

J. CORVER HOOFT,
Vice-Président.

RAPPORT de la section centrale sur le troisième livre du Code de Commerce.

Les nouvelles observations ajoutées par les sections à celles déjà imprimées, et distribuées avec les réponses du gouvernement, sont les suivantes :

PREMIÈRE SECTION.

Six membres n'approuvent pas le changement fait à l'article 7 du titre premier. Ils trouvent l'extension contraire à l'intérêt du commerce, comme à celui du prêteur de bonne foi, étranger au commerce, qui ne pourra plus traiter sur hypothèque sans garder ses fonds en caisse pendant 60 jours aumoins et devra ainsi avoir recours à une simulation, que les lois devraient proscrire, au lieu de l'encourager en la rendant nécessaire. Le nouveau système hypothécaire reçoit par cette extension une atteinte sensible. Le gouvernement ni la banque de Bruxelles ne pourront plus faire des avances aux négocians, manufacturiers, etc. sans recourir à la même simulation. Quant au 2e titre la première section a trouvé dans la nouvelle rédaction de nouveaux motifs de l'adopter. Elle observe sur le troisième, qu'à l'article 3, ligne 4, on devrait dire *de ses affaires, van zijne zaken.* Deux des membres ne sont pas satisfaits de la réponse à l'article 13 de ce titre.

DEUXIÈME SECTION.

La deuxième section a vu avec plaisir qu'on a eu égard à plusieurs de ses observations sur le premier titre. Elle a aussi trouvé satisfaisantes les réponses sur les titres 2 et 3.

TROISIÈME SECTION.

Quelques membres de cette section, en admettant le développement du système qu'on a voulu établir pour base de la loi, en laissant le sort d'un failli en suspens jusqu'à ce que sa conduite ait été scrutée, ne peuvent se convaincre que la texte de la loi soit conforme à ce principe: parce qu'elle exprime, d'après leur opinion, que le curateur provisoire, après que le failli sera déssaisi de la disposition et de l'administration de ses biens, sera, même avant qu'il soit constaté que les choses ne pourront s'arranger à l'amiable par le concordat, le premier gérant de la masse du failli, tandis qu'ils désireraient que, d'après le système sus-énoncé, le failli fût le gérant, sous la plus stricte surveillance du curateur provisoire et du juge-commissaire. D'autres membres ne partagent pas cette opinion, parce qu'ils sont d'avis que le texte de la loi ne peut être interprété d'une autre manière et se persuadent que la loi n'empêchera pas que le curateur soignera qu'un failli, si ses affaires se remettent, soit en état d'en reprendre la gestion comme si elle n'avoit point été interrompue, et ne manquera pas de donner au failli, dans cet intervalle, toute occasion de s'immiscer dans le soin de ses affaires.

Pour ce qui regarde les titres 2 et 3, la 3e section a vu avec satisfaction les réponses qui s'y rapportent.

QUATRIÈME SECTION.

La quatrième section, en acceptant les réponses pour notification, croit cependant pouvoir se permettre d'observer, que celle sous le n°. 49, titre premier, concernant un ajout proposé à l'article 50, deuxième paragraphe, ne lui paraît pas satisfaisante. Elle est persuadée qu'une lecture attentive de l'observation primitive prouvera que le cas proposé diffère de celui qui est repris dans la réponse. Elle ne trouve point non plus que la réponse sur l'art. 3 du 3e titre fasse cesser la difficulté proposée. En accordant que la découverte de la fausseté de l'exposé peut d'abord faire rejeter la demande, l'on observe qu'il serait très-possible que cette fausseté ne fût pas reconnue dans le principe, mais postérieurement. Dans ce cas, il serait convenable et équitable de prévenir les abus qui pourraient en résulter, par une disposition quelconque, soit de la manière indiquée par la section, soit d'une autre.

Du reste, la quatrième section, a vu avec satisfaction les changemens et les éclaircissemens obtenus par suite de ses observations. Et elle regrette d'autant plus de n'avoir pas trouvé de réponses à toutes.

CINQUIÈME SECTION.

Elle persiste à croire que le système qu'elle avait proposé d'établir par le titre premier, est préférable à celui qu'on a choisi. La loi devrait accorder plus de protection à la bonne foi en cas de faillite, et poursuivre plus sévèrement le failli qui, par sa propre faute ou par suite d'entreprises hasardeuses, se trouverait dans cet état.

Dans le 2ème titre, quelques membres auraient désiré voir établir la disposition, que la déclaration faite par la majorité légale des créanciers, qu'ils ont été satisfaits, suffirait pour la réhabilitation.

SIXIÈME SECTION.

La sixième section s'est bornée à observer, sur l'article 10 du troisième titre, qu'en général, dans le système du projet, le pouvoir des créanciers surveillans n'est pas assez restreint dans des limites, qui les empêchent de consentir des actes qui ne seraient pas dans l'intérêt général de la masse des créanciers. A l'appui de cette opinion, on cite la possibilité qu'avec l'autorisation des surveillans, le créancier grève ses immeubles, en donnant hypothèque, à ceux de ses anciens créanciers qui n'en avaient pas, pour les capitaux avancés avant l'existence du sursis; d'un autre côté, il peut être utile que des capitaux soyent levés pour l'avantage commun; ces capitaux pourraient ne pas s'obtenir sans hypothèque, et dans ce cas le pouvoir des surveillans ne serait pas trop étendu. Ces deux exemples prouvent qu'il faut balancer les inconvéniens, et déterminer les cas dans lesquels les surveillans pourront exercer certaine autorité, à l'avantage évident du débiteur et de ses créanciers.

SEPTIÈME SECTION.

La septième section , en acceptant pour notification les réponses aux titres premier et second , a approuvé à l'unanimité les changemens apportés par la nouvelle rédaction dans le troisième. Elle regrette seulement qu'on n'ait pas eu égard à l'observation qu'elle avait consignée dans son procès-verbal au sujet du 4e paragraphe de l'article 11 de l'ancienne rédaction , actuellement le 12 , dont les deux textes hollandais et français ne correspondent pas exactement.

Finalement , la section centrale fait remarquer que le changement fait à la première ligne de l'article 26 (27 nouvelle rédaction) est mal indiqué dans les imprimés français. L'article doit commencer ainsi : *Si , lors de la nomination du curateur provisoire et de la prestation du serment* , etc.

Rapport de la section centrale sur le troisième livre du Code de Commerce.

Exh. 21 Mars 1826, n° 4 N.

DISCOURS

Prononcé par *M. Nicolaï*, dans la séance de la seconde Chambre des Etats-Généraux du 10 Février 1826, sur les six premiers Titres du premier Livre du Projet de Code de Commerce.

NOBLES ET PUISSANS SEIGNEURS,

Les règles, qui déterminent d'une manière générale toutes nos actions et qui établissent nos droits, ainsi que nos devoirs, sont écrites dans le Code Civil; mais les opérations de commerce s'étant multipliées à l'infini, ont amené une grande complication d'affaires et d'intérêts, et dès lors des dispositions nouvelles et particulières ont été jugées indispensables. Le besoin du commerce a donc dicté les Ordonnances et les Codes qui traitent de cette matière, et qui renferment les principes fondamentaux de la profession du négociant.

Cette législation n'ayant cependant pour objet qu'une chose particulière, et étant circonscrite dans les bornes des opérations commerciales, ne peut recevoir son application que dans les cas où elle constitue une dérogation spéciale au droit commun, et dans les cas où le silence de la Loi générale permet d'invoquer la Loi d'exception.

Cette maxime si essentielle a été clairement énoncée en tête du Code de Commerce, et forme une espèce d'introduction aux règles, que renferment les titres qui suivent, et dont le premier nous fait connaître ceux, qu'il faut ranger dans la classe des *commerçans*.

Il est important de fixer d'une manière certaine le caractère auquel on reconnait le commerçant. La disposition, énoncée dans l'article 2, ne laisse aucun doute à cet égard; il en résulte que, pour être commerçant, il ne suffit pas *d'exercer des actes de commerce*, mais qu'il faut encore en faire sa *profession habituelle*.

Celui-là ne pourra donc être envisagé comme commerçant, qui aura de loin en loin fait un acte isolé de commerce, qui aura acheté, dans une circonstance particulière, une denrée quelconque pour la revendre; il faut que ces actes ou ces achats soient tellement multipliés, qu'ils constituent sa profession habituelle. C'est la fréquence, c'est la réitération de ces opérations, qui donne à celui qui s'y livre, le véritable caractère de commerçant; parce qu'alors il en fait sa *profession habituelle ;* ce qui ne signifie pas sa profession *exclusive ;* car personne ne s'avisera de soutenir que l'homme qui exerce la profession de commerçant, ne puisse encore en exercer une autre dans tous les cas où la Loi n'a pas établi une incompatibilité légale.

Pour rendre complète la désignation du commerçant, il falait énoncer avec soin tous les actes, que la Loi repute *actes de commerce.* Cette nomenclature ne laisse rien à désirer, et doit faire disparaître tout doute, soit sur la qualité de la personne, soit sur la nature et les effets de la négociation.

Un des premiers devoirs, que la Loi impose au commerçant, c'est la tenue régulière de ses livres : c'est l'objet du deuxième titre.

L'on a dit avec vérité, que la *conscience du commerçant doit se trouver toute entière dans ses livres,* afin qu'en cas de contestation, le juge soit assuré de puiser à cette source tous les élémens nécessaires pour former une décision juste et équitable.

L'on ne dira donc point que les règles établies à cet égard sont ni trop sévères, ni trop multipliées.

La Loi n'impose au commerçant que des obligations, qu'elle a jugées indispensables, et en même-temps de facile exécution.

Un seul livre est nécessaire : c'est le *journal;* le commerçant sera tenu d'y inscrire, jour par jour, par ordre de date et sans blancs, interlignes, ou transports en marge, non-seulement toutes ses opérations de commerce, banque ou courtage, mais en outre *tout ce qu'il reçoit ou paye à quelque titre que ce soit.*

La généralité de ces derniers mots avertissent le négociant, qu'il ne peut rien omettre de ce qui a un rapport quelconque avec son état et ses intérêts pécuniaires; qu'il doit annoter dans son journal tout ce qu'il perçoit à quelque titre que ce puisse être, et tout ce qu'il paye ou dépense de la même manière.

Lorsque la tenue du journal sera conforme aux préceptes de la Loi, le négociant pourra le présenter à ses juges, avec cette assurance que donne toujours une conscience pure à un homme rempli de probité; et il invoquera avec succès tous les avantages que les différentes dispositions législatives en matière de preuve, ont attachés à des livres de commerce tenus régulièrement.

Si par des spéculations malheureuses, ou des pertes imprévues, il se trouvait réduit à la nécessité de manquer à ses engagemens, alors encore; la tenue régulière de ses livres viendra alléger son malheur, elle fournira une preuve de sa bonne foi, et écartera de lui la fatale présomption d'avoir causé par sa faute le dérangement de ses affaires.

Tout en prescrivant des règles un peu sévères pour la tenue régulière des livres de commerce, la Loi s'est pourtant bornée à des points qu'elle a crus essentiels et à des formalités qu'elle a jugées indispensables.

De ce nombre n'est pas l'obligation du *visa* et du *paraphe*; l'expérience ayant constaté que cette précaution ne donnait pas la garantie qu'elle semblait promettre, la Loi a pu, sans aucun danger pour le commerce, abolir des formalités gênantes, illusoires et presque toujours négligées.

Les dispositions ultérieures de ce titre ne présentent aucune difficulté; elles déterminent le lieu, la cause, la forme et les effets de la production en justice des livres de commerce; et elles établissent une présomption défavorable à celui qui refuse la communication de ses livres à l'adversaire, lorsque ce dernier offre d'y ajouter foi; les plus simples notions du juste et de l'injuste suffisent pour faire accueillir ce précepte de la Loi.

Le titre suivant renferme les principes, qui sont applicables aux sociétés de commerce.

Trois espèces de société ont été admises :

La société en *nom-collectif*, la société en *commandite*, et la société *anonyme*.

Le caractère, la nature, les effets et les formes de chacune de ces sociétés ont été déterminés avec la plus grande exactitude.

La société en *nom-collectif* est celle qui est le plus généralement contractée entre les commerçans; elle présente peu de difficultés dans ses principes et dans ses résultats; personne n'ignore qu'elle doit avoir pour objet le commerce; qu'elle admet toutes les clauses qui ne sont pas réprouvées par la Loi; que les opérations doivent se faire sous une raison sociale; que chaque associé, à moins qu'il n'y ait stipulation contraire, a le droit de faire usage de cette *raison sociale*, et d'obliger ses associés par les conventions qu'il fait avec des tiers, et réciproquement ceux-ci envers la société; et il est en être connu de tout commerçant, que les engagemens souscrits légalèment par l'un des associés, font péser sur tous les autres une obligation *solidaire*.

La confiance qui est l'âme du négoce, la rapidité et la multiplicité des opérations commerciales, l'éloignement des parties contractantes ont fait adopter en cette matière une dérogation absolue aux principes du droit commun.

La société en *commandite* ne produit pas, à l'égard des associés commanditaires, les mêmes effets que la société en *nom-collectif;* elle ne leur donne pas les mêmes droits, et elle ne leur impose pas les mêmes obligations.

Pour donner au commerce plus de développement et plus d'activité, pour multiplier les relations d'intérêts entre le commerçant et le capitaliste, il fallait inviter celui-ci à prendre part aux spéculations commerciales; mais d'un autre coté il fallait le garantir jusqu'à un certain point contre les effets des opérations trop hasardeuses, contre l'agiotage, et contre la honte de la banqueroute.

Les dispositions qui règlent les effets de la société en commandite semblent avoir atteint ce but.

L'associé commanditaire ne pourra jamais faire des pertes qui surpassent le montant du capital qu'il a versé dans la Société; ainsi l'obligation solidaire ne peut l'atteindre; mais en revanche il lui est expressément défendu de s'emparer de la *raison sociale*, dont son nom ne peut faire partie, et de s'immiscer dans la gestion des affaires sociales. S'il contrevient à cette défense, aussitôt il est tenu solidairement de toutes les dettes de la société; il importait à la prospérité du commerce et au maintien de la confiance publique, d'arrêter ceux, qui sous un nom inconnu, pourraient se livrer à des opérations trop hardies.

Depuis quelques temps les *sociétés anonymes* se sont infiniment multipliées et surtout dans notre Royaume; on en trouve partout; les unes contre les désastres qui menacent soit les possessions immobilières, soit leurs productions, soit les intérêts purement pécuniaires; et les autres, pour activer l'exploitation des richesses renfermées dans les entrailles de la terre.

Le projet soumis à vos délibérations, contient le développement de tous les principes qui doivent servir de règles dans cette matière.

Ainsi, la société anonyme ne porte le nom d'aucun des associés, mais elle est qualifiée par la désignation de l'objet de son entreprise.

L'autorisation du Roi est indispensable.

Le capital est divisé en actions, et la manière de les transmettre est énoncée.

Le montant des pertes possibles pour chaque actionnaire est fixé.;

La responsabilité des directeurs est établie, et l'étendue de leurs obligations personnelles et même solidaires est déterminée d'une manière claire et précise.

Ainsi, les formes de l'acte d'association et les formalités pour le rendre public sont prescrites.

Les suites dommageables, que l'omission de ces formalités peut entraîner, sont énoncées.

Enfin tout ce qui concerne la nature et l'essence de cette association se trouve amplement développé dans les nombreuses dispositions du projet.

Les effets que produit la dissolution d'une société de commerce, sont l'objet des dispositions ultérieures; elles sont puisées dans la nature des choses, basées sur les vrais principes, et à l'abri de toute critique raisonnable.

Quoique le projet n'ait d'abord admis que trois espèces de société de commerce, il existe néanmoins encore une association, que le législateur n'a voulu ni prescrire, ni passer sous silence : c'est la *société en participation*; si elle ne se trouve pas classée à côté des trois autres sociétés, c'est parce qu'on ne peut l'envisager que comme un acte passager, comme un pacte qui ne s'applique qu'à un seul objet, qui n'a d'autre base que la convention, et d'autres effets que ceux stipulés entre les parties contractantes : voilà le seul caractère que la Loi lui donne.

Les opérations commerciales exigent le concours de différentes personnes qui viennent s'interposer entre les principaux contractans; de là l'établissement des *courtiers*, des *caissiers*, des *commissionnaires*, des *expéditeurs*, des *voituriers* et des *bateliers*.

Les titres quatrième et cinquième ont statué sur tout ce qui concerne ces diverses professions.

La *bourse* est le lieu où ces hommes se réunissent habituellement, et les négociations qui s'y opèrent, déterminent le cours du change, le prix des marchandises, et en général celui de toutes les autres transactions commerciales.

Les *courtiers* doivent être nommés par l'autorité publique; ils prêtent serment devant le tribunal civil; il leur est défendu de faire, *pour leur compte*, des opérations commerciales dans les affaires, pour lesquelles ils sont autorisés à faire le courtage : la confiance générale qu'ils doivent inspirer à tout com-

2.

mettant, justifie ces précautions, et exige cette défense fondée sur les principes, qui régissent le contrat de mandat. La Loi leur impose l'obligation de tenir des livres dans lesquels ils doivent inscrire jour par jour les opérations qu'ils ont arrêtées ; mais elle détermine en même temps le degré de foi que méritent leurs annotations.

Ces annotations ne pourront dans aucun cas prouver *seules* et par *elles-mêmes* l'existence, soit d'un achat, soit d'une vente, soit d'une opération commerciale quelconque ; mais lorsque la preuve de cette transaction existe, indépendamment de l'annotation du courtier, son livre pourra fournir la preuve des conditions du marché et des circonstances accidentelles de la convention avouée.

L'on a prétendu que la Loi accordait trop d'autorité aux livres des courtiers, en ce qu'ils faisaient preuve *du prix* de la marchandise ; mais il est facile de calmer ces inquiétudes, en faisant observer qu'en général le prix courant des marchandises étant connu de tous les négocians, le courtier n'oserait commettre un faux, en inscrivant dans ses livres un prix différent de celui de la place ; cette falsification serait sans résultat pour le négociant, et exposerait le faussaire à des poursuites criminelles.

Les autres dispositions de la Loi règlent avec précision les devoirs de ces agens intermédiaires ; elles fixent l'étendue de leurs obligations, et elles déterminent les effets des transactions conclues par leur entremise. Tout ce qui concerne cette matière ne présente aucune innovation importante ; et dès-lors toute réflexion ultérieure serait surabondante. Néanmoins, il faut dire un mot *des caissiers* ; le Code actuel ne contient aucune disposition relative à *ces agens*, qui sont connus dans les premières places de commerce du Royaume.

Les *caissiers* ne sont pas des agens publics, parce qu'ils ne sont pas nommés ni désignés par l'autorité locale, et parce qu'ils ne sont pas tenus à une prestation quelconque de serment ; aussi la Loi n'attribue aucun effet extraordinaire à leurs livres, ou à leurs déclarations.

Les *caissiers* sont de simples mandataires, qui perçoivent une provision pour les sommes qu'on leur confie, et pour les payemens qu'ils sont obligés de faire.

A la qualité de *mandataires* il faut ajouter celle de *dépositaires* des deniers, qui leur sont confiés ; et c'est à cause de la violation de la Loi du dépôt, que leur faillite élève contre eux une présomption légale de banqueroute.

Il nous reste à jeter un coup d'œil sur le 6e titre intitulé : *de la preuve en matière de commerce.*

Il faut d'abord observer que tous les moyens de preuve admis en matière ordinaire par les dispositions du Code civil, sont également applicables aux transactions commerciales.

La Loi autorise en outre d'autres moyens de preuve non pas seulement pour constater l'existence des achats et des ventes, mais applicables à toutes les conventions consenties pour fait de commerce.

Ces moyens sont : le *bordereau* du courtier signé par une *seule des parties* : pourvu que ce soit celle qui refuse d'exécuter le contrat ; la *facture* acceptée ; la *correspondance*, les *livres* des parties et des courtiers, et principalement la *preuve testimoniale.*

Ce dernier moyen de preuve est toujours admissible en matière de commerce, à moins que la Loi ne l'ait proscrit par une disposition spéciale ; au contraire, ce même moyen n'est jamais admissible en matière civile et ordinaire, à moins que la Loi ne l'ait permis par une disposition positive : voilà la différence que la faveur due au commerce, a fait établir, et que l'usage a consacrée.

Nobles et Puissans Seigneurs, les six titres que nous avons parcourus, n'ont pas éprouvé dans les Sections de nombreuses critiques ; dans plusieurs parties les dispositions premières ont été améliorées sur vos observations ; et nous espérons que vous ne leur refuserez pas la sanction de la chambre.

DISCOURS DE M. NICOLAI,

sur le Code de Commerce, traitant le livre I, tit. I—VI.

DISCOURS

prononcé par *M. Nicolaï* dans la séance de la seconde Chambre des Etats-Généraux du 13 Février 1826, sur le Livre I, Titre VII du Code de
Commerce, traitant des *Lettres de Change*, etc.

NOBLES ET PUISSANS SEIGNEURS,

Lorsqu'il m'est impossible d'adopter un Projet de Loi, non par la raison
qu'il renfermerait un système contraire au mien, mais parce qu'il me semble
consacrer des principes de droit non admissibles, je crois alors devoir donner les motifs de mon dissentiment.

Je prends le premier motif dans la disposition de l'article 1er, parce qu'il
renferme une *définition*.

Depuis le commencement de nos discussions sur le Code Civil, il avait
été assez généralement admis par une grande majorité de la Chambre, que
l'on écarterait autant que possible toutes les définitions; par le motif qu'elles
sont *difficiles*, *dangereuses*, et presque toujours *fautives*.

Si l'on nous dit : qu'on a donné et accepté la définition des contrats de
vente, de *louage*, de *société*, etc., et qu'il s'en suit qu'il faut également
définir la lettre de change; je réponds que tout le monde est, et sera toujours d'accord sur la définition de ces contrats; que nos maîtres en législation nous les ont données depuis passé 18 siècles, et que nous les avons reçues
sans y changer un mot.

Mais la définition que l'on nous donne de la lettre de change, jouit-elle
des mêmes avantages? Il s'en faut bien; et pour se convaincre de cette
vérité, il suffit de comparer celle que le Projet renferme, avec les définitions, que donnent *Pothier*, n° 5, et *Jousse* dans leurs traités; sur cette matière;
et d'ajouter que ces deux dernières diffèrent entre elles. Il valait donc mieux
énoncer simplement les choses essentielles qu'une lettre de change doit
renfermer.

Si l'on avait suivi en celà la disposition que présente l'art. 110 du Code actuel, l'on évitait de s'engager dans une route obscure et difficile, et l'on obtenait l'avantage de supprimer les articles 4, 6, et une partie de l'art. 2 ; car le législateur doit être persuadé que toute disposition inutile ou surabondante laisse une tâche dans son travail.

En adoptant les énonciations de l'art. 110, on évitait un autre défaut que l'on peut reprocher à cette définition.

Elle dit :

« La lettre de change est un acte . . . . par lequel le signataire charge » *un tiers* de payer dans un autre lieu . . . , etc. »

Au contraire, l'art. 110 du Code actuellement encore en vigueur dit :

« La lettre de change est tirée d'un lieu sur un autre. »

Elle énonce :

« La somme à payer.

» Le *nom de celui qui* doit payer, etc. »

Observez maintenant la différence dans les deux rédactions :

D'un côté il est statué, qu'il suffit d'énoncer *le nom* de celui qui doit payer ; de l'autre côté, il est écrit que c'est *un tiers* qui est chargé de payer.

D'après la définition que je combats, il ne peut y avoir de lettre de change, à moins qu'*un tiers* ne soit chargé de la payer ; et je conviens que c'est aussi ce qui arrive ordinairement ; mais le contrat de change peut également exister lorsque le tireur et le payeur sont une et même personne, pourvu qu'il y ait remise d'argent faite de place en place.

Tout le caractère du contrat de change, et de la lettre de change, qui n'est que la preuve de cette convention et le moyen de son exécution, consiste dans la remise d'argent faite de place en place ; sans cette remise, il n'y a point de contrat de change ; avec cette remise, il y a contrat et lettre de change sans égard à la personne qui est chargée de payer.

Je n'invente pas cette jurisprudence, et elle n'est pas nouvelle ; elle est fondée sur les vrais principes de la matière, car il est généralement connu qu'il existe plusieurs maisons de commerce qui ont des établissemens dans différentes places du monde commercial, et qui font souvent traite d'une maison sur l'autre, sans que l'on s'avise de soutenir que ces traites manquent du caractère essentiel de la lettre de change ; cependant dans pareille circonstance le *payeur* n'est pas *un tiers ;* c'est la même personne que le *tireur ;* et si nous admettons la définition proposée, toutes ces traites ne seront plus des lettres de change, quoiqu'il y ait en effet remise d'argent faite de place en place.

Cette jurisprudence est en outre fortifiée par un arrêt de la Cour de Cassation de Paris, du 1er Mai 1809, dont vous allez entendre les motifs.....

Si, d'après cet arrêt, il ne doit pas y avoir incompatibilité absolue entre la personne du tireur et celle du payeur, s'il suffit qu'il y ait remise d'argent de place en place, il faudra convenir que la définition n'est pas seulement inutile, mais encore incorrecte ; et qu'on peut répéter avec quelqu'apparence de raison l'axiome, que la Chambre avait déjà implicitement adopté : *omnis definitio in jure periculosa.*

La disposition de l'article 5 me fournit un second sujet de critique.

Il y est dit :

« Qu'il se forme entre le tireur et le preneur un contrat de *vente* ou *d'é-*
» *change* . . . . »

Je sais que les auteurs ne sont pas d'accord sur la nature ou la qualification du contrat, qui se forme entre le tireur et le preneur.

Pothier dit, n° 51, que l'opinion la plus plausible est celle qui fait envisager ce contrat, comme un *échange.*

Dans une dissertation très savante, publiée par M. *Bonds,* celui-ci donne à ce contrat la qualification *de vente ;* il y est dit, *Chap.* 1er, § 5 :

« Hunc autem (contractum inter trassantem et datorem), quidquid velint
» alii, pro *emptione et venditione* habendum esse existimamus.

Et à l'appui de cette opinion il cite celle de *Du Puy.*

Il me semble que, dans ce conflit, le législateur aurait dû se taire, ou parler en maître, en adoptant l'opinion qui lui semble la meilleure.

Il est vrai qu'entre la *vente* et l'*échange* il y a beaucoup d'affinité ; mais il suffit de se rappeler les principes de la matière, ou d'ouvrir le Code Civil aux deux titres correspondans, pour s'assurer qu'il existe aussi quelques différences.

Dans l'incertitude où nous laisse la disposition de l'art. 5, il sera permis de s'enquérir des principes qu'il faudra suivre ; l'un dira : ceux qui régissent la vente, l'autre répondra *non* : suivez ceux de l'échange ; tout ceci me semble constituer un défaut essentiel en législation.

On alléguera peut-être pour se tirer d'embarras : qu'il y a *échange* lorsque la valeur de la lettre a été donnée en *argent ;* et qu'il y a *vente* lorsque cette valeur a été donnée en *marchandises.*

Mais on pourra répondre : 1° que cette explication ne se trouve pas dans le Projet ; 2° qu'aucun enseignement ne semble avoir établi pareille doctrine ; 3° que, d'après ces données, il y aurait en circulation des lettres de change en guise de *vente*, et des lettres de change en guise d'échange ; d'où il suivrait que les mêmes principes ne seraient pas applicables aux unes comme aux autres ; ce qui constituerait une hérésie en droit civil ; 4° qu'enfin il importe peu à la nature du contrat , que la valeur ait été donnée en argent ou en marchandises ; que, dans l'un et l'autre cas, il y a eu plutôt un contrat de *vente* qu'un contrat d'échange, parce que le tireur ne reçoit pas *une chose* précisément pareille à celle qu'il donne : ce qui constitue le vrai caractère du contrat d'échange ; mais il s'engage envers le preneur, et pour une somme convenue, de faire compter à celui-ci, dans un lieu indiqué , le montant de la lettre de change : convention qui présente tous les caractères d'une vente, et qui doit donc en avoir tous les effets.

Le Projet aurait dû s'expliquer ou omettre une disposition alternative, qui ne peut avoir que de fâcheux résultats.

Je passe à l'article 11 ; il impose au tireur, dans les cas y énoncés, l'obligation de céder ses actions au porteur.

Il me semble que cette disposition est inutile, en ce que la lettre de change protestée est un titre suffisant pour autoriser le porteur à exiger du payeur la somme que celui-ci peut devoir au tireur : dès-lors toute cession ultérieure des droits ou des actions du tireur est non seulement surabondante , mais elle peut encore compliquer une matière déjà assez abstruse par elle-même ; il faudrait au contraire la simplifier dans tous ses élémens, afin de tarir la source de ces interminables contestations , qui sont le fléau ou la ruine du commerce.

La même observation s'applique à l'article 12 ; les principes qu'il renferme présentent une disposition fort obscure ; d'abord l'on ne sait trop ce que le législateur a voulu ; l'on s'étudie pour découvrir le sens des mots employés , et il est à craindre que l'obscurité de la rédaction n'offre une vaste carrière à la chicanne.

Cependant quel est le but de l'article mis à nu , et dépouillé de tout son entourage : c'est la répétition inutile d'un principe de droit si trivial , qu'on ne doit pas le reproduire ici, où il peut avoir de fâcheux résultats ;

c'est répéter : que les conventions n'ont d'effet « qu'entre les parties, et que » tout pacte occulte ne peut être opposé à un tiers. . . .

Je ne dirai qu'un mot contre les articles 24, 25, 26 et 27.

Il me semble que ces quatre articles se rapportent à une circonstance de fait qui arrive assez rarement : c'est le paiement par intervention. J'ai donc pensé qu'il était hors des convenances que la Loi entrât minutieusement dans des détails plus minutieux encore, lorsqu'un seul mot pouvait suffire à toutes les exigeances du commerce ; en cas de concours entre plusieurs intervenans, la Loi devrait accorder le choix au porteur ; cette disposition si simple et si laconique suffisait pour régler toute la matière du paiement par intervention.

Je borne ici les observations qui m'empêchent d'adopter le Projet. Je sais que d'autres dispositions seront attaquées, et entre autres celle de l'art. 69 ; mais comme on n'y porte pas atteinte aux principes du mandat, j'abandonne la discussion du système à ceux de mes honorables Collègues, qui prétendent que la disposition entrave la libre circulation des effets de commerce.

DISCOURS DE M. NICOLAI,

sur le liv. I, tit. VII du Code Commerce traitant des Lettres de Change, etc.

DISCOURS

prononcé par *M. Nicolai* dans la séance de la seconde Chambre des Etats-Généraux du 14 Février 1826, sur le Livre I, Titre VIII, du Code de Commerce, traitant *de la Revendication en cas de vente de marchandises.*

NOBLES ET PUISSANS SEIGNEURS,

Les discussions qui ont eu lieu à l'époque où l'on préparait le Code de commerce qui nous régit encore, nous prouvent que plusieurs jurisconsultes, la commission de rédaction, et même le tribunat ne voulaient pas admettre le système de la revendication; néanmoins ceux qui suivaient une opinion contraire, l'emportèrent; et la revendication fut admise, mais accompagnée de grandes restrictions.

Le projet en discussion admet également cette revendication; mais l'étendue qu'on a donnée à ce système me semble trop grande, parce que les résultats qu'il produira seront préjudiciables au commerce et à l'industrie. Je conviens volontiers que le cercle de la revendication actuelle, est restreint; et qu'on peut, sans aucun danger, accorder au vendeur le droit de revendiquer les marchandises qu'il a vendues à terme comme celles qu'il a vendues comptant.

Je conviens encore que cette revendication pourrait avoir lieu, lorsque les marchandises sont entrées dans les magasins de l'acheteur; pourvu que l'identité soit prouvée.

Mais il me semble contraire à l'intérêt des commerçans et au bien-être du commerce d'étendre le droit de revendication jusqu'à autoriser le vendeur à en faire usage, alors même que les marchandises seraient diminuées en quantité.

Cette extension, que rien ne me semble justifier, convertira le magasin d'un failli, en une arène, dans laquelle tous les intérêts opposés viendront se combattre; il n'y aura de si petite quantité de marchandises, il n'y aura de si petit coupon d'étoffe, qui ne trouvera un réclamant, lequel prétendra avoir le droit de revendiquer; tous voudront être admis à prouver l'identité; tous formeront des demandes; partout il y aura des oppositions et des contestations.

L'imprévoyance de la loi aura semé des difficultés innombrables, et le malheureux commerçant ne recueillera que des procès.

La liquidation des faillites, déjà interminable dans l'état actuel des choses, recevra une nouvelle entrave, et l'actif d'un failli finira par être absorbé en frais et en dépens judiciaires. L'intérêt du commerce ne réclame point cette innovation désastreuse; car l'avantage que donne dans une faillite la revendication au vendeur, est compensé en général par l'avantage qu'elle donne dans une autre faillite à un autre vendeur; et comme il arrive presque toujours que le même commerçant, après un laps de plusieurs années, se trouve intéressé dans différentes faillites, il en résulte que le bénéfice qu'il reçoit dans l'une est amplement compensé par le désavantage qu'il éprouve dans l'autre; et en définitif il ne lui reste rien, sinon des embarras, des difficultés, des preuves à faire, des procès à soutenir et des frais à payer.

La dernière disposition de l'art. 5 rend cet état de choses déjà si mauvais en lui-même, plus mauvais encore; là, le droit de revendication ne s'applique pas seulement aux marchandises, mais encore au prix de ces marchandises vendues à un tiers et non-payées par celui-ci.

Cette disposition n'est en harmonie avec aucun principe de droit sur la revendication; elle constitue un nouveau privilége; elle complique la matière; elle oblige le vendeur de faire preuve : 1° de l'identité de la marchandise vendue par lui et revendue par l'acheteur; 2° de la revente faite par ce premier acheteur à un second acheteur; 3° du non-paiement de la première vente; 4° du non-paiement de la seconde vente.

Je crois que les vrais besoins du commerce n'exigent point ces dispositions exhorbitantes du droit commun, et que des principes plus larges dans leurs résultats et plus simples dans leur exécution seraient aussi beaucoup plus salutaires.

Dans l'état actuel de la législation commerciale, la revendication n'est admise qu'en cas de faillite.

Par le projet elle se trouve applicable même aux ventes faites à des *acheteurs non faillis.* Il me semble que pareille extension offre une superfétation en droit qu'on ne doit pas admettre.

Je conçois que la loi vienne au secours du vendeur qui retrouve chez *l'acheteur failli* la marchandise qu'il lui a vendue, et dont il n'est pas encore payé; c'est là le seul moyen de prévenir la perte qu'il éprouverait s'il ne pouvait revendiquer, parce que le prix de vente ne peut lui être payé par la masse qu'en proportion du dividende; il se trouverait donc classé parmi les autres créanciers de la faillite, et subirait la même perte que ceux-ci.

Mais lorsque l'acheteur n'est pas en *faillite*, le vendeur ne court aucun danger; les dispositions du droit commun suffisent pour lui assurer le paiement de sa créance ou pour opérer la résolution du contrat, et la revendication ne donnerait lieu qu'à une disparité bien choquante et à des résultats que la saine jurisprudence ne peut approuver.

Cela peut s'éclaircir par un exemple : Un négociant vend à un autre négociant, 1° une partie de café, 2° une maison, 3° un tableau ou un cheval.

L'acheteur est en défaut de payer; que doit faire, dans ce cas, le vendeur?

D'après le droit commun et la législation actuelle il s'adressera au juge, et il demandera que l'acheteur soit condamné à payer, sinon à ce que les ventes soient résiliées.

Cette demande lui sera adjugée, parce que la condition résolutoire est toujours sous-entendue dans les contrats synallagmatiques pour les cas où l'une des parties ne satisferait pas à son engagement : telle est la disposition précise de la loi civile.

Les contrats de vente étant ainsi résolus, le vendeur reprend les objets qu'il a vendus.

D'après les principes nouveaux que le projet veut établir il y aura, dans l'espèce, deux jurisprudences à suivre, et deux manières de procéder.

Quant à la marchandise, le vendeur pourra exercer le droit de revendication; c'est-à-dire qu'il se fera rendre la marchandise, sans s'inquiéter si l'acheteur offre de la payer ou non, à moins que cette offre ne soit faite dans les trois jours.

Quant aux autres objets vendus, comme ce n'est pas de la marchandise, le vendeur devra conclure 1° au paiement; 2° et subsidiairement à la résolution du contrat.

Selon moi, rien ne justifie cette diversité de jurisprudence; l'intérêt du commerce ne la réclame pas; la simplicité, si désirable en toutes choses, la repousse; les embarras de l'incertitude et des nouvelles difficultés en entraveront l'exécution; les vrais principes de la matière s'opposent à cette innovation.

Lorsque l'acheteur n'est pas en faillite, la disposition du droit commun suffit; lorsqu'il est en faillite, la loi vient au secours du vendeur : voilà le cercle hors duquel l'on ne peut sortir impunément.

DISCOURS DE M. NICOLAI,

sur le liv. 1., tit. VIII, du Code de Commerce, traitant de la Revendication en cas de vente de marchandises.

DISCOURS

prononcé par *M. Nicolaï* dans la séance de la seconde Chambre des Etats-Généraux, le 9 Mars 1826, sur le Livre I, Titre IX du Code de Commerce, traitant des *Assurances*.

NOBLES ET PUISSANS SEIGNEURS,

Depuis longtemps les *assurances* ont été considérées comme une matière importante, difficile, et offrant des questions de la plus haute recherche, et du plus grand intérêt.

La discussion qui a lieu dans ce moment prouve la vérité de cette allégation. Le titre des assurances est devenu l'objet d'une foule d'observations. Je ne veux m'attacher qu'à une seule, parce qu'elle me semble dominer sur toutes les dispositions du projet; je veux parler de ce qui peut constituer la *matière* du contrat d'assurance; ou en d'autres termes, je veux tâcher de justifier la disposition du projet, qui statue que l'on ne peut *assurer* que la valeur réelle et effective d'un objet, et non une valeur supposée ou chimérique.

L'on conviendra sans doute que le contrat d'asurance n'a été inventé d'abord que pour protéger des entreprises et des spéculations commerciales, en faisant supporter par plusieurs des pertes, qui auraient écrasé le commerçant livré à ses propres ressources.

Dans des temps postérieurs, ce contrat a reçu une plus grande extension; l'on a assuré les habitations contre l'incendie, les moissons contre l'intempérie des saisons, les équipages des navires contre les dangers de l'esclavage; dans toutes ces circonstances, le contrat d'assurance peut être envisagé comme un véritable bienfait; mais il cessera bientôt de l'être, si la Loi permet qu'il dégénère de sa nature primitive.

Ce changement arriverait si la Loi permettait d'assurer, soit des choses qui n'appartiennent pas à l'*assuré*, soit des valeurs fictives quoique convenues entre *l'assureur* et *l'assuré*, soit le vice propre de la chose ; dans toutes ces suppositions ce n'est plus un véritable contrat : car il n'y a pas ici d'objet certain qui forme la matière de l'engagement comme le prescrit l'art. 1108 du Code civil ; mais c'est un jeu, c'est un pari ; et dès-lors le bien-être du commerce et l'intérêt public ne demandent pas que l'on maintienne des conventions qui ouvrent les portes à la fraude, à l'agiotage, à l'usure et à ces déplorables manœuvres, qui plongent dans un abîme de misère tous ceux qui s'y livrent inconsidérément.

La funeste passion de jouer à la hausse et à la baisse des fonds publics a déjà produit assez de maux ; n'allons donc pas aggraver notre situation en offrant un nouvel appât à la cupidité de nos joueurs ; mais tâchons que par la prévoyante sagesse de notre législation le contrat d'assurance ne soit permis qu'autant qu'il seconde les opérations du commerce, et qu'il assure les propriétés réelles des habitans ; repoussons-le dès que sous le masque d'un engagement légal, il ne présente que les caractères d'un jeu, d'un pari, ou d'une spéculation criminelle.

Les statuts des peuples commerçans, tout en reconnaissant la nécessité et l'utilité du contrat d'assurances, parce qu'il donne aux spéculations commerciales tout le développement dont elles sont susceptibles, ont pourtant pris les précautions les plus sages pour en écarter tous les abus.

A l'appui de cette assertion, il suffira de citer l'édit de 1563, articles 11 et 12 ;

Les ordonnances d'Amsterdam de 1598, de 1744 et 1756 ;

Celles de Rotterdam de 1600 et de 1604 ;

Celle de Middelbourg de 1719 ;

Celle de Hambourg ;

Et enfin le 19e statut de George II, roi d'Angleterre, du 1er Avril 1746 ;

Ces ordonnances renferment, toutes, des dispositions précises qui défendent les assurances, lorsqu'elles excèdent la valeur réelle des objets assurés. Elles statuent en outre que la preuve de cette valeur sera faite par factures ou autres pièces justificatives, nonobstant, y est-il dit, la convention des parties exprimées dans la police.

Cette législation, conforme à la doctrine de Grotius, de Bynkershoek, et si généralement adoptée, est fondée sur ce qu'une évaluation excédant la valeur réelle des objets assurés, est contraire à l'intérêt de la navigation ; et sur ce qu'elle encourage la fraude, et conduit même à commettre des crimes épouvantables, et qui mettent la société en danger.

Et en effet, lorsque l'armateur aura [fait assurer la cargaison de son na-

vire pour une somme double ou triple de la valeur effective, lorsque le propriétaire d'une habitation aura fait énoncer dans la police d'assurance une valeur
excédant notablement la valeur réelle de l'objet assuré, où se trouve alors la
garantie légale, que la perte du navire, que l'incendie même de la maison n'auront pas été la suite et le résultat d'une combinaison criminelle ?

Je veux m'abstenir de développer devant vous, N. et P. S., toutes les conséquences funestes, qui découlent nécessairement du système, qui autorise les
assurances sur des valeurs fictives ; je me borne à dire, qu'il vaudrait mieux
défendre toutes les assurances contre l'incendie, que de permettre d'assurer des
bâtimens pour des sommes supérieures à la valeur réelle de l'objet assuré.

Si l'on nous objectait, que la convention fait loi entre les parties, nous
pourrions répondre que cette maxime n'est admise qu'autant que les conventions
ne sont pas contraires aux bonnes mœurs, à l'ordre public et à l'intérêt général.

L'on convient qu'un engagement n'est pas sacré, lorsque la Loi le réprouve ;
ainsi l'on ne balance jamais à regarder comme nulle toute convention usuraire,
toute stipulation sur une succession non-ouverte, tout contrat de société qui
donne à l'un des associés la totalité des bénéfices....

Dans ces cas, et dans plusieurs autres, l'engagement a été librement consenti, néanmoins la Loi n'envisage pas la convention comme sacrée et obligatoire, pour les parties contractantes. Les mêmes règles doivent être appliquées
au contrat d'assurance, lorsque la somme assurée excède la valeur réelle de
l'objet.

L'on dira peut-être, que les *assurances*, repoussées chez nous, seront
accueillies ailleurs ; mais cette assertion n'est pas prouvée ; d'ailleurs nous ne
repoussons le contrat d'assurance que dans le seul cas, où la valeur assurée n'est
pas réelle mais chimérique, où ce contrat cesse de protéger le commerce et
l'industrie, où il dégénère de sa véritable nature et devient un jeu, un pari,
où il nous offre les chances d'une troisième loterie ; et dans ce cas personne de
nous ne s'opposera à son émigration.

La passion du jeu a malheureusement jeté partout de profondes racines ; le
désir immodéré d'*avoir*, exposé sans cesse à perdre ce que l'*on a* ; des hommes,
bien respectables d'ailleurs, sont tous les jours la victime de la hausse et de la
baisse des fonds publics ; la ruine des familles est la suite de ces spéculations et trop
faciles, et trop hasardeuses ; un abîme est déjà ouvert sous leurs pas, gardons
nous bien de le creuser davantage ; tâchons au contraire de suivre les traces
de nos ancêtres ; et donnons à nos successeurs des Lois, qui ne les induisent
point en tentation, mais qui les délivrent du mal de l'agiotage.

DISCOURS DE M. NICOLAI,

sur le liv. 1, tit. IX du Code de Com-
merce, traitant des Assurances.

DISCOURS

Prononcé par *M. Nicolaï*, dans la séance de la seconde Chambre des Etats-Généraux du 20 Mars
1826, sur le Livre III, Titre II, du Code de Commerce, traitant *de la Réhabilitation*.

NOBLES ET PUISSANS SEIGNEURS,

La loi sur la *réhabilitation*, tout comme celle sur les *faillites*, doit être
juste, mais sévère. Le commerçant qui a cessé ses paiemens a violé les engagemens qu'il avait contractés ; dès-lors, il se trouve placé dans une situation
équivoque et tout-à-fait particulière ; il faut que sa conduite soit rigoureuse-
ment examinée, et la moralité de sa gestion doit être légalement appréciée.

Si ce commerçant a occasionné le dérangement de ses affaires, soit par inconduite, soit par des opérations frauduleuses, la loi lui fera subir la peine
due à sa mauvaise conduite et à sa mauvaise foi. La société, dont il a froissé
les intérêts en laissant ses victimes sans ressource, ne lui offre plus aucun
moyen de reprendre la place honorable qu'il avait occupée au milieu de ses
concitoyens ; et quelque sévère que soit la règle prescrite à cet égard, on la
trouvera juste, mais on ne la trouvera pas trop rigoureuse.

Si, au contraire, la faillite est loin d'avoir donné le scandale d'une banqueroute honteuse, s'il est évident que ce n'est ni à l'inconduite ni à la fraude,
mais au *malheur seul* qu'il faut attribuer le dérangement des affaires d'un négociant, la loi doit lui offrir les moyens de constater, par une déclaration
de tous ses créanciers, son innocence et sa bonne foi ; elle doit lui indiquer
le chemin pour remonter à l'honneur, et pour reconquérir l'estime et la confiance qu'il n'avait perdues que momentanément.

Les dispositions législatives, qui viennent ainsi tendre une main secoura-
ble à l'innocent que le malheur a poursuivi, sont non-seulement justes, mais
elles sont encore morales, en ce qu'elles raffermissent dans les voies de l'honneur et de la probité, ceux que l'intérêt mal-entendu pourrait faire chanceler.

Cette théorie a servi de base au petit nombre d'articles que renferme le titre de la *réhabilitation*.

La demande sera adressée par le failli à la cour provinciale de son domicile.

Ainsi cette demande ne pourra être faite à l'insu du failli par sa famille ou par ses amis, ni après qu'il aura cessé de vivre; parce qu'elle n'est pas relative à ses biens, mais parce qu'elle concerne sa personne.

Ainsi, la cour provinciale sera juge en première instance dans cette matière, parce qu'il s'agit d'apporter une espèce de modification à l'état civil et politique du failli; il s'agit de lui restituer l'exercice plein et entier de tous les droits attachés à la qualité de citoyen belge; et la chose, envisagée sous ce rapport, a semblé assez importante pour être soumise à la juridiction supérieure des cours provinciales.

Le failli doit annexer à sa demande une déclaration qui constate que ses créanciers *sont satisfaits*.

Cette disposition a un double but : d'abord la loi n'exige plus la production d'une quittance, comme le code actuel; parce qu'il se pourrait qu'un créancier fût satisfait sans pourtant avoir reçu la totalité de sa créance; dans ce cas une quittance serait un mensonge, et la loi ne doit pas inviter à mentir. Ensuite, cette déclaration, prouvant par elle-même l'opinion que les personnes intéressées dans la faillite, ont conçue de la bonne gestion du failli, de sa conduite et de sa loyauté, et devant toujours être considérée comme le principal motif qui déterminera l'arrêt de réhabilitation, le failli se conduira de manière à obtenir cette pièce indispensable.

Après que la cour aura recueilli tous les renseignemens nécessaires pour éclairer sa conscience, et après qu'elle aura entendu le réquisitoire du ministère public, elle prononcera à l'audience l'arrêt qui statue sur la demande du failli; et cette décision, étant un jugement rendu en première instance, pourra être attaquée devant le juge supérieur.

La faillite ayant été publiquement annoncée, et étant ainsi devenue notoire, il fallait donner la même publicité à l'arrêt, qui en efface la tache, et qui remet le failli dans l'état dont il jouissait auparavant; la disposition de la loi, qui ordonne la publication à l'audience et la transcription dans les registres du tribunal, dans l'arrondissement duquel le failli est domicilié, semble avoir pris, à cet égard, toutes les mesures qu'on peut raisonnablement exiger.

La réhabilitation est un bienfait de la loi, qui tend à rendre au failli l'estime, la confiance et l'honneur; ce bienfait ne peut donc être réclamé par ceux qui , indépendamment de la violation de leurs engagemens pécuniaires , se sont couverts de honte et d'opprobre par des actions que la loi punit de peines plus ou moins sévères ; ces personnes sont nominativement indiquées , et la disposition qui termine le titre statue en termes précis, que leurs demandes ne peuvent être admises ; vous ne trouverez sans doute pas, N. et P. S., que cette disposition soit trop rigoureuse, mais nous osons croire que vous la jugerez conforme aux principes de la justice et de la morale.

DISCOURS DE M. NICOLAI

sur le Code Commerce, liv. III, tit. traitant de la Réhabilitation.

DISCOURS

prononcé par *M. Nicolai* dans la séance de la seconde Chambre des Etats-Généraux du 20 Mars 1826, sur le Livre III, Titre III, du Code Commerce, traitant *du Sursis de paiement*.

NOBLES ET PUISSANS SEIGNEURS,

L'abus des meilleures choses peut devenir la source de beaucoup de mal. Cette vérité reçoit son application au *sursis de paiement*. Cet acte de bienfaisance avait été offert par la commisération du Roi aux débiteurs, qu'une calamité imprévue avait placés dans un état de gêne momentanée.

Une conception si philantropique aurait dû produire tous les bons effets que le chef de l'état était en droit d'en attendre; et sans doute la prévoyance royale aurait été pleinement justifiée, si, dans le temps, l'atermoiement avait pu être circonscrit dans les bornes que l'intérêt privé n'aurait pu franchir.

Mais l'expérience nous a prouvé que le *sursis* n'a pas été réclamé par celui-là seul auquel ce bienfait avait été originairement destiné : je veux dire, le débiteur gêné et embarrassé un instant dans ses finances; au contraire, il a été sollicité sans relâche par tous ceux, qui, sous un faux exposé de l'état de leurs affaires pécuniaires, tâchaient par ce moyen, d'éloigner l'époque d'une faillite, à laquelle ils savaient bien ne pouvoir se soustraire toujours.

Je suis bien éloigné de vouloir insinuer par là que des atermoiemens auraient été accordés à des débiteurs indignes de cette faveur; au contraire, j'ai vu rejeter constamment des demandes que l'on n'avait pas pleinement justifiées. Mais les demandeurs, alors même que leurs requêtes se trouvaient repoussées, avaient néanmoins atteint le but qu'ils s'étaient proposé; ils avaient reculé, autant qu'il dépendait d'eux, et par des moyens indirects, le jour de l'ouverture de la faillite, et dans l'intervalle le passif avait été augmenté, et par suite les prétentions des créanciers avaient éprouvé une diminution désastreuse.

Ce déplorable résultat ne peut être attribué au *sursis* en lui-même, mais aux délais que l'accomplissement des formalités exigeait, et surtout à la faculté illimitée et indéfinie, donnée à tous, de recourir vers l'autorité royale.

Je conviens que les dispositions du projet prescrivent aussi l'observation de quelques formalités qui exigeront quelques délais pour leur accomplissement ; mais d'un autre côté la faculté indéfinie de former des demandes en sursis avec espoir de réussir, n'existant plus, le nombre en sera nécessairement diminué, et l'influence funeste que ces nombreuses tentatives exerçaient sur le crédit public et sur le bien-être général du commerce, se trouvera, sinon anéantie, au moins considérablement diminuée.

Dans l'état actuel des choses tout commerçant pouvait demander un sursis, sans s'inquiéter si des circonstances extérieures et générales légitimaient son recours et autorisaient sa démarche. Il n'en sera pas de même à l'avenir, si la disposition de l'art. 2 est adoptée.

Il ne suffira plus que le débiteur allègue qu'il est dans l'impossibilité de se libérer actuellement, et qu'il prouve qu'au moyen d'un délai il s'acquittera entièrement envers ces créanciers; il devra en outre constater que des *calamités générales et imprévues ont occasionné son état de géne momentanée.*

Il faudra donc avant tout, et comme condition essentielle, que des circonstances graves, désastreuses et étrangères au débiteur, annoncent que le cas du sursis existe, et qu'ainsi le recours vers la haute-cour est admissible.

Le cas du *sursis* existerait, si une inondation subite couvrait une contrée et faisait éprouver aux habitans une perte considérable; si une guerre portait chez nous le ravage et la dévastation; si un incendie dévorait les habitations et tout ce qu'elles renferment; si un tremblement de terre occasionnait une calamité publique; en un mot si un désastre quelconque, mais général, mettait momentanément le débiteur dans une situation que la prudence de l'homme n'avait pu prévoir.

Hors ces catastrophes point de sursis à espérer ; ainsi plus de supplique à présenter, plus de créanciers à convoquer, et plus de moyen de retarder les paiemens, et d'empirer l'état de ceux dont la confiance a été trompée.

Il m'a paru, N. et P. S., que c'était là le seul point de vue sous lequel le projet méritait d'être envisagé par vous; je m'abstiendrai donc de vous parler en détail des dispositions qu'il renferme ; elles sont presque toutes purement réglementaires ; elles ne prescrivent rien qui ne soit indispensable , et elles se justifient en quelque sorte d'elles-mêmes.

Cependant je crois devoir arrêter un instant votre attention sur quelques dispositions de droit positif, qui terminent le titre.

Celui qui a obtenu un *sursis* s'étant engagé à solder ses créanciers dans un délai fixé , ne peut diminuer les sûretés promises ; de là la défense d'*aliéner*, de *grever* ses biens, de *recevoir* et de *payer*, sans l'autorisation des *créanciers surveillans*.

Si le *sursis* arrête le paiement , s'il empêche l'exécution de la contrainte par corps, il ne s'ensuit pas que le cours des procédures doive être interrompu , ou qu'on ne puisse en commencer de nouvelles, parce que ces actions ne tendent qu'à liquider des créances ou des droits contestés , et non à faire exécuter des condamnations : il s'agit ici d'un *sursis de paiement*, et non de surseoir à des *procédures*.

Le *sursis* ne doit pas nuire aux créances privilégiées , sinon il anéantirait les effets du privilége , et mettrait en défaut la prévoyance du créancier , qui a voulu les garanties que la loi lui offrait , et dont la loi ne peut ensuite le priver.

Il ne doit pas profiter aux codébiteurs ni aux fidéjusseurs, sinon , il cesserait d'être un bienfait purement personnel.

Il doit être révoqué aussitôt que le débiteur agit de mauvaise foi , ou qu'il laisse détériorer l'état de ses affaires , parce que la loi ne porte secours qu'à celui qui se conduit en homme de bien , et qui fait des efforts pour rester fidèle à ses engagemens.

Voilà, N. et P. S., les dispositions de droit positif qui terminent ce titre , et j'ose croire qu'elles mériteront vos suffrages.

DISCOURS DE M. NICOLAI,

sur le liv. III, tit. III, du Code de Commerce, traitant du Sursis de paiement.

DISCOURS *de* M. BARTHÉLÉMY, *membre de*
la Commission de Législation Nationale, prononcé
le 10 Février 1826, au moment de l'ouverture
de la discussion sur le code de commerce.

NOBLES ET PUISSANS SEIGNEURS!

J'ai cru que pour discuter avec plus de fruit le nouveau projet de code de commerce, il vous serait agréable de connaître les bases sur lesquelles la commission de rédaction s'était établie l'esprit dans lequel on avait procédé à la division et au classement des matières, enfin les principes de législation qui dominaient son travail dans chacune de ses parties.

C'est pour remplir cette tâche que je reclame votre attention bienveillante.

Déjà, en 1807, on avait formé le vœu d'obtenir un code de commerce pour le royaume tel qu'il existait alors ; une commission spéciale fut nommée à cet effet.

En 1814, une nouvelle commission fut chargée de continuer le premier travail ; il en est résulté un projet qui fut soumis à votre assemblée dans la session de 1823 à 1824.

Ce projet fut examiné dans les sections et provoqua un grand nombre d'observations.

Par un arrêté du 4 Septembre 1824, la commission des codes créée en 1821, fut chargée de revoir tout ce qui avait été conçu et observé sur cette matière, et de former un projet propre à remplacer celui qui vous avait été soumis.

Nous avons dû prendre en considération, qu'avant le code qui nous régit, nous avions une législation nationale sur les transactions commerciales.

Cette législation fut créée aux époques où la domination du commerce s'établit tour à tour dans le midi et dans le nord du royaume ; elle s'enrichit, par adoption, des lois des diverses nations, qui nous avaient précédés dans la carrière.

Elle se composait des édits de 1551 et 1562, des coutumes d'Anvers, des ordonnances des magistrats d'Amsterdam de 1744, 1756, 1775 ; de Rotterdam de 1725 et 1726, et de Middelbourg de 1689, 1719 et 1726. Ces lois générales et particulières étaient modelées sur les lois rhodiennes, les coutumes d'Oléron, le droit anséatique et les loi maritimes dites *wisbui*.

Sans contester au code qui nous régit le mérite dont il jouit, nous ne nous sommes pas cru obligés de le prendre pour guide, et d'autant moins que ses auteurs sont convenus d'avoir pris pour base l'ordonnance de 1673 sur le commerce, et celle de 1681 sur la marine, lesquelles, ainsi qu'ils le reconnaissent, avaient été puisées elles-mêmes dans notre ancienne législation par les commissaires de Louis XIV.

En effet, ils y ont pris et ils y ont laissé.

Les dispositions qu'ils ont négligées avaient pu ne pas leur convenir, mais elles n'avaient pas cessé de nous être utiles et de conserver, jusqu'à ce jour, leur autorité législative locale.

Pour réunir dans un seul faisceau cette législation ainsi morcelée, pour satisfaire au vœu de la loi fondamentale et à l'arrêté royal du 4 Septembre, il fallait choisir un point de départ.

En rentrant avec orgueuil dans notre domaine, nous avons pris notre nationalité pour base.

Nous nous sommes aidés des auteurs dont la réputation est européenne ; tels que *Grotius*, *Valyn*, *Bynckershoek*, *Emerigon*, *Pothier* et *Vermer*. Nous avons médité les jugemens des tribunaux sur les points les plus vivement contestés ; les chambres de commerce d'Amsterdam, d'Anvers et de Bruxelles, nous ont officieusement transmis leurs observations et nous avons profité de leurs lumières.

Enfin, le travail de la commission a obtenu le suffrage du Roi, à la sagesse duquel vous rendez chaque jour un hommage mérité.

En procédant à la rédaction d'un code nouveau, nous nous sommes abstenus d'un livre qui n'eut concerné que la juridiction commerciale ; les matières de ce livre appartiennent à l'organisation judiciaire ou à la procédure. Ainsi, la compétence en fait de commerce sera réglée par la loi qui déterminera les juridictions ; tout ce qui regarde la plus grande célérité dans la poursuite des actions, et les spécialités d'exécution, telles que les poursuites pour le paiement des avaries, la vente judiciaire des navires, et la contrainte par corps, a été classé dans le code de procédure qui vous sera soumis.

C'est pour un motif semblable, que nous avons renvoyé au code pénal ce qui regarde la banqueroute ou la faillite avec des caractères de fraude.

Le code, qui vous est présenté par le Roi, ainsi dégagé de toute surcharge, a été divisé en trois livres.

Le *premier* comprend tout ce qui regarde les actes de commerce en général ; on y a rattaché la revendication des marchandises vendues. Cette qualification impropre est consacrée par l'usage reçu dans le commerce.

La poursuite en restitution d'une chose vendue, ne peut être que l'effet de la résolution du contrat de vente déjà admise dans notre droit civil.

Par exception, on pourra se dispenser de faire prononcer cette résolution en matière de commerce, dans certains cas, pour en obtenir plus promptement le résultat.

Par ce motif, ce titre, qui est un effet de la résolution d'un contrat, a paru pouvoir être placé, comme dans le code civil, après ceux qui traitent de leur formation en général, avec d'autant plus de raison que cette revendication, par des motifs qui vous seront développés, n'est point limitée au cas de faillite, comme dans la législation actuelle.

Le *second livre* paraissait devoir être exclusivement destiné aux affaires maritimes.

Il y est consacré tout en entier à l'exception du titre des assurances.

Les règles concernant les assurances contre les risques de mer sont, dans un grand nombre de cas, applicables aux assurances contre les risques que courent les transports par terre ou par les eaux de l'intérieur.

Toutes les assurances contre des événemens imprévus font dégénérer leurs stipulations en contrats aléatoires.

Des sociétés sont formées dans le royaume depuis un certain nombre d'années pour assurer des biens contre toutes sortes de risques ; elles font un véritable commerce de leurs assurances : les obligations qu'elles contractent par leurs polices sont créées en faveur des assurés, auxquels il est juste d'en garantir l'exécution par le droit commercial.

Par cette considération on a cru pouvoir comprendre dans un seul titre général tout ce qui concerne les polices d'assurance, en distinguant les espèces.

Pour ne point multiplier les lois spéciales sans nécessité, on a ajouté à ce second livre un titre nouveau, à l'effet de régler ce qui concerne le naufrage et le sauvetage qui tiennent d'ailleurs essentiellement au commerce maritime.

Si quelques dispositions de ce titre énoncent des actes de surveillance de l'administration sur les opérations du sauvetage, ce n'est que pour indiquer une partie de leur marche, et faire connaître par leur résultat vis-à-vis de qui les propriétaires des effets naufragés sont autorisés à poursuivre judiciairement leurs réclamations.

Le *troisième livre* comprend les faillites, les réhabilitations, les sursis de paiement.

Ce dernier titre est nouveau; j'en expliquerai le motif en indiquant l'esprit dans lequel il est composé.

Il ne me reste qu'à faire connaître les principes de législation qui dominent dans les trois livres.

Le premier comprend les conventions commerciales en général.

N'oublions point que ce sont des conventions;

Que leur qualification ne sert point à les dénaturer, mais à indiquer leur rapport avec un genre d'affaires.

Dès lors, comme conventions, elles ne cessent point d'appartenir aux deux grandes fractions des contrats, qui ont ou qui n'ont pas une dénomination. Elles ne peuvent pas cesser d'être soumises aux règles du droit civil, qui déterminent les conditions essentielles à leur validité, telles que la capacité, le consentement, la matière et la cause de l'engagement.

Ces règles ne sont point pour le législateur des actes de pure puissance; ce sont des actes de raison; elles prennent leur source dans les principes d'équité naturelle communs à tous les hommes; elles ont par cela même un caractère d'immutabilité.

Mais les conventions sont plus ou moins modifiées par des accidens, comme d'être pures, conditionnelles, à terme, alternatives, solidaires, divisibles, etc. Ces accidens sont soumis aux règles du droit positif, susceptibles de modification ou d'exception en faveur du commerce.

Ainsi, le code civil, inaltérable en certains points, doit régir toutes les conventions commerciales en ce qui touche leur substance.

Il régit aussi leurs accidens, mais dans les cas seulement où le code de commerce n'a point particulièrement disposé.

Aussi a-t-on placé le renvoi à ce code en tête de celui qui nous occupe.

Ce renvoi en termes généraux pourrait laisser quelque chose à désirer, lorsque les conventions commerciales portent des dénominations inusitées ou inconnues dans le code civil.

Quelle sera celle des règles de ce code, qu'on pourra prétendre avoir été violée, au cas d'une demande en cassation?

Pour faire cesser toute incertitude à ce sujet, nous avons indiqué les rapports que pouvaient avoir avec les contrats, connus dans le droit civil, les conventions déguisées par des dénominations purement commerciales.

Il ne faut point confondre les indications de ces rapports avec les définitions scolastiques.

Ainsi les mots *lettre de change* n'indiquent par eux-mêmes aucune espèce de contrat.

La description matérielle de l'écriture, qu'elle renferme, ne nous reporte à aucun titre du code civil, plutôt qu'à un autre.

Cependant les jurisconsultes célèbres, qui ont traité cette matière, sont tous d'accord qu'elle contient un contrat de mandat entre le tireur et le tiré, et un contrat de vente ou d'échange entre le tireur et le preneur; et dès-lors, pourquoi ne pas le dire législativement?

Par ce seul acte, on décide quelles sont les règles auxquelles on entend soumettre les devoirs et les obligations respectives de ceux qui y figurent.

Par cette méthode, on reconnaît de suite la ligne du législateur; on distingue les points dans lesquels il s'en est écarté: et l'on sait, en cas de contestation, s'il faut recourir au droit commercial, ou au droit civil, et à quelle partie de ce droit.

Nous avons suivi la même marche dans le second livre; mais le titre des assurances présente quelques particularités remarquables.

Les assurances maritimes ont incontestablement pour but l'intérêt du commerce; elles reposent sur la bonne-foi; ce sont deux maximes qu'il ne faut jamais perdre de vue; ainsi la loi doit protéger les actes d'assurances, contractés pour un danger réel.

Tel est l'esprit dans lequel ce titre est conçu; par cette raison vous y rencontrerez certaines dispositions, qui ont pour objet, d'écarter, ou de proscrire, les abus, que les choses les plus sagement conçues, entrainent quelquefois. Je veux parler du jeu dont les assurances peuvent devenir le prétexte.

On assure, contre des risques prétendus, une valeur idéale, et la question est celle d'un pari si tel navire arrivera à bon port. Il est désolant de penser, que des capitaux considérables sont ainsi arrachés au commerce, ou perdus pour l'industrie nationale, comme ceux qu'on emploie en spéculation sur les effets publics.

Cependant, il nous a paru convenable, d'autoriser les assurances sur le gain à espérer par la vente des marchandises qu'on attend, mais en prenant toutes les précautions nécessaires, pour que la preuve de l'intérêt réel soit toujours fournie.

Quant au *troisième livre*, en ce qui touche les faillites, on a dû établir des règles pour leur ouverture, autres que celles qui existent aujourd'hui, et contre lesquelles on réclame de toute part; on a dû simplifier les formes et diminuer les frais inutiles qu'elles entrainaient.

On a dû régler les droits des femmes des faillis, en rapport avec ceux que le code civil leur reconnait en dehors de la communauté. Vous jugerez, sans doute, qu'il ne sera pas sans importance pour les bonnes mœurs et la prospérité des familles, de rattacher les femmes à leurs devoirs et à l'union de leurs intérêts, en consolidant dans cette occasion les dispositions éminemment sages du code civil.

Quant aux sursis de paiement, vous n'ignorez pas, qu'une disposition conçue à une époque calamiteuse en faveur des négocians malheureux, a servi de prétexte à une foule d'hommes de mauvaise foi, pour abuser, au préjudice de leurs créanciers, d'une grâce accordée uniquement dans la vue de leur faciliter les moyens de se libérer envers eux.

Les sursis de paiement ne sont pas étrangers à la législation de notre pays. Sous la république on a vu plusieurs lois de circonstance, qui les accordaient dans le cas où une grande calamité subite venait frapper le commerce en général; telle fut le désastre de Lisbonne.

En faisant cesser pour l'avenir l'arrêté dont on a abusé, ce ne sera qu'à l'occasion des événemens extraordinaires de la guerre, ou d'autres calamités générales et imprévues, que des sursis pourront être accordés par la haute cour nationale, moyennant des conditions sévères faites pour assurer la tranquillité des créanciers.

Les tribunaux de province auraient pu varier sur ce point; c'est pour cette raison que la décision en est confiée à la haute cour.

Nobles et Puissans Seigneurs, le code qui vous est présenté, a été mûrement examiné et discuté dans vos sections; presque tous les amendemens qu'elles ont proposés ont été admis; il est déjà en grande partie votre ouvrage.

Quelques points restent à décider, sur lesquels les opinions ne paraissent pas s'accorder; il serait surprenant qu'il n'existât pas de controverse dans une matière semblable; la commission de rédaction elle-même n'a pas toujours été unanime.

La discussion solennelle pourra présenter de nouvelles lumières, pour fixer les opinions incertaines.

Quelqu'en soit le résultat, nous aurons une législation commerciale empreinte de notre couleur nationale, en rapport avec notre droit civil, et les institutions qui nous distinguent si éminemment parmi les autres nations.

Code de Commerce.

Table du 2ᵉ Vol.

Lightning Source UK Ltd.
Milton Keynes UK
UKHW021013010520
362627UK00022B/2706

9 780461 786941